〔德〕贝尔恩德·施密德 **(Bernd Schmid)** 著

张树德 译

高级金融学译丛

Finance Textbook

信用风险定价模型
理论与实务（第二版）

CREDIT RISK PRICING MODELS
Theory and Practice (Second Edition)

格致出版社　上海人民出版社

别人传授知识可以使我们受到更好的教育,但是想变得更加聪明只能靠我们自己。

——蒙田(Michel Eyquem de Montaigne)

Preface
前 言

　　这一新版本更新了第一版《信用联结金融工具定价》(Schmid, 2002)，而且增加了很多新内容。第一版侧重于我博士论文的研究内容，而新版涵盖了所有重要的信用风险定价模型，对其理论与实务进行了综合概述。我花了很大篇幅解释信用风险因子，介绍有关违约概率及回收率建模的最新研究成果，对于违约相关性给予了特别的关注。本书中研究的金融工具非常多，不仅有可违约债券、违约互换及单方信用衍生产品，而且还考虑了多方金融工具，如指数互换、组合违约互换和担保债务凭证等。

　　我非常感谢 Springer 出版社的出版支持计划，也感谢第一版读者反馈的大量意见。最后，我要感谢 Uli Göser 的耐心、鼓励和支持，也感谢我的家庭特别是姐姐 Wendy 的支持。

Bernd Schmid

于斯图加特

Contents

目 录

1

引 言

任何经济都必须以信用为基础,但别错误地以为所有人都会偿还欠款。

——Kurt Tucholsky

高收益率证券就像细树枝,单独一根从资本安全的角度来看很弱,但尽量多的具有不同外部影响的高收益率证券组合成一束却强大得惊人。

——British Investment Registry & Stock Exchange(1904)

1.1 目的

尽管借贷是银行最古老的业务,但是我们并没有充分了解信用评估及定价。在债券与贷款市场中,评估信用风险对价格的影响不是那么容易,其中数据不完整及模型有效性是两个关键问题。

通常信用风险是由于债务人,如公司债的发行人信用质量变化导致市场价值下降的风险。信用风险可以用债务工具收益率来衡量,该收益率反映了未来信用等级下降及可能违约的情况,信用风险溢价的单位通常用基点来表示。更精确地,根据《金融风险管理词典》(Gastineau,1996),信用风险的定义如下:

(1) 由于违约而造成债务互换等其他交易对手的金融工具遭受的损失。

(2) 由于发行人或者购买方的信用等级下降造成的市场价值损失,我们可以通过信贷审查来控制信用等级下降的风险,或者购买其他工具来抵消违约风险,或者在信用等级下降时增加支付金额来弥补损失。

(3) 由于违约造成市场波动加大而带来的风险。

(4) 市场对违约概率的判断发生改变，这使得两种金融工具的价差或者两个基础指数价差发生变化。

信用风险与违约风险是无差别的，但是严格地看，二者也有细微不同。违约风险是指债务人不能或不愿及时归还本金和利息，这个定义又引出下面两个问题：

(1) 为什么考虑风险类型是重要的？

(2) 为什么信用风险模型及信用风险管理问题近期才被关注？

过去几年信贷市场发生了很大变化，传统信贷产品开始萎缩，新兴市场逐渐兴旺起来，公司违约不断增长也没有阻碍投资者投资于风险行业，如高收益市场。此外，银行也推出新型产品以管理信用风险，如信用衍生产品及资产支持债券。同时，监管者也改变了对信贷市场的认识，开始讨论资本准则。我们的讨论对理论及实务都有用，学术界及业界都为信用风险测量及管理提出了新的模型，一方面可以满足监管者需要，另一方面满足内部信用风险模型的需要。

发行规则。 对信贷市场的监管呼声逐渐加大，监管者要求公司有足够的资本补偿运营风险，这样，在公司发行人破产时，也有足够的资金支付债权人。为此，监管者设立了资本准则，要求公司留有一定量的资本以应对将来发生的各种不测（这称为基于标准准则的最小资本需求）。大致上讲，为风险预留的资本量依赖于持有资产的风险及头寸。目前信用风险定价仍然有许多问题，如监管者何时审查银行内部风险模型。自从 1988 年巴塞尔委员会引入资本准则以来，时间也过去了十多年，银行业务、风险管理实务、金融市场经历了显著的革新。1999 年 6 月委员会提出修改 1988 年准则[1]，修改后的准则对风险的反应更加敏感；2001 年 2 月和 2003 年 4 月，委员会提出了具体的建议[2]；2003 年 4 月委员会对建议进行了进一步修改，委员会的目标是 2003 年第 4 季度完成《巴塞尔协议 II》的框架，从 2006 年末开始实施。新规则对大量含有信用风险的对风险敏感的期权进行了说明。对于银行具体监管水平不同，巴塞尔协议要求至少用三种不同方法衡量信用风险。"标准法"是根据外部评级机构对各种资产分配风险权重。"初级内部评级法"是为满足稳健性监管标准，对债务人的违约情况进行内部评估。"高级内部评级法"是银行为满足更稳健的监管要求，内部对几个风险因子进行评估。银行业准备在 2007

---

[1] 具体见 1988 年资本协议，参见国际清算银行网站(www.bis.org)和 Ong(1999，第 1 章)。

[2] 具体见新资本协议，国际清算银行在下面刊物中发布新资本协议内容：*A New Capital Adequacy Framework*(1999)、*Update on Work on a New Capital Adequacy Framework*(1999)、*Best Practices for Credit Risk Disclosure*(2000)、*Overview of the New Basel Capital Accord*(2001)、*The New Basel Capital Accord*(2001)、*The Standardised Approach to Credit Risk*(2001)、*The Internal Ratings-Based Approach*(2001)、*Overview of The New Basel Capital Accord*(2003)。

年开始提高风险管理能力,他们采用对风险更加敏感的方法,与此同时学术界也一直在研究更好的方法估计信用风险因子,如违约概率等。

内部信用风险模型。几乎每天都有新的测量与管理信用风险模型出现,但最著名的就是穆迪 KMV 公司的 Portfolio Manager™ 模型①(Kealhofer,1998)、Risk Metrics 集团的 CreditMetrics® 和 CreditManager™ 模型(*CreditMetrics-Technical Document*,1997)、瑞士信贷金融产品的 CreditRisk+模型(*CreditRisk+A Credit Risk Management Framework*,1997)以及麦肯锡咨询管理公司的 Credit Portflio View 模型(Wilson,1997a、1997b、1997c、1997d)。使用者用这些模型可以同时从组合及分散风险两个方面衡量和量化信用风险。穆迪 KMV 公司的模型遵从默顿理论(Merton,1974),将股权视为看涨期权,标的是公司所有业务,其思想是当公司资产小于负债时公司发生违约。一个借款人的违约概率(即某个给定信用的等级在一段时间内变成违约的概率)依赖于资产大于负债的数量和资产波动性。CreditMetrics® 模型是默顿模型的推广。通过分析单个资产各种情况的概率和各个资产的协方差来评估资产组合的收益,通过转移概率矩阵(即从一种状态转换为另一种状态的概率)计算含违约在内的各个信用等级资产价值变化,通过各个信用等级资产相关性得出总体损失分布。CreditMetrics® 模型有资产组合理论支持,使用信用市场衡量市场价值。该模型研究流动性债券市场与债券信用衍生品市场,这两个市场有大量数据,价格波动频繁,交易活跃。CreditRisk+模型基于保险学原理,不需要估计违约事件的相关性,而只需要估计平均违约率(来自外部评级机构或内部评级机构)和各违约率的波动率。这样可以构造一个连续而不是离散的违约风险概率分布,综合其他工具给出损失分布和风险资本估计。CreditRisk+是瑞士信贷集团从 1996 年 12 月开始使用的修正,它适用于在数据量少且大部分资产都持有到期的情况下评估风险资本要求,且此时唯一真正起作用的信用事件就是到期能否偿还本息。与其他模型的不同之处在于它不需要蒙特卡罗(Monte Carlo)模拟,因此,运算速度快。麦肯锡咨询管理公司的模型的不同之处有两点:一是更关注宏观经济变量对信用投资组合的影响,因此明确地把信用违约与信用转移和经济驱动力联系起来;二是模型可以满足各个不同行业顾客的要求,包括流动性贷款与债券、不流动的中期资产组合、小企业资产组合以及零售组合如抵押贷款及信用卡业务。

总的来讲,CreditMetrics® 模型是一个自下而上的模型,每个借款人在模型中都是单独的,模型是微观违约模型。CreditRisk+是自上而下的模型,不对违约偶然性建模,credit portfolio view 模型是自下而上的,基于各个分量构成宏观模型。关于这些模型总结见 Schmid(1997、1998a、1998b),此外,Gordy(1998)表明,尽管在形式上存在差别,

---

① 位于旧金山的软件公司专门致力于开发信用风险管理软件。

CreditMetrics®模型和CreditRisk＋模型具有相似的基础数学结构，Koyluoglu 和 Hickman(1998)检查了四个信用风险投资组合模型，并在一个通用框架下研究模型的理论及结果的差别，不同的是模型的输入参数一致。Crouhy 和 Mark(1998)在一个基准下比较各个模型的不同，信用 VaR 模型的最大值与最小值之比为 1.5。Keenan 和 Sobehart(2000)讨论如何证实信用风险模型稳健性并且易于实施，这些方法分析预测违约以及风险水平；Lopez 和 Saidenberg(1998)使用面板数据，通过横截面模拟来评价信用风险模型。

在新资本协议下考虑最小资本需求，使用内部信用风险模型，金融机构需要数学模型能够描述潜在的信用风险因子，用信用风险为金融工具定价并解释资产组合中各金融工具行为。

1.2　目标、结构及总论

近年来，我们看到信用风险研究有了很多理论进展。并不为奇的是，大多数研究集中在公司债券定价及主权违约债券的定价上，将其作为信用风险定价的基石。但许多模型并不能够解释如信用风险价差等实际情况。第 6 章提出一个混合期限结构模型，可用以估计违约概率，为可违约债券和其他有违约风险的证券进行定价。可以看出，这个模型吸取了其他模型的许多优点，而且排除了其他模型的许多缺点。最重要的是，它可以用来解释公司债或主权债的市场价格，也可以用作满足监管机构的规则和金融机构的内部需求的信用风险投资组合模型的复杂基础。

为了建立信用风险定价模型，最根本的是确定信用风险的成分和决定信用风险的因子。因此在第 2 章中，我们指出违约风险主要与违约概率和回收率相关，前者指债务人对其债务违约的概率，后者指债务违约后仍可获得的资金的比例。目前文献中为违约概率建模有以下三种方法。

(1) 历史数据法。见 2.3.1 节，主要由评级机构通过统计历史违约比率来确定违约概率。有时不仅考虑违约概率，也考虑转移概率。转移概率是由一种信用等级转换为另一种信用等级的概率，转移矩阵就是所有转移概率构成的矩阵，评级机构每年都出版概率转移矩阵数据。建立概率转移矩阵的问题在于缺少历史数据，目前采用 Perraudin(2001)的方法从违约数据中估计转移矩阵。不同的数据来源(例如不同评级机构的转移矩阵是不同的)，需要用伪贝叶斯方法将不同的转移矩阵综合成一个新的概率转移矩阵，最后用马尔可夫链研究转移矩阵。

　　(2) 资产法。① 见 2.3.3 节,其将违约与公司价值相联系,理论基础是 Merton(1974)工作的拓展。Merton 的工作是公司债券定价的基础,Black 和 Cox(1976),Geske(1977),Ho 和 Singer(1982),Kim、Ramaswarmy 和 Sundaresan(1992),Shimko、Tejima 和 Deventer(1993),Longstaff 和 Schwartz(1995b),Zhou(1997)以及 Vasicek(1997)。这部分内容不仅介绍 Merton 的经典模型也介绍首达时间违约模型,其假设违约时间是不确定的,不是一定要等到到期日,任意时刻都可以违约,只要公司资产低于某一水平如负债时,就可以判定公司处于违约状态。

　　(3) 强度法(有时称为消减形式)。见 2.3.4 节,其将违约时间定义为停时,将违约定义为外部变量,Artzner 和 Delbaen(1992),Madan 和 Unal(1994),Jarrow 和 Turnbull(1995),Jarrow、Landon 和 Turnbull(1997),Duffie 和 Singleton(1997),Landon(1998)以及 Schönbucher(2000)发展了该理论。这部分内容给出了很多强度法的例子,推广违约强度到转移强度,最后在连续马尔可夫链下将转移矩阵推广到转移强度。

　　在 2.3.1 节、2.3.3 节和 2.3.4 节中,分别研究三种方法,并引入新的概念,最后比较各种方法的优点与缺点,2.3.5 节表明应不仅依靠理论模型,而且应考虑专家意见。

　　在 2.4 节中,考虑了回收率模型,回收率与行业周期及商业周期等变量相关,给出具体的回收率模型例子,最后简要介绍了穆迪预测回收率的 LossCalc™模型。

　　资产法与强度法并不仅仅适用于违约概率建模,同时也可以为可违约债券定价,第 3 章给出这两个模型的差别,同时举例进行说明。

　　第 4 章推广对单一可违约债券定价的讨论,考虑组合中各个信用资产的相关性,并建立模型。另外,还介绍资产法和强度法模型考虑违约相关性的情况。最后,介绍连接函数使用方法。连接函数将边际函数和联合分布函数连接起来,将随机变量和边际分布独立开来。当资产组合中含有多个资产时,估计联合随机过程变得很复杂,而利用连接函数就可以使得问题简化。我们不需要同时估计所有的分布参数,而只要从联合分布中估计单个资产的边际分布。

　　信用衍生产品是十年来最重要的金融工具之一。通常,信用风险通过标的资产自身的交易来管理。现在,信用衍生产品可用以转移、重新打包、复制以及对冲信用风险。我们可以将标的资产信用风险的一些特定方面隔离出来从而改变信用风险,而不是将标的资产一卖了之。第 5 章将解释这些新产品,含单方交易产品及多方交易产品,甚至更复杂的结构式金融交易(SPs),诸如担保债务凭证(CDOs)、抵押债券凭证(CBOs)、抵押贷款凭证(CLOs)、担保抵押证券(CMOs)和其他资产支持证券(ABSs)。这些金融工具构成的资产池,可以将总的信用风险的特定部分转让给新投资者和/或担保者。我们简单

---

① 资产法有时称为公司价值法、基于默顿模型的方法或者结构方法。

介绍 CDOs 以及解决 CDOs 定价问题的所谓 BET 方法。

最近的趋势是将资产法与强度法综合成一个更好的模型：既具有强度函数的灵活性，又可以和资产函数一样解释违约的偶然性。例如，Madan 和 Unal(1998)假设随机危害率是无违约短期利率和公司资产价值的对数的线性函数，Jarrow 和 Turnbull(1998)将随机危害率作为某个指数和无违约短期利率的线性函数。这两个模型都有危害率过程中负价值的概率为正的问题。Cathcart 和 El-Jahel(1998)运用的是资产法，但假设当发信号过程触及某个临界点时会引起违约。Duffie 和 Lando(1997)的违约危害率模型假设违约危害率是基于不可观测的公司价值过程。他们涉及的问题是公司资产当前价值的不确定性，我们在 6.2 节中给出的三因子可违约期限结构模型是全新的混合模型。我们建立短期利率信用价差模型且假设其依赖于某个未知指数，该指数用以说明债务人的不确定性。未知指数越大，债务人信用越差。此外，我们假设非违约短期利率过程是均值回归 Hull-White 过程或者均值回归平方根过程，均值回归是时间独立的。这种模型是 Hull 和 White(1990)与 Cox、Ingersoll 和 Ross(1985)的非违约债券定价模型推广到可违约债券定价情况。非违约短期利率、短期利率信用价差和不确定性指数由三维随机微分方程(SDE)确定。我们指出运用和推广 Ikeda 和 Watanabe(1989a)的结论可以得到 SDE 的唯一一个弱解。这个三维方程同时考虑了市场风险及信用风险，可作为应用更加高级的信用风险管理方法的基础。过去，金融机构将其业务中产生的各种风险（见图 1.1）分解开来，单独处理每一种风险。但是，由于市场之间是相互联系的，这种方法被整体风险管理取代，整体风险管理允许对不同业务和产品类型间的风险水平进行比较。特别地，由于信用风险是主要风险之一，金融机构需要提供更加准确和稳定的信用风险测度，我们混合模型可以作为整体市场风险和信用风险管理的随机模型基础。

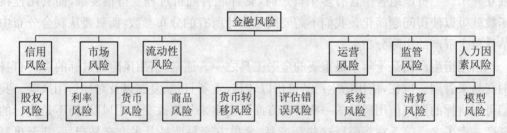

图 1.1　金融机构的主要风险

通过使用无套利假设，我们的模型可运用于如下违约风险下各类证券的定价：合约一方不能或者不愿及时支付利息或者到期日偿还债务。这增加了可以通过降低证券合约价格而得到补偿的投资者风险。我们的模型为可违约证券找到公允价值，并将其价格与其他条件均相同的非违约证券的价值比较。在 6.3 节中，我们得到可违约零息债券和各种不同类型固定利率及浮动利率工具的定价公式。固定利率及浮动利率工具包括可违约浮动利率票据和可违约利率互换。此外,我们指出我们模型得到的理论信用价差与 Sarig 和 Warga(1989)及 Jones、Mason 和 Rosenfeld(1984)的实证结果相吻合。特别地,我们指出模型的信用价差期限结构可以向上倾斜、向下倾斜,可以是隆起的,也可以是平坦的。与其他模型形成对比的是我们模型产生的短期信用价差不是 0。

在 6.4 节,我们根据证券价格的市场数据给出三因子模型信用衍生产品定价的显式解。目前有很多关于可违约债券及嵌入期权衍生产品定价的论文,但是关于直接对信用衍生产品定价的论文很少。Das(1995)指出在资产法模型中信用期权是可违约债券的看跌期权的期望值,并在信用水平下对期权行权价进行调整。Longstaff 和 Schwartz (1995a)研究出信用价差期权定价公式,模型假设信用价差和非违约短期利率的对数服从 Vasicek 过程。Das 和 Tufano(1996)将其模型运用于信用敏感性票据的定价,该模型是 Jarrow 等(1997)随机回收率模型的拓展。Das(1997)总结了不同模型下的信用衍生产品定价(见 Jarrow et al.,1997;Das and Tufano,1996)。上面所有模型都是简单离散形式。Duffie(1998a)使用简单无套利假设得到违约互换价格近似公式。Hull 和 White (2000)给出了计算信用违约互换的方法,假设违约支付是随机的,模型只有一个不违约的参照实体。Schönbucher(2000)使用强度法计算信用衍生产品价格。我们的工作较上述文献困难,因为我们使用偏微分方程求解信用衍生产品定价。

在 6.5 节中,我们构造了四维网格(时间、非违约短期利率 r、短期信用价差 s、未知指数 u)来计算可违约或有求偿价格和信用衍生产品价格,信用衍生产品价格可能没有解析解,这是因为其具有可赎回或者美式期权的特征。在 Chen(1996)、Amin(1995)、Boyle (1988)的树法定价中,树中的概率与飘移变化无关,这使得网格法更简便有效,非常适用于风险管理。在四维网格法中每个节点由一维过程给定,最后,我们给出信用价差期权简单的数值解价格。

在 6.6 节,我们说明如何使用数据校准模型以及如何进行参数估计,这样弥补了理论与实践之间的差距。这是重要的附加研究,仅用于开发模型,而不是将其应用到实际。利率模型成功与否在于收集数据的量和质量,好的数据可以估计好的参数。因而,我们建议使用两种不同方法估计 r, s, u 过程中的参数,其一是最小二乘法,其基本原理是通过使某个时间的理论值与观察值之差的平方和最小来估计模型参数。第二种方法是卡尔曼滤波法,通过债券的市场价值时间序列数据来估计参数。同 Nelson 和 Siegel(1987)一样,我们用德国、意大利、希腊政府债券每日价格的时间序列数据来估计每日零息曲线。Chen 和 Scott(1995),Geyer 和 Pichler(1996)与 Babbs 和 Nowman(1999)使用卡尔曼滤波法对时间序列数据估计期限结构。在此之上,与 Titman 和 Torous(1989)一样,我们将数据分为样本内与样本外两部分,发现我们的模型可以解释希腊、意大利、德国政府债券之间的信用价差。特别地，我们的模型较其他信用风险模型具有更好的解释力 [见 Düllmann 和 Windfuhr(2000)对强度法模型的实证研究]。

在 6.7 节中我们用三因子可违约期限结构模型对不同到期日、不同信用等级、不同国家主权债券提出了最优配置法，我们的方法也可以推广到公司债。我们用 6.6 节中的卡尔曼滤波法估计出模型参数，使用蒙特卡罗法模拟债券价格未来趋势。我们指出，通过最大化组合的期望终值或回报，可以优化投资组合的构成，约束条件是每期支付公司债务的现金流最小且可承受的风险最大等。为了使我们的方法易于理解，我们给出了一个德国、意大利、希腊的主权债券组合实例。

总的来讲，这些工作让学术研究和实际应用可以解释信用市场，并为有关违约的工具定价，例如固定利率与浮动利率可违约债券、信用衍生产品、其他嵌入信用风险的证券。同时我们的工作也有助于信用风险管理和为金融工具定价，这些工具的价格与违约息息相关。我们的工作也用于确定相关价格、市场头寸、风险头寸管理，以及为尚未在市场交易的新工具确定价格。我们估计随机过程参数，从而把握随机过程，再用市场数据校准模型。

最后，我们简单地解释一下书中出现的相关术语。在本书中，风险是指信用风险而不是市场风险；无风险意味着没有信用风险；非违约是指无风险或者免于风险；违约与破产是同义词。

2

模型化信用风险因子

过去在处理各种信用风险管理问题方面取得了很大进展,但是将各种信用风险源整合到一个框架中管理的进展却一直缓慢。

——Scott Auguais 和 Dan Rosenthal(2001)

信用风险管理由于定量资产组合模型的运用正在发生变化,这些模型依靠一些参数,但这些参数难以计量,同时很不稳定。

——Demchak(2000)

2.1 基本知识

通常情况下,投资者必须承担投资风险,因而需要得到足够补偿,但是合适的补偿是多少呢? 为了回答这个问题,我们需要确定风险来源。由于我们关注的是信用风险,本章主要是确定信用风险因子,我们介绍当前使用的信用风险因子模型,同时介绍这些模型中的数学方法。

2.2 信用风险定义及构成

信用风险分成两个部分:违约风险与价差风险。违约风险是指债务人不能或者不愿及时归还利息及本金,违约时间是指宣布无法交割的日期。即使债务人没有违约,也存在信用风险,即信用价差风险,指由于债务人信用下降而导致价格下降的风险。违约由两个基本部分构成,一个是违约时间("到达风险"),另一个是违约大小("大小风险")。因此,为了处理交易中的信用风险,我们需要考虑下面的风险因素:

- 违约敞口:一个描述违约时遭受损失的随机变量,由借款人的借款与债务人开立的付款承诺组成。在实务中,债务人通常在财务困境时开立支付承诺。
- 转移概率:债务人信用变化的概率。信用等级变化的过程称为信用转移。
- 违约概率:债务人违背合同责任无法按期归还债务的概率。
- 回收率:一个描述违约发生后仍然可以获得的资金所占比例的变量。当违约发生时,违约程度或损失是没有获得的资金所占的比率。

此外,为了建立信用风险模型,我们需要考虑联合违约概率和联合转移概率。

2.3 转移概率和违约概率模型

违约分布和信用转移在建模、测量、对冲及管理信用风险中扮演中心角色,它们是计算到达风险的合适方法。最原始的估计违约概率和转移概率的方法是历史数据法。这种方法目标是根据历史数据计算违约及信用转移的平均值,并将其作为历史违约概率和转移概率的估计值。但是这种方法是静态的,最新的统计方法是将历史概率与外部变量相连接,这些外部变量可以解释概率的时间变化。这些计量方法试图衡量债务人在未来某个时间段会破产的概率。这就需要过去违约及信用等级转移的历史数据,同时也需要清楚当前的市场情况。公司价值或资产法是假设当公司价格或者信用状况触及某个界限时,违约或者信用等级转移就会发生。强度法是将违约作为不可预料事件,违约由外生的违约强度过程控制。与历史法相同,其他两种方法认为违约与某些可以观察的外部变量相联系,Jarrow 等(1997)给出了隐式法和显式法估计转移矩阵的区别。隐式法通过可违约零息债券或者信用衍生产品的市场价格推算出信用等级转移和违约情况。在2.3.1 节、2.3.3 节和2.3.4 节中我们仅考虑显式法,其中 2.3.3 节和 2.3.4 节是隐式法的基础。

2.3.1 历史法

评级及评级机构。 评级机构[①]的主要业务是评价信用质量以及评价公司、市政、主权

---

① 评级机构应该及时、客观地提供信用分析及信用信息。通常评级过程不受政府干预,评级机构与投资银行及其他同行之间保持独立。

国家等债务人的信用水平,并且提供违约①概率和信用转移概率,同时也提供债权人的回收率。最基本地,评级机构会通知投资者收到债务人承诺的本金及利息的可能性,一方面评级机构的数量在增加,另一方面评级对象也在增加,这都说明评级机构越来越重要。美国四大评级机构为:穆迪投资者服务公司(Moody's)、标准普尔(S&P)、惠誉(Fitch IBCA)和达夫·菲尔普斯公司(Duff & Phelps)。表 2.1 列举了世界上著名的信用评级机构,但实际上信用评级机构的数目是不断变化的。

表 2.1　部分信用评级机构表

评级机构名称	成立时间(年)
Canadian Bond Rating Service	1972
Capital Intelligence	1985
Credit Rating Services of India Ltd.	1988
Dominion Bond Rating Service	1976
Duff & Phelps	1932
Fitch IBCA	1913
Global Credit Rating Co.	1996
ICRA	1991
Interfax	1989
International Bank Credit Analysis	1979
Japan Bond Research Institute	1979
Japan Credit Rating Agency	1985
JCR-VIS Credit Rating Ltd.	1997
Korean Investors Services	1985
Malaysian Rating Corporation Berhad	1996
Mikuni & Co.	1975
Moody's Investors Service	1900
National Information & Credit Evaluation, Inc.	1986

① 根据 Caouette、Altman 和 Narayanan(1996,第 194 页),对于评级机构而言,违约是债券发行后没有支付利息,或者被判决破产或者因信用危机而重组。

续表

评级机构名称	成立时间（年）
Nippon Investors Services	1985
Pakistan Credit Rating Agency	1994
Rating Agency Malaysia Berhard	1990
Shanghai Credit Information Services Co., Ltd.	1999
Shanghai Far East Credit Rating Co., Ltd.	1988
Standard's & Poor's	1941
Thai rating and Information Services	1993

评级是需要成本的，发行规模在 5 亿美元以下的收费为 25 000 美元，超过 5 亿美元的收取 0.5 个基点。Treacy 和 Carey（2000）称标准普尔收费金额是面值的 0.032 5%。Partnoy（2002）指出，直到 20 世纪 70 年代中期，都是由投资者而不是由发行人承担评级费用。

对于债券评级而言，每个机构都用自己的字母系统标识信用级别。表 2.2 总结了标准普尔和穆迪两家评级机构的字母系统。评定的信用级别越低，债务人偿还本金和利息的可能性越低。评级机构区别发行及发行人的信用级别。详细见附录 A.1。

表 2.2　长期高级债评级符号

投资级信用等级		
标准普尔	穆迪	含义
AAA	Aaa	质量最高，非常稳健
AA+	Aa1	高质量
AA	Aa2	
AA−	Aa3	
A+	A1	强支付能力
A	A2	
A−	A3	
BBB+	Baa1	足够的支付能力
BBB	Baa2	
BBB−	Baa3	

投机级信用等级		
标准普尔	穆迪	含　义
BB+	Ba1	
BB	Ba2	不能确定是否持续经营
BB−	Ba3	
B+	B1	
B	B2	高风险经营
B−	B3	
CCC+	Caa1	
CCC	Caa2	目前可能违约
CCC−	Caa3	
CC		
C	Ca	倒闭、违约、其他致命的困境
D		

资料来源:Caouette 等(1998)。

为了评估债务人信用,评级机构使用的方法同股权分析,只是更加侧重于长期分析。尽管各家评级机构在具体的评级方法上存在不同,但是都关注下面内容。

- 行业特征。
- 财务特征,如财务政策、财务表现、营利性、稳定性、资本结构、杠杆、偿债能力、现金流保护以及财务灵活性。
- 会计、控制与风险管理。
- 商业模式:具体行业、市场、竞争对手、产品和服务研发。
- 客户和供应商。
- 管理(例如战略、竞争、经验)和组织。
- 管理团队:团队核心成员的资质和结构。
- 生产流程。质量管理、信息及生产技术、效率。
- 营销和销售。

经过仔细研究,评级分析员给出一个信用等级,然后在评级委员会前为自己的结论辩护。显然,债务人的信用质量随时间变化而变化,尽管经过发行及发行人评级,如果有可能的话评级机构还要定期(检查周期与市场事件相关)进行检查,并调整评结果。评级注重长期信用变化趋势,如果评级由中期变为长期,还要评估未来长期趋势。在综合分析信用状况时要考虑宏观经济大环境或者公司的基本面,综合信用分析并不必然导致评级发生变化,分析结果定期出版。

- 正号表示信用高于。
- 负号意味着信用低于。
- 稳健性意味着评级结果短期不会发生变化。
- "发展"意味着评级可能偏高、偏低或者确定。
- N.M.表示评级没有意义。

如果观察到信用等级变化的趋势,这种趋势可能影响债务人,评级机构就会通告发行人和市场。穆迪公司将债务人列在评级观察名录上,标准普尔也将债务人信用等级列在信用观察名单上,信用观察名单表明信用等级的短期和长期趋势。如果着重于特定事件(兼并、重组、选举人投票、规则法案以及未来发展预期)和短期趋势,评级专家组认为这种短期趋势将导致信用等级发生变化。当某个事件发生或者信用趋势背离预期的方向,同时需要新的信息来评估当前的信用状态时,评级出现在信用观察名单上。出现在信用观察名单上并不意味着一定会发生信用评级变化,即使评级未出现在信用观察名单上,信用等级也会发生变化。

我们最后指出,对于任何发行人而言,本币风险与外币风险是评级机构分析的基本内容,对支付币种的分析是关键内容,由于主权国家偿还外部债务的能力弱于偿还内部债务的能力,所以债务人的外币支付能力低于本币支付能力。在对具体发行人的债务进行评级时还要考虑主权风险,外币发行人的评级与本币发行人的评级不同,这是因为同一发行人面对的主权风险不同。

转移矩阵估计。前面已经提到过,在历史法中,转移概率和违约概率都依赖于外部或者银行内部评级。评级机构研究了违约概率,研究总结了公开市场上发行人违约案例,并比较了发行人违约信用等级历史数据与发行人没有违约信用等级历史数据,且根据所有债券是否为同一信用等级而不是根据债券年限来确定违约概率。债券发行人是基本的计量单位,最重要的概念是边际和累计的历史违约概率和存活概率,这种分配一个默认概率的做法称为校准。

我们考虑有限的评级状态空间 $R \in \{1, 2, \cdots, K\}$,这些状态代表不同的信用分类,状态 1 代表最高级别信用等级,状态 K 代表破产。在标准普尔长期债券信用评级系统中,$1 \triangleq \text{AAA}, 2 \triangleq \text{AA}+, 22 \triangleq \text{D}$。

定义 2.3.1

(1) 历史边际 t 年的违约(存活)概率 $d_R^{[Y_0, Y_1]}(t)$ $(s_R^{[Y_0, Y_1]}(t) = 1 - d_R^{[Y_0, Y_1]}(t))$ 是在 t 年信用等级为 R 的发行人在时间区间 $[Y_0, Y_1]$ $(Y_0 \leqslant Y_1 - t)$ 内的平均加权违约(存

活)概率。公式如下：

$$d_R^{[Y_0, Y_1]}(t) = \frac{\sum_{Y=Y_0}^{Y_1} M_R^Y(t)}{\sum_{Y=Y_0}^{Y_1} N_R^Y(t)}$$

其中，$N_R^Y(t)$ 是 Y 年年初信用等级为 R 的发行人直到 Y＋t－1 年仍然没有违约的数量，$M_R^Y(t)$ 是 Y 年年初信用等级为 R 的发行人在 Y＋t－1 年违约的数量。

(2) 历史累计 τ 年的违约(存活)概率 $cd_R^{[Y_0, Y_1]}(\tau)$($cs_R^{[Y_0, Y_1]}(\tau) = 1 - cd_R^{[Y_0, Y_1]}(\tau)$) 是时间区间 $[Y_0, Y_1]$($Y_0 \leqslant Y_1 - \tau$) 内信用等级为 R 的发行人在今后 τ 年内的违约(存活)概率。公式如下：

$$cs_R^{[Y_0, Y_1]}(\tau) = \prod_{t=1}^{\tau} \left(1 - d_R^{[Y_0, Y_1]}(t)\right), \quad cd_R^{[Y_0, Y_1]}(\tau) = 1 - cs_R^{[Y_0, Y_1]}(\tau)$$

(3) 对于信用等级为 R 的发行人，定义历史 τ 年信用等级转移为 $\check{R}$ 的转移概率 $tr_{R, \check{R}}^{[Y_0, Y_1]}(\tau)$ 是信用等级为 R 的发行人经过 τ 年后信用等级变为 $\check{R}$ 的平均率，时间区间为 $[Y_0, Y_1]$，$Y_0 \leqslant Y_1 - \tau$。公式如下：

$$tr_{R, \check{R}}^{[Y_0, Y_1]}(\tau) = \frac{\sum_{Y=Y_0}^{Y_1} M_{R, \check{R}}^Y(\tau)}{\sum_{Y=Y_0}^{Y_1} N_R^Y}$$

其中，N_R^Y 是 Y 年年初信用等级为 R 的发行人的数量，$M_{R, \check{R}}^{[Y_0, Y_1]}(\tau)$ 是在 Y 年年初信用等级为 R 的发行人经过 τ 年后在 Y＋τ－1 年年末信用等级变为 $\check{R}$ 的数量。时间区间 $[Y_0, Y_1]$($Y_0 \leqslant Y_1 - \tau$) 内的历史 τ 年信用等级转移矩阵记为 $Tr^{[Y_0, Y_1]}(\tau) = (tr_{R, \check{R}}^{[Y_0, Y_1]}(\tau))_{R, \check{R}}$，该矩阵充分描述了 τ 年后信用等级的概率分布。为简单起见，我们记 1 年后的信用等级转移矩阵 $Tr^{[Y_0, Y_1]}(\tau)$ 为 $Tr^{[Y_0, Y_1]}$。

评注 2.3.1

历史边际 1 年的违约概率为 $d_R^{[Y_0, Y_1]}(1)$，时间区间为 $[Y_0, Y_1]$，$Y_0 \leqslant Y_1 - 1$；历史累计 1 年的违约概率为 $cd_R^{[Y_0, Y_1]}(1)$，时间区间同上；显然，它们是一样的。为了简单起见，我们称其均为时间区间为 $[Y_0, Y_1]$ 上的 1 年期违约概率，$Y_0 \leqslant Y_1 - 1$。如果我们对具体时间区间 $[Y_0, Y_1]$ 不感兴趣，我们只说 1 年期违约概率。此外，为简单起见我们经常使用的边际和累计的违约概率、存活概率、转移概率以及转移矩阵，都不具体指明时间区间 $[Y_0, Y_1]$。

例如，表 2.3 给出了历史 NR[①]-调整平均 1 年期公司转移概率和违约概率，其标准普

---

① 已经撤回评级的实体(例如，债务已经偿还结束，或者已经被赎回以及发生兼并)变成 NR。但是，转变成 NR 的具体内容通常并不知晓。

尔信用等级分别为 AAA，AA，…，CCC，时间区间为[1980，2002]（*Special Report*：*Ratings Performance 2002*，2003）。这样的表称为历史转移矩阵，每一行是初始信用等级，即年初时的信用等级，每一列是年终时的信用等级。表 2.4 是历史 1 年期转移概率和违约概率，其标准普尔信用等级分别为 AAA，AA，…，CCC，时间区间为[1980，2002]，NR 被明确地考虑了。明显地，平均 1 年期违约概率和转移概率随时间变化而变化，也与特定的时间区间相关。与表 2.3 和表 2.4 相比，表 2.5 和表 2.6 给出了 1 年期平均转移概率和违约概率，时间区间为[1980，2001]。这些数据来自世界上大的公司机构（如实业公司、公用企业、保险公司、银行、其他金融机构，房地产公司）。表 2.7 给出了标准普尔主权外汇市场 1 年期转移概率，时间区间是[1975，2002]。主权转移矩阵与公司转移矩阵存在很大不同。例如，离对角线很远的元素为 0，这说明主权评级很少出现极端的情况，而公司则不同。转移概率集中在对角线两侧，即信用等级变化不大。

表 2.3　1980—2002 年标准普尔 NR-经过调整的全球 1 年期公司转移概率和违约概率（%）

最初评级	年　终　评　级							
	AAA	AA	A	BBB	BB	B	CCC	D
AAA	93.06	6.29	0.45	0.14	0.06	0.00	0.00	0.00
AA	0.59	90.99	7.59	0.61	0.06	0.11	0.02	0.01
A	0.05	2.11	91.43	5.63	0.47	0.19	0.04	0.05
BBB	0.03	0.23	4.44	88.98	4.70	0.95	0.28	0.39
BB	0.04	0.09	0.44	6.07	82.73	7.89	1.22	1.53
B	0.00	0.08	0.29	0.41	5.32	82.06	4.90	6.95
CCC	0.10	0.00	0.31	0.63	1.57	9.97	55.82	31.58

资料来源：Standard & Poor's（*Special Report*：*Ratings Performance 2002*，2003）。

表 2.4　1980—2002 年标准普尔全球 1 年期公司平均转移概率和违约概率历史统计（%）

最初评级	年　终　评　级								
	AAA	AA	A	BBB	BB	B	CCC	D	NR
AAA	89.37	6.04	0.44	0.14	0.05	0.00	0.00	0.00	3.97
AA	0.57	87.76	7.30	0.59	0.06	0.11	0.02	0.01	3.58
A	0.05	2.01	87.62	5.37	0.45	0.18	0.04	0.05	4.22
BBB	0.03	0.21	4.15	84.44	4.39	0.89	0.26	0.37	5.26

最初评级	年　终　评　级								
	AAA	AA	A	BBB	BB	B	CCC	D	NR
BB	0.03	0.08	0.40	5.50	76.44	7.14	1.11	1.38	7.92
B	0.00	0.07	0.26	0.36	4.74	74.12	4.37	6.20	9.87
CCC	0.09	0.00	0.28	0.56	1.39	8.80	49.72	27.87	11.30

资料来源:Standard & Poor's(*Special Report:Ratings Performance 2002*,2003)。

**表 2.5　1980—2001 年标准普尔 NR-经过调整的全球 1 年期公司
平均转移概率和违约概率历史统计(%)**

最初评级	年　终　评　级							
	AAA	AA	A	BBB	BB	B	CCC	D
AAA	93.28	6.16	0.44	0.09	0.03	0.00	0.00	0.00
AA	0.62	91.64	7.04	0.53	0.06	0.09	0.02	0.01
A	0.06	2.20	91.77	5.26	0.44	0.18	0.04	0.05
BBB	0.04	0.25	4.64	89.45	4.35	0.75	0.25	0.27
BB	0.03	0.07	0.45	6.31	83.07	7.58	1.20	1.29
B	0.00	0.09	0.31	0.41	5.38	82.78	4.31	6.71
CCC	0.13	0.00	0.27	0.81	1.75	10.08	58.20	28.76

资料来源:Standard & Poor's(*Special Report:Ratings Performance 2001*,2002)。

表 2.6　1980—2001 年标准普尔全球 1 年期公司平均转移概率和违约概率历史统计(%)

最初评级	年　终　评　级								
	AAA	AA	A	BBB	BB	B	CCC	D	NR
AAA	89.62	5.92	0.43	0.09	0.03	0.00	0.00	0.00	3.93
AA	0.60	88.29	6.78	0.51	0.05	0.09	0.02	0.01	3.66
A	0.06	2.10	87.79	5.04	0.43	0.17	0.04	0.05	4.33
BBB	0.03	0.23	4.36	84.43	4.15	0.73	0.23	0.26	5.58
BB	0.02	0.06	0.41	5.75	75.98	7.05	1.09	1.22	8.42
B	0.00	0.08	0.27	0.35	4.77	74.15	3.90	5.96	10.53
CCC	0.11	0.00	0.22	0.67	1.45	8.95	51.34	24.72	12.53

资料来源:Standard & Poor's(*Special Report:Ratings Performance 2001*,2002)。

表 2.7 1975—2002 年标准普尔主权外汇市场 1 年期平均转移概率历史统计（％）

最初评级	年 终 评 级							
	AAA	AA	A	BBB	BB	B	CCC	SD
AAA	97.37	2.63	0.00	0.00	0.00	0.00	0.00	0.00
AA	2.79	95.53	0.56	0.00	0.56	0.56	0.00	0.00
A	0.00	2.70	95.50	1.80	0.00	0.00	0.00	0.00
BBB	0.00	0.00	6.50	87.80	4.07	1.63	0.00	0.00
BB	0.00	0.00	0.00	6.92	83.06	7.69	1.54	0.77
B	0.00	0.00	0.00	0.00	12.00	81.33	5.33	1.33
CCC	0.00	0.00	0.00	0.00	0.00	0.00	16.67	83.33
SD	0.00	0.00	0.00	0.00	0.00	20.00	10.00	70.00

资料来源：Standard & Poor's(*Special Report：Ratings Performance 2001*，2002)。

除了评级机构定期出版的资料①外，还有大量关于不同金融工具的历史违约率和转移概率的学术界实证研究。最详实的统计数据是经过评级分类的公司债的违约率。关于贷款的统计数据的来源渠道则要少一些。学术方面的研究论文综述见 Caouette 等(1998，第 15 章和第 16 章)，Carty 和 Lieberman(1998)以及 Carty(1998)。

转移矩阵的合意特征。如果我们用前面说到的方法估计转移矩阵，则会受限于带来样本误差的观察值不足问题，且并不能得到我们需要的所有特征。

- 转移矩阵估计需要大量数据保证估计间距足够小。在估计信用等级由 AAA 转变成违约一类的小概率事件时这一点是非常重要的。如 Lando 和 Skodeberg(2002)指出，即使在观察期内没有发生直接或者间接违约(例如，因信用降级而违约)，信用等级由 AAA 转变成违约的 1 年期转移概率的极大似然估计也不会是 0。
- 没有信用等级排序的不一致性。
  - ——信用等级越高违约的可能性越小。信用转移的距离越大则转移概率越小。
  - ——对于给定的信用等级而言，转变成邻近信用等级的转移概率大于转变成较远信用等级的转移概率。
- 信用等级具有均值回归特征。信用等级越高，回归特征越明显。
从表 2.3—表 2.8 和表 2.20—表 2.22 中，我们很容易发现不一致性：
- 表 2.21 中，信用等级为 A，违约概率是 0，这很可能是因为缺乏足够多的关于不可

---

① 如，标准普尔公司的年度出版物：《评级表现：稳健性和转移性》和穆迪公司的年度特别报告：《公司债违约和违约率》。

能事件的数据导致的。但信用等级为 A，其违约概率应该为正数。

- 表 2.22 中，信用等级为 BB 的违约概率高于信用等级为 B 的违约概率。这与信用等级越低，违约概率越高相矛盾。
- 表 2.3 中，信用等级 AA 转变成信用等级 B 的转移概率高于转变成信用等级 BB 的转移概率。但是 BB 较 B 更接近于 AA。
- 表 2.20 中，信用等级 AAA 转变成 BB 的转移概率高于信用等级 AA 转变成 BB 的转移概率。但是 AA 较 AAA 更靠近于 BB。
- 表 2.22 中，信用等级 B 仍然是 B 的转移概率高于信用等级 BB 仍然是 BB 的转移概率。但是均值回归说明，信用等级越高，信用等级保持不变的概率越高，信用等级越低，信用等级保持不变的概率越低。

表 2.8　1980—2002 年 D 是吸收状态假设下标准普尔 NR-经过调整的全球 1 年期公司平均转移概率和违约概率历史统计（%）

最初评级	年　终　评　级							
	AAA	AA	A	BBB	BB	B	CCC	D
AAA	93.06	6.29	0.45	0.14	0.06	0.00	0.00	0.00
AA	0.59	90.99	7.59	0.61	0.06	0.11	0.02	0.01
A	0.05	2.11	91.43	5.63	0.47	0.19	0.04	0.05
BBB	0.03	0.23	4.44	88.98	4.70	0.95	0.28	0.39
BB	0.04	0.09	0.44	6.07	82.73	7.89	1.22	1.53
B	0.00	0.08	0.29	0.41	5.32	82.06	4.90	6.95
CCC	0.10	0.00	0.31	0.63	1.57	9.97	55.82	31.58
D	0.00	0.00	0.00	0.00	0.00	0.00	0.00	100.00

资料来源：Standard & Poor's(*Special Report：Ratings Performance 2002*，2003)。

如果直接根据历史数据估计转移矩阵会产生一致性问题，我们就根据观察到的转移数据估计出具有某些特征的转移矩阵。这样，我们估计出的转移矩阵既接近于观察值，同时符合某些特征。例如，我们估计的转移矩阵最接近表 2.22，同时违约概率符合信用等级次序。下面我们将具体介绍。

转移矩阵比较。如果我们假设违约状态 D 是吸收状态，我们可以通过增加这样一行来拓展 NR-经过调整的转移矩阵：从 D 到其他状态的概率为 0，仍然处于状态 D 的概率为 1(比较图 2.3 与图 2.8)。注意由此得到的转移矩阵是二次的。如果我们要评估 NR-

经过调整的 $K \times K$ 转移矩阵 Tr 与 $\widetilde{Tr}$ 的统计相似性，我们可以使用范数①$\| \cdot \|$（单个矩阵的绝对度量）与标量度量② d（两个矩阵的相对度量）。标量度量抓住了矩阵的特征。

- Israel、Rosenthal 和 Wei（2001）使用 L^1 范数和 L^1 度量（绝对离差的平均值）。

$$\| Tr \|_{L^1} = \frac{1}{K^2} \sum_{R, \check{R}} | tr_{R, \check{R}} |$$

$$d_{L^1}(Tr, \widetilde{Tr}) = \frac{1}{K^2} \sum_{R, \check{R}} | tr_{R, \check{R}} - \widetilde{tr}_{R, \check{R}} |$$

- Bangia、Diebold、Kronimus、Schagen 和 Schuermann（2002）使用 L^2 范数和 L^2 度量（均方根离差的平均值）。

$$\| Tr \|_{L^2} = \frac{1}{K^2} \sqrt{\sum_{R, \check{R}} tr_{R, \check{R}}^2}$$

$$d_{L^2}(Tr, \widetilde{Tr}) = \frac{1}{K^2} \sqrt{\sum_{R, \check{R}} \left(tr_{R, \check{R}} - \widetilde{tr}_{R, \check{R}} \right)^2}$$

很多作者使用广义范数 $\| \cdot \|^*$（不满足所有范数基本条件）或者广义度量 d^*（不满足所有度量基本条件）。

- 基于 Shorrocks（1978），Geweke、Marshall 和 Zarkin（1986）提出了转移矩阵的特征值推广范数。

$$\| Tr \|_P^* = \frac{1}{K-1}(K - trace(Tr))$$

$$\| Tr \|_D^* = 1 - | \det(Tr) |$$

$$\| Tr \|_E^* = \frac{1}{K-1}\left(K - \sum_{i=1}^{K} |\xi_i(Tr)|\right)$$

$$\| Tr \|_2^* = 1 - | \xi_2(Tr) |$$

---

① 假设 $m, n \in \mathbb{N}$，如果下面条件满足，则函数 $\| \cdot \| : M(m, n) \to \mathbb{R}$ 称为矩阵范数。
- $\| \cdot \| > 0$，对于所有 $A \neq 0$, $A \in M(m, n)$
- $\| \alpha A \| = | \alpha | \| A \|$，对于所有 $\alpha \in \mathbb{R}$, $A \in M(m, n)$
- $\| A + B \| \leqslant \| A \| + \| B \|$，对于所有 $A, B \in M(m, n)$

这里 $M(m, n)$ 定义为所有 $m \times n$ 矩阵的向量空间。
② 假设 $m, n \in \mathbb{N}$, $M(m, n)$ 定义为所有 $m \times n$ 矩阵的向量空间。函数 $d : M(m, n) \times M(m, n) \to \mathbb{R}$,
$(x, y) \mapsto d(x, y)$
被称为 $M(m, n)$ 的度量，如果对于所有 $x, y, z \in M(m, n)$，满足下述条件：
- $d(x, y) \geqslant 0$
- $d(x, y) = 0 \Leftrightarrow x = y$
- $d(x, y) = d(y, x)$
- $d(x, z) \leqslant d(x, y) + d(y, z)$

其中，$trace(Tr)$ 是矩阵 Tr 的对角线元素之和，$det(Tr)$ 是矩阵 Tr 的行列式值，$\xi_i(Tr)$ 是矩阵 Tr 的第 i 个特征值，特征值从大到小排序。

- Arvanitis、Gregory 和 Laurent (1999) 通过计算矩阵范数 $\parallel \cdot \parallel$ 的标量比率，比较了下面两个转移矩阵的相似性。

$$d_{AGL}^*(Tr, \tilde{Tr}) = \frac{\parallel Tr\tilde{Tr} - \tilde{Tr}Tr \parallel}{\parallel Tr \parallel \cdot \parallel \tilde{Tr} \parallel}$$

其中，$d_{AGL}^*(Tr, \tilde{Tr})$ 介于 0 和 2 之间。如果矩阵 Tr 和 $\tilde{Tr}$ 有相同特征向量，则 $d_{AGL}^*(Tr, \tilde{Tr})$ 为 0，如果特征向量相差越大，$d_{AGL}^*(Tr, \tilde{Tr})$ 增加越快，反之亦然。Arvanitis、Gregory 和 Laurent 建议，如果 $d_{AGL}^*(Tr, \tilde{Tr}) \leqslant 0.08$ 成立，则可以认为 1 年期转移矩阵是相似的，但是我们并不能说明为什么 0.08 是足够小，也不能说清楚多大值可以拒绝相似性假设。

- 转移矩阵的一个重要特征就是对角占优，即大概率事件集中在对角线上，转移情况很少发生。因此，Jafry 和 Schuermann(2003) 建议转移矩阵减去单位矩阵 I，这样可以得到导纳矩阵以刻画初始矩阵的动态特征，然后计算导纳矩阵的奇异值（导纳矩阵所有特征值的平方根之和），同时定义广义范数为导纳矩阵的奇异值的平均。

$$\parallel Tr \parallel_{JS}^* = \frac{1}{K} \sum_{i=1}^{K} \sqrt{\xi_i((Tr-I)^T(Tr-I))}$$

根据违约数据估计转移矩阵。 通常由于缺乏数据，我们很难得到有价值的实证转移矩阵。根据 Perraudin(2001)，1990 年只有 5 个非工业国家的主权信用评级数据。如果我们要估计新兴市场国家主权债券的实证转移矩阵，将会面临很大的数据问题。许多亚洲国家直到 20 世纪 90 年代才有主权评级，90 年代末许多东欧和拉丁美洲国家才首次有了主权信用评级。因此，Perraudin(2001) 建议使用其他信息，例如非评级国家的违约数据。Hu、Kiesel 和 Perraudin(2001) 详细给出了根据转移概率和违约概率估计转移矩阵的方法。下面我们简要介绍其基本原理。

该方法建议用最大似然估计和有序 probit 模型[①]建立主权违约模型和主权信用等级模型。每个债务人的信用品质都可以通过某些变量进行解释。为了发现哪些变量对于主权债务人的信用品质是显著的，我们需要进行下面的实证研究：

- Cantor 和 Packer(1996)，Haque、Kumar 和 Mathieson(1996)，Juttner 和 McCarthy(1998) 以及 Monfort 和 Mulder(2000) 研究了决定主权信用等级相关因素。

---

① 对有序 probit 模型的介绍见 Greene(2000，第 875 页)。

- Edwards(1984)确定了主权违约的关键性驱动因素。
- Burton 和 Inoue(1985),Edwards(1986),Cantor 和 Packer(1996),Eichengreen 和 Mody(1998),Min(1998)以及 Kamin 和 Kleist(1999)研究了主权债务价差的决定因素。

影响主权信用的因素归纳如下:

- 流动性变量,例如债务出口比率(debt-service-to-exports)、利息支付率(interest-service ratio)、流动性缺口比率(liquidity gap ratio)。这些变量反映了一个国家的短期财务状况。
- 主权变量,例如外汇储备进口比(reserves-to-imports)、出口波动、债务与 GDP 比率。这些变量反映了一个国家的中长期偿债能力。
- 宏观基本面变量,例如通胀率、实际汇率、GDP 增速、出口增速。这些变量反映了一个国家的长期情况,可以评估一个国家的管理能力,也可以评估一个国家的经济动态。
- 外部冲击,例如国债利率、实际油价。

我们考虑 K 个信用等级水平$\{1, 2, \cdots, K\}$,每个债务人的信用等级由隐含变量 Y 决定,Y 由宏观经济变量及随机误差决定。

$$Y = \beta^T X + \varepsilon \tag{2.1}$$

其中,X 是 n 维解释变量向量,β 是 n 维参数向量,$\varepsilon \sim N(0, 1)$。Y 是不可观察的,我们能观察的只有债务人的信用等级。假定年初一个债务人的初始信用等级 $R \in \{1, 2, \cdots, K-1\}$,我们假设债务人在年末的信用等级 $\check{R}$ 为:

$$\begin{cases} K, 如果 Y \leqslant 0 = Z_{K-1} \\ K-1, 如果 Z_{K-1} < Y \leqslant Z_{K-2} \\ \vdots \\ 2, 如果 Z_2 < Y \leqslant Z_1 \\ 1, 如果 Z_1 < Y \end{cases} \tag{2.2}$$

其中,$Z = (Z_1, Z_2, \cdots, Z_{K-1})$ 是槛值向量,满足 $0 = Z_{K-1} < \cdots < Z_1$。$Z$ 是未知的,必须通过 β 估计出来,这样对于 $\check{R} \in \{1, 2, \cdots, K\}$,1 年期信用转移概率 $tr_{R, \check{R}}$ 为:

$$\begin{cases} tr_{R, K} = \Phi(-\beta^T X) \\ tr_{R, K-1} = \Phi(Z_{K-2} - \beta^T X) - \Phi(-\beta^T X) \\ \vdots \\ tr_{R, 2} = \Phi(Z_1 - \beta^T X) - \Phi(Z_2 - \beta^T X) \\ tr_{R, 1} = 1 - \Phi(Z_{K-1} - \beta^T X) \end{cases} \tag{2.3}$$

其中，Φ是标准正态分布函数，对数似然函数可以直接得到，然后使用优化方法。[1]许多主权国家都缺乏年份数据，但至少我们可以知道是否已经违约，我们通过是否违约的条件概率构建似然函数。

$$\begin{cases} tr_{R,K}(1) = \Phi(-\beta^T X) \\ \sum_{j=1}^{K-1} tr_{R,j}(1) = 1 - \Phi(-\beta^T X) \end{cases} \quad (2.4)$$

如果评级是可以观察的，我们就根据式(2.3)得到似然函数，如果评级结果是不可观察的，我们就使用式(2.4)得到似然函数。综合似然函数我们可以考虑更多主权国家更多年份而不是仅仅使用已有的数据进行估计，违约/非违约观察数据可以帮助估计 $\beta's$ 及槛值 $Z_{K-1}, \cdots, Z_1$。一旦得到 $\hat{\beta}$ 和 $\hat{Z}_{K-1}, \cdots, \hat{Z}_1$，对于债务人我们计算 $\hat{\beta}^T X$ 确定其落入区间 $(\hat{Z}_j, \hat{Z}_{j-1}]$，这样可以为所有国家建立各年份的信用等级数据，根据这些数据我们再用常规的方法估计转移概率。

贝叶斯转移矩阵估计。 为了综合各种不同方法估计的转移矩阵，我们可以采用拟贝叶斯方法。例如，假定我们想要综合通过贯序概率法估计的转移矩阵 Tr_{OP} 和标准普尔转移矩阵 $Tr_{S\&P}$，那么我们按照下式，将标准普尔转移矩阵作为先验条件，将 Tr_{OP} 作为更新，得到新的估计 Tr：

$$Tr = A \cdot Tr_{S\&P} + (I - A) \cdot Tr_{OP}$$

其中，$A = diag(a_1, a_2, \cdots, a_K)$ 是 $K \times K$ 维对角矩阵，对角线上元素 $a_1, a_2, \cdots, a_K \in [0, 1]$。既然 $Tr_{S\&P}$ 及 Tr_{OP} 都是对转移矩阵的估计，这种方法称为拟贝叶斯方法。我们可以用常用的两种方法来估计 A 的对角线上的元素。

- 全局估计法基于拟合 χ^2 统计量(见 Duffy and Santner, 1989)。
- 局部估计法：主要考虑转移矩阵的每一行——也是基于最优估计量(见 Bishop, Fienberg and Holland, 1975)。为了说明局部估计法，我们记 N_R 为最初等级为 R 的观察对象个数。从信用等级为 R 转变为 $\check{R}$ 的个数为 $M_{R,\check{R}}$，这样我们可以定义单独一行的权重因子 a_R 为

$$a_R = \frac{K_R}{N_R + K_R}$$

其中，$K_R = \dfrac{N_R^2 - \sum_{\check{R}} M_{R,\check{R}}^2}{\sum (M_{R,\check{R}} - N_R (Tr_{S\&P})_{R,\check{R}})^2}$。

[1] 见 Greene(2000, 第 820—823 页)。

标准普尔转移矩阵 $Tr_{S\&P}$ 拟合得越好，其权重越大。

离散情况下的马尔可夫链转移矩阵。前面我们讨论了如何计算 τ 年的历史平均转移矩阵，如果我们假设其对下一个 τ 年仍然有效，并且信用评级过程可以模型化为由该转移矩阵产生的马尔可夫链[①]，我们就可以在信用风险定价模型中应用该转移矩阵。在经典的存活模型中，有大量马尔可夫链转移矩阵性质（大量相关文献见 Kalbfleisch and Prentice，1980）。Lancaster(1990)侧重于将其运用于经济学，特别是失业持续时间（unemployment spells)中，Klein 和 Moeschberger(1997)将其应用于生物学与医学。最有意思的是在信用评级转移矩阵中的运用，如 Jarrow 等(1997)，Skodeberg(1998)，Lando (1999)，Kavvathas(2000)，Lando 和 Skodeberg(2002)，Christensen 和 Lando(2002)。从根本上说，转移矩阵的马尔可夫性表明，只要知道最初的信用等级就可以确定整个时期的转移概率，而不必统计整个历史信息。

时齐性情况。假设评级过程是时齐[②]K-状态的马尔可夫齐次过程，评级结果为 $R \in [1, 2, \cdots, K]$，1 表示信用等级最高，K 表示发生违约。我们可以用 1 代表标普 AAA，2 代表标普 AA，D 代表 K。首先我们考虑二次 $K \times K$ 维 τ 年($\tau \in \mathbb{R}^+$)转移矩阵。

$$Tr(\tau) = \begin{bmatrix} tr_{1,1}(\tau) & tr_{1,2}(\tau) & \cdots & tr_{1,K}(\tau) \\ tr_{2,1}(\tau) & tr_{2,2}(\tau) & \cdots & tr_{2,K}(\tau) \\ \vdots & \vdots & \ddots & \vdots \\ tr_{K,1}(\tau) & tr_{K,2}(\tau) & \cdots & tr_{K,K}(\tau) \end{bmatrix}$$

很明显，矩阵的所有元素非负，每行元素之和等于 1。

$$\sum_{R=1}^{K} tr_{R,\check{R}}(\tau) = 1, \ tr_{R,\check{R}}(\tau) \geqslant 0, \ 其中, R, \check{R} \in \{1, 2, \cdots, K\}$$

如果我们用 $Tr_{K,R}(\tau) = 0$ 及 $Tr_{K,K}(\tau) = 1$, $R \in \{1, 2, \cdots, K-1\}$。前面马尔可夫性与时齐性两个假设意味着，我们可以将概率转移矩阵自乘 n 次，计算出 $n \cdot \tau$ 年($n \in \mathbb{N}$)的转移矩阵，即

$$Tr(n \cdot \tau) = tr(\tau)^n$$

---

① 离散随机过程 $X = \{X_n, n \in \mathbb{N}\}$ 是一系列随机变量构成的，马尔可夫链（为纪念 Andrei Andreevich Markov 以其名字命名）是一个具有下面性质的随机过程：一系列随机变量 $X_1, X_2, X_3, \cdots$ 代表一系列的状态空间。X_n 是系统在时刻 n 的状态。（离散）马尔可夫性是指未来条件分布

$$X_{n+1}, X_{n+2} \cdots$$

仅仅依赖于 X_n，而与 $X_1, X_2, \cdots, X_{n-1}$ 无关。换言之，系统最近状态信息较历史状态信息更加重要。

② 时齐性意味着相同时间段（同样时间间隔）转移矩阵相同。

根据这种结构，如果当年信用等级为 $R \in \{1, 2, \cdots, K-1\}$，我们可以计算出 $n \cdot \tau$ 年后的违约概率。

$$\sum_{\check{R} \neq K} tr_{R, \check{R}}(n \cdot \tau) = 1 - tr_{R, K}(n \cdot \tau)$$
$$= 1 - (Tr(\tau)^n)_{RK}$$

例 2.3.1

表 2.8 表明了 NR-经过调整的全球 1 年期公司平均转移概率和违约概率的历史统计情况，对应的标准普尔信用等级为 AAA，AA，$\cdots$，CCC。我们计算相应的 2 年期转移矩阵。因为标准普尔矩阵的每一行之和不是都等于 1，我们通过下面方法略作修正。

$$Tr(2) = (Tr(1))^2$$

$$= \begin{bmatrix} 93.06 & 6.29 & 0.45 & 0.14 & 0.06 & 0.00 & 0.00 & 0.00 \\ 0.59 & 91.00 & 7.60 & 0.61 & 0.06 & 0.11 & 0.02 & 0.01 \\ 0.05 & 2.12 & 91.44 & 5.64 & 0.47 & 0.19 & 0.05 & 0.05 \\ 0.03 & 0.23 & 4.44 & 88.98 & 4.70 & 0.95 & 0.28 & 0.39 \\ 0.04 & 0.09 & 0.44 & 6.07 & 82.72 & 7.89 & 1.22 & 1.53 \\ 0.00 & 0.08 & 0.29 & 0.41 & 5.32 & 82.05 & 4.90 & 6.95 \\ 0.10 & 0.00 & 0.31 & 0.63 & 1.57 & 9.97 & 55.83 & 31.59 \\ 0.00 & 0.00 & 0.00 & 0.00 & 0.00 & 0.00 & 0.00 & 100.00 \end{bmatrix}^2$$

$$= \begin{bmatrix} 86.64 & 11.59 & 1.32 & 0.32 & 0.12 & 0.01 & 0.00 & 0.00 \\ 1.09 & 83.00 & 13.90 & 1.53 & 0.18 & 0.22 & 0.04 & 0.04 \\ 0.11 & 3.88 & 84.02 & 10.22 & 1.10 & 0.43 & 0.09 & 0.15 \\ 0.06 & 0.51 & 8.05 & 79.72 & 8.15 & 2.03 & 0.51 & 0.97 \\ 0.07 & 0.19 & 1.07 & 10.49 & 69.16 & 13.18 & 2.09 & 3.75 \\ 0.01 & 0.15 & 0.57 & 1.07 & 8.86 & 68.24 & 6.82 & 14.28 \\ 0.15 & 0.02 & 0.52 & 1.07 & 2.74 & 13.88 & 31.68 & 49.94 \\ 0.00 & 0.00 & 0.00 & 0.00 & 0.00 & 0.00 & 0.00 & 100.00 \end{bmatrix}$$

转移概率和商业周期。 历史转移矩阵提供了大量公司不同时期的平均转移概率。如前所述，实际使用历史转移矩阵时通常假设转移概率和违约概率是常数。如果数据足够多，这些历史转移矩阵被视为实际转移矩阵最好的近似。根据 Jarrow 等(1997)，时齐性假设对于投资级债券比对于投机级债券更合理。实际上，我们应该记住，这种假设忽略了经济条件是不断变化的，转移概率与商业周期密切相关。使用历史转移概率和违约概率作为未来转移概率与违约概率的近似同样忽略了信用等级越低违约概率变化越大的事实,同时也忽略了违约概率与商业周期相关。实际上,转移概率和违约概率随着经济条件的不断变化而变化。因此过去的观察值并不能反映当前情况。图 2.1 是信用等级 CCC 的 1 年期违约概率曲线,可以看出违约概率变化很大。图 2.1 同时显示 1982 年、20 世纪 80 年代末 90 年代初、1995 年以及 21 世纪初的经济衰退情况。

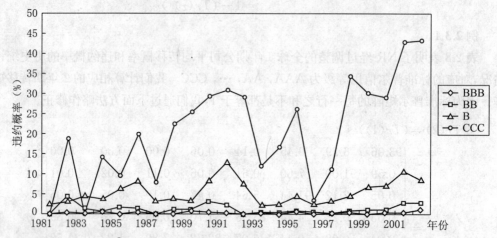

资料来源:Standard & Poor's(*Special Report*:*Ratings Performance 2002*, 2003)。

图 2.1 1980—2002 年标准普尔各个信用等级 1 年期违约概率

Duffie 和 Singleton(2003)对于投资级债券与投机级债券,分别计算了信用等级提高数与降低数比率(称之为 U/D 比率)的四季度移动平均,并将之与美国国内生产总值(GDP)在样本期 1983—1997 年的增长率四季度移动平均值作了比较。他们发现,GDP 与投资级债券的 U/D 比率的样本相关系数是 0.198,GDP 与投机级债券的 U/D 比率的样本相关系数是 0.652。这样的结果支持了前面的假设:时齐性对于投资级债券比对于投机级债券更合理。

Nickell、Perraudin 和 Varotto(1998)检查了商业周期不同阶段的 1 年期信用等级转移概率会有所不同,使用的数据是穆迪名义无担保长期公司债券和主权债券信用等级,时间从 1970 年 12 月至 1997 年 12 月,样本为 6 534 个债务人的信用评级历史。首先,他们将商业周期分为繁荣、常态、萧条三个时期,划分根据是样本期的 GDP 值,然后估计了无条件转移概率(表 2.9)和三个取决于经济状况的条件转移概率(表 2.10—表 2.12)。

Nickell 等(1998)得出下面结论:

● 在商业周期繁荣期,信用等级低的债务人信用等级变化不大且信用等级下降的可能性小。

● 投资级债券在商业周期繁荣期信用等级变化不大,在商业周期萧条期波动大。

● 违约概率对商业周期非常敏感。

表 2.9 1970—1997 年穆迪无担保长期公司债券和主权债券信用等级无条件转移概率(%)

最初评级	年 终 评 级								
	Aaa	Aa	A	Baa	Ba	B	Caa	Ca/C	D
Aaa	90.4	8.7	0.8	—	0.0	—	—	—	—
Aa	1.1	89.5	8.9	0.4	0.1	0.0	—	—	—
A	0.1	2.3	92.1	5.0	0.5	0.1	0.0	—	0.0
Baa	0.0	0.2	5.4	89.1	4.4	0.6	0.1	—	0.1
Ba	0.0	0.0	0.5	5.4	85.7	6.7	0.2	0.0	1.3
B	0.0	0.1	0.2	0.7	6.8	83.0	1.9	0.5	6.9
Caa	—	—	—	0.9	2.5	8.0	66.6	3.7	18.4
Ca/C	—	—	—	—	0.9	5.6	15.0	57.9	20.6
D	—	—	—	—	—	—	—	—	100

资料来源:Nickell 等(1998)。

表 2.10 1970—1997 年穆迪无担保长期公司债券和主权债券信用
等级商业周期萧条期条件转移概率(%)

最初评级	年 终 评 级								
	Aaa	Aa	A	Baa	Ba	B	Caa	Ca/C	D
Aaa	89.6	10.0	0.4	—	—	—	—	—	—
Aa	0.9	88.3	10.7	0.1	0.0	—	—	—	—
A	0.1	2.7	91.1	5.6	0.4	0.0	—	—	0.0
Baa	0.0	0.3	6.6	86.8	5.6	0.4	0.2	—	0.1
Ba	—	0.1	0.5	5.9	83.1	8.4	0.3	0.0	1.7
B	—	0.1	0.2	0.8	6.6	79.6	2.2	1.0	9.4
Caa	—	—	—	0.9	1.9	9.3	63.0	1.9	23.1
Ca/C	—	—	—	—	—	5.9	5.9	64.7	23.5
D	—	—	—	—	—	—	—	—	100

资料来源:Nickell 等(1998)。

表 2.11　1970—1997 年穆迪无担保长期公司债券和主权债券信用
等级商业周期常态期条件转移概率(%)

最初评级	年　终　评　级								
	Aaa	Aa	A	Baa	Ba	B	Caa	Ca/C	D
Aaa	92.2	7.4	0.3	—	0.1	—	—	—	—
Aa	1.5	87.5	10.1	0.7	0.2				
A	0.0	1.8	91.7	5.4	0.8	0.2	0.0		
Baa	0.1	0.2	5.2	88.1	4.9	1.2	0.0	—	0.2
Ba	0.1	0.0	0.3	5.4	85.7	6.7	0.2	0.0	1.5
B	0.1	0.1	0.4	0.8	6.6	83.6	1.6	0.3	6.6
Caa	—	—	—		2.8	9.3	59.8	8.4	19.6
Ca/C	—	—	—		—	8.3	8.3	70.8	12.5
D									100.0

资料来源：Nickell 等(1998)。

表 2.12　1970—1997 年穆迪无担保长期公司债券和主权债券
信用等级商业周期繁荣期条件转移概率(%)

最初评级	年　终　评　级								
	Aaa	Aa	A	Baa	Ba	B	Caa	Ca/C	D
Aaa	89.7	8.5	1.8	—		—	—		—
Aa	0.8	93.2	5.6	0.3	0.1	0.1			
A	0.0	2.3	93.4	3.9	0.3	0.1			
Baa	—	0.2	4.4	92.2	2.8	0.3	0.1	—	0.1
Ba		0.0	0.6	4.8	88.5	5.0	0.3	—	0.7
B			0.1	0.3	7.2	85.8	2.0	0.1	4.5
Caa				1.8	2.7	5.4	76.6	0.9	12.6
Ca/C	—	—			2.0	4.1	24.5	46.9	22.4
D									100.0

资料来源：Nickell 等(1998)。

　　我们的分析与 Nickell 等(1998)相同,但是标准普尔评级数据来自 1980 年 12 月至 2002 年 12 月大约 6 600 家美国公司债券的评级结果,如图 2.2 所示。

	AAA	AA	A	BBB	BB	B	CCC	CC	C	D
AAA	93.98	5.40	0.50	0.04	0.08	0.00	0.00	0.00	0.00	0.00
AA	0.58	91.78	6.78	0.61	0.10	0.12	0.01	0.00	0.00	0.01
A	0.07	2.05	91.81	5.38	0.48	0.17	0.01	0.02	0.00	0.02
BBB	0.04	0.22	4.53	89.63	4.40	0.80	0.13	0.01	0.02	0.21
BB	0.03	0.07	0.47	6.06	83.40	8.15	0.88	0.03	0.00	0.91
B	0.00	0.09	0.25	0.36	4.89	84.77	4.80	0.54	0.04	4.17
CCC	0.07	0.00	0.14	0.43	0.93	5.14	78.87	1.36	0.14	12.92
CC	0.00	0.00	0.00	0.00	0.77	0.77	3.08	83.85	0.77	10.77
C	0.00	0.00	0.00	0.00	0.00	0.00	12.50	0.00	50.00	37.50
D	0.00	0.00	0.00	0.00	0.00	0.00	0.00	0.00	0.00	100.00

	AAA	AA	A	BBB	BB	B	CCC	CC	C	D
AAA	92.73	6.73	0.36	0.09	0.09	0.00	0.00	0.00	0.00	0.00
AA	0.60	93.39	5.14	0.66	0.03	0.13	0.03	0.00	0.00	0.03
A	0.07	2.15	93.21	4.13	0.28	0.15	0.07	0.00	0.00	0.02
BBB	0.04	0.31	5.47	89.53	3.56	0.85	0.07	0.00	0.00	0.16
BB	0.07	0.07	0.36	7.13	84.75	6.53	0.66	0.00	0.00	0.43
B	0.00	0.03	0.41	0.41	5.42	86.55	3.45	0.38	0.00	3.30
CCC	0.00	0.00	0.18	0.55	0.91	6.03	83.18	0.37	0.18	8.59
CC	0.00	0.00	0.00	0.00	0.00	0.00	0.00	90.63	3.13	6.25
C	0.00	0.00	0.00	0.00	0.00	0.00	33.33	0.00	33.33	33.33
D	0.00	0.00	0.00	0.00	0.00	0.00	0.00	0.00	0.00	100.00

	AAA	AA	A	BBB	BB	B	CCC	CC	C	D
AAA	95.02	3.98	0.87	0.00	0.12	0.00	0.00	0.00	0.00	0.00
AA	0.57	90.42	7.82	0.88	0.13	0.18	0.00	0.00	0.00	0.00
A	0.07	1.63	91.34	5.92	0.72	0.28	0.02	0.00	0.00	0.02
BBB	0.00	0.18	3.90	89.99	4.66	0.94	0.18	0.03	0.00	0.12
BB	0.00	0.08	0.58	5.49	85.27	6.73	0.87	0.08	0.00	0.91
B	0.00	0.07	0.07	0.40	5.16	84.83	5.26	0.44	0.00	3.78
CCC	0.00	0.00	0.18	0.36	0.89	5.35	78.43	1.43	0.18	13.19
CC	0.00	0.00	0.00	0.00	1.39	1.39	5.56	77.78	0.00	13.89
C	0.00	0.00	0.00	0.00	0.00	0.00	0.00	0.00	75.00	25.00
D	0.00	0.00	0.00	0.00	0.00	0.00	0.00	0.00	0.00	100.00

	AAA	AA	A	BBB	BB	B	CCC	CC	C	D
AAA	95.04	4.76	0.20	0.00	0.00	0.00	0.00	0.00	0.00	0.00
AA	0.54	90.24	8.99	0.00	0.23	0.00	0.00	0.00	0.00	0.00
A	0.07	2.52	89.48	7.31	0.51	0.04	0.00	0.07	0.00	0.00
BBB	0.10	0.10	3.51	89.26	5.79	0.45	0.20	0.00	0.10	0.50
BB	0.00	0.07	0.51	4.71	77.16	14.21	1.38	0.00	0.00	1.96
B	0.00	0.26	0.26	0.20	3.15	80.62	7.42	1.12	0.07	6.90
CCC	0.34	0.00	0.00	0.34	1.02	3.07	71.67	3.07	0.00	20.48
CC	0.00	0.00	0.00	0.00	0.00	0.00	0.00	92.31	0.00	7.69
C	0.00	0.00	0.00	0.00	0.00	0.00	0.00	0.00	0.00	100.00
D	0.00	0.00	0.00	0.00	0.00	0.00	0.00	0.00	0.00	100.00

注：从上到下依次为：商业周期繁荣期的无条件转移矩阵和条件转移矩阵，商业周期常态期的条件转移矩阵，商业周期萧条期的条件转移矩阵。

图 2.2　从 1980 年 12 月至 2002 年 12 月美国公司债券评级历史数据中估计的转移矩阵

如果我们希望对子样本进行这样的分析,就会碰到缺乏数据问题。Nickell 等(1998)建议使用有序 probit 模型[1]来检查某些特定债务人转移矩阵的不同外部变量(如商业周期)的显著性。例如,他们将美国金融债券和美国工业债券作为子样本——均经历商业周期的不同时期(见表 2.13—表 2.16)。这个模型隐含地假设,对于给定的商业周期时期,1 年期债务人之间彼此是独立的,当商业周期状态改变时才考虑其相关性。

表 2.13　1970—1997 年穆迪无担保长期美国金融债券信用等级商业周期萧条期条件转移概率(%)

最初评级	年　终　评　级							
	Aaa	Aa	A	Baa	Ba	B	Caa	Ca/C	D
Aaa	83.1	15.0	1.9	—	—	—	—	—
Aa	0.4	84.6	14.1	0.7	0.2	—	—	—
A	0.0	2.0	92.0	5.3	0.5	0.1	—	—
Baa		0.7	11.1	86.3	1.7	0.2	0.0		0.0
Ba			0.8	7.9	86.6	4.0	0.1		0.6
B			0.4	1.1	10.2	82.9	1.3	0.3	3.8
Caa					1.7	6.2	66.5	4.3	21.3
Ca/C						0.7	4.2	48.8	46.3
D									100.0

资料来源:Nickell 等(1998)。

表 2.14　1970—1997 年穆迪无担保长期美国金融债券信用等级商业周期繁荣期条件转移概率(%)

最初评级	年　终　评　级							
	Aaa	Aa	A	Baa	Ba	B	Caa	Ca/C	D
Aaa	87.7	11.1	1.1	—	—	—	—	—
Aa	0.9	90.0	8.7	0.3	0.1	—	—	—
A	0.0	2.0	91.9	5.4	0.5	0.1	—	—
Baa	—	0.7	10.8	86.5	1.8	0.2	0.0		0.0
Ba			1.1	9.7	85.6	3.1	0.1		0.4
B			0.6	1.5	12.1	81.7	1.0	0.2	2.9
Caa				3.7	10.6	69.8	3.1		12.7
Ca/C						2.0	8.5	58.6	30.9
D									100.0

资料来源:Nickell 等(1998)。

---

① 有序 probit 模型的定义及解释见式(2.1)—式(2.3)。

表 2.15　1970—1997 年穆迪无担保长期美国工业债券信用等级商业周期萧条期条件转移概率(%)

最初评级	年　终　评　级								
	Aaa	Aa	A	Baa	Ba	B	Caa	Ca/C	D
Aaa	89.0	10.0	0.9	—	—	—	—	—	—
Aa	0.6	87.8	10.9	0.5	0.1	—	—	—	—
A	0.1	2.3	92.4	4.7	0.4	0.1	—	—	—
Baa	—	0.2	4.6	89.5	4.8	0.7	0.1	—	0.1
Ba	—	—	0.2	3.5	85.7	8.5	0.3	—	1.8
B	—	—	0.2	0.5	5.7	83.5	2.1	0.5	7.5
Caa	—	—	—	—	2.2	7.5	68.1	3.9	18.3
Ca/C	—	—	—	—	—	3.9	13.1	61.8	21.2
D	—	—	—	—	—	—	—	—	100.0

资料来源：Nickell 等(1998)。

表 2.16　1970—1997 年穆迪无担保长期美国工业债券信用评级商业周期繁荣期条件转移概率(%)

最初评级	年　终　评　级								
	Aaa	Aa	A	Baa	Ba	B	Caa	Ca/C	D
Aaa	92.4	7.1	0.5	—	—	—	—	—	—
Aa	1.4	91.9	6.5	0.2	0.1	—	—	—	—
A	0.1	2.3	92.3	4.8	0.5	0.1	—	—	—
Baa	—	0.2	4.5	89.5	4.9	0.7	0.1	—	0.1
Ba	—	—	0.3	4.4	86.7	7.0	0.2	—	1.3
B	—	—	0.2	0.6	7.0	83.9	1.8	0.4	6.0
Caa	—	—	—	—	4.8	12.3	69.7	2.8	10.5
Ca/C	—	—	—	—	—	8.8	20.5	59.4	11.4
D	—	—	—	—	—	—	—	—	100.0

资料来源：Nickell 等(1998)。

我们得出下面有意思的观察结果：

● 在萧条期时，信用等级高的银行较其他行业容易遭到降级。

● 信用等级低的银行和信用等级低的其他行业差别不大。

我们用自己的数据库对子样本进行分析，样本来自 1980 年 12 月至 2002 年 12 月 6 600 家美国公司债券标准普尔评级历史数据。

我们考虑 2 个子样本：金融业和保险业公司的债券，来自其他行业公司的债券。统计结果如图 2.3 和图 2.4 所示。

	AAA	AA	A	BBB	BB	B	CCC	CC	C	D
AAA	95.24	4.41	0.21	0.07	0.07	0.00	0.00	0.00	0.00	0.00
AA	0.50	92.82	6.22	0.37	0.03	0.00	0.03	0.00	0.00	0.03
A	0.07	2.83	93.53	3.15	0.29	0.10	0.00	0.00	0.00	0.02
BBB	0.06	0.91	5.95	87.66	3.79	0.79	0.51	0.00	0.00	0.34
BB	0.00	0.30	1.64	10.76	76.83	7.62	1.49	0.00	0.00	1.35
B	0.00	0.28	0.84	1.68	7.56	77.59	7.56	0.28	0.00	4.20
CCC	0.53	0.00	0.00	0.00	2.65	2.12	85.71	1.59	0.00	7.41
CC	0.00	0.00	0.00	0.00	0.00	0.00	0.00	87.50	0.00	12.50
C	—	—	—	—	—	—	—	—	—	—
D	0.00	0.00	0.00	0.00	0.00	0.00	0.00	0.00	0.00	100.00

	AAA	AA	A	BBB	BB	B	CCC	CC	C	D
AAA	95.13	4.41	0.15	0.15	0.15	0.00	0.00	0.00	0.00	0.00
AA	0.56	94.37	4.52	0.35	0.07	0.00	0.07	0.00	0.00	0.07
A	0.05	3.22	94.33	2.20	0.05	0.10	0.00	0.00	0.00	0.05
BBB	0.12	1.09	7.41	87.73	2.19	0.73	0.36	0.00	0.00	0.36
BB	0.00	0.35	1.75	14.39	75.79	5.96	1.05	0.00	0.00	0.70
B	0.00	0.00	1.29	2.58	9.03	80.00	5.16	0.65	0.00	1.29
CCC	0.00	0.00	0.00	0.00	1.20	3.61	87.95	0.00	0.00	7.23
CC	0.00	0.00	0.00	0.00	0.00	0.00	0.00	100.00	0.00	0.00
C	—	—	—	—	—	—	—	—	—	—
D	0.00	0.00	0.00	0.00	0.00	0.00	0.00	0.00	0.00	100.00

	AAA	AA	A	BBB	BB	B	CCC	CC	C	D
AAA	95.74	3.87	0.39	0.00	0.00	0.00	0.00	0.00	0.00	0.00
AA	0.28	92.49	6.67	0.56	0.00	0.00	0.00	0.00	0.00	0.00
A	0.07	2.44	94.56	2.72	0.14	0.07	0.00	0.00	0.00	0.00
BBB	0.00	0.96	4.82	88.10	4.50	0.80	0.48	0.00	0.00	0.32
BB	0.00	0.40	1.61	10.89	79.44	5.24	0.81	0.00	0.00	1.61
B	0.00	0.00	0.72	1.45	8.70	77.54	6.52	0.00	0.00	5.07
CCC	0.00	0.00	0.00	0.00	2.94	1.47	88.24	1.47	0.00	5.88
CC	0.00	0.00	0.00	0.00	0.00	0.00	0.00	83.33	0.00	16.67
C	—	—	—	—	—	—	—	—	—	—
D	0.00	0.00	0.00	0.00	0.00	0.00	0.00	0.00	0.00	100.00

	AAA	AA	A	BBB	BB	B	CCC	CC	C	D
AAA	94.49	5.51	0.00	0.00	0.00	0.00	0.00	0.00	0.00	0.00
AA	0.81	89.00	10.18	0.00	0.00	0.00	0.00	0.00	0.00	0.00
A	0.15	2.52	89.04	6.81	1.33	0.15	0.00	0.00	0.00	0.00
BBB	0.00	0.31	4.36	86.60	6.54	0.93	0.93	0.00	0.00	0.31
BB	0.00	0.00	1.47	2.94	74.26	15.44	3.68	0.00	0.00	2.21
B	0.00	1.56	0.00	0.00	1.56	71.88	15.63	0.00	0.00	9.38
CCC	2.63	0.00	0.00	0.00	5.26	0.00	76.32	5.26	0.00	10.53
CC	0.00	0.00	0.00	0.00	0.00	0.00	0.00	75.00	0.00	25.00
C	—	—	—	—	—	—	—	—	—	—
D	0.00	0.00	0.00	0.00	0.00	0.00	0.00	0.00	0.00	100.00

注：从上到下依次为：商业周期繁荣期的无条件转移矩阵和条件转移矩阵，商业周期常态期的条件转移矩阵，商业周期萧条期的条件转移矩阵。

图 2.3　1980 年 12 月至 2002 年 12 月从美国公司债券评级历史数据(金融业和保险业)中估计的转移矩阵

	AAA	AA	A	BBB	BB	B	CCC	CC	C	D
AAA	92.14	6.84	0.92	0.00	0.10	0.00	0.00	0.00	0.00	0.00
AA	0.64	90.95	7.23	0.80	0.16	0.21	0.00	0.00	0.00	0.00
A	0.07	1.70	91.03	6.40	0.56	0.20	0.01	0.02	0.00	0.01
BBB	0.04	0.07	4.22	90.07	4.53	0.80	0.05	0.01	0.02	0.19
BB	0.03	0.05	0.34	5.54	84.11	8.21	0.81	0.03	0.00	0.86
B	0.00	0.08	0.22	0.30	4.76	85.11	4.76	0.55	0.04	4.17
CCC	0.00	0.00	0.17	0.50	0.66	5.61	77.81	1.32	0.17	13.78
CC	0.00	0.00	0.00	0.00	0.88	0.88	3.51	83.33	0.88	10.53
C	0.00	0.00	0.00	0.00	0.00	0.00	12.50	0.00	50.00	37.50
D	0.00	0.00	0.00	0.00	0.00	0.00	0.00	0.00	0.00	100.00

	AAA	AA	A	BBB	BB	B	CCC	CC	C	D
AAA	89.16	10.16	0.68	0.00	0.00	0.00	0.00	0.00	0.00	0.00
AA	0.63	92.58	5.65	0.91	0.00	0.23	0.00	0.00	0.00	0.00
A	0.07	1.63	92.67	5.06	0.39	0.17	0.00	0.00	0.00	0.00
BBB	0.03	0.14	5.03	89.94	3.88	0.88	0.00	0.00	0.00	0.11
BB	0.07	0.04	0.22	6.37	85.69	6.59	0.62	0.00	0.00	0.40
B	0.00	0.03	0.36	0.30	5.25	86.86	3.37	0.36	0.06	3.40
CCC	0.00	0.00	0.22	0.65	0.86	6.47	82.33	0.43	0.22	8.84
CC	0.00	0.00	0.00	0.00	0.00	0.00	0.00	88.46	3.85	7.69
C	0.00	0.00	0.00	0.00	0.00	0.00	33.33	0.00	33.33	33.33
D	0.00	0.00	0.00	0.00	0.00	0.00	0.00	0.00	0.00	100.00

	AAA	AA	A	BBB	BB	B	CCC	CC	C	D
AAA	93.73	4.18	1.74	0.00	0.35	0.00	0.00	0.00	0.00	0.00
AA	0.84	88.52	8.86	1.18	0.25	0.34	0.00	0.00	0.00	0.00
A	0.07	1.22	89.72	7.52	1.01	0.38	0.03	0.00	0.00	0.03
BBB	0.00	0.00	3.69	90.42	4.70	0.98	0.11	0.04	0.00	0.07
BB	0.00	0.05	0.46	4.87	85.93	6.90	0.87	0.09	0.00	0.83
B	0.00	0.07	0.04	0.35	4.99	85.18	5.20	0.46	0.00	3.72
CCC	0.00	0.00	0.20	0.41	0.61	5.88	77.08	1.42	0.20	14.20
CC	0.00	0.00	0.00	0.00	1.52	1.52	6.06	77.27	0.00	13.64
C	0.00	0.00	0.00	0.00	0.00	0.00	0.00	0.00	75.00	25.00
D	0.00	0.00	0.00	0.00	0.00	0.00	0.00	0.00	0.00	100.00

	AAA	AA	A	BBB	BB	B	CCC	CC	C	D
AAA	95.60	4.00	0.40	0.00	0.00	0.00	0.00	0.00	0.00	0.00
AA	0.37	90.99	8.27	0.00	0.37	0.00	0.00	0.00	0.00	0.00
A	0.05	2.52	89.62	7.47	0.24	0.00	0.00	0.10	0.00	0.00
BBB	0.12	0.06	3.35	89.76	5.65	0.35	0.06	0.00	0.12	0.53
BB	0.00	0.08	0.40	4.91	77.47	14.08	1.13	0.00	0.00	1.93
B	0.00	0.21	0.27	0.21	3.22	81.00	7.06	1.17	0.07	6.79
CCC	0.00	0.00	0.00	0.39	0.39	3.53	70.98	2.75	0.00	21.96
CC	0.00	0.00	0.00	0.00	0.00	0.00	0.00	95.45	0.00	4.55
C	0.00	0.00	0.00	0.00	0.00	0.00	0.00	0.00	0.00	100.00
D	0.00	0.00	0.00	0.00	0.00	0.00	0.00	0.00	0.00	100.00

注：从上到下依次为：商业周期繁荣期的无条件转移矩阵和条件转移矩阵，商业周期常态期的条件转移矩阵，商业周期萧条期的条件转移矩阵。

图 2.4　1980 年 12 月至 2002 年 12 月从美国公司债券评级历史数据（金融业和保险业除外）中估计的转移矩阵

非时齐性情况。Altman 和 Kao(1992a，1992c)，Carty 和 Fons(1993)，Altman(1998)，Nickell、Perraudin 和 Varotto(2000)，Bangia 等(2002)与 Lando 和 Skodeberg(2002)在分析转移概率数据时发现存在非时齐性，例如评级飘移和对商业周期敏感等。如果我们假设转移概率随时间变化而变化，放松了时齐性假设后在研究多时期的转移矩阵时就需要添加时间下标。

定义 2.3.2

给定时刻 $t_0(t_0 < t)$ 的信用等级，我们定义描述 t 时刻评级概率分布的转移矩阵为：

$$Tr(t_0, t) = (tr_{R, \check{R}}(t_0, t))_{R, \check{R}}$$

其中，$tr_{R, \check{R}}(t_0, t)$ 是从 t_0 时刻信用等级为 R 转变成 t 时刻信用等级为 $\check{R}$ 的转移概率。

对于离散情况

$$t_0 < t_1 < t_2 < \cdots < t_n < t_{n+1} < \cdots$$

时间段 $[t_{i-1}, t_i]$ 的转移矩阵为 $Tr(t_{i-1}, t_i)$，$i = 1, 2, \cdots, n$，这样根据马尔可夫性，多期转移矩阵 $Tr(t_0, t_n)$ 为：

$$Tr(t_0, t_n) = \prod_{i=1}^{n} Tr(t_{i-1}, t_i)$$

这样，我们可以计算初期信用等级为 $R \in \{1, 2, \cdots, K-1\}$ 的债务人在时刻 t_n 后的违约概率。

$$\sum_{\check{R} \neq K} tr_{R, \check{R}}(t_0, t_n) = 1 - tr_{R, K}(t_0, t_n)$$

$$= 1 - \left(\prod_{i=1}^{n} Tr(t_{i-1}, t_i)\right)_{R, K}$$

例 2.3.2

设 $t_i - t_{i-1} = 1$，$i = 1, 2, 3, \cdots$，我们假设 1 年期转移概率与商业周期相关，同时考虑马尔可夫过程 X_{t_i}，$i = 0, 1, 2, 3, \cdots, n, \cdots$。那么，对于所有 i 有

$$Tr(t_{i-1}, t_i) = Tr(X_{t_{i-1}})$$

对于所有 n 有

$$Tr(t_0, t_n) = \prod_{i=1}^{n} Tr(X_{t_{i-1}})$$

即，多期转移概率依赖于马尔可夫过程 X 所取的路径。

分析非马尔可夫性。 当研究宏观经济条件的变化时，即使我们采用非时齐模型，马

尔可夫链假设也是有问题的。例如,Altman 和 Kao(1992a),Altman 和 Kao(1992c),
Carthy 和 Fons(1994),Jonsson 和 Fridson(1996),Helwege 和 Kleiman(1996),Kav-
vathas(2000),Lando 和 Skodeberg(2002)指出,转移概率与其在目前信用等级上停留的
时间和可违约金融工具的年限相关(称为老化效应)。例如,Altman 和 Kao(1992a)考察
各个债券不同时期的违约性,他们发现,违约风险在发行后 3—4 年是上升的。此外,Car-
thy 和 Fons(1994),Behar 和 Nagpal(1999),Kavvathas(2000),Lando 和 Skodeberg
(2002)的研究也表明,信用转移存在动量效应,即对于某个信用等级的债务人而言,先前
的信用等级和其将来信用等级的变化相关。特别地,即使是信用等级相同的债务人,其
信用品质也会有所不同。

    转移概率及老化效应。Carthy 和 Fons(1994)使用 1923 年 5 月至 1993 年 6 月的评
级数据库和 1970 年至 1992 年的公司债违约数据库,分析债务人停留在具体信用等级上
的平均时间长度。他们发现 Weibull 分布[1]最接近于债券信用等级的生命周期模型。通
过采用极大似然法,他们估计了穆迪的每个长期和短期信用等级的分布的参数。从估计
的分布中,很容易计算每个信用等级的平均存在期。表 2.17 和表 2.18 给出了参数估计
的结果。一般来说,随着信用品质下降,债务人停留的具体信用等级的形状参数和刻度
参数以及时间长度都会下降。

表 2.17 长期评级的 Weibull 分布形状参数和刻度参数估计

信用等级	形状参数	刻度参数	均值
Aaa	1.10	10.29	9.93
Aa	1.16	8.90	8.45
A	1.02	9.99	9.91
Baa	0.99	7.28	7.31
Ba	1.06	5.04	4.93
B	0.91	3.90	4.08
Caa	0.57	2.27	3.66

资料来源:Carthy 和 Fons(1994)与我自己的估算。

---

[1] 如果概率密度函数满足下面的条件,则称随机变量 X 服从 Weibull 分布:

$$w(x, a, b) = \left(\frac{b}{a}\right)\left(\frac{x}{a}\right)^{b-1}e^{-\left(\frac{x}{a}\right)^b}$$

其中,$a > 0$,$b \geqslant 0$,a 是形状参数,b 是刻度参数。

表 2.18　短期评级的 Weibull 分布形状参数和刻度参数估计

信用等级	形状参数	刻度参数	均值
Aaa	1.38	6.85	6.26
Aa1	1.05	7.76	7.61
Aa2	1.25	3.66	3.41
Aa3	1.12	5.30	5.08
A1	1.16	4.02	3.82
A2	1.09	3.83	3.71
A3	1.09	3.04	2.94
Baa1	1.13	2.90	2.77
Baa2	1.05	2.66	2.61
Baa3	1.15	2.29	2.18
Ba1	1.10	2.62	2.53
Ba2	1.10	2.47	2.38
Ba3	1.20	3.08	2.90
B1	1.03	2.64	2.61
B2	1.06	2.14	2.09
B3	0.82	1.76	1.96
Caa	0.70	1.16	1.47

资料来源:Carthy 和 Fons(1994)与我自己的估算。

评级动量效应。评级动量效应是指,先前的信用等级变化对未来的信用等级变化具有预测作用。例如,当债务人信用等级下降时,其下一年信用等级很可能是下降而不是上升,这样信用转移矩阵就不具备马尔可夫性,因为当前的信用等级并不能完全决定未来信用等级的转移概率。

Carthy 和 Fons(1994)将穆迪投资级信用等级的字母分类定义如下:

- 假设 1(H1):没有上升动量效应(即先前的信用等级是上升的,其未来信用等级上升的概率小于或等于下降的概率)。
- 假设 2(H2):没有下降动量效应(即先前的信用等级是下降的,其未来信用等级下降的概率小于或等于上升的概率)。

因此,他们只考虑债务人信用等级发生改变的情况,并根据信用等级下降还是上升将其归类。

对于每个债务人归属的群 $i, j (i \in \{\text{Aa, A, Baa, Ba, B}\}, j \in \{u, d\}, u = up, d = down)$，我们定义下面的变量：

$$\delta_{i,j} = \begin{cases} 1, & 1\text{年内信用等级上升} \\ -1, & 1\text{年内信用等级下降} \\ 0, & 1\text{年内信用等级不变} \end{cases}$$

其中，

$p_{i,j,u}$ 为 $\delta_{i,j} = 1$ 的概率

$p_{i,j,d}$ 为 $\delta_{i,j} = -1$ 的概率

$p_{i,j,0}$ 为 $\delta_{i,j} = 0$ 的概率

假设 $n_{i,j}$ 是群 i, j 中债务人的数量，$\delta_{i,j,k}$ 根据群 i, j 中第 k 个债务人的行为确定，是随机变量 $\delta_{i,j}$ 的实现。由于样本规模非常大，假设下面的样本均值

$$Z_{i,j} = \frac{1}{n_{i,j}} \sum_{k=1}^{n_{i,j}} \delta_{i,j,k}, \quad i \in \{\text{Aa, A, Baa, Ba, B}\}, \quad j \in \{u, d\}$$

是不对称的正态分布，均值为 $p_{i,j,u} - p_{i,j,d}$，方差为 $p_{i,j,u} + p_{i,j,d} - (p_{i,j,u} - p_{i,j,d})^2$。这时，对于信用等级 i，H1 和 H2 可以表示为 $p_{i,u,u} - p_{i,u,d} \leqslant 0$ 和 $p_{i,d,d} - p_{i,d,u} \leqslant 0$。H1 和 H2 的 t-统计量如下：

$$\frac{\sqrt{n_{i,u}} (p_{i,u,u} - p_{i,u,d})}{\sqrt{p_{i,u,u} + p_{i,u,d} - (p_{i,u,u} - p_{i,u,d})^2}}; \quad \frac{\sqrt{n_{i,d}} (p_{i,d,d} - p_{i,d,u})}{\sqrt{p_{i,d,u} + p_{i,d,d} - (p_{i,d,u} - p_{i,d,d})^2}}$$

若上述统计量为大的正值，则 H1 和 H2 分别被拒绝。检验结果见表 2.19。

表 2.19　穆迪关于评级上升与下降的动量效应检验

信用等级	动量效应	$p_{\cdots,u}$	$p_{\cdots,d}$	t-统计量	拒绝
Aa	上升	1.32%	3.62%	−1.81	否
Aa	下降	1.52%	5.56%	2.16	是
A	上升	1.08%	2.37%	−1.50	否
A	下降	1.19%	6.96%	4.62	是
Baa	上升	2.87%	3.16%	−0.22	否
Baa	下降	1.85%	11.47%	6.64	是
Ba	上升	7.66%	7.66%	0.00	否
Ba	下降	4.20%	15.38%	6.25	是
B	上升	7.69%	0.00%	2.06	是
B	下降	5.71%	23.82%	8.74	是

资料来源：Carthy 和 Fons(1994)。

对于 5％的置信区间，我们可以总结 Carthy 和 Fons(1994)的结论如下：

● 除了信用等级 B 外，没有上升的动量效应。

● 信用等级下降再下降的概率超过了上升再下降的概率，没有拒绝下降动量效应假设。

转移概率和行业/地域效应。对于特定目的，世界范围的转移数据并不是适用于分析的数据。国家和地区间的数据变化非常大，与世界平均值偏离很远。表 2.20—表 2.22 给出了美国和加拿大、欧洲和马拉西亚的转移矩阵。特别地，马拉西亚债券市场的违约情况和世界上其他国家明显不同。

表 2.20　1985—2002 年标准普尔关于美国和加拿大 1 年期公司平均转移概率和违约概率的历史统计（％）

最初评级	年　终　评　级								
	AAA	AA	A	BBB	BB	B	CCC	D	NR
AAA	91.59	4.13	0.32	0.09	0.09	0.00	0.00	0.00	3.77
AA	0.48	87.31	7.22	0.68	0.05	0.14	0.03	0.02	4.08
A	0.05	1.66	87.74	5.19	0.52	0.21	0.06	0.07	4.51
BBB	0.02	0.24	4.04	84.79	4.26	0.83	0.23	0.36	5.22
BB	0.04	0.07	0.38	5.90	76.86	6.60	0.86	1.25	8.04
B	0.00	0.09	0.23	0.33	4.83	74.24	4.36	6.18	9.74
CCC	0.12	0.00	0.35	0.71	1.77	8.83	49.35	27.09	11.78

资料来源：Standard & Poor's(*Special Report：Ratings Performance 2002*，2003)。

表 2.21　1980—2001 年标准普尔欧洲 1 年期公司平均转移概率和违约概率历史统计（％）

最初评级	年　终　评　级								
	AAA	AA	A	BBB	BB	B	CCC	D	NR
AAA	91.20	6.21	0.26	0.00	0.00	0.00	0.00	0.00	2.33
AA	0.25	88.57	7.99	0.37	0.00	0.00	0.00	0.00	2.83
A	0.00	2.21	88.47	4.47	0.29	0.05	0.00	0.00	4.51
BBB	0.00	0.26	5.13	85.88	0.77	0.13	0.13	0.13	7.57
BB	0.00	0.00	0.30	3.34	78.42	5.78	1.82	0.91	9.42
B	0.00	0.00	0.74	0.37	3.68	69.12	6.25	7.35	12.50
CCC	0.00	0.00	0.00	0.00	0.00	15.22	63.04	15.22	6.52

资料来源：Standard & Poor's(*Special Report：Ratings Performance 2001*，2002)。

表 2.22　1992—2002 年 RAM 关于马来西亚 1 年期公司平均转移概率和违约概率的历史统计（%）

最初评级	年　终　评　级								
	AAA	AA	A	BBB	BB	B	CCC	D	NR
AAA	93.30	3.30	0.00	0.00	0.00	0.00	0.00	0.00	3.30
AA	0.60	86.90	5.10	2.90	0.00	0.00	0.60	0.00	4.00
A	0.00	2.10	81.20	11.20	1.20	0.60	0.00	0.60	3.20
BBB	0.00	0.30	3.10	72.40	9.80	1.60	1.60	0.80	10.60
BB	0.00	0.00	0.60	6.50	58.00	10.10	5.30	3.60	16.00
B	0.00	0.00	0.00	0.00	8.30	73.30	5.00	1.70	11.70
CCC	0.00	0.00	0.00	0.00	0.00	0.00	40.00	8.00	52.00

资料来源：RAM（Berhad，2003）。

　　从前面的表中可以看出，信用等级和违约概率密切相关。信用等级越高，违约可能性越小。信用曲线下方的债务人较信用曲线上方的债务人更倾向于未来信用等级下降。信用转移矩阵是对角占优的，这意味着转移概率聚集在对角线周围，大多数情况下都没有发生信用转移。Bangia 等（2002）指出，对角线上估计精度较高，离对角线越远，估计的精度越低。

　　Nickell 等（1998）检查了信用转移概率的行业相关性和地域相关性。有鉴于此，他们采用非参数的方法，使用不同类型债务人的离散数据来估计转移概率。第二种方法是采用参数有序 probit 模型［见方程（2.1）—（2.3）］，使用数据是穆迪名义无担保长期公司债券和主权债券数据，时间从 1970 年 12 月至 1997 年 12 月，样本为 6 534 个债务人的信用评级历史。金融债券和工业债券的情况如表 2.23 和表 2.24 所示，主要结论如下：

表 2.23　1970—1997 年穆迪名义无担保长期银行债券信用等级条件转移概率（%）

最初评级	年　终　评　级								
	Aaa	Aa	A	Baa	Ba	B	Caa	Ca/C	D
Aaa	84.7	15.0	0.3	—					
Aa	0.4	87.8	11.5	0.3					
A	—	2.7	90.0	6.4	0.7	0.2			
Baa	—	0.9	16.4	75.1	5.8	1.8			
Ba	—		4.3	10.3	76.2	5.9	0.5		2.7
B	—			2.7	13.4	78.6	0.9		4.5
Caa	—				50.0				50.0
Ca/C	—								
D	—								100.0

资料来源：Nickell 等（1998）。

表 2.24　1970—1997 年穆迪名义无担保长期工业债券信用等级条件转移概率(%)

最初评级	年　终　评　级								
	Aaa	Aa	A	Baa	Ba	B	Caa	Ca/C	D
Aaa	91.6	7.8	0.7	—	—	—	—	—	—
Aa	1.1	89.3	9.1	0.3	0.2	0.0			
A	0.1	1.9	92.4	4.8	0.6	0.2			0.0
Baa	0.0	0.1	3.9	89.9	4.9	0.8	0.1	—	0.2
Ba	0.0	0.1	0.4	3.4	87.0	7.4	0.2	0.0	1.5
B	0.0	0.1	0.2	0.5	6.2	84.0	1.9	0.4	6.8
Caa	—	—	0.8	2.1	7.5	68.2	3.8	17.6	
Ca/C	—	—	—		1.4	6.8	20.5	56.2	15.1
D	—	—	—	—	—	—	—	—	100.0

资料来源：Nickell 等(1998)。

- 金融债券信用等级转移概率大于工业债券。金融债券停留在任一信用等级的概率始终小于工业债券。
- 信用等级大幅变化发生在实业界而不是银行界：工业债券的信用等级变化分布具有肥尾特征。
- 金融债券的信用等级转移概率与表 2.9 中的无条件转移概率明显不同，信用等级高的金融债券更是如此。
- 工业债券的信用等级转移概率非常类似于表 2.9 中的无条件转移概率。

美国、英国和日本债券的情况见表 2.25、表 2.26 和表 2.27，主要结论如下：

表 2.25　1970—1997 年穆迪名义无担保长期美国债券信用等级条件转移概率(%)

最初评级	年　终　评　级								
	Aaa	Aa	A	Baa	Ba	B	Caa	Ca/C	D
Aaa	91.9	6.9	1.1		0.1		—	—	—
Aa	1.2	89.3	8.8	0.5	0.2	0.0	—	—	
A	0.1	2.3	92.0	4.9	0.6	0.2	0.0	—	0.0
Baa	0.0	0.2	5.5	88.9	4.5	0.6	0.1		0.1
Ba	0.0	0.1	0.5	5.4	85.5	6.9	0.3	0.0	1.4

最初评级	年　终　评　级								
	Aaa	Aa	A	Baa	Ba	B	Caa	Ca/C	D
B	0.0	0.1	0.2	0.7	6.5	82.9	1.9	0.5	7.2
Caa	—	—	—	1.0	2.5	7.6	67.3	3.5	18.1
Ca/C	—	—	—	—	1.0	5.7	14.3	58.1	21.0
D	—	—	—	—	—	—	—	—	100.0

资料来源：Nickell 等(1998)。

表 2.26　1970—1997 年穆迪名义无担保长期英国债券信用等级条件转移概率(%)

最初评级	年　终　评　级								
	Aaa	Aa	A	Baa	Ba	B	Caa	Ca/C	D
Aaa	90.4	8.9	0.7	—	—	—	—	—	—
Aa	0.3	88.2	11.0	0.5	—	—	—	—	—
A	—	3.4	94.1	2.5	—	—	—	—	—
Baa	—	—	11.9	86.4	1.7	—	—	—	—
Ba	—	—	—	16.0	76.0	8.0	—	—	—
B	—	—	—	11.1	5.6	83.3	—	—	—
Caa	—	—	—	—	—	—	—	—	—
Ca/C	—	—	—	—	—	—	—	—	—
D	—	—	—	—	—	—	—	—	100.0

资料来源：Nickell 等(1998)。

表 2.27　1970—1997 年穆迪名义无担保长期日本债券信用等级条件转移概率(%)

最初评级	年　终　评　级								
	Aaa	Aa	A	Baa	Ba	B	Caa	Ca/C	D
Aaa	86.9	12.1	1.0	—	—	—	—	—	—
Aa	0.3	88.9	10.5	0.3	—	—	—	—	—
A	—	0.8	95.2	4.0	—	—	—	—	—
Baa	—	—	1.2	96.9	1.6	—	0.3	—	—
Ba	—	—	—	3.5	94.4	2.1	—	—	—

续表

最初评级	年 终 评 级								
	Aaa	Aa	A	Baa	Ba	B	Caa	Ca/C	D
B	—	—	—	—	9.5	90.5	—	—	—
Caa									
Ca/C									
D	—	—	—	—	—	—	—	—	100.0

资料来源:Nickell 等(1998)。

- 美国和英国债券的信用等级转移概率非常接近于表 2.9 中的无条件转移概率。
- 日本债券的信用等级转移概率和整个表 2.9 明显不同。
- 与美国债券相比,低信用等级的日本债券信用等级的转移概率较小。
- 与美国债券相比,高信用等级的日本债券信用等级的转移概率较大。

历史法的缺点总结。历史法有许多缺点,具体如下:

- 违约概率和转移概率仅适用于信用等级已知的公司。当公司没有评级时,其财务数据必须用于计算关键会计比率(通常是评级机构使用的比率)。这些数据和已有评级公司的相应数据相比较,如果两个公司的会计比率相同,其违约概率也相同。
- 使用历史违约概率估计作为对未来违约概率的近似,而没有考虑违约概率的波动性(特别是低信用等级)以及与商业周期的相关性。实际的转移概率和违约概率变化非常大,随着经济状况不同而不同。因此,用历史观察值估计不能反映当前信用环境。
- 评级机构和学术机构的研究不仅涉及违约概率的波动性,同时也涉及信用评级的转移概率与行业、发行人发行金融工具的时间和商业周期的不同时期相关。比较出色的研究有 Lucas 和 Lonski(1992),Altman 和 Kao(1992a, 1992b),Carty 和 Fons(1993),Altman(1997)与 Carty(1997)。Nickell 等(1998)的研究表明,金融债券和工业债券的转移概率存在明显不同,美国债券和非美国债券的转移概率也不同,商业周期的繁荣期与萧条期的转移概率也不同。对于高信用等级的债券来说,国家间的差别特别重要。而对于低信用等级的债券而言,国家间的差别则不那么重要。但是商业周期对低信用等级债券的转移概率影响非常大。
- 尽管观察值的数量很大,但是某些测量的显著性并不大。
- 对债务人的信用评级是粗放的,同一信用等级债务人的违约概率差别很大,特别是在高收益债券市场,信用等级分类的稳定性还没有明确下来。

- 评级机构对信用等级变化的追踪太慢,这样就会使信用等级不变的历史平均概率高于真实水平。
- 同一信用等级的违约概率的平均值与中间值之间的差别表明,历史平均违约概率高于实际的违约概率。
- 如果评级机构高估了信用等级不变的概率和违约概率,它们一定至少低估了转变成其他信用等级的转移概率。

结论 2.3.1

评级机构的信用评级过于宽泛,因此不能仅依赖于历史违约概率和转移概率,还应该采用其他办法。

2.3.2 拓展:基本数学知识准备

下面为了建模方便,我们固定研究的时间长度 $T^* \in \mathbb{R}$,$(\Omega, \mathcal{F}, (\mathcal{F}_t)_{0 \leqslant t \leqslant T^*}, \mathbf{P})$ 是滤子概率空间[①],其中 $\mathbf{P}$ 是主观概率测度。我们假设 $\mathcal{F}_0$ 是初始的,即 $\mathcal{F}_0 = \{\emptyset, \Omega\}$,$\mathcal{F}_{T^*} = \mathcal{F}$,滤子 $\mathbf{F} = (\mathcal{F}_t)_{0 \leqslant t \leqslant T^*}$ 满足通常条件[②]。滤子 $\mathbf{F}$ 代表到达信息。在这个确定的概率空间下对回收率、转移概率、违约概率建模。我们假设违约事件是可测的,债务人违约或者没有违约的信息都已经包含在可测事件集中。

因为有许多特定的随机过程[③]在信用风险建模中扮演重要角色,下面我们给出技术性定义。

定义 2.3.3

(1) 滤子概率空间 $(\Omega, \mathcal{F}, (\mathcal{F}_t)_{t \geqslant 0}, \mathbf{P})$ 上的随机过程 M 称为滤子 $(\mathcal{F}_t)_{t \geqslant 0}$ 和主观概率测度 $\mathbf{P}$ 下的鞅,如果下面条件满足:

- M_t 是 $\mathcal{F}_t$-可测的,$t \geqslant 0$。
- $E^{\mathbf{P}}[|M_t|] < \infty$,$t \geqslant 0$。
- $E^{\mathbf{P}}[M_s \mid \mathcal{F}_t] = M_t$,$s \geqslant t \geqslant 0$。

(2) M 是所有一致可积鞅,即对于所有鞅 M,随机变量 $\{M_t\}_{t \geqslant 0}$ 是一致可积的。

---

① Jacod 和 Shiryaev(1987,第 2 页):随机基或者滤子概率空间是同一个概率空间 $(\Omega, \mathcal{F}, \mathbf{P})$,滤子 $\mathbf{F} = (\mathcal{F}_t)_{t \geqslant 0}$ 意指 $\mathcal{F}$ 的递增右连续子 σ 域。

② Jacod 和 Shiryaev(1987,第 2 页):如果 σ 域 $\mathcal{F}$ 是 $\mathbf{P}$-完备的且每个 $\mathcal{F}_t$ 包含 $\mathcal{F}$ 的所有 $\mathbf{P}$-空集合,那么就说随机基 $(\Omega, \mathcal{F}, (\mathcal{F}_t)_{t \geqslant 0}, \mathbf{P})$ 是完备的或者满足常规性条件。

③ Jacod 和 Shiryaev(1987,第 3 页):随机过程(或 E-值随机过程)是从 Ω 到集合 E 的映射簇 $X = \{X_t\}_{t \geqslant 0}$,它具有的 σ 代表 ε 定义在概率空间 $(\Omega, \mathcal{F}, \mathbf{P})$ 上。换句话说,对于 $d \in \mathbf{N}$,E 是 $\mathbf{R}^d$ 的。下列说法没有区别:随机过程 X,或者 $\{X_t\}_{t \geqslant 0}$,或者 $\{X(t)\}_{t \geqslant 0}$。

(3) 局部鞅是一个随机过程,归属于局部类 M_{loc}, M_{loc} 取自 M。过程 M 属于局部类 M_{loc} 当且仅当存在一个停时[①]递增序列 $(T_n)_{n \in \mathbb{N}}$,使得 $\lim_{n \to \infty} T_n = \infty$,且停时过程[②] $M_{T_n \wedge t}$ 属于 M。

(4) $\mathcal{L}$ 定义为所有满足 $M_0 = 0$ 的局部鞅 M 集合。

(5) $\mathcal{V}$ 定义为所有实值过程 A 的集合,A 是右连续的,且存在一个 F_t-适应[③]的左极限,$A_0 = 0$,每条路径 $t \leadsto A_t(\omega)$ 是有限变量[④]。

(6) 形式为 $X = X_0 + M + A$ 的过程 X 是半鞅,其中 X_0 为有限 F_0 可测,$M \in \mathcal{L}$,$A \in \mathcal{V}$。

定义 2.3.4

一个布朗运动是实值的连续随机过程 $\{X_t\}_{t \geqslant 0}$,同时具有独立平稳增量,即

- 连续性:映射 $s \mapsto X_s(\omega)$ 在概率测度 $\mathbf{P}$ 下是连续的。
- 独立增量性:对于所有 $s \leqslant t$,$X_t - X_s$ 独立于 $\mathcal{F}_s = \sigma(X_u, u \leqslant s)$,即由 $\{X_u, u \leqslant s\}$ 生成的 σ 代数。
- 平稳增量性:如果 $s \leqslant t$,$X_t - X_s$ 与 $X_{t-s} - X_0$ 具有相同概率分布。

评注 2.3.2

(1) 如果 $\{X_t\}_{t \geqslant 0}$ 是布朗运动,则 $X_t - X_0$ 是正态随机变量,均值为 rt,方差为 $\sigma^2 t$,r 和 σ 是实常数。证明见 Gihman 和 Skorohod(1980)。

(2) 如果 $X_0 = 0$ **P** a.s.,$E[X_t] = 0$,$E[X_t^2] = t$,则布朗运动 $\{X_t\}_{t \geqslant 0}$ 是标准的。

(3) 标准布朗运动是鞅。

最后,我们给出描述违约概率和转移概率的随机过程的技术性定义。

定义 2.3.5

对于 $0 \leqslant T \leqslant T^*$,我们设 $\{p^s(t, T)\}_{0 \leqslant t \leqslant T}$($\{p^d(t, T)\}_{0 \leqslant t \leqslant T}$)为 $\mathcal{F}_t$-适应随机过程。其中,$p^s(t, T)$($p^d(t, T)$)是在存活期 T 内时刻 t 的条件概率,假设时刻 t 所有信息都是公开的。显然对于所有 t,T:$p^d(t, T) = 1 - p^s(t, T)$。此外,在存活期 t 定义时刻

---

① Lamberton 和 Lapeyre(1996,第30页):τ 是滤子 $\mathbf{F} = (\mathcal{F}_t)_{t \geqslant 0}$ 的停时,如果 τ 是区间 $\mathbb{R}^+ \cup \{+\infty\}$ 上的随机变量,使得对于 $t \geqslant 0$:$\{\tau \leqslant t\} \in \mathcal{F}_t$。

② Jacod 和 Shiryaev(1987,第3页):如果 X 是一个过程且 T 是映射 $\Omega \to \mathbb{R}^+ \cup \{+\infty\}$,我们定义在 T 时停止的过程为 $X_{T \wedge t}$。

③ Jacod 和 Shiryaev(1987,第3页):如果对于所有 t,X_t 是 $\mathcal{F}_{t-\varepsilon}$ 可测的,则具有 σ 代数 ε 的 E-值随机过程 X 适应于滤子 $\mathbf{F}$(或者说是 $\mathcal{F}_t$-适应的)。

④ Jacod 和 Shiryaev(1987,第28页):如果随机过程 X 的几乎所有路径在每个有界区间 $[0, t]$($t \geqslant 0$)上是有界变差,那么随机过程 X 是有界变差。X 的变差过程 $VAR(X)$(有时表示为 $|X|$)定义如下:$VAR(X)_t(\omega) = |X|_t = \lim_{n \to \infty} \sum_{1 \leqslant k \leqslant n} |X_{tk/n}(\omega) - X_{t(k-1)/n}(\omega)|$。如果 X 是有界变差,则 $VAR(X)_t(\omega) = |X|_t < \infty$。

T 的存活概率为 $p^s(T|t)$。

基于上面定义我们引入远期违约概率的概念。

定义 2.3.6

远期违约概率定义为时刻 T 的违约概率,对于存活期 t 和时刻 T,我们定义远期违约概率为 $p^d(T|t)=1-p^s(T|t)$。

我们强调 $p^d(T|t)$ 与 $p^s(T|t)$ 是至存活期 t 的条件违约概率与条件存活概率,$p^d(t, T)$ 与 $p^s(t, T)$ 是取决于时刻 t 的所有信息的条件违约概率与条件存活概率。

定义 2.3.7

假设存在一个有限状态空间 $\{1, 2, \cdots, K\}$,这些状态代表不同的信用水平,状态 1 表示信用等级最高,K 表示信用等级最低,对于时刻 $0 \leqslant T \leqslant T^*$ 和 $R, \check{R} \in \{1, 2, \cdots, K\}$,我们定义 $\{p_{R, \check{R}}(t, T)\}_{0 \leqslant t \leqslant T}$ 为 $\mathcal{F}_t$-适应随机过程,$p_{R, \check{R}}(t, T)$ 是时刻 t 信用等级为 R 转变为时刻 T 信用等级为 $\check{R}$ 的条件概率。

2.3.3 资产法

默顿违约模型。 资产法或公司价值方法[1]最早是由 Merton(1974)提出的,他假设公司融资方式仅仅为股票和零息票债券,这种债券在到期时刻 T 支付固定收益 $L>0$,如果到期时刻 T 公司资产的总市场价值 V_T 大于 L,公司可以赎回债务,否则债务人违约,债券持有人获得 V_T,换句话说,债券持有人获得的金额等于 L 和 V_T 中的最小值。默顿假设市场是 Black-Scholes 型无摩擦市场[2],根据该假设,滤子概率空间 $(\Omega, \mathcal{F}, \mathbf{F}, \mathbf{P})$ 上的 $\mathbf{F}$-适应随机过程 $\{p^d(t, T)\}_{0 \leqslant t \leqslant T}$ 代表时刻 T 的条件违约概率,假设时刻 t 所有信息都是公开的,该随机过程可以写成如下形式:

$$p^d(t, T) = \mathbf{P}(V_T < L \mid \mathcal{F}_t)$$
$$= \mathbf{P}(\ln V_T < \ln L \mid \mathcal{F}_t)$$
$$= \mathbf{P}(l_T < 0 \mid \mathcal{F}_t)$$

---

[1] 公司价值方法、默顿违约模型或者结构方法的这些提法是等价。

[2] 一些重要的假设为:

- 市场是完备的。
- 市场没有套利。
- 交易是连续的。
- 资产可以无限分割。
- 没有借贷限制,利率是参数。
- 没有卖空限制。
- 没有交易成本和税收。
- 破产没有成本。

其中,对数比过程 l_t 定义为 $l_t=\ln\left(\dfrac{V_t}{L}\right)$, $0\leqslant t\leqslant T$, 如果公司价值在概率测度 **P** 下的变化是 **F**-适应随机过程 $\{V_t\}_{0\leqslant t\leqslant T^*}$, 且

$$\frac{dV_t}{V_t}=\mu_V dt+\sigma_V dW_V(t),\ 0\leqslant t\leqslant T \tag{2.5}$$

其中,μ_V 是公司单位时间的未知即时期望收益率,σ_V 是波动率常数,W_V 是标准布朗运动(即公司价值视为对数正态扩散),容易得出:

$$p^d(t,\ T)=\Phi(-d_t),\ 0\leqslant t\leqslant T$$

其中,Φ 是标准正态分布函数,且

$$d_t=\frac{l_t+\left(\mu_V-\dfrac{1}{2}\sigma_V^2\right)(T-t)}{\sigma_V\sqrt{T-t}}$$

称为违约距离。所有公司违约概率 $p^d(t,\ T)$ 可以通过到期时刻 T 公司价值的概率分布计算出来(见图 2.5)。

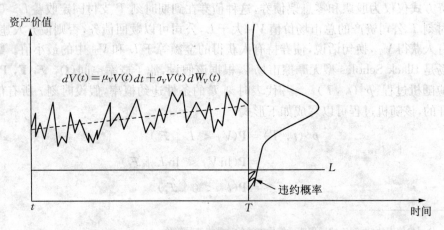

图 2.5　默顿违约模型

　　假设公司价值过程是连续的,尽管这看起来不太实际,正常状态下公司的瞬时违约概率是 0,Zhou(1997)用跳扩散过程估计公司价值。

$$\frac{dV_t}{V_t}=(\mu_V-\lambda_V\nu_V)dt+\sigma_V dW_V(t)+(\Pi_V-1)dU_V(t),\ 0\leqslant t\leqslant T \tag{2.6}$$

其中,λ_V 和 ν_V 是常数,$\Pi_V>0$ 是独立同分布对数正态分布跳幅,$\ln(\Pi_V)\sim N(\pi_\Pi,\ \sigma_\Pi)$,

常数 $\sigma_\Pi > 0$，$\pi_\Pi = \nu_V + 1$，U_V 是强度参数为 λ_V 的泊松过程[①]，$dW_V(t)$、$dU_V(t)$ 和 Π_V 相互独立，$0 \leqslant t \leqslant T$。N 表示正态分布。因为过程 V 是半鞅（证明见 Protter，1992，第 47—48 页），我们对式(2.6)运用半鞅伊藤引理，[②]得出：

$$d\ln(V_t) = \left(\mu_V - \frac{1}{2}\sigma_V^2 - \lambda_V \nu_V\right)dt + \sigma_V dW_V(t) + \ln(\Pi_V)dU_V(t)$$

因此，对于时间 $0 \leqslant t \leqslant T$，条件违约概率如下：[③]

$$p^d(t, T) = \mathbf{P}(l_T \leqslant 0 \mid \mathcal{F}_t)$$

设 $U_V(t, T)$ 是从时刻 t 至 T 经历的总跳数，这样我们有：

$$\ln(V_T) \mid (V_t, U_V(t, T) = i)$$

$$\sim N\left(\ln(V_t) + \left(\mu_V - \frac{1}{2}\sigma_V^2 - \lambda_V \nu_V\right)(T-t) + i\pi_\Pi, \; \sigma_V^2(T-t) + i\sigma_\Pi^2\right)$$

以及

$$p^d(t, T) = \sum_{i=0}^{\infty} \frac{\exp(-\lambda_V(T-t))(\lambda_V(T-t))^i}{i!}$$

$$\cdot \Phi\left(-\frac{l_t + \left(\mu_V - \frac{1}{2}\sigma_V^2 - \lambda_V \nu_V\right)(T-t) + i\mu_\Pi}{\sqrt{\sigma_V^2(T-t) + i\sigma_\Pi^2}}\right)$$

默顿违约模型对权益资产定价。一般地，资产价值是不可观察的。通常我们需要从证券市场可以观察到的股权价值推算出资产价值。股权价值就是公司市值，即股票总股数乘以每股价值。我们假设资产价值过程由式(2.5)定义，而且市场为 Black-Scholes 型

---

① Ross(1996，第 59 页)：如果 X_t 表示时刻 t 为止所有发生事件的数量，那么随机过程 $\{X_t\}_{t \geqslant 0}$ 是可数过程。因此，可数过程满足：$X_t \geqslant 0$，X_t 是整数，对于 $s < t$，$X_t - X_s$ 是时间区间 $(0, t]$ 发生事件的数量。则计数过程 $\{X_t\}_{t \geqslant 0}$ 是泊松过程，强度为 λ，$\lambda > 0$，如果 $X_0 = 0$，该计数过程有独立增量，任意时间间隔 t 内发生事件的数量是均值为 λt 的泊松分布。

② Protter(1992，第 71 页)：令 X 是半鞅，f 是二阶连续可微实值函数，则 $f(X)$ 也是半鞅，且下面公式成立：

$$f(X_t) - f(X_0) = \int_{0+}^{t} f'(X_{s-})dX_s + \frac{1}{2}\int_{0+}^{t} f''(X_{s-})d[X, X]_s^c$$
$$+ \sum_{0 < s \leqslant t} \{f(X_s) - f(X_{s-}) - f'(X_{s-})\Delta X_s\}$$

其中，$[X, X]^c$ 定义为 $[X, X]$ 的路径连续部分，$\Delta X_s = X_s - X_{s-}$。$X$ 的二次变差定义为：

$$[X]_t = [X, X]_t = X_t^2 - 2\int_0^t X_{u-}dX_u, \; \forall t \geqslant 0$$

③ 详细证明见 Zhou(1997，第 26 页)。

无摩擦市场。公司仅通过股票和一种零息债券融资,这种债券在到期时刻 T 支付固定收益 $L>0$。如果在时刻 T 公司资产的总市场价值 V_t 在 L 之上,公司可以赎回债券。否则,如果债务人违约,债券持有者会获得 V_t,这意味着债券持有者成为公司所有者。在第一种情况下,在时刻 T 股票持有者的股权价值是 V_T-L,而在第二种情况下股权价值为 0。按言之,时刻 T 股票持有者的股权价值是 $\max(0, V_t-L)$,但是这是根据欧式看涨期权计算出的公司资产价值,因此公司股权的市场价值等于一个看涨期权的价值,其标的资产价值为 V,执行价为 L,到期时刻为 T。这时,根据著名的 Black-Scholes 公式(见 Lamberton and Lapeyre,1996),时刻 $t(0 \leqslant t \leqslant T)$ 的股权价值为:

$$E_t = V_t \Phi \left(\frac{l_t + \left(r + \frac{1}{2}\sigma_V^2\right)(T-t)}{\sigma_V \sqrt{T-t}} \right)$$

$$- Le^{-r(T-t)} \Phi \left(\frac{l_t + \left(r - \frac{1}{2}\sigma_V^2\right)(T-t)}{\sigma_V \sqrt{T-t}} \right) \tag{2.7}$$

其中,r 是即时利率,同时假设其为一个非负数。对式(2.7)应用伊藤引理有:

$$\frac{dE_t}{E_t} = rdt + \frac{\Phi \left(\frac{l_t + \left(r + \frac{1}{2}\sigma_V^2\right)(T-t)}{\sigma_V \sqrt{T-t}} \right) V_t \sigma_V}{E_t} dW_V(t)$$

因此有:

$$\sigma_E = \frac{\Phi \left(\frac{l_t + \left(r + \frac{1}{2}\sigma_V^2\right)(T-t)}{\sigma_V \sqrt{T-t}} \right) V_t \sigma_V}{E_t} \tag{2.8}$$

使用可以观察到的股权价值和其他参数,我们可以从式(2.7)和式(2.8)中用数值方法解出 V_t 和 σ_V。

首达时间违约模型。首达(first-passage)时间违约模型推广了传统的资产价格模型,使得违约不仅在债务合约到期日发生,而且在到期日之前就可以发生。我们假设当公司价值 V_t 触及违约点 D_t 时公司破产,D_t 可以设为公司当前的负债。但是,实证研究表明,即使公司价值低于公司总负债的账面价值也不意味着会发生违约,有时违约点落在短期负债与总负债之间,因此区分债务类型非常重要,例如短期债务、中期债务、长期债务。

首达时间违约模型由 Black 和 Cox(1976)给出,他们修改了默顿违约模型,将合约中的安全条款考虑进来并允以模型化。安全条款允许债券持有人在满足一系列条件情况下强迫公司破产,这类条款可以保护债券持有人免受公司价值进一步下降之害。

令 T^d 代表首次违约时间即首达时间。

定义 2.3.8

对于 F-适应的公司价值和有界过程 V_t 与 D_t,我们定义 F-适应的对数比过程 $\{l_t\}_{0 \leqslant t \leqslant T^*}$ 为

$$l_t = \ln\left(\frac{V_t}{D_t}\right), \ 0 \leqslant t \leqslant T^*$$

首达时间或者 V_t 触及 D_t 的时间为

$$T^d = \inf\{0 \leqslant t \leqslant T^* \mid l_t \leqslant 0\}$$

下面我们考虑一般情况下的公司价值过程与障碍过程。假设它们的动态过程如下:

$$\frac{dV_t}{V_t} = \mu_V dt + \sigma_V dW_V(T), \ V_0 > 0 \tag{2.9}$$

$$\frac{dD_t}{D_t} = \mu_D dt + \sigma_D dW_D(T), \ D_0 > 0 \tag{2.10}$$

其中,W_V 与 D_V 是滤子 F 的 n 维标准布朗运动,常数 μ_V, $\mu_D \in \mathbb{R}$,常数向量 σ_V, $\sigma_D \in \mathbb{R}^n$,$V_0 > D_0 > 0$,随机偏微分方程式(2.9)和式(2.10)是唯一的强解。这样 l_t 的动态过程形式如下:

$$dl_t = \left(\mu_V - \mu_D + \frac{1}{2}\|\sigma_D\|^2 - \frac{1}{2}\|\sigma_V\|^2\right)dt + \sqrt{(\|\sigma_V\|^2 + \|\sigma_D\|^2)}dW_l(t)$$

$$= \mu_l dt + \sigma_l dW_l(t)$$

其中,W_l 是 F 的标准一维布朗运动,对于 $0 \leqslant t < T \leqslant T^*$,我们有

$$p^d(t, T) = \mathbf{P}(T^d \leqslant T \mid \mathcal{F}_t)$$

$$= \Phi\left(\frac{-l_t - \mu_l(T-t)}{\sigma_l \sqrt{T-t}}\right) + e^{-2\frac{\mu_l}{\sigma_l^2}l_t} \Phi\left(\frac{-l_t + \mu_l(T-t)}{\sigma_l \sqrt{T-t}}\right)$$

下面两个例子运用上面结论直接得到结果。

例 2.3.3

将默顿违约模型推广到首达时间违约模型的最简单办法是添加下面的假设,即首次违约定义为由方程(2.5)给出的对数正态分布的资产价值第一次触及任意一个常数违约

槛值 D（不一定是负债的账面价值）。这时，我们有

$$\frac{dV_t}{V_t} = \mu_V dt + \sigma_V dW_V(t),\ V(0) > 0,\ l_t = \ln\left(\frac{V_t}{D}\right)$$

对于 $0 \leqslant t \leqslant T$，Harrison(1990)关于首达时间概率法则的结论为

$$p^d(t,\ T) = \mathbf{P}(T^d \leqslant T \mid \mathcal{F}_t)$$

$$= \Phi\left(\frac{-l_t - \left(\mu_V - \frac{1}{2}\|\sigma_V\|^2\right)(T-t)}{\|\sigma_V\|\sqrt{T-t}}\right)$$

$$+ \left(\frac{V_t}{D}\right)^{\left(1 - \frac{2\mu_V}{\|\sigma_V\|^2}\right)} \Phi\left(\frac{-l_t + \left(\mu_V - \frac{1}{2}\|\sigma_V\|^2\right)(T-t)}{\|\sigma_V\|\sqrt{T-t}}\right)$$

Leland 和 Toft(1996)应用过这一结论。下面我们讲述经典默顿模型中的违约概率与上述推广默顿模型中隐含的违约概率之间的区别。我们设定参数值如下：$n=1$，$t=0$，$l_0 = \ln 2$，$\mu_V = 3\%$，$\sigma_V = 15\%$。显然，推广默顿模型中的违约概率总是较经典默顿模型中的违约概率高。两个违约概率间的差异随时间 T 而日益增大（见图 2.6）。

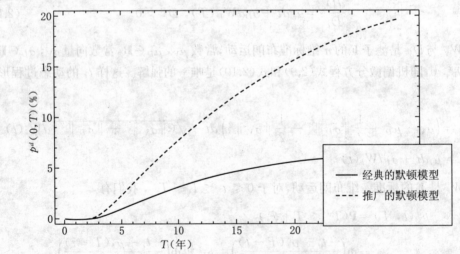

注：参数值为 $n=1$，$t=0$，$l_0 = \ln 2$，$\mu_V = 3\%$，$\sigma_V = 15\%$。

图 2.6　经典和推广默顿模型中违约概率的期限结构

例 2.3.4

对于固定常数 a，$b > 0$，障碍过程 D 定义如下：

$$D_t = a \cdot e^{-b(T-t)},\ t \geqslant 0$$

因此,

$$\frac{dD_t}{D_t} = b \cdot dt, \quad D_0 = a \cdot e^{-bT}$$

这样,对于 $0 \leqslant t \leqslant T$,根据

$$\frac{dV_t}{V_t} = \mu_V dt + \sigma_V dW_V(t), \quad V_0 > 0, \quad l_t = \ln\left(\frac{V_t}{D_t}\right)$$

可得出:

$$p^d(t, T) = \mathbf{P}(T^d \leqslant T \mid \mathcal{F}_t)$$

$$= \Phi\left(\frac{-l_t - \left(\mu_V - b - \frac{1}{2}\|\sigma_V\|^2\right)(T-t)}{\|\sigma_V\|\sqrt{T-t}}\right)$$

$$+ \left(\frac{V_t}{D_t}\right)^{\left(1 - \frac{2\mu_V + b}{\|\sigma_V\|^2}\right)} \Phi\left(\frac{-l_t + \left(\mu_V - b - \frac{1}{2}\|\sigma_V\|^2\right)(T-t)}{\|\sigma_V\|\sqrt{T-t}}\right)$$

Black 和 Cox(1976)应用过这一结论。注意前面的例子是 $b=0$,$a=D$ 的特殊情况。下面我们证明当 $b>0$ 时上面例子中的违约概率与本例中隐含的违约概率不同。这样,我们设定参数值如下:$n=1$,$t=0$,$l_0=\ln 2$,$\mu_V=3\%$,$\sigma_V=15\%$,$a=D=L$(债券面值),$b=0.05$。因为我们在两个例子中都假设 $l_0=\ln 2$,因此 $V_0-D_0=L \cdot e^{-bT}$。随着 b 增大,V_0 与 D_0 之间的差减小,因此违约概率是增加的(见图 2.7)。

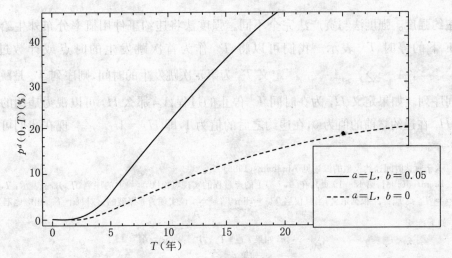

注:参数值为 $n=1$,$t=0$,$l_0=\ln 2$,$\mu_V=3\%$,$\sigma_V=15\%$,$a=L$,$b=0$ 与 $b=0.05$。

图 2.7 例 2.3.4 中违约概率的期限结构

除了一些特别过程（例如上面的两个例子）之外，关于首达时间违约模型并没有解析解[1]。在这种情况下，条件违约概率为：

$$p^d(t, T) = \mathbf{P}(T^d \leqslant T \mid \mathcal{F}_t), \ 0 \leqslant t \leqslant T$$

这一违约概率可以通过蒙特卡罗模拟计算出来。

资产法的缺点总结。 资产法和一阶段违约模型有如下缺点：

- 通常公司价值并不容易直接观察得到。
- 在实证研究结构模型时，逐个分析发行公司数据是不可行的。
- 复杂的公司资产负债表并不适合结构模型，例如，许多资产项目下的科目需要有市场价格。
- 不同国家之间的会计准则差别非常大，这又为整个过程增加了难度。
- 除了资产与负债以外还有其他因素影响违约（例如，非流动性也可以影响违约，当经济与政治大环境发生变化时主权债务就会出现这种情况）。
- 通常定义一个合理的公司价值过程是非常困难的一件事，例如主权债务。
- 为了得到实际的违约概率（特别是短期违约概率），我们用许多方法推广默顿模型，这时模型变得更加复杂。例如，如果我们对公司价值只用连续扩散模型建模，假设公司在下一个时刻的违约概率为0，这样，公司不会有预料不到的违约。

2.3.4 强度法

违约强度。 强度法与资产法完全不同。强度法将违约事件用概率分布外生给定的滤子 $\mathbf{F}$ 下的停时 T^d 表示。我们可以将 T^d 作为首次跳发生的时点或计数过程[2] $\{A_t\}_{0 \leqslant t \leqslant T^*}$，$A_t = \sum_{n \geqslant 1} 1_{\{T_n \leqslant t\}}$。定义 T_n 为第 n 次跳发生的时间，则序列 T_n 是跳发生的时间序列。如果定义 H_t 为在时间 T^d 停止的过程 A_t，那么 H_t 可以视为违约的示性函数，H_t 在违约之前的值为0，在违约之后的值为1，即 $H_t = 1_{\{T^d \leqslant t\}}$。现在我们可以引

---

① 关于首达时间违约模型的综述见 Abrahams(1986)。

② Brémaud(1981，第18—19页)：在 $[0, \infty)$ 上的点过程的实现可由 $[0, \infty)$ 上的序列 $(T_n)_{n \in \mathbb{N}}$ 表示：$T_0 = 0$，$T_n < \infty \Rightarrow T_n < T_{n+1}$。根据定义，当且仅当 $T_\infty = \lim_{n \to \infty} T_n = \infty$，该实现为非爆破的。对每个 T_n，相应地定义计数函数 A_t 如下：

$$A_t = \begin{cases} n, \text{如果 } t \in [T_n, T_{n+1}), \ n \geqslant 0 \\ +\infty, \text{如果 } t \geqslant T_\infty \end{cases}$$

如果上面的 T_n 是定义在概率空间 $(\Omega, \mathcal{F}, \mathbf{P})$ 上的随机变量，则序列 $(T_n)_{n \in \mathbb{N}}$ 称为点过程。相关计数过程 A_t 也可称为点过程。此外，当 $t \geqslant 0$ 时，如果条件 $E^\mathbf{p}[A_t] < \infty$ 满足，则称点过程 A_t 是可积的。

入随机强度概念,具体见 Brémaud(1981,第 27 页)。

定义 2.3.9

设 $\{A_t\}_{t\geqslant 0}$ 是适应某个滤子 **F** 的点过程,并令 λ_t 为非负 $\mathcal{F}_t$-累进[1]过程,使得对于所有 $t\geqslant 0$,

$$\int_0^t \lambda_s ds < \infty \ \mathbf{P}\text{-}a.s.$$

如果对于所有非负 $\mathcal{F}_t$-可料[2]过程 C_t,下面等式

$$E^{\mathbf{P}}\left[\int_0^\infty C_s dA_s\right]=E^{\mathbf{P}}\left[\int_0^\infty C_s \lambda_s ds\right]$$

恒定成立,那么我们称 A_t 满足 $(\mathbf{P}, \mathcal{F}_t)$-强度 λ_t。

评注 2.3.3

随机积分是一种特别类型的积分(如右连续,平方可积鞅[3],见 Karatzas(1988,第 131 页)。这种积分定义了随机过程(如 $\mathcal{F}_t$-累进过程或者 $\mathcal{F}_t$-可料过程)可以用作随机积分的被积函数,具体见 Karatzas(1988,第 131 页)与 Protter(1992,第 48—49 页)。例如,如果随机积分定义在半鞅积分上,我们就可以使用 $\mathcal{F}_t$-可料过程作为被积函数进行积分。

为了直观理解强度概念(在我们想为违约发生建模的环境中),我们给出随机强度的几个性质。

定理 2.3.1(积分定理)

如果 A_t 允许 $(\mathbf{P}, \mathcal{F}_t)$-强度 λ_t,则 A_t 是非爆破的,同时有:

(1) $M_t=A_t-\int_0^t \lambda_s ds$ 是 $\mathcal{F}_t$-局部鞅,我们称 A_t 是局部补偿跳鞅。

(2) 如果 X 是一个 $\mathcal{F}_t$-可料过程,且 $E^{\mathbf{P}}\left[\int_0^t |X_s|\lambda_s ds\right]<\infty, t\geqslant 0$,则 $\int_0^t X_s dM_s$ 是 $\mathcal{F}_t$-鞅。

(3) 如果 X 是一个 $\mathcal{F}_t$-可料过程,且 $\int_0^t |X_s|\lambda_s ds<\infty, \mathbf{P}\text{-}a.s., t\geqslant 0$,则 $\int_0^t X_s dM_s$ 是 $\mathcal{F}_t$-局部鞅。

---

① Brémaud(1981,第 288 页):设 $\mathbf{F}=(\mathcal{F}_t)_{t\geqslant 0}$ 是定义在概率空间 $(\Omega, \mathcal{F}, \mathbf{P})$ 上的滤子。当且仅当对于所有 $t\geqslant 0, [0, t]\times\Omega\to E$ 上的映射 $(t, \omega)\to X_t(\omega)$ 是 $(\mathcal{B}[0, t]\otimes\mathcal{F}_t)$-$\varepsilon$-可测的,则具有 σ 代数 ε 的 E-值过程 X 是 $\mathcal{F}_t$-累进的(或者 $\mathcal{F}_t$-累进可测的)。

② Brémaud(1981,第 8 页):设 $\mathbf{F}=(\mathcal{F}_t)_{t\geqslant 0}$ 是定义在概率空间 $(\Omega, \mathcal{F}, \mathbf{P})$ 上的滤子,定义 $\mathcal{P}(\mathcal{F}_t)$ 是 $(0, \infty)\times\Omega$ 上的 σ-域,可以推广到下面区间上。

$$(s, t]\times A; 0\leqslant s\leqslant t, A\in\mathcal{F}_s$$

$\mathcal{P}(\mathcal{F}_t)$ 称为 $(0, \infty)\times\Omega$ 上的 $\mathcal{F}_t$-可料 σ-域。如果实值过程 X 满足:X_0 是 $\mathcal{F}_0$-可测的,从 $(0, \infty)\times\Omega$ 到 $\mathbb{R}$ 上的映射 $(t, \omega)\to X_t(\omega)$ 为 $\mathcal{P}(\mathcal{F}_t)$-可测的,则称该实值过程为 $\mathcal{F}_t$-可料的。

③ Karatzas 和 Shreve(1988,第 30 页):如果对于所有 $t\geqslant 0$,有 $E^{\mathbf{P}}(X_t^2)<\infty$,则称鞅为平方可积。

证明：见 Brémaud(1981,第 27 页)。

定理 2.3.2(强度的鞅特征)

设 A_t 是适应于 $\mathcal{F}_t$ 的非爆破点过程，假设对于某个非负的 $\mathcal{F}_t$-累进过程 λ_t 和所有 $n \geqslant 1$，$A_{t \wedge T_n} - \int_0^{t \wedge T_n} \lambda_s ds$ 是一个 $(\mathbf{P}, \mathcal{F}_t)$-鞅，则 λ_t 是 A_t 的 $(\mathbf{P}, \mathcal{F}_t)$-强度。

证明：见 Brémaud(1981,第 28 页)。

如果强度限制为可料的，则也是唯一的。

定理 2.3.3(可料强度的唯一性)

设 A_t 是适应于滤子 $\mathbf{F}$ 的点过程，λ_t 与 $\tilde{\lambda}_t$ 是 A_t 的两个 $\mathcal{F}_t$-可料的 $(\mathbf{P}, \mathcal{F}_t)$-强度，则有 $\lambda_t(\omega) = \tilde{\lambda}_t(\omega) \mathbf{P}(d\omega) dA_t(\omega) - a.e.$。

证明：见 Brémaud(1981,第 31 页)。

而且，我们总是可以找到这样的可料强度。

定理 2.3.4(可料强度的存在性)

假设 A_t 是具有 $(\mathbf{P}, \mathcal{F}_t)$-强度 λ_t 的点过程，这时可以发现 $\mathcal{F}_t$-可料的 $(\mathbf{P}, \mathcal{F}_t)$-强度 $\tilde{\lambda}_t$。

证明：见 Brémaud(1981,第 31 页)。

为了说明如何用强度建立违约概率模型，我们作了下面的假设。

假设 2.3.1

违约示性函数 H_t 满足 $(\mathbf{P}, \mathcal{F}_t)$-强度 λ_t。

因而，

$$M_{t \wedge Td}(t) = H_t - \int_0^{Td \wedge t} \lambda_s ds$$

$$= H_t - \int_0^t \lambda_s 1_{\{s \leqslant Td\}} ds$$

是 $\mathcal{F}_t$-局部鞅，λ_t 是非负 $\mathcal{F}_t$-累进过程，对于所有 $t \geqslant 0$，有 $\int_0^t \lambda_s ds < \infty$ $\mathbf{P}$-$a.s.$。对于 $\varepsilon > 0$，条件期望 $E^{\mathbf{P}}[H_{t+\varepsilon} - H_t \mid \mathcal{F}_t]$ 为

$$E^{\mathbf{P}}[H_{t+\varepsilon} - H_t \mid \mathcal{F}_t] \tag{2.11}$$

$$= E^{\mathbf{P}}[M_{t \wedge Td}(t+\varepsilon) - M_{t \wedge Td}(t) \mid \mathcal{F}_t] + E^{\mathbf{P}}\left[\int_t^{t+\varepsilon} \lambda_s 1_{\{s \leqslant Td\}} ds \mid \mathcal{F}_t\right]$$

$$= M_{t \wedge Td}(t) - M_{t \wedge Td}(t) + E^{\mathbf{P}}\left[\int_t^{t+\varepsilon} \lambda_s 1_{\{s \leqslant Td\}} ds \mid \mathcal{F}_t\right]$$

$$= E^{\mathbf{P}}\left[\int_t^{t+\varepsilon} \lambda_s 1_{\{s \leqslant Td\}} ds \mid \mathcal{F}_t\right]$$

连续应用勒贝格平均定理和勒贝格占优收敛定理,对于右连续强度函数 λ_t 有

$$\lim_{\varepsilon \to 0+} \frac{E^{\mathbf{P}}[H_{t+\varepsilon} - H_t \mid \mathcal{F}_t]}{\varepsilon}$$

$$= \lim_{\varepsilon \to 0+} \frac{E^{\mathbf{P}}\left[\int_t^{t+\varepsilon} \lambda_s 1_{\{s \leqslant Td\}} ds \mid \mathcal{F}_t\right]}{\varepsilon}$$

$$= \lambda_t 1_{\{t \leqslant Td\}} \ \mathbf{P}\text{-}a.s.$$

另一方面

$$E^{\mathbf{P}}[H_{t+\varepsilon} - H_t \mid \mathcal{F}_t]$$

$$= 0 \cdot \mathbf{P}(T^d \leqslant t \mid \mathcal{F}_t) + 1 \cdot \mathbf{P}(t < T^d \leqslant t+\varepsilon \mid \mathcal{F}_t) + 0 \cdot \mathbf{P}(T^d > t+\varepsilon \mid \mathcal{F}_t)$$

$$= p^d(t, t+\varepsilon)$$

及

$$\lim_{\varepsilon \to 0+} \frac{E^{\mathbf{P}}[H_{t+\varepsilon} - H_t \mid \mathcal{F}_t]}{\varepsilon} = \lim_{\varepsilon \to 0+} \frac{p^d(t, t+\varepsilon)}{\varepsilon}$$

因此,

$$\lambda_t 1_{\{t \leqslant Td\}} = \lim_{\varepsilon \to 0+} \frac{p^d(t, t+\varepsilon)}{\varepsilon}$$

即假设 t 时刻所有信息都是已知的,强度 λ_t 可被解释为时刻 t 的违约发生率。

结论 2.3.2

设 $\varepsilon > 0$ 是无限小时间段,在 ε 时间段内违约概率近似为 $\lambda_t\varepsilon$,这样理解可以将强度概念与估计违约概率问题联系起来,有时 λ_t 被称为 T^d 的强度。

此外,根据方程(2.11)我们得到下面的结果。

命题 2.3.1

当 $t < T$ 时,$p^d(t, T)$ 的形式如下:

$$p^d(t, T) = E^{\mathbf{P}}\left[\int_t^T \lambda_s 1_{\{s \leqslant Td\}} ds \mid \mathcal{F}_t\right]$$

这个命题给出了条件违约概率 $p^d(t, T)$ 和强度过程 λ 之间的一般关系。在对强度过程 λ 施加一些严格假设后,Madan 和 Unal(1994)证明违约概率是与贴现因子相关的函数,贴现以强度 λ 进行,这非常类似于无违约利率模型。Duffie(1998c)在更一般假设下得出该结果。

命题 2.3.2

假设 T^d 是具备有界强度过程 λ 的停时[①]。对于 $T > 0$，令

$$Y_t = E^{\mathbf{P}}\left[\exp\left(-\int_t^T \lambda_s ds\right) \mid \mathcal{F}_t\right], \, t \leqslant T$$

如果跳

$$\Delta Y_{T^d} = Y_{T^d} - Y_{T^d-}$$

几乎肯定等于 0，则有

$$p^d(t, T) = 1 - Y_t, \, t < T^d$$

证明：见 Duffie(1998c，第 4—5 页)。

评注 2.3.4

λ 是可料非负过程，对于 $t \geqslant 0$，$\int_0^t \lambda_s ds < \infty$ **P**-$a.s.$，定义停时 T^d 如下

$$T^d = \inf\left\{t \geqslant 0：\int_0^t \lambda_s ds = \Lambda\right\}$$

其中，Λ 是均值为 1 的指数分布随机变量，且独立于命题 2.3.2 中定义的 Y，则 λ 是 T^d 的强度，且有 $\Delta Y_T = 0 \, a.s.$。[②]这个模型称为 Cox 过程或者二元随机泊松过程模型。

结论 2.3.3

一旦我们设定强度过程 λ，条件违约与存活概率由命题 2.3.2 给出。下面的例子总结了选择 λ 的方法。

强度模型例子

常数强度模型。如果 $0 \leqslant t < T^d$，$\lambda_t = \lambda$，其他情况下 $\lambda_t = 0$，其中 λ 为大于 0 的常数。在这种假设下，$p^s(t, T) = e^{-\lambda(T-t)}$，$p^d(t, T) = 1 - e^{-\lambda(T-t)}$。距离违约的时间服从指数分布，距离违约的时间的期望为 $\frac{1}{\lambda}$，我们将首次违约事件理解为出现首次事件的泊松过程，λ 为首次到达比率。图 2.8 表明违约概率期限结构，模型中的 λ 为不同值的强度函数。

确定性时变强度模型。λ_t 是确定性时变函数，据此假设，$p^s(t, T) = e^{-\int_t^T \lambda_s ds}$ 及 $p^d(t, T) = 1 - e^{-\int_t^T \lambda_s ds}$。

[①] λ 是有界的假设，可以用可积条件替换。详细见 Duffie(1998c，第 5 页)。
[②] 详细见 Lando(1994，1996，1998)，Duffie(1998c)。

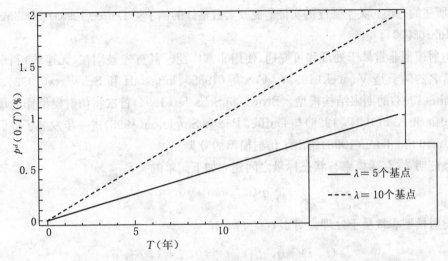

图 2.8 常数强度模型：不同常数强度值下违约概率的期限结构

仿射跳扩散强度模型。λ_t 是因子 X 的仿射函数，即 $\lambda_t = l_0(t) + l_1(t) \cdot X_t$，$l_0(t)$ 与 $l_1(t)$ 是区间 $[0, \infty)$ 上的连续有界函数，X 是值在 $\mathbb{R}^n$ 上的 n 维强马尔可夫过程，[1]且是以下随机微分方程的唯一解。

$$dX_t = \mu(X_t, t)dt + \sigma(X_t, t)dW_t + dZ_t$$

其中，W 是 $\mathbb{R}^n$ 上的 **F**-适应的 n 维标准布朗运动，$\mu : \Theta \to \mathbb{R}^n$，$\sigma : \Theta \to \mathbb{R}^{n \times n}$，$\Theta \subset \mathbb{R}^n \times [0, \infty)$，$Z$ 是一个纯粹跳过程，其计跳过程 A_t 允许的随机强度 $\gamma : \Theta \to [0, \infty)$ 与 X 相关，跳距分布 v 仅与时间 t 相关，对于时间 t，$\{x : (x, t) \in \Theta\}$ 包含一个属于 $\mathbb{R}^n$ 的开子集。

下面对于过程 X 的参数进行一定限制，[2]选定具体的 Θ 后，条件存活概率形式如下：

$$p^s(t, T) = e^{\alpha(t, T) + \beta^T(t, T) \cdot X_t}$$

其中，系数 $\alpha(t, T) \in \mathbb{R}$ 与 $\beta(t, T) \in \mathbb{R}^n$ 是时间 t 与 T 的显函数。具有这种形式的存活概率的模型被称为仿射模型。参数 λ 根据市场数据进行估计。这时我们可以使用类似

---

① 马尔可夫性质的直观理解是过程 X 时刻 t 后的未来行为仅仅与值 X_t 相关，而与时刻 t 之前的过程无关。从数学上讲，对于时刻 S 和时刻 t，满足 $S \leqslant t$，如果对于任何有界布雷尔函数 f 有 $E^P[f(X_t) | \mathcal{F}_s] = E^P[f(X_t) | X_s]$，则 $\mathcal{F}_t$-适应过程 X 具有马尔可夫性质。强马尔可夫性是指将时刻 S 替换成停时 τ 马尔可夫性仍然存在。数学上讲，对于任何有界布雷尔函数 f 和滤子 $\{\mathcal{F}_t\}_{t \geqslant 0}$，$\tau < \infty \ a.s.$ 上的任意停时 τ，有 $E^P[f(X_t) | \mathcal{F}_\tau] = E^P[f(X_t) | X_\tau]$，则 $\mathcal{F}_t$-适应过程 X 具有强马尔可夫性质。更详细见 Lamberton 和 Lapeyre(1996，自第 54 页起)，Oksendal (1998，自第 107 页起)，Brémaud(1981，自第 290 页起)。

② 例如，见 Duffie 和 Kan(1996)。

6.6 节所述的方法。关于强度的实证研究及参数估计的例子见 Duffee(1996a)、Düllmann 和 Windfuhr(2000)。

仿射模型非常易于处理和可变通,使用非常广泛。其首先被用在(无违约)利率建模中。著名的例子是 Vasicek(1997)、Cox 等(1985)、longstaff 和 Schwartz(1992)、Hull 和 White(1993)的期限结构模型。Brown 和 Schaefer(1994)首次将仿射模型作为单独一类,Duffie 和 Kan(1994,1996)与 Duffie、Pan 和 Singleton(1998)进一步发展了他们的理论。Dai 和 Singleton(1998)给出了仿射模型的分类。

经证明,在存活概率与状态标量之间建立如下简单的关系

$$p^s(t, T) = e^{\alpha(t, T) + \beta^T(t, T) \cdot X_t}$$

可使仿射模型非常易于处理。对于 $t < T^d$,有

$$\alpha(t, t) = 0, \beta_i(t, t) = 0, i = 1, \cdots, n$$

我们发现

$$\lambda_t = -\lim_{\varepsilon \to 0} \frac{\alpha(t, t+\varepsilon)}{\varepsilon} - \lim_{\varepsilon \to 0} \frac{\beta^T(t, t+\varepsilon)}{\varepsilon} X_t$$

$$= -\lim_{\varepsilon \to 0} \frac{\alpha(t, t+\varepsilon) - \alpha(t, t)}{\varepsilon} - \lim_{\varepsilon \to 0} \frac{\beta^T(t, t+\varepsilon) - \beta^T(t, t)}{\varepsilon} X_t$$

$$= -\frac{\partial \alpha(t, T)}{\partial T}\bigg|_{T=t} - \frac{\partial \beta^T(t, T)}{\partial T}\bigg|_{T=t} X_t \qquad (2.12)$$

一旦状态变量 X_t 确定以后,式(2.12)足以用来在模型中建立存活概率。$\alpha(t, T)$ 与 $\beta(t, T)$ 取决于 X_t 的具体值。但 X_t 不是任意选择的。

在仿射扩散强度模型中,Duffie 和 Kan(1996)证明,X_t 应该具有如下形式:

$$dX_t = (aX_t + b)dt + \sigma(X_t, t)dW_t$$

其中,a 是 $n \times n$ 常数矩阵,b 是 n 维常数向量,W 是 n 维标准布朗运动,$\sigma(X_t, t)$ 是 $n \times n$ 对角矩阵,其形式如下:

$$\sigma(X_t, t) = \sigma \cdot \sum(X_t, t)$$

其中,σ 是常数 $n \times n$ 矩阵,且

$$\sum(X_t) = \begin{pmatrix} \sqrt{c_1 + d_1 X_t} & & 0 \\ & \ddots & \\ 0 & & \sqrt{c_n + d_n X_t} \end{pmatrix}$$

其中，$c_i \in \mathbb{R}$，$d_i \in \mathbb{R}^n$，$i=1, \cdots, n$，它们都是常数（在通常情况下要保证 $c_i + d_i X_t$ 是正数）。设

$$c = \begin{pmatrix} c_1 & & 0 \\ & \ddots & \\ 0 & & c_n \end{pmatrix}, \quad d = \begin{pmatrix} d_1 & & 0 \\ & \ddots & \\ 0 & & d_n \end{pmatrix}$$

为了计算存活概率，我们要解出 $\alpha(t, T)$ 和 $\beta(t, T)$。

当

$$p^s(t, T) = E^{\mathbf{P}}\Big[\exp(-\int_t^T \lambda_s ds) \mid \mathcal{F}_t\Big]$$

运用 Feynman-Kac 公式（如见 Duffie, 1992），$p^s(t, T)$ 满足如下微分方程：

$$0 = \frac{\partial p^s(t, T)}{\partial t} + \sum_{i=1}^n (a_i X_t + b_i) \frac{\partial p^s(t, T)}{\partial X_i}$$

$$+ \frac{1}{2} \sum_{i,j=1}^n (\sigma \sum{}^2 (X_t) \sigma^T)_{ij} \frac{\partial^2 p^s(t, T)}{\partial X_i \partial X_j} - \lambda_t p^s(t, T)$$

其中，a_i 是矩阵 a 的第 i 行。

运用

$$\frac{\partial p^s(t, T)}{\partial t} = p^s(t, T)\Big(\frac{\partial \alpha(t, T)}{\partial t} + \frac{\partial \beta^T(t, T)}{\partial t} X_t\Big)$$

$$\frac{\partial p^s(t, T)}{\partial X_i} = p^s(t, T)\beta_i(t, T)$$

$$\frac{\partial^2 p^s(t, T)}{\partial X_i \partial X_j} = p^s(t, T)\beta_i(t, T)\beta_j(t, T)$$

和方程 (2.12)，有

$$0 = \Big(\frac{\partial \alpha(t, T)}{\partial T}\Big|_{T=t} + \frac{\partial \alpha(t, T)}{\partial t} + b^T \beta(t, T) + \frac{1}{2}\beta^T(t, T)\sigma c \sigma^T \beta(t, T)\Big)$$

$$+ \Big(\frac{\partial \beta^T(t, T)}{\partial T}\Big|_{T=t} + \frac{\partial \beta^T(t, T)}{\partial t} + a^T \beta(t, T)$$

$$+ \frac{1}{2}\beta^T(t, T)\sigma d \sigma^T \beta(t, T)\Big) X_t$$

因而：

$$\frac{\partial \alpha(t, T)}{\partial t} = -\frac{\partial \alpha(t, T)}{\partial T}\bigg|_{T=t} - b^T \beta(t, T) - \frac{1}{2}\beta^T(t, T)\sigma c\sigma^T \beta(t, T)$$

$$\frac{\partial \beta(t, T)}{\partial t} = -\frac{\partial \beta(t, T)}{\partial T}\bigg|_{T=t} - a^T \beta(t, T) - \frac{1}{2}\beta^T(t, T)\sigma d\sigma^T \beta(t, T)$$

同时,我们添加边界条件 $\alpha(t, t) = 0$,$\beta_i(t, t) = 0$,$i = 1, \cdots, n$,上述 Riccati 方程在某些情况下有显式解。即使数值解是必要的,也常有简单方式。

下面我们介绍各种不同的仿射模型。

- (扩展的)高斯仿射扩散强度模型:

$$\lambda_t = l_0 + l_1 \cdot X_t$$

其中,l_0 是常数,l_1 是一个 n 维常数向量,且

$$dX_t = (aX_t + b)dt + \sigma dW_t$$

其中,a 是 $n \times n$ 常数矩阵,σ 是 $n \times n$ 常数对角矩阵,b 是 n 维常数向量。如果部分模型参数是时间的确定函数,该模型称为扩展模型。高斯仿射模型允许强度为 0 的概率不为 0,这在切合实际的强度模型中是不被允许的。但是模型要能够拟合通常的市场数据,实际获得负强度的风险很低。高斯仿射扩散强度模型在利率模型中很常见。单因子高斯利率模型的例子见 Vasicek(1977),Hull 和 White (1990,1993)。Steeley(1991)研究了双因子模型。Chen 和 Yang(1996)研究了三因子模型。Beaglehole 和 Tenney(1991)、Babbs(1993)、Nunes(1998)以及 Babbs 和 Nowman(1999)考虑了 n 维的情况。

- (扩展的)高斯仿射跳扩散强度模型:

$$\lambda_t = l_0 + l_1 \cdot X_t$$

其中,l_0 是常数,l_1 是一个 n 维常数向量,且

$$dX_t = (aX_t + b)dt + \sigma dW_t + dZ_t$$

其中,a 是 $n \times n$ 常数矩阵,σ 是 $n \times n$ 常数对角矩阵,b 是 n 维常数向量,Z 是一个纯粹跳过程,其计跳过程 A_t 允许的随机强度 $\gamma: \Theta \to [0, \infty)$ 与 X 相关,跳距分布 v 仅与时间 t 相关。如果部分模型参数是时间的确定函数,该模型称为扩展模型。

- (扩展的)CIR 仿射扩散强度模型:

$$\lambda_t = l_0 + l_1 \cdot X_t$$

其中，l_0 是常数，l_1 是一个 n 维常数向量，且

$$dX_t = (aX_t + b)dt + \sigma \sum{}^{CIR}(X_t)dW_t$$

其中，a 是 $n \times n$ 常数矩阵，σ 是 $n \times n$ 常数对角矩阵，b 是 n 维常数向量，同时

$$\sum{}^{CIR}(X_t) = \begin{pmatrix} \sqrt{X_{1,t}} & & 0 \\ & \ddots & \\ 0 & & \sqrt{X_{n,t}} \end{pmatrix}$$

如果部分模型参数是时间的确定函数，该模型称为扩展模型。对单因子 CIR 利率模型的讨论见 Cox 等(1985)、Hull 和 White(1990)、Jamshidian(1995)、Pelsser(1996)。此外，Richard(1978)、Longstaff 和 Schwartz(1992)、Chen 和 Scott(1992)研究了两因子 CIR 模型。Beaglehole 和 Tenney(1991)、Jamshidian(1996)和 Scott(1995)讨论了一般理论。

● (扩展的)CIR 仿射跳扩散强度模型：

$$\lambda_t = l_0 + l_1 \cdot X_t$$

其中，l_0 是常数，l_1 是一个 n 维常数向量，且

$$dX_t = (aX_t + b)dt + \sigma \sum{}^{CIR}(X_t)dW_t + dZ_t$$

其中，a 是 $n \times n$ 常数矩阵，σ 是 $n \times n$ 常数对角矩阵，b 是 n 维常数向量，同时

$$\sum{}^{CIR}(X_t) = \begin{pmatrix} \sqrt{X_{1,t}} & & 0 \\ & \ddots & \\ 0 & & \sqrt{X_{n,t}} \end{pmatrix}$$

Z 是一个纯粹跳过程，其计跳过程 A_t 允许的随机强度 $\gamma : \Theta \rightarrow [0, \infty)$ 与 X 相关，跳距分布 v 仅与时间 t 相关。如果部分模型参数是时间的确定函数，该模型称为扩展模型。

● 融合高斯及 CIR 类型状态变量的仿射扩散或者跳扩散强度模型：

最著名的融合高斯型及 CIR 型状态变量的仿射扩散模型是所谓的三因子仿射模型。这一族模型的意图在于允许随机均值和/或随机波动率，但要确保波动率是正的：

$$\lambda_t = X_{1,t}$$

且

$$dX_t = a(b_t - X_t)dt + \sigma \sum (X_t)dW_t$$

其中，

$$a = \begin{bmatrix} a_1 & 0 & 0 \\ 0 & a_2 & 0 \\ 0 & 0 & a_3 \end{bmatrix}, b_t = \begin{bmatrix} X_{2t} \\ b_2 \\ b_3 \end{bmatrix}$$

$$\sigma = \begin{bmatrix} 1 & 0 & 0 \\ 0 & \sigma_2 & 0 \\ 0 & 0 & \sigma_3 \end{bmatrix}, \sum (X_t) = \begin{bmatrix} \sqrt{X_{3,t}} & 0 & 0 \\ 0 & X_{2,t}^\gamma & 0 \\ 0 & 0 & \sqrt{X_{3,t}} \end{bmatrix}$$

$\gamma \in \left\{0, \dfrac{1}{2}\right\}$，$a_i(i=1, 2, 3)$、$b_i$ 和 $\sigma_i(i=2, 3)$是常数。例如，Balduzzi、Das、Foresi 和 Sundaram(1996)，Chen(1996)与 Rhee(1999)研究三因子仿射模型，并将其应用于利率建模。

当选择一个特定模型时，需要考虑下列问题：

- 模型能否保证强度为正，即对于所有 t，$\lambda_t > 0$?
- 模型中强度服从什么分布函数？分布函数能否通过实证？
- 能否从选定的动态模型中算出违约概率和存活概率的显式解？
- 模型是均值回归的吗？
- 模型中的违约概率和存活概率总是在 0 和 1 之间吗？
- 模型有多适合蒙特卡罗模拟？
- 所选定的动态模型允许用历史估计法进行参数估计吗？

下面我们给出仿射存活/违约概率期限结构模型的几个例子。

例 2.3.5

强度模型为 Vasicek 模型(见 Vasicek，1977)：

强度 λ 服从 Ornstein-Uhlenbeck 过程，即

$$d\lambda_t = a(b - \lambda_t)dt + \sigma dW_t \tag{2.13}$$

其中，W 是一维标准布朗运动，强度 λ 的初始值 λ_0 与参数 $a > 0$、b 和 $\sigma > 0$ 均为常数。过程

$$\lambda_t = e^{-at}\lambda_0 + (1 - e^{-at})b + \sigma e^{-at}\int_0^t e^{au}dW_u \tag{2.14}$$

是随机方程(2.13)的唯一解 λ，初始值为 λ_0，证明过程见 Nielsen(1999，第 107 页)。[1]取决于 $\mathcal{F}_0$ 的 λ_t 服从正态分布，其均值与方差分别为：

$$E^{\mathbf{P}}[\lambda_t \mid \mathcal{F}_0] = e^{-at}\lambda_0 + (1 - e^{-at})b \tag{2.15}$$

$$Var^{\mathbf{P}}[\lambda_t \mid \mathcal{F}_0] = \frac{\sigma^2}{2a}(1 - e^{-2at}) \tag{2.16}$$

这意味着 $\mathbf{P}(\lambda_t < 0) > 0$，从理论及实务角度看，这并不令人满意，也是运用 Vasicek 模型确定强度过程的主要不足之处。根据式(2.15)和式(2.16)，强度 λ 是均值回归的，因为当时间 t 趋于无穷时，期望强度趋近于 b。根据命题 2.3.2 和方程(2.14)，有

$$
\begin{aligned}
& p^d(t, T) \\
&= 1 - E^{\mathbf{P}}[e^{-\int_t^T \lambda_s ds} \mid \mathcal{F}_t] \\
&= 1 - E^{\mathbf{P}}[e^{-(T-t)b - \frac{1}{a}(1 - e^{-a(T-t)})(\lambda_t - b) - \frac{\sigma}{a}\int_t^T (1 - e^{-a(T-t)})dW_u} \mid \mathcal{F}_t] \\
&= 1 - e^{-(T-t)b - \frac{1}{a}(1 - e^{-a(T-t)})(\lambda_t - b) + \frac{\sigma^2}{4a^3}(4e^{-a(T-t)} - e^{-2a(T-t)} + 2a(T-t) - 3)}
\end{aligned}
$$

通过上式，上述模型完整描述了任意给定时刻 t 下违约概率的期限结构。存活概率的期限结构如下：

$$p^s(t, T) = e^{\alpha(t, T) + \beta(t, T)\lambda_t}$$

其中，

$$\beta(t, T) = -\frac{1}{a}(1 - e^{-a(T-t)})$$

$$\alpha(t, T) = \left(b - \frac{\sigma^2}{2a^2}\right)(\beta(t, T) - T + t) - \frac{\sigma^2}{4a}\beta^2(t, T)$$

图 2.9 和图 2.10 分别给出了存活概率和违约概率的期限结构，参数 $a = 0.25$，$b = 5$ 个基

---

① 令 $W = (W_1, \cdots, W_m)'$ 为 m 维标准布朗运动，$m \in \mathbb{N}$。随机过程 X 称为 Itô 过程，如果对于所有时刻 $t \geqslant 0$，我们有：

$$X_t = X_0 + \int_0^t \mu_s ds + \int_0^t \sigma_s dW_s$$

其中，X_0 是 $\mathcal{F}_0$-可测的，$\mu = \mu_t$ 与 $\sigma = \sigma_t$ 是满足以下条件的累进可测随机过程：

$$\int_0^t \mid \mu_s \mid ds < \infty$$

及

$$\int_0^t \sigma_t^2(s)ds < \infty \quad \mathbf{P}\text{-}a.s.$$

其中，$t \geqslant 0$，$i = 1, \cdots, m$。

Korn 和 Korn(1999，第 36 页)：如果随机过程的所有路径都是右连续的，则该过程为累进可测的。

点,$\sigma = 3$个基点,两个初始强度值分别为$\lambda_0 = 5$个基点与$\lambda_0 = 10$个基点。图2.10中,下面的曲线对应的初始值是5个基点,上面的曲线对应的初始值是10个基点。此外,图2.10表明距离到期日越近,违约概率越趋于0。因为λ_t服从正态分布,存活概率服从对数正态分布:

$$d\ln p^s(t,T) = d\alpha(t,T) + \beta(t,T)d\lambda_t + \lambda_t d\beta(t,T)$$

$$= \left(\lambda_t - \frac{\sigma^2}{2a^2}(1 - e^{-a(T-t)})^2\right)dt$$

$$- \frac{\sigma}{a}(1 - e^{-a(T-t)})dW_t$$

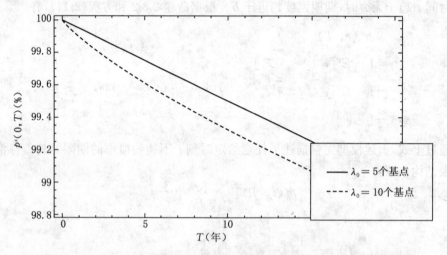

图2.9 λ 服从 Ornstein-Uhlenbeck 过程:不同初始强度下存活概率的期限结构

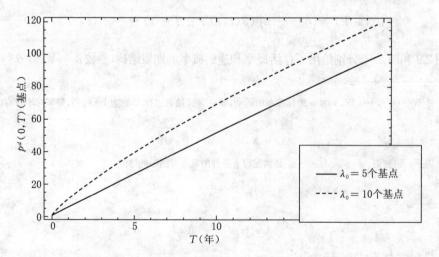

图2.10 λ 服从 Ornstein-Uhlenbeck 过程:不同初始强度下违约概率的期限结构

在 W 的一个正冲击下,违约概率和强度都在增加,存活概率下降。存活概率的波动率为

$$\frac{\sigma}{a}(1-e^{-a(T-t)})$$

它是时间 t 的确定性函数,当时间 t 趋于 T 时,它趋于 0,当 T 趋于无穷时,它趋于 $\frac{\sigma}{a}$。存活概率的波动率取决于均值回归速度和时间界域,但与强度过程的初始强度值 λ_0 和均值回归水平 b 无关。图 2.11 显示了不同 σ 值下存活概率波动率的期限结构。上面的曲线对应的是 $\sigma=3$ 个基点,下面的曲线对应的是 $\sigma=10$ 个基点。参数 a 的值同前面一样,$a=0.25$。存活概率的波动率是 $T-t$ 的递增函数,当 $T-t\rightarrow 0$ 时收敛于 0,当 $T-t\rightarrow\infty$ 时收敛于 $\frac{\sigma}{a}$。

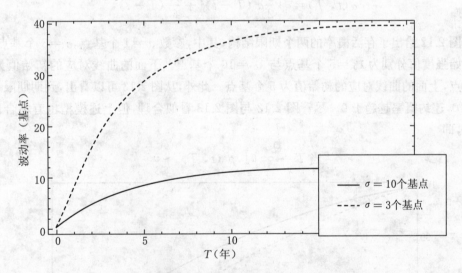

图 2.11 不同 σ 值不存活概率 $p^s(0, T)$ 的波动率

例 2.3.6

强度模型为默顿模型:

这是最简单的强度模型,不考虑均值回归。强度 λ 服从如下随机过程:

$$d\lambda_t = adt + \sigma dW_t \tag{2.17}$$

其中,W 是一维标准布朗运动,强度 λ 的初始值 λ_0 与参数 $a>0$ 和 $\sigma>0$ 是常数。随机方程(2.17)的唯一解为如下具有初始值 λ_0 的 Itô 过程 λ:

$$\lambda_t = \lambda_0 + at + \sigma W_t \qquad (2.18)$$

根据命题 2.3.2 和式(2.18),有

$$p^d(t, T) = 1 - E^{\mathbf{P}}\left[e^{-\int_t^T \lambda_s ds} \mid \mathcal{F}_t\right]$$

$$= 1 - e^{-\lambda_t(T-t) - \frac{1}{2}a(T-t)^2 + \frac{\sigma^2}{6}(T-t)^3}$$

通过上式,上述模型完整描述了任意给定时刻 t 下违约概率的期限结构。存活概率的期限结构如下:

$$p^s(t, T) = e^{\alpha(t, T) + \beta(t, T)\lambda_t}$$

其中,

$$\beta(t, T) = -(T-t)$$

$$\alpha(t, T) = -\frac{1}{2}a(T-t)^2 + \frac{\sigma^2}{6}(T-t)^3$$

图 2.12 给出了存活概率的两个期限结构,其中,参数 $a = 1$ 个基点,$\sigma = 3$ 个基点,两个初始强度值分别为 $\lambda_0 = 5$ 个基点与 $\lambda_0 = 10$ 个基点。下面的曲线对应的初始值为 10 个基点,上面的曲线对应的初始值为 5 个基点。此外,从图 2.13 可以看出,到期期限越趋近于 0,违约概率越趋于 0。尽管图 2.12 与图 2.13 看似合理,但上述模型也有不合理的一面,即

当 $T \to \infty$ 时,$p^s(t, T) \to \infty$

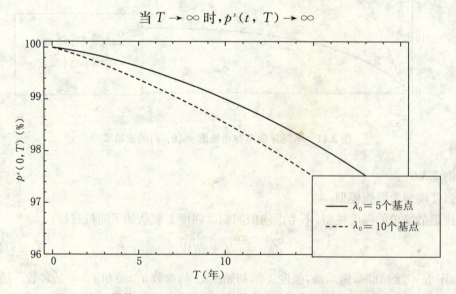

图 2.12　λ 服从 Merton 过程:不同初始强度值下存活概率的期限结构

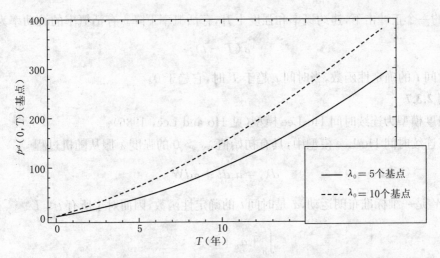

图 2.13 λ 服从 Merton 过程:不同初始强度值下违约概率的期限结构

这说明上述模型不能用来为长期时间界域内的存活概率建模。对参数的某些值而言,特别是较小的参数 σ,这也许不是大问题。图 2.14 给出的是 σ 等于 40 个基点时的情况,其他参数值和前面的例子一样: $a = 1$ 个基点, $\lambda_0 = 5$ 个基点。对于较长的时间界域,上述模型给出的存活概率没什么意义。特别地,当 $T > 26$ 年时, $p^s(t, T)$ 的值超过 100%。

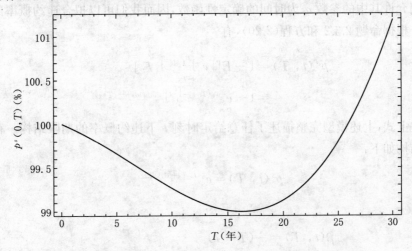

图 2.14 λ 服从 Merton 过程:较高 σ 值下存活概率的期限结构

由于 λ_t 服从正态分布,存活概率服从如下对数正态分布:

$$d\ln p^s(t, T) = d\alpha(t, T) + \beta(t, T)d\lambda_t + \lambda_t d\beta(t, T)$$

$$= \left(\lambda_t - \frac{\sigma^2}{2}(T-t)^2\right)dt - \sigma(T-t)dW_t$$

在 W 的一个正冲击下,违约概率和强度上升,存活概率下降。存活概率的波动率为

$$\sigma(T-t)$$

它是时间 t 的确定性函数,当时间 t 趋于 T 时,它趋于 0。

例 2.3.7

强度模型为连续时间 Ho-Lee 模型(见 Ho and Lee,1986):

在连续时间 Ho-Lee 模型中,具有初始值 $\lambda_0 > 0$ 的强度 λ 服从随机过程

$$d\lambda_t = a_t dt + \sigma dW_t \tag{2.19}$$

其中,W 是一维标准布朗运动,a 是时间 t 的确定性函数,因而对于所有 $t \leqslant T^*$

$$\int_0^t |a_s| \, ds < \infty$$

且 $\sigma > 0$ 是常数。则过程

$$\lambda_t = \lambda_0 + \int_0^t a_s ds + \sigma W_t \tag{2.20}$$

是随机方程(2.19)的唯一解——Itô 过程 λ,初始值为 λ_0。Ho-Lee 模型类似于默顿模型,除了我们允许其中的参数 a 为时间的确定性函数,因而我们可以拟合违约概率的初始期限结构。根据命题 2.3.2 和方程(2.20),有

$$p^d(t, T) = 1 - E^{\mathbf{P}}\left[e^{-\int_t^T \lambda_s ds} \mid \mathcal{F}_t\right]$$

$$= 1 - e^{-\lambda_t(T-t) - \int_t^T \left(\int_t^s a_u du\right) ds + \frac{\sigma^2}{6}(T-t)^3}$$

通过上式,上述模型完整描述了任意给定时刻 t 下违约概率的期限结构。存活概率的期限结构如下:

$$p^s(t, T) = e^{a(t, T) + \beta(t, T)\lambda_t}$$

其中,

$$\beta(t, T) = -(T-t)$$

$$\alpha(t, T) = -\int_t^T \left(\int_t^s a_u du\right) ds + \frac{\sigma^2}{6}(T-t)^3$$

例 2.3.8

强度模型为 Cox、Ingersoll 和 Ross 模型(见 Cox et al.,1985):

Cox 等(1985)发展了一般均衡方法,在 Vasicek(1977)的动态模型的扩散系数中加

入平方根项。这个模型作为基本模型被使用了多年,因为该模型融合了两个重要特征:有解析形式,随机过程总是为正。具有初始值 $\lambda_0 > 0$ 的强度 λ 服从如下随机过程:

$$d\lambda_t = a(b - \lambda_t)dt + \sigma\sqrt{\lambda_t}dW_t \tag{2.21}$$

其中,W 是一维标准布朗运动,a,b,$\sigma > 0$ 为常数。增加条件

$$2ab > \sigma^2$$

方能确保过程(2.21)不可回到初始状态,这样可以保证 λ 总为正。过程 λ 服从非中心 χ^2-分布,λ_t 的密度函数 f_{λ_t} 为

$$f_{\lambda_t}(x) = c_t f_{\chi^2(v, \mu_t)}(c_t x)$$

其中,

$$c_t = \frac{4a}{\sigma^2(1 - e^{-at})}$$

$$v = \frac{4ab}{\sigma^2}$$

$$\mu_t = c_t \lambda_0 e^{-at}$$

且

$$f_{\chi^2(v, \mu)}(y) = \sum_{i=0}^{\infty} \frac{e^{-\frac{\mu}{2}}\left(\frac{\mu}{2}\right)^i}{i!} \frac{\left(\frac{1}{2}\right)^{i+\frac{v}{2}}}{\Gamma\left(i + \frac{v}{2}\right)} y^{i-1+\frac{v}{2}} e^{-\frac{y}{2}}$$

其中,Γ 是欧拉的伽玛函数。[1]因此,条件 $\mathcal{F}_0$ 下 λ_t 的均值和方差为:

$$E^{\mathbf{P}}[\lambda_t \mid \mathcal{F}_0] = e^{-at}\lambda_0 + (1 - e^{-at})b$$

$$Var^{\mathbf{P}}[\lambda_t \mid \mathcal{F}_0] = \frac{\sigma^2}{a}(e^{-at} - e^{-2at})\lambda_0 + \frac{\sigma^2}{2a}(1 - e^{-at})^2 b$$

违约概率和存活概率的期限结构如下:

$$p^d(t, T) = 1 - p^s(t, T)$$

$$p^s(t, T) = e^{\alpha(t, T) + \beta(t, T)\lambda_t}$$

---

[1] 欧拉的伽玛函数定义为如下积分:

$$\Gamma(z) = \int_0^{\infty} t^{z-1} e^{-t}dt, \ \mathrm{Re}(z) > 0$$

其中,

$$\beta(t, T) = \frac{2(e^{(T-t)\sqrt{a^2+2\sigma^2}} - 1)}{2\sqrt{a^2+2\sigma^2} + (a + \sqrt{a^2+2\sigma^2})(e^{(T-t)\sqrt{a^2+2\sigma^2}} - 1)}$$

$$\alpha(t, T) = \frac{2ab}{\sigma^2}\ln\left[\frac{2\sqrt{a^2+2\sigma^2}\, e^{\frac{(a+\sqrt{a^2+2\sigma^2})(T-t)}{2}}}{2\sqrt{a^2+2\sigma^2} + (a + \sqrt{a^2+2\sigma^2})(e^{(T-t)\sqrt{a^2+2\sigma^2}} - 1)}\right]$$

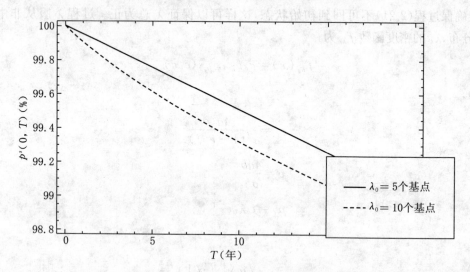

图 2.15 λ 服从 CIR 过程:不同初始强度值下存活概率的期限结构

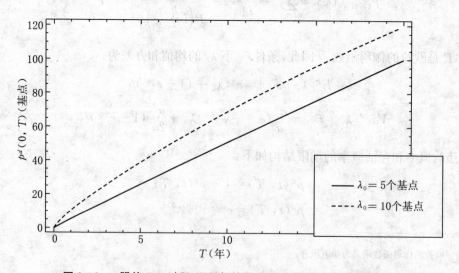

图 2.16 λ 服从 CIR 过程:不同初始强度值下违约概率的期限结构

转移强度。前面我们已经定义了特定债务人违约强度 λ_t, 其具有如下性质:

$$\lambda_t 1_{\{t \leqslant Td\}} = \lim_{\varepsilon \to 0+} \frac{p^d(t, t+\varepsilon)}{\varepsilon}, \text{对所有 } t \geqslant 0 \tag{2.22}$$

相对于研究个体的行为,我们将个体进行评级归类,研究同类个体的转移及违约模型,有时可能会更方便。因此,从式(2.22)开始我们从违约强度方法推广到一般转移强度方法。我们假设每种转移都存在转移强度,即对于所有 $t \geqslant 0$ 和每对信用等级 $R \neq \check{R}(R \in \{1, 2, \cdots, K-1\}, \check{R} \in \{1, 2, \cdots, K\})$, 如下极限存在:

$$\lambda_{R,\check{R}}(t) = \lim_{\varepsilon \to 0+} \frac{p_{R,\check{R}}(t, t+\varepsilon)}{\varepsilon}$$

当 K 是吸收状态时,对于所有时刻 $t \geqslant 0$, 有

$$\lambda_{K,\check{R}}(t) = 0$$

如果对于所有转移这些极限存在,则我们可以定义对于所有 $R \in \{1, 2, \cdots, K-1\}$,

$$\lambda_{R,R}(t) = \sum_{\check{R} \neq R} \lambda_{R,\check{R}}(t)$$

对于所有 $R, \check{R} \in \{1, 2, \cdots, K\}$, $\lambda_{R,\check{R}}(t) \geqslant 0$。

结论 2.3.4

对于下一个无穷小的时间段 $\varepsilon > 0$, 离开状态 R 的概率近似于 $\lambda_{R,R}(t) \cdot \varepsilon$, 这样转移强度就和估计转移概率问题联系起来了。

信用等级转移为连续时间的时齐马尔可夫链。如果我们假设评级过程是连续时间的时齐马尔可夫链,对于时间段 τ 具有转移矩阵 $Tr(\tau)$, 那么对于所有 $t \geqslant 0$, $\lambda_{R,\check{R}}(t) \equiv \lambda_{R,\check{R}}$, 且如下定义的 $K \times K$ 维矩阵 Λ

$$\Lambda = \begin{pmatrix} -\lambda_{1,1} & \lambda_{1,2} & \cdots & \lambda_{1,K} \\ \lambda_{2,1} & -\lambda_{2,2} & \cdots & \lambda_{2,K} \\ \vdots & \vdots & \ddots & \vdots \\ \lambda_{K,1} & \lambda_{K,2} & \cdots & -\lambda_{K,K} \end{pmatrix}$$

为马尔可夫链的生成矩阵,即

$$Tr(\tau) = \exp(\Lambda\tau), \text{对于所有 } \tau \geqslant 0$$

其中,

$$\exp(\Lambda\tau) \equiv \sum_{k=0}^{\infty} \frac{(\Lambda\tau)^k}{k!}$$

特别地,一年期转移矩阵为 $Tr(1) = \exp(\Lambda)$。等待离开状态 R 的时间服从均值为

$\dfrac{1}{\lambda_R}$ 的指数分布。一旦马尔可夫链离开状态 R,其进入状态 $\check{R} \neq R$ 的概率为 $\dfrac{\lambda_{R,\check{R}}}{\lambda_R}$。时刻 t_1 至时刻 $t_2 (t_1 < t_2)$ 间 $\lambda_{R,\check{R}}$ 的极大似然估计为

$$\hat{\lambda}_{R,\check{R}} = \frac{M_{R,\check{R}}(t_1,t_2)}{\int_{t_1}^{t_2} N_R(s)ds} \tag{2.23}$$

其中,$M_{R,\check{R}}(t_1,t_2)$ 是时间段 $[t_1,t_2]$ 内从状态 R 进入状态 $\check{R}$ 的交易总数,$N_R(s)$ 是时刻 s 处于信用等级状态 R 的个体数目。如,一年期转移矩阵 $Tr(1)$ 的极大似然估计为

$$\widehat{Tr}(1) = \exp(\hat{\Lambda})$$

例 2.3.9

假设评级系统中非违约信用等级有三等,分别为 A、B 和 C,违约信用等级为 D。对 30 个样本公司进行为期一年的观察。在观察期开始时,每个信用等级的公司个数为 10 个。

- 经过一个月,一个公司由 B 等级变成 C 等级,一个公司由 B 等级变为 A 等级,其后信用等级该年内维持不变。
- 经过两个月,两个公司由 A 等级变为 B 等级,其后信用等级该年内维持不变。
- 经过六个月,一个公司由 C 等级变为 B 等级,其后信用等级该年内维持不变,此外,一个 C 等级公司发生违约。
- 经过八个月,一个 C 等级公司发生违约。

运用式(2.23),

$$\hat{\lambda}_{A,B} = \frac{2}{8 \cdot \frac{12}{12} + 1 \cdot \frac{11}{12} + 2 \cdot \frac{2}{12}} = 0.216\,22$$

$$\hat{\lambda}_{B,A} = \frac{1}{8 \cdot \frac{12}{12} + 2 \cdot \frac{1}{12} + 2 \cdot \frac{10}{12} + 1 \cdot \frac{6}{12}} = 0.096\,77$$

$$\hat{\lambda}_{B,C} = \frac{1}{8 \cdot \frac{12}{12} + 2 \cdot \frac{1}{12} + 2 \cdot \frac{10}{12} + 1 \cdot \frac{6}{12}} = 0.096\,77$$

$$\hat{\lambda}_{C,B} = \frac{1}{7 \cdot \frac{12}{12} + 1 \cdot \frac{11}{12} + 2 \cdot \frac{6}{12} + 1 \cdot \frac{8}{12}} = 0.104\,35$$

$$\hat{\lambda}_{C,D} = \frac{2}{7 \cdot \frac{12}{12} + 1 \cdot \frac{11}{12} + 2 \cdot \frac{6}{12} + 1 \cdot \frac{8}{12}} = 0.208\,70$$

$$\hat{\lambda}_{A,C} = \hat{\lambda}_{A,D} = \hat{\lambda}_{B,D} = \hat{\lambda}_{C,A} = 0$$

因此,生成矩阵和一年期转移矩阵的极大似然估计分别为

$$
\hat{\Lambda} = \begin{bmatrix} -0.216\,22 & 0.216\,22 & 0 & 0 \\ 0.096\,77 & -0.193\,54 & 0.096\,77 & 0 \\ 0 & 0.104\,35 & -0.313\,05 & 0.208\,70 \\ 0 & 0 & 0 & 0 \end{bmatrix}
$$

及

$$
\hat{Tr}(1) = \begin{bmatrix} 0.814\,07 & 0.177\,07 & 0.008\,25 & 0.000\,61 \\ 0.079\,25 & 0.836\,63 & 0.075\,56 & 0.008\,57 \\ 0.003\,98 & 0.081\,48 & 0.735\,07 & 0.179\,48 \\ 0 & 0 & 0 & 0 \end{bmatrix} \tag{2.24}
$$

检查矩阵 $\hat{\Lambda}$ 的第一行,经过一个很小的时间段 $\varepsilon > 0$ 后,仍然位于第一信用等级的概率近似于 $1 - 0.216\,22 \cdot \varepsilon$,从第一信用等级变为违约等级的转移概率为 0。这样我们可以很容易得出如下不当结论,即在 0 时刻与 τ 时刻之间违约概率为 $1 - \exp(0 \cdot \tau) = 0$。这并不包含信用等级转移以及今后会发生违约的可能性。从图 2.17 可以看出,直接得自第一信用等级的违约概率与作为时间的函数的真实违约概率不同。特别地,对于较高信用等级的公司而言,估计其信用等级降低的风险以及变为较低信用等级时违约的风险非常重要。第一和第二两个最高信用等级直接违约的风险是相同的(二者的违约概率均为 0)。

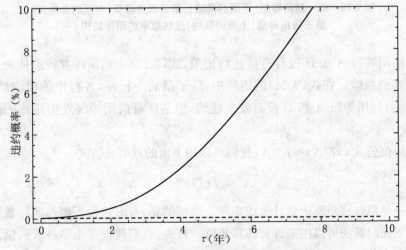

**图 2.17　直接得自第一信用等级的违约概率的期限结构(下面的曲线)与
第一信用等级的真实违约概率的期限结构(上面的曲线)**

此外,图 2.18 表明,中间的曲线代表的第二信用等级的违约概率高于第一信用等级,这是因为第二信用等级距离第三信用等级更近。上面的曲线代表第三信用等级的违约概率。最后,假设我们使用定义 2.3.1 中所述的方法,我们有

$$\widehat{Tr}(1) = \begin{bmatrix} 0.8 & 0.2 & 0 & 0 \\ 0.1 & 0.8 & 0.1 & 0 \\ 0 & 0.1 & 0.7 & 0.2 \\ 0 & 0 & 0 & 1 \end{bmatrix} \tag{2.25}$$

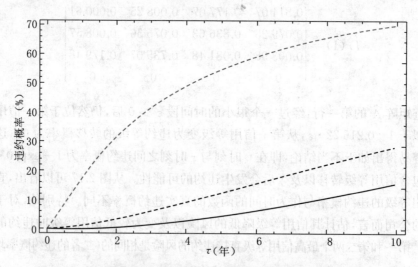

图 2.18 第一信用等级(下面的曲线)、第二信用等级(中间的曲线)和
第三信用等级(上面的曲线)违约概率的期限结构

由于信用等级 A 和 B 没有直接违约记录,式(2.25)中的矩阵并没有体现这两个信用等级的违约风险。在式(2.24)的矩阵中,除了最后一行外,各行中的项均严格为正。特别地,尽管信用等级 A 和 B 没有发生违约,但是所有信用等级发生违约的概率都大于 0。

根据近似公式 $\exp(\Lambda) \approx I + \Lambda$,我们可以用下面的近似表达式

$$\widehat{\Lambda} \approx \widehat{Tr}(1) - I$$

从给定的一年期转移矩阵中估计生成矩阵。遗憾的是,有时这种近似与实际数据并不完全吻合。下面的算法可以用来计算转移矩阵。首先,我们假设每个债务人的信用等级在一年内没有变化或者最多只转变一次,且对于 $R \in \{1, 2, \cdots, K-1\}$,$\lambda_{R,R} \neq 0$。这时有

$$
\exp(\Lambda) \approx
\begin{pmatrix}
e^{\lambda_{1,1}} & \dfrac{\lambda_{1,2}(e^{\lambda_{1,1}}-1)}{\lambda_{1,1}} & \cdots & \dfrac{\lambda_{1,K}(e^{\lambda_{1,1}}-1)}{\lambda_{1,1}} \\[2mm]
\dfrac{\lambda_{2,1}(e^{\lambda_{2,2}}-1)}{\lambda_{2,2}} & e^{\lambda_{2,2}} & \cdots & \dfrac{\lambda_{2,K}(e^{\lambda_{2,2}}-1)}{\lambda_{2,2}} \\[2mm]
\vdots & \vdots & \cdots & \vdots \\[2mm]
\dfrac{\lambda_{K-1,1}(e^{\lambda_{K-1,K-1}}-1)}{\lambda_{K-1,K-1}} & \dfrac{\lambda_{K-1,2}(e^{\lambda_{K-1,K-1}}-1)}{\lambda_{K-1,K-1}} & \ddots & \dfrac{\lambda_{K-1,K}(e^{\lambda_{K-1,K-1}}-1)}{\lambda_{K-1,K-1}} \\[2mm]
0 & 0 & \cdots & 1
\end{pmatrix}
$$

为了得到 $\hat{\Lambda}$，我们令 $\widehat{Tr}(1)$ 等于上式的右边，即

$$
\widehat{tr}_{R,R}(1) = e^{\hat{\lambda}_{R,R}}, \quad R = 1, 2, \cdots, K-1
$$

$$
\widehat{tr}_{R,\breve{R}}(1) = \frac{\hat{\lambda}_{R,\breve{R}}(e^{\hat{\lambda}_{R,R}}-1)}{\hat{\lambda}_{R,R}}, \quad R \neq \breve{R}, \ R, \breve{R} \in \{1, 2, \cdots, K-1\}
$$

我们求解 $\hat{\lambda}_{R,R}$ 和 $\hat{\lambda}_{R,\breve{R}}$，有

$$
\hat{\lambda}_{R,R} = \ln(\widehat{tr}_{R,R}(1)), \quad R = 1, 2, \cdots, K-1 \tag{2.26}
$$

$$
\hat{\lambda}_{R,\breve{R}} = \frac{\widehat{tr}_{R,\breve{R}}(1)\ln(\widehat{tr}_{R,R}(1))}{\widehat{tr}_{R,R}(1)-1}, \quad R \neq \breve{R}, \ R, \breve{R} \in \{1, 2, \cdots, K-1\} \tag{2.27}
$$

例 2.3.10

我们需要估计转移矩阵(2.3)的生成矩阵。根据式(2.26)和式(2.27)，计算生成矩阵 $\hat{\lambda}_{R,R}$ 和 $\hat{\lambda}_{R,\breve{R}}$ 中各项的估计值，$R \neq \breve{R}$ 及 $R, \breve{R} \in \{1, 2, \cdots, K-1\}$，

$$
\hat{\Lambda} =
\begin{pmatrix}
-0.0719 & 0.0652 & 0.0047 & 0.0015 & 0.0006 & 0.0000 & 0.0000 & 0.0000 \\
0.0062 & -0.0944 & 0.0795 & 0.0064 & 0.0006 & 0.0012 & 0.0002 & 0.0001 \\
0.0005 & 0.0221 & -0.0896 & 0.0589 & 0.0049 & 0.0020 & 0.0004 & 0.0005 \\
0.0003 & 0.0024 & 0.0470 & -0.1168 & 0.0498 & 0.0101 & 0.0030 & 0.0041 \\
0.0004 & 0.0010 & 0.0048 & 0.0666 & -0.1896 & 0.0866 & 0.0134 & 0.0168 \\
0.0000 & 0.0009 & 0.0031 & 0.0045 & 0.0586 & -0.1977 & 0.0540 & 0.0766 \\
0.0013 & 0.0000 & 0.0041 & 0.0083 & 0.0207 & 0.1316 & -0.5830 & 0.4168 \\
0.0000 & 0.0000 & 0.0000 & 0.0000 & 0.0000 & 0.0000 & 0.0000 & 0.0000
\end{pmatrix}
$$

信用等级转移为连续时间的非时齐马尔可夫链。 现在我们考虑更加一般的非时齐的连续时间马尔可夫过程，给出 $Tr(s, t)$ 的所谓乘积极限估计(见 Aalen and Johansen，1978)。我们定义信用状态 R 转变为信用状态 $\breve{R}$ 的累计强度函数为

$$\Xi_{R,\check{R}}(t) = \int_0^t \lambda_{R,\check{R}}(s)ds,\ R \neq \check{R}$$

$$\Xi_{R,R}(t) = -\sum_{R \neq \check{R}} \Xi_{R,\check{R}}(t)$$

这样,非时齐的连续时间马尔可夫链的转移矩阵为

$$Tr(s,t) = \prod_{[s,t]}(I+d\Xi) \tag{2.28}$$
$$= \lim_{\max|t_i-t_{i-1}|\to 0} \prod_i (I + \Xi_{t_i} - \Xi_{t_{i-1}})$$

其中,I 是单位矩阵,$\Xi_t = (\Xi_{R,\check{R}}(t))_{R,\check{R}}$,$0 \leqslant s = t_0 < t_1 < \cdots < t_n = t$ 是对时间区间 $(s,t]$ 的划分。根据式(2.28),通过估计单个强度函数的增量部分进行乘积极限估计。增量通过观察到的转移数除以公司数得到。所有累计强度相乘得到转移概率的估计量。给定时刻 s 至时刻 t 的 m 个转移,$Tr(s,t)$ 的相容估计如下:

$$\widehat{Tr}(s,t) = \prod_{i=1}^m (I + \Delta\widehat{\Xi}_{T_i})$$

其中,T_i 是时间区间 $[s,t]$ 上的转移时间。

$$\Delta\widehat{\Xi}_{T_i} = \begin{pmatrix} -\dfrac{\Delta M_1(T_i)}{N_1(T_i)} & \dfrac{\Delta M_{1,2}(T_i)}{N_1(T_i)} & \dfrac{\Delta M_{1,3}(T_i)}{N_1(T_i)} & \cdots & \dfrac{\Delta M_{1,K}(T_i)}{N_1(T_i)} \\[2mm] \dfrac{\Delta M_{2,1}(T_i)}{N_2(T_i)} & -\dfrac{\Delta M_2(T_i)}{N_2(T_i)} & \dfrac{\Delta M_{2,3}(T_i)}{N_2(T_i)} & \cdots & \dfrac{\Delta M_{2,K}(T_i)}{N_2(T_i)} \\[2mm] \vdots & \vdots & \vdots & \ddots & \vdots \\[2mm] \dfrac{\Delta M_{K-1,1}(T_i)}{N_{K-1}(T_i)} & \dfrac{\Delta M_{K-1,2}(T_i)}{N_{K-1}(T_i)} & \cdots & -\dfrac{\Delta M_{K-1}(T_i)}{N_{K-1}(T_i)} & \dfrac{\Delta M_{K-1,K}(T_i)}{N_{K-1}(T_i)} \\[2mm] 0 & 0 & 0 & \cdots & 0 \end{pmatrix}$$

矩阵中记号如下:

- $\Delta M_{j,k}(T_i)$ 是在时刻 T_i 由信用等级为 j 变成信用等级为 k 的转移数目,$1 \leqslant j \leqslant K-1$,$1 \leqslant k \leqslant K$,$j \neq k$。
- $\Delta M_j(T_i)$ 是在时刻 T_i 离开信用等级 j 的转移数目,$1 \leqslant j \leqslant K-1$。显然,对于所有 $j \in \{1,2,\cdots,K-1\}$,

$$\Delta M_j(T_i) = \sum_{k \neq j} \Delta M_{j,k}(T_i)$$

- $N_j(T_i)$ 是时刻 T_i 前信用等级为 j 的债务人数目,$j \in \{1,2,\cdots,K-1\}$。

这样一来,矩阵中的元素就非常清楚了:

- 第 j 行对角线上的元素的绝对值是在时刻 T_i 之前信用等级为 j 的债务人在时刻 T_i 信用等级转移的比率。
- 第 j 行和第 k 列非对角线上的元素为在时刻 T_i 之前信用等级为 j 的债务人在时刻 T_i 变成信用等级为 k 的比率。

注意，矩阵 $\Delta\hat{\Xi}_{T_i}$ 每行之和等于 0，最后一行等于 0，这是因为我们假设违约是吸收状态。

例 2.3.11

下面我们用时齐的例子来说明。假设有 4 个信用等级转移日期，$m=4$：$T_1=\dfrac{1}{12}$，$T_2=\dfrac{2}{12}$，$T_3=\dfrac{6}{12}$，$T_4=\dfrac{8}{12}$。

$$\Delta\hat{\Xi}_{T1}=\begin{pmatrix} 0 & 0 & 0 & 0 \\ \dfrac{1}{10} & -\dfrac{2}{10} & \dfrac{1}{10} & 0 \\ 0 & 0 & 0 & 0 \\ 0 & 0 & 0 & 0 \end{pmatrix},\quad \Delta\hat{\Xi}_{T2}=\begin{pmatrix} -\dfrac{2}{11} & \dfrac{2}{11} & 0 & 0 \\ 0 & 0 & 0 & 0 \\ 0 & 0 & 0 & 0 \\ 0 & 0 & 0 & 0 \end{pmatrix}$$

$$\Delta\hat{\Xi}_{T3}=\begin{pmatrix} 0 & 0 & 0 & 0 \\ 0 & 0 & 0 & 0 \\ 0 & \dfrac{1}{11} & -\dfrac{2}{11} & \dfrac{1}{11} \\ 0 & 0 & 0 & 0 \end{pmatrix},\quad \Delta\hat{\Xi}_{T2}=\begin{pmatrix} 0 & 0 & 0 & 0 \\ 0 & 0 & 0 & 0 \\ 0 & 0 & -\dfrac{1}{9} & \dfrac{1}{9} \\ 0 & 0 & 0 & 0 \end{pmatrix}$$

因此有

$$\hat{Tr}(0,1)=\prod_{i=1}^{4}(I+\Delta\hat{\Xi}_{T_i})$$

$$=\begin{pmatrix} 0.818\,18 & 0.181\,82 & 0 & 0 \\ 0.081\,82 & 0.827\,27 & 0.072\,73 & 0.018\,18 \\ 0 & 0.090\,91 & 0.727\,27 & 0.181\,82 \\ 0 & 0 & 0 & 0 \end{pmatrix}$$

连续时间估计的优点。 Christensen 和 Lando(2002) 与 Lando 和 Skodeberg(2002) 指出，连续时间估计较离散时间估计有许多优点：

- 转移概率的连续时间估计是非零的，即使稀有事件也是可能发生的。
- 基于生成矩阵的估计，可以得到任意时间段的转移概率矩阵。

- 在离散时间情况下，参数估计不可能综合所有信息，例如，在两次评估之间信用等级刚好发生变化的确切时刻。
- 连续时间估计量改进了置信集估计。
- 连续时间框架可以对非马尔可夫型行为用公式细致描述并进行严格检验。
- 对外部协方差和结构变化的依赖可以用公式描述，也可以被检验及量化。
- 在连续时间框架下更容易进行检验。

一些基本问题。尽管强度模型非常灵活，但是也有下面一些问题：

- 强度过程纯粹是外生的。
- 违约原因（如资产价值降低）与违约事件之间没有相关性。
- 违约是不可预测的。

2.3.5 违约概率调整

前面我们用随机模型研究了违约概率的决定。高盛的 Young 和 Bhagat（2000）指出：

在某些情况下，单纯采用随机方法忽视了有价值的信用信息。

因此，定量方法必须和强有力的信用基本面分析相联系，这需要建立数学模型以及利用信用分析实践。他们通常对于评级对象是否继续履行合同具有客观和直觉的把握。为缩小定量模型和基本面分析之间的差距须对违约概率进行调整。对于每个信用评级对象，信用分析员都要综合公开市场交易或者其他评级机构的数据来调整违约概率，这时，评级对象的个体特征就会被考虑进来。调整幅度限制在原有违约概率的一定范围之内，还需要考虑会影响违约概率的期限结构的事件，例如法规变化、行业稳定性变化、合同到期以及债务到期。

2.4 回收率模型

2.4.1 回收率定义

实际上，违约证券的收益通常会大于 0，回收率（假定已经违约）记为 w，是指债务人违约时债权人所能回收到的债务价值的比率。即回收率衡量违约时有望回收的价值份额，通常在区间 $[0,1]$ 上取值。如果可违约证券在时间区间 $[t, T]$ 上存活下来，

$0 \leqslant t < T \leqslant T^*$，我们考虑在时间区间$[t, T]$上的任何时点都会发生违约。投资者需要评估潜在的信用损失，所以回收率对投资者而言非常重要。损失率（假定已经违约）定义为1减去回收率。当评估潜在信用损失时，回收率与违约概率都是十分重要的。回收率或违约概率出现错误，都会招致信用损失。对回收率有如下不同的理解：

- **回收面值的一部分**：假设补偿是以现金（投资于不可违约货币市场账户①）方式支付的，回收率设定为面值的比率。Duffie(1998b)模型就采用了这种方式。
- **回收市场价值的一部分**：假设违约时采用市场上等价的可违约债券进行赔偿，等价的可违约债券此时没有违约，回收率即为违约前可违约债券的市场价值一定比率。所谓等价就是指到期日、信用质量、面值都与原来的可违约债券相同。Duffie和Singleton(1997)模型采用了这种方式，Schönbucher(2000)也是采用这种方式。
- **回收等价非违约债券的一部分（等价回收模型）**：假设在违约时用非违约债券（的价值）来补偿，即在违约时刻T^d发生违约时，可违约债券的收益为w等价非违约债券。等价就是指到期日和面值与原债券相同。有几篇论文采用这种形式，如Jarrow和Turnbull(1995)与Madan和Unal(1998)。

关于回收率还有下面的看法：

- 不同的回收率模型可以相互转化。可违约债券违约时的价值可以选择不同的计价方式。
- 等价回收模型相对其他两个模型更加复杂，需要用到不可违约利率期限结构的知识。
- 回收面值的一部分和等价回收模型没有假设会回收息票。

公司在危机时通常经历4个不同阶段（见Schuermann，2003）：

- 显然，最后现金支付日只能事后知道，这也是公司危机起始日。
- 对于债券而言，违约通常发生在最后现金支付日的6个月之后。这是由于息票通常需要每半年支付一次票息，而违约日定义为没有支付票息的首个日期。
- 在违约发生一年内可以随时宣布公司破产，但是是否宣布破产需要与债权人之间协商。
- 结束破产程序。

金融工具处于困境时现金支付不规则，这使得对回收率的估计非常困难——所有违约后的现金流必须回到违约日进行贴现。显然，现金支付的信息很难得到。大多数公司处于财务困境时不是被清算而是被重组，这使得回收率更加难以估计。花费在破产上的时间可以大幅降低回收率。破产时间平均约为二年，见Helwege(1999)，Eberhart, Alt-

---

① 见定义6.2.1。

man 和 Aggarwal(1998),Gupton,Gates 和 Carty(穆迪特别评论),以及 Garbade(2001)。Eberhart 和 Sweeney(1992)与 Wagner(1996)发现债券的违约破产时间要长一些,为 2.5 年。显然,回收率的变化非常大。回收率与信用工具的类型相关(贷款的回收率通常高于债券,见 Van de Castle,Keisman & Yang,2000),也与风险资产的优先权相关(见图 2.19),还与违约前发行人的信用等级相关(回收率对于高等级可违约债券而言是次要问题,甚至与国债市场相关性不大,但对于高收益率债券市场很关键),与资产的抵押担保相关,也与商业周期和所处具体行业相关。尽管历史数据差异很大,也因此遭受质疑,但通常还是用历史平均数据来估计回收率。

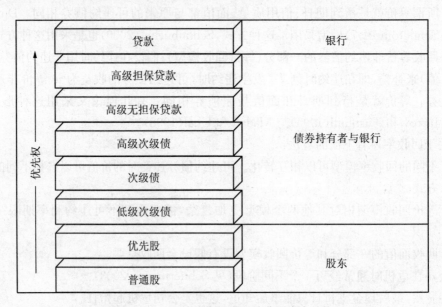

图 2.19 公司按优先权排列的典型资本结构

2.4.2 优先权的影响

图 2.19(来自 Schuermann,2003)显示了公司的典型资本结构。根据绝对优先法则,破产时公司将资产分配给股东、债券持有者、银行,对高级债权人的支付优先于低级债权人,对债权人的支付完成后才轮到股东。但实际上,这一法则很大程度上是理论的而非实际的。例如,Eberhart 和 Weiss(1998)发现 65% 至 80% 的破产都违反了理论规定的绝对优先法则,Eberhart 和 Sweeney(1992)发现债券市场是与之相违背的。Altman 和 Eberhart(1994)考察了不同优先权的可违约债券在违约时的回收率。Gupton 等(穆迪特别评论)发现高级担保债券的平均综合回收率为 70%,而高级无担保债券的平均综合回

收率为 52％，Thornburn(2000)指出瑞典小型公司的高级债券的回收率为 69％，而低级债券的回收率仅为 2％。Altman 和 Kishore(1996，1997)给出了 1978 年至 1996 年按优先权、行业、初始信用等级加权平均的回收率。他们对 750 多个可违约债券的样本进行分析，发现平均回收率为 40.11％。Carty 和 Lieberman(1998)发现 1970—1995 年期间债券的平均回收率为 41.25％，标准差高达 26.55％，Carty 和 Lieberman(1996)对高级无担保可违约银行贷款进行小样本分析，发现其平均回收率为 71％。Asarnow 和 Edwards(1995)分析了 1970 年至 1993 年花旗银行的可违约贷款，发现其平均回收率为 65％。表 2.28 和表 2.29 中的是标准普尔回收率，时间区间[1998 年，2002 年第 3 季度]上的平均回收率远远小于时间区间[1988 年，2002 年第 3 季度]上的平均回收率。在过去的几年中，违约时的偿债能力是下降的。穆迪比较了美国和欧洲的回收率(见表 2.30)，发现美国的平均回收率高于欧洲(银行贷款除外)。

表 2.28　标准普尔平均回收率(1988 年至 2002 年第 3 季度)

类　　型	回收率(%)	标准差(%)
银行债	81.6	27.7
高级担保票据	67.0	32.8
高级无担保票据	46.0	36.1
高级次级票据	32.4	33.3
次级票据	31.2	35.1
低级次级票据	18.7	29.9

资料来源：Standard & Poor's(*Special Report：Ratings Performance 2001*，2002)。

表 2.29　标准普尔平均回收率(1998 年至 2002 年第 3 季度)

类　　型	回收率(%)	标准差(%)
银行债	74.3	31.4
高级担保票据	47.2	36.9
高级无担保票据	31.8	33.7
高级次级票据	16.1	26.7
次级票据	15.0	24.7
低级次级票据	2.5	4.1

资料来源：Standard & Poor's(*Special Report：Ratings Performance 2001*，2002)。

表 2.30　1995—2000 年穆迪关于欧洲和美国平均回收率的比较

类　　型	回收率(%)-欧洲	回收率(%)-美国
银行贷款-高级担保	71.8	66.8
高级担保票据	55.0	56.9
高级无担保票据	20.8	50.1
高级次级票据	24.0	32.9
次级票据	13.0	31.3
所有债券	22.0	42.8

资料来源：穆迪公司(Hamilton, Cantor, West & Fowlie, 2002)。

2.4.3　行业影响

关于行业因素影响，不同研究得出不同结论：有些研究认为行业有影响，另外一些研究认为行业没有影响。Altman 和 Kishore(1996)使用 1971—1995 年的公司债数据，Grossman, O'Shea 和 Bonelli(2001)使用 1997—2000 年的惠誉评级债券和贷款数据。他们的研究发现，行业对回收率存在很大影响(见表 2.31 和表 2.32)。Brennan, McGirt, Roche 和 Verde(1998)使用惠誉评级贷款数据也支持上述结论。但是 Gupton 等(穆迪特别评论)使用穆迪评级贷款数据则发现行业对回收率没有影响。

表 2.31　1997—2000 年基于惠誉评级债券和贷款的行业回收率

行　　业	资产类型	平均回收率(%)
资产财富	贷款	95
资产财富	债券	60
服务业	贷款	42
服务业	债券	3
超市和药店	贷款	89

资料来源：Grossman 等(2001)与 Schuermann(2003)。

表 2.32　1971—1995 年基于公司债的行业回收率

行　业	平均回收率(%)	行　业	平均回收率(%)
公用事业	70	通　讯	37
服务业	46	金融机构	36
食　品	45	建设，房地产	35
贸　易	44	综合商店	33
制　造	42	纺　织	32
建　筑	39	造　纸	30
运　输	38	旅馆，医院	26

资料来源：Altman 和 Kishore(1996)与 Schuermann(2003)。

2.4.4　商业周期影响

确切实证表明回收率和商业周期之间存在强相关性。衰退期的回收率低于扩张期。投机级债券较投资级债券对商业周期的变化更加敏感。实际上，回收率和违约率是逆相关的(见 Altman，2001)。因此，为了建模目的，我们可以假设回收率是违约率的函数。

例 2.4.1

Bakshi，Madan 和 Zhang(2001)假设回收率与标的资产的强度相关，其关系如下：

$$w_t = \overline{\omega}_0 + \overline{\omega}_1 e^{-\lambda_t}$$

其中，$\overline{\omega}_0 \geq 0$，$\overline{\omega}_1 \geq 0$，$0 \leq \overline{\omega}_0 + \overline{\omega}_1 \leq 1$。该模型具有下面一些有趣性质：

● 定义合理：当 $\lambda \to 0$，$w \to \overline{\omega}_0 + \overline{\omega}_1$；当 $\lambda \to \infty$，$w \to \overline{\omega}_0$。回收率总在 $\overline{\omega}_0$ 与 $\overline{\omega}_0 + \overline{\omega}_1$ 之间。

● 经济意义合理：回收率与违约率负相关。

● 便于技术处理。

图 2.20 是 λ_t 与 w_t 的关系图，其中 $\overline{\omega}_0 = 0.2$，$\overline{\omega}_1 = 0.8$。如果 $\lambda_t = 0$(即在下一个无限时间区间内没有违约风险)，则回收率等于 1。随着违约率上升，回收率下降，当 λ_t 趋于无穷大时，回收率趋于 0.2。特别地，回收率永远高于 0.2。下面我们考虑 w 与 λ 的动态相关性：

(1) 常强度模型：对于所有 t，假设 $\lambda_t = 0.1$，$\overline{\omega}_0 = 0.2$，$\overline{\omega}_1 = 0.8$，在观察期内没有违

约,这时 $w_t = 0.923\,87$。

(2) 强度随时间变化模型:假设

$$\lambda_t = \begin{cases} 0.1, \ t \in [0, 1) \\ 0.2, \ t \in [1, 2) \\ 0.3, \ t \in [2, 3) \\ \cdots, \ \cdots \end{cases}$$

$\bar{\omega}_0 = 0.2$,$\bar{\omega}_1 = 0.8$,观察期内没有违约(见图 2.21)。

(3) 随机强度模型:假设强度 λ 服从 Ornstein-Uhlenbeck 过程,即

$$d\lambda_t = a(b - \lambda_t)dt + \sigma dW_t$$

其中,W 是一维标准布朗运动,初始值 λ_0 与参数 $a > 0$,b,$\sigma > 0$ 是常数。回收率满足下面的动态过程。

$$dw_t = \bar{\omega}_1 d(e^{-\lambda_t})$$

$$= -\bar{\omega}_1 e^{-\lambda_t} d\lambda_t + \frac{1}{2} \bar{\omega}_1 e^{-\lambda_t} \sigma^2 dt$$

$$= -\bar{\omega}_1 e^{-\lambda_t} \left[a(b - \lambda_t) - \frac{1}{2} \sigma^2 \right] dt$$

$$- \bar{\omega}_1 e^{-\lambda_t} \sigma dW_t$$

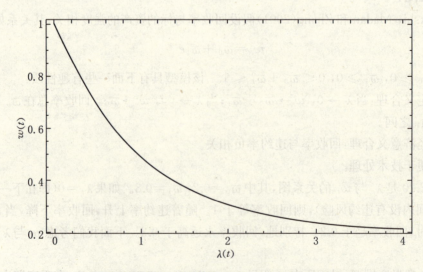

图 2.20 时刻 t 的回收率:$w_t = 0.2 + 0.8 \cdot e^{-\lambda t}$

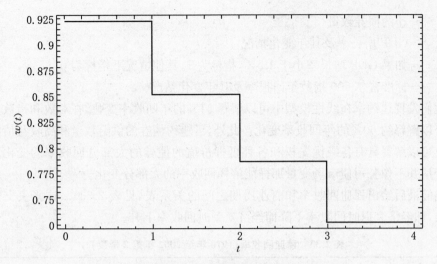

图 2.21　强度随时间变化模型：$\overline{\omega}_0 = 0.2$，$\overline{\omega}_1 = 0.8$

回收率和违约率之间关系的实证研究见 Frye(2000a，2000b)，Jokivuolle 和 Peura (2000)，Jarrow(2001)，Hu 和 Perraudin(2002)，Bakshi 等(2001)以及 Altman、Brady、Resti 和 Sironi(2003)。

- Frye(2000a)假设违约率和回收率共同由某个系统因素即经济状况决定。经济状况好时，违约率下降，回收率上升。反之，经济状况不好时，违约率上升，回收率下降。两个变量之间的(负)相关性只能由它们共同依赖于经济状况来解释。Frye 发现，在严重衰退期，回收率与其正常年份的平均值要下降 20％—25％。

- Jarrow(2001)假设违约率和回收率依赖于经济状况。与 Frye 的不同之处在于：Jarrow 考虑了权益和流动性溢价。

- Jokivuolle 和 Peura(2000)给出的模型中，抵押与违约概率相关。假设抵押价值是决定回收率的唯一随机变量，他们同样发现违约率和回收率之间存在逆相关关系。

- Hu 和 Perraudin(2002)使用穆迪债券市场历史数据发现 1983—2000 年处于美国的债务人所发行债券的季度违约率和回收率之间的相关系数是 -0.22，1971—2000 年之间该相关系数是 -0.19。

- Bakshi 等(2001)分析了 BBB 级公司债的一个样本，发现违约率上升 4％伴随回收率降低 1％(都是风险中性的)。

- Altman 等(2003)考虑 1982—2002 年公司债的违约率和回收率，使用的模型分别是线性、对数和 logistic 回归模型。他们最早分析了回收率的决定因素，发现回收率是可违约证券供给和需求的函数。相关解释变量如下：

　　——高收益债券市场上债券的加权平均违约率及其年变化情况

　　——发行在外的高收益债券数量

——违约债券数量

——GDP 增长率及其年变化情况

——如果 GDP 增长率小于 1.5%,指标为 1,其他情况下指标为 0

——标准普尔 500 指数年回报率及其年变化情况

他们发现违约率在线性模型中可以解释 51% 的年回收率变化,在对数和指数关系模型中可以解释约 60% 的年回收率变化。此外,可违约债券的供给数量和高收益债券市场的规模可以解释具有各级优先权和各种抵押价值的债券的大部分回收率的变化。宏观经济变量并不像公司债市场变量那样能解释回收率的大部分变化。

我们最后给出穆迪回收率和商业周期之间的关系表(见表 2.33)。这张表支持我们的观点,即经济衰退时回收率下降而经济繁荣时回收率上升。

表 2.33 穆迪回收率(1970 年至 2002 年第 2 季度)

	均值(%)	标准差(%)	25%	50%	75%
经济萧条	27.85	25.67	8.00	20.00	40.00
经济繁荣	43.10	27.11	21.00	38.56	63.00
所有时期	40.07	27.50	17.25	34.50	61.37

资料来源:来自 Schuermann(2003)。

2.4.5 LossCalc™:穆迪预测回收率模型

LossCalc™[①]模型将违约发生 1 个月后的可违约债券的市场价值作为可违约信用工具的回收率的代理变量。这样定义回收价值可以不必将可违约债券违约后的所有现金流贴现回现在。与使用回收率的历史平均估计值不同的是,LossCalc 属于动态方法,是使用 1 800 多个信用工具的数据库建立的多因子模型。只有各因子既有经济上的意义又有统计上的显著性,这些因子才进入模型。模型考虑了金融工具行业、商业周期和公司因素。更确切地,LossCalc 使用了 9 个解释变量来预测回收率:

● 金融工具类:债务类型和优先权级别。

● 具体行业因素:行业回收率和银行业指标的移动平均数。

● 宏观经济/商业周期:违约概率一年期中位数、穆迪债券破产指数、12 个月投机级债券违约率、经济先行指标指数变化率。

● 具体公司因素:杠杆水平和信用等级。

---

① 详细解释见 Gupton 和 Stein(2002)。

图 2.22(来自 Gupton & Stein，2002)表明了这些因子聚集起来预测回收率时的相对影响，样本为美国 1 800 个回收率数据。

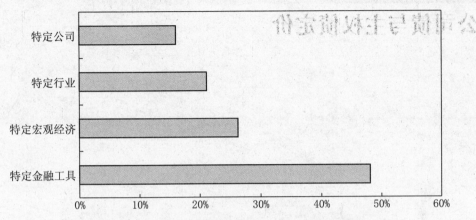

图 2.22 不同因子聚集起来预测回收率时的相对影响

图中显示了当其他因子处于平均水平时单个因子的正态边际效应。

LossCalc 模型的框架含如下几个步骤：

- **转换**：由于回收率分布是高度不对称的(峰度左偏，斜度右偏)，可以用 Beta 分布函数来近似表示，只要确定中心和形状参数即可。不同类型的债务由不同的 Beta 分布来刻画。将 Beta 分布从 Beta 空间转换到正态空间变为对称的正态分布可以更加方便处理，但是正态分布变量的概率和相应的 Beta 空间的概率相同。

- **建模**：建模分为 2 步，即建立最小模型和真实模型。例如，LossCalc 通过统计方法为各宏观经济指标的变化计算权重，得到一个指数。模型通过统计方法确定合理权重，最小模型的形式如下：

$$\hat{w} = w_0 + w_1 x_1 + \cdots + w_k x_k$$

其中，x_i 是转换值，w_i 是权重，$\hat{w}$ 是正态化了的回收率。

- **映射**：由于 $\hat{w}$ 是正态空间，最后一步是将 Beta 分布转换的逆应用于不同债务类型。

LossCalc 使用下面的方法检验数据，验证模型的有效性。

- 将结果作为基准，与其他回收率模型进行比较。
- 计算预测误差以及与实际回收率的相关性。

Gupton 和 Stein(2002)指出，LossCalc 模型优于其他常见模型，如回收率的历史平均值和平均回收率表。LossCalc 模型在以下两方面表现最好：样本外与时间外预测误差以及预测值与实际回收率间的相关性。在回收率较低时该模型也较历史平均值模型好，很少会出现大的误差。

3

公司债与主权债定价

　　预测是非常困难的,特别是对未来的预测。

——Niels Bohr

　　当大约 30 年前我还是一个本科生时,银行是发起并持有的机构,专注于传统贷款,但是现在大不一样了。

——Charles Smithson(2001)

3.1　基本知识

3.1.1　可违约债券市场

　　信用风险是金融市场最古老的一种风险,并且今天的信用市场仍然在发生革命性的变化,有许多更新。为了强调信用市场不断增长的重要性及其不可忽视的风险,我们首先简要回顾一下最近的信用市场和信用风险的进展。

　　公司违约。公司违约风险[①]不应被忽视:20 世纪 80 年代中期,美国有大量的银行贷款和公司债违约,在 20 世纪 90 年代早期大约 10％的垃圾债券违约了。根据标准普尔公司的统计,在 20 世纪 90 年代末期和 21 世纪初,公司违约的数量到达顶峰,此后仍然在增

---

　　① 对公司违约的详细定义见附录 A.2。

加。①在 1999—2002 年每年标准普尔登记违约的分别是 101、117、220、234 家被评级的或者以前被评级的公司,对应的违约率分别为 2.06％、2.27％、3.49％、3.63％,涉及的违约金额分别为 378 亿美元、423 亿美元、1 190 亿美元和 1 780 亿美元。这是最高的一年期违约率和以美元计价的违约金额(见图 3.1)。

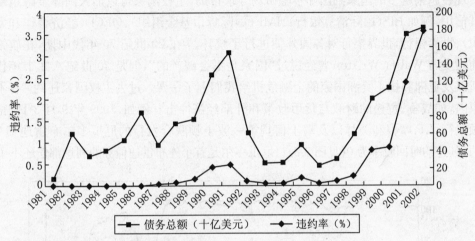

资料来源:《特别报告:评级表现 2002》(2003)。

图 3.1 标准普尔公司违约率以及全部的违约公司债(1981—2002 年)

1981 年,标准普尔公司对中等信用等级的公司给予等级"A"②,1991 年是"A−",1999 年末是"BBB"。在 1999 年,降级与升级的比率为 3∶1,新评级的公司中,投机级公司③也多于投资级公司。④这导致投机级公司占比由 1999 年的 36％上升到 2000 年的 37.5％。2002 年 4.09％的投资级公司信用等级降为投机级,这是有史以来最高的比例。2002 年信用等级下降与信用等级上升的比率值为 3.41,也是有史以来最高的。但最令人不安的是 2002 年投资级公司的违约率高达 0.5％左右。

根据穆迪投资者服务公司(Moody's)⑤,1999 年有 147 个公司和主权国家违约,涉及的金额为 446 亿美元,是 1998 年的一倍多。在 2001 年已有 212 家违约,涉及的金

---

① 所有的数据基于标准普尔公司出版的《评级表现 1996:稳健性和转移性》(1997),《评级表现 1997:稳健性和转移性》(1998),《评级表现 1998:稳健性和转移性》(1999),《评级表现 1999:稳健性和转移性》(2000),《评级表现 2000:违约、转移、回收和价差》(2001),《特别报告:评级表现 2001》(2002)以及《特别报告:评级表现 2002》(2003)。

② 评级字母的定义见第 2 节。

③ 标普信用等级在"BB+"或者更低,穆迪信用等级为"Ba1"或者更低。更详细的见第 2 节。

④ 标普信用等级在"BBB−"或者更高,穆迪信用等级比"Ba1"高。

⑤ 见 *Historical Default Rates of Corporate Bond Issuers，1920—1999*(2000a)以及 Hamilton, Cantor & Ou (2002)。

额为1 350亿美元,占穆迪评级公司债的3.7％,2001年也创了十年间的新高。1999年信用等级下降与上升之比为4∶1,在2001年信用等级下降与上升之比为2∶1。

主权违约。不仅仅公司债存在违约风险。尽管主权国家可以通过发行货币偿还债务,出于政治和经济的原因,如通货膨胀压力或社会福利成本,政府这样做还是有所顾忌的。现在越来越多的国家到国际金融市场寻求帮助,主权国家可以加入国际金融组织扩展其信用,例如BIS(国际清算银行)、IMF(国际货币基金组织)、OECD(经济合作和发展组织)、世界银行,世界银行对各国外债进行了统计。[1]在20世纪70年代中期,花旗银行的前任主席Walter Wriston曾经说过"国家是不会破产的",但是20世纪八九十年代俄罗斯以及亚洲和拉丁美洲国家的金融危机给我们上了一课。过去主权国家违约[2]有不同的原因,如战争、宽松的财政与货币政策和外部经济冲击。例如,1999年9月3日,德累斯顿银行,J.P.摩根和美林以及瑞士信贷第一波士顿联合发行的厄瓜多尔布雷迪债券[3]违约,其违约时回收率为0(见图3.2)。厄瓜多尔是首个连布雷迪债券的利息都偿还不了的

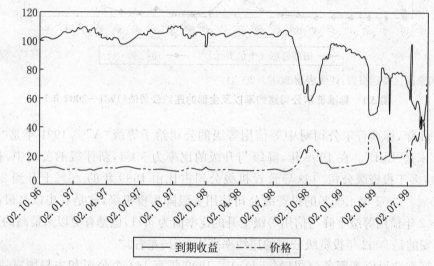

资料来源:彭博。

图3.2　德国德累斯顿银行合成式厄瓜多尔债券有限公司
12.25％ 02/10/13 DEM——到期收益和价格

---

① 可以从网站下载,网址是:www.bis.org/publ/index.html。

② 主权国家违约的定义详见附录A.2。

③ 1990年建立的项目,对债务过重的新兴市场国家进行债务重组。布雷迪债券根据美国前财政部长尼古拉斯·布雷迪的名字命名,他倡议国际货币基金组织和世界银行等国际机构向这些国家提供资金。该项目让一国发行在外的债务转化为新的长期固定利率/或浮动利率债券。债券本金由美国国债担保,债券发行国家承担利息支付。墨西哥、委内瑞拉、巴西、阿根廷、巴拿马、菲律宾、波兰、保加利亚、摩洛哥、尼日利亚、俄罗斯等都采用过布雷迪模式。其中有些国家已经不采用该模式。

国家:1999 年 8 月,厄瓜多尔布雷迪债券违约的金额为 60 亿美元。此外,1999 年 10 月,厄瓜多尔发行的欧洲债券发生违约的金额约为 5 亿美元,这主要是由于国家的经济情况发生严重恶化:

- 厄瓜多尔遭受"厄尔尼诺"现象,导致损失了近 20% 的 GDP。
- 厄瓜多尔出口最大的两种商品的价格下跌。
- 外部融资成本增加。
- 银行系统深陷危机。
- 国内政治不稳定。

在政治和经济的不利环境下,尽管会有失去部分国际资本市场的风险,毕竟到 1998 年底布雷迪债券占到了外债份额的约 40%,但支付债务的利息已不可能。1999 年厄瓜多尔是唯一发生主权违约的新兴主权实体。其他主权国家的违约来的更早。俄罗斯联邦国家、印度尼西亚、乌克兰、蒙古、巴基斯坦及前南斯拉夫都发生过严重的主权违约。从图 3.3 可以看出 20 世纪 70 年代末主权违约率开始上升。拉丁美洲国家 1982 年加速发生债务危机,1990 年达到高潮,当年巴西有 620 亿美元债务发生违约。同时,越来越多的来自其他地区的国家发生违约,如东欧地区。过去十年较保守的经济政策使得违约率出现持续下降的趋势。2002 年总的违约率下降到 13.4%,违约的债务总额为 1 326 亿美元。最后,我们指出自 1991 年开始,投机级债券的数量急剧增加(见图 3.4),这也支持了前面的观点。

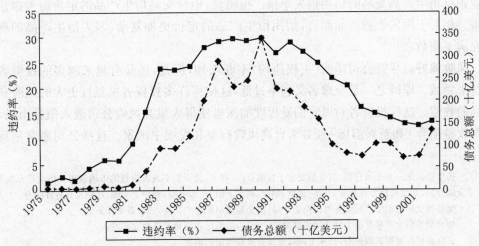

资料来源:*Special Report:Ratings Performance 2002*(2003)。

图 3.3 标准普尔主权违约率和违约主权债(1975—2002 年)

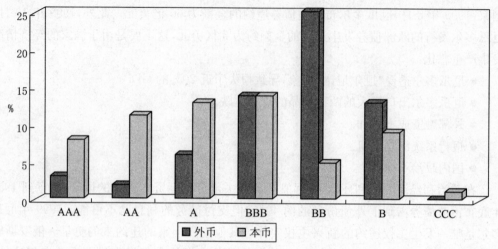

资料来源：*Special Report*：*Ratings Performance 2002*（2003）。

图 3.4　新主权债评级（1991 年 1 月—2002 年 9 月）

衍生产品的信用损失[1]。债券并不是唯一的嵌入信用风险的金融工具。所有衍生工具都具有违约风险，特别是当其不能在交易所交易[2]时。通常情况下，柜台交易（OTC）衍生产品[3]没有任何形式的担保，也没有相应的抵押品，变数很大。通过对财务报告进行研究，Basin（1996）发现不仅仅是信用等级高的公司涉足衍生产品，信用等级低的公司也涉足信用衍生产品市场，最明显的是投机级公司涉足于信用衍生产品市场，图 3.5 是美国商业银行衍生产品交易的信用损失季报。很明显，柜台交易衍生产品的定价需考虑信用风险。相对于固定收益产品而言，信用衍生产品的定价更加复杂，因为衍生产品的现金流充满了变数。

风险偏好。尽管公司违约（主权违约）不断增加，但是，还是有越来越多的投资者涉足这个领域。原因之一是全球名义利率过低，这使得许多投资者愿意冒更大的风险获取更高的收益。这样投资者对风险偏爱程度加深也使得大量高风险公司进入债券市场，许多高收益债券[4]和新兴市场[5]债券来自高风险行业和发展中国家。这些公司通常是新设

---

① 衍生产品是一种金融合同，其价值决定于标的资产、利率、货币汇率或者指数的市场表现。衍生产品交易包含大量金融合同，如结构债务和存款、互换、期货、期权、利率上限、利率下限、利率上下限、远期及其各种混合。

② 交易所交易的衍生产品是标准的衍生产品，由交易所组织集中交易，通常需要保证金。

③ 柜台交易衍生产品是由个体之间协商的衍生产品，协商是在交易所里面完成的。

④ 高收益债券是投机级债券，技术上讲就是没有投资价值的债券。

⑤ 广义上，新兴市场是指努力改变并提高经济水平，最终达到与世界最发达国家一样的经济表现的国家。世界银行以人均国民生产总值 9 656 美元为标准来划分经济体，超过该标准为高收入国家。Antoine W. van Agtmael 是世界银行国际金融公司的雇员，他是首先提出"新兴市场"概念的人。投资于目前不发达但是将来有潜力实现经济快速增长的国家是 19 世纪以来个人及机构投资者的投资策略的一部分。

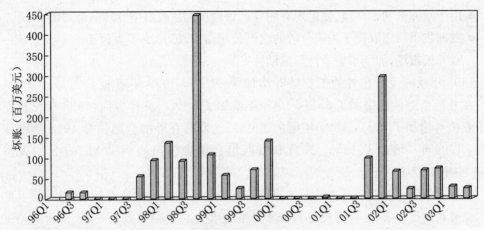

资料来源：Call report of the Office of the Comptroler，2nd Quarter 2003。

图 3.5 美国商业银行金融衍生产品坏账损失(信用损失)季报

立的,资本金少且是行业新手。高收益债券已经发行了几十年,有时高信用等级的公司
也发行垃圾债券,这些公司大多因为经济衰退等原因造成经营状况不良,对于没有办法
从其他途径获得信用支持的公司而言,发行垃圾债券是一个非常普遍的选择。他们通常
在资本市场上发行债券,但却常常不能支付利息。根据 Caouette 等(1998),1997 年公开
发行的高收益债券是 1 200 亿美元,新发行的杠杆贷款达 1 970 亿美元。穆迪报告(《公
司债历史违约率统计:1920—1999》,2000)指出 1997 年和 1998 年大量低信用等级公司
首次发行债券是导致债券市场违约率上升的关键因素,占到 1999 年经评级债券违约的 4
成。标准普尔报告(《评级表现 1999:稳健性及转移性》,2000)也指出 1999 年 101 家违约
公司中有 92 家的信用等级是投机级。这些公司中 77% 是 1994 年以后首次发行债券。
1999 年 60% 的公司违约原因并不是因为去年的亚洲及俄罗斯经济危机造成的糟糕的经
济状况。

公司债市场的成长。过去几年来债券市场经历了很大的变化。与其他类型的公司
融资市场[1]相比,传统贷款产品处于停滞状态。McLeish(2000)指出欧洲公司债市场尽
管和美国相比规模小得多,但是近几年来发展很快。预计未来几年内欧洲和美国的债券
市场之间的差距将会越来越小,原因主要有下面几点:

- 出于股东要求高回报[2]的压力,融资从银行贷款等转向固定利率债券市场。
- 发行债券募集资金引起欧洲市场收购兼并活动激增。
- 养老金和互助基金资产的增长是一个推动因素。

---

[1] 见 Wilson(1998,第 220 页)。
[2] 见 Wilson(1998,第 222 页,图 2),银行从传统贷款业务获得的利润急剧减少。

- 由于欧洲低利率环境，使得现有的资产管理机构从政府债券转向公司债。
- 欧洲货币联盟取代了先前分散的欧洲公司债市场，形成了类似于一个国家统一的欧元区市场，加剧了竞争性与流动性[①]。

1998 年欧洲发行在外的工业债券增加了 115％，1999 年增加了 271％，1998 年发行在外的金融债券增加了 83％，1999 年增加了 29％。英镑方面，1998 年发行在外的工业债券增加了 25％，1999 年增加了 44％。发行在外的金融债券 1998 年增加了 16％，1999 年[②]增加了 13％。来自摩根斯坦利添惠公司的 Neil McLeish 的说法是（McLeish，2000）：

> 我们不希望欧洲及英镑区工业债券市场以这样快的速度增长，我们希望以非常稳健的速度增长，这样欧洲与美国市场在规模上将会越来越接近，我们的结论是基于欧洲工业债券市场的供给和需求都在增长的因素。

3.1.2 可违约债券定价

公司债通常是由公司发行，主权债和政府债券通常是由政府及政府部门发行的债券，例如泰国王室发行的债券、马来西亚债券和美国政府债券（有时也称为美国金边债券）。主权债里面还有一类是准主权债，这是由政府主权机构支持的实体发行的债券。马来西亚国家石油股份有限公司（Petroliam Nasional Berhad）就是一个准主权债的发行实体。公司以及政府发行债券并承诺未来向债券持有人支付利息，有时债务人并不能履行支付利息责任，这意味着债券持有人没有收到全部利息，更糟糕的情况是连投资的本金都会收不回来。因此，投资于可违约债券的投资者必须得到对其承担风险的某种补偿。但是合理的风险溢价是多少呢？

传统的可违约债券定价方法是根据历史违约概率（见 2.3.1 节）来确定债券的期望损失，制定的债券价格应弥补投资者的期望损失，损失可以根据历史违约概率数据计算，即没有风险溢价。具体例子见 Fons(1994)。

下面是三个可违约债券定价模型，根据模型可以计算风险溢价：

- 结构/资产模型。
- 简式/强度模型。
- 混合模型。综合结构模型与简式模型的优点。

---

① 欧洲货币联盟并不是通过信用风险比较来影响公司债券市场，但是信用风险在欧洲政府债券的定价方面发挥了积极作用。

② 见 McLeish(2000)。

在详细讨论各个模型之前，我们首先讨论一下总体框架以及可违约债券与非违约债券的数学定义。

定义 3.1.1

T 时刻到期的非违约零息债券[①]（贴现债券）可以视为一个合同，保证债券持有人在时刻 T 可以收到一个货币单位的现金支付。在时刻 T 之前没有现金支付，该合同在时刻 $t < T$ 的价值记为 $P(t, T)$。

T 时刻到期的可违约零息债券（贴现债券）可以视为一个合同，可以保证债券持有人在时刻 T 可以收到一个货币单位的现金支付。在时刻 T 之前没有现金支付，如果在到期日前发生违约（不论何种原因导致）只能支付承诺金额的一部分。该合同在时刻 $t < T$ 的价值记为 $P^d(t, T)$。

下面我们介绍可违约债券与非违约债券的定价方法。我们先固定一个时间 $T^* > 0$ 以及滤子概率空间 $(\Omega, \mathcal{F}, \mathbf{F} = (\mathcal{F}_t)_{0 \leqslant t \leqslant T^*}, \mathbf{P})$。和通常一样，我们用滤子 $\mathbf{F}$ 表示不同时刻信息的到达，$\mathbf{P}$ 代表真实世界的概率测度。非违约债券定价理论基于一维动态瞬时利率过程 r。在无套利假设下，动态模型将债券价格视为利率过程 r 的函数。如果我们假设金融市场是无套利的，这样就存在等价鞅测度 $\mathbf{Q}$。根据定义，等价鞅测度 $\mathbf{Q}$ 满足 $\mathbf{Q} \sim \mathbf{P}$[②]，且贴现债券（可交易的没有票息或红利的债券）的价格过程对于计价单位[③]是 $\mathbf{Q}$-鞅的。关于计价单位，我们选择非违约货币市场账户[④]，并作定义如下。

定义 3.1.2

我们定义 B_t 为时刻 $t \geqslant 0$ 非违约货币市场账户的资金价值，假定 $B_0 = 1$，货币市场账户资金满足下面的微分方程：

$$dB_t = r_t B_t dt$$

显然有

$$B_t = e^{\int_0^t r_l dl}$$

存在风险中性测度 $\mathbf{Q}$，在测度 $\mathbf{Q}$ 下时刻 t 非违约无套利债券的无套利价格为

$$P(t, T) = E^{\mathbf{Q}}[e^{-\int_t^T r(l)dl} \mid \mathcal{F}_t], 0 \leqslant t \leqslant T$$

---

① 注意，这里我们并不详细介绍非违约债券定价理论。对该内容不熟悉的读者可以查阅教材 Brigo 和 Mercurio(2001)。

② 如果

$$\forall A \in \mathcal{F} \quad \mathbf{P}(A) = 0 \Rightarrow \mathbf{Q}(A) = 0$$

空间 $(\Omega, \mathcal{F})$ 上的概率测度 $\mathbf{Q}$ 关于 $\mathbf{P}$ 是绝对连续的。如果 $\mathbf{P}$ 与 $\mathbf{Q}$ 关于彼此都是绝对连续的，则 $\mathbf{P}$ 与 $\mathbf{Q}$ 是等价的($\mathbf{Q} \sim \mathbf{P}$)。

③ 计价单位是一个价格过程 X_t，对于 $t \in [0, T]$，X_t 几乎处处严格大于 0。

④ 货币市场账户代表无风险投资，我们其收益视为连续的，由市场的瞬时无风险利率确定。

因此,只要我们能用动态利率过程 r 和测度 $\mathbf{Q}$ 来刻画分布 $e^{-\int_t^T r(l)dl}$,基于 t 时刻可以得到的信息,就可以计算出 $P(t, T)$。

现在我们来考虑可违约债券。对违约时刻 T^d (见第 2 章)的不同建模方式会产生不同的可违约债券定价方法。从数学观点来看,违约时刻 T^d 就是 $\mathbf{F}$-停时。在大多数结构模型中 $\mathbf{F}$ 由标准布朗运动生成,因此,T^d 是可料的 $\mathbf{F}$-停时。这意味着违约时间在某种程度上是可以预测的,与结构模型不同,强度模型将违约视为一次意外事件。

在后面的内容中,我们考虑结构/资产模型和简式/强度模型,混合模型将在第 6 章介绍。

前面已经提到过,我们定义时刻 $t(t \leqslant T)$ 非违约贴现债券的价格为 $P(t, T)$,时刻 T 到期的可违约贴现债券在时刻 t 的价格为 $P^d(t, T)$。显然,$P(T, T)=1$,如果 $T^d > T$,$P^d(T, T)=1$。通常,我们使用违约示性函数 $H_t = 1_{\{T^d \leqslant t\}}$,

- 回收价值为面值的一部分时,我们有

$$P^d(T, T) = (1 - H_T) + w_{T^d} P^{-1}(T^d, T) H_T$$

- 回收价值为等价非违约债券价值的一部分时,我们有

$$P^d(T, T) = (1 - H_T) + w_{T^d} H_T$$

- 最后,回收价值为市场价值的一部分时,我们有

$$P^d(T, T) = (1 - H_T) + w_{T^d} P^d(T^d -, T) P^{-1}(T^d, T) H_T$$

根据违约示性函数,可违约贴现债券的累计红利过程为

$$\int_0^{t \wedge T} Z_u dH_u + 1_{\{T^d > T, t \geqslant T\}}, \ t \geqslant 0$$

其中,Z 是违约时的收益过程(回收价值为市场价值的一部分时,$Z_t = w_t P^d(t-, T)$)。假设 $\tau = \min(T, T^d)$,时刻 t 可违约贴现债券的无套利价格 $P^d(t, T)$ 可以通过贴现未来现金流[1]的期望值得到。关于测度 $\mathbf{Q}$,对于 $0 \leqslant t < \tau$,有

$$P^d(t, T) = E^{\mathbf{Q}} \Big[\int_t^T e^{-\int_t^u r(l)dl} Z_u dH_u + e^{-\int_t^T r(l)dl} (1 - H_T) \mid \mathcal{F}_t \Big] \tag{3.1}$$

既然时刻 τ 后没有红利,对于 $t \geqslant \tau$,有 $P^d(t, T) = 0$

基于等式(3.1),我们发现每个模型都需要确定下面的内容,其中每一项一旦确定就

---

[1] 见 Harrison 和 Pliska(1981)与 Duffie 等(1996)。

可以产生新的模型：

- 短期利率过程 r。
- 回收过程 Z。
- 违约示性函数过程 H，违约时间 T^d。
- 过程之间的相关性结构。

注意到，上述过程不一定遵守方程(3.1)。

我们最后考虑式(3.1)的特殊情况。假设违约发生在债券到期日，货币市场过程随机独立于其他市场过程，那么

$$P^d(t, T) = P(t, T)E^{\mathbf{Q}}[Z_T H_T + (1-H_T) \mid \mathcal{F}_t], \; 0 \leqslant t < \tau$$

进一步假设 Z_T 是一个常数，那么

$$P^d(t, T) = P(t, T)E^{\mathbf{Q}}[1-(1-Z_T)H_T \mid \mathcal{F}_t]$$
$$= P(t, T)(1-(1-Z_t)\mathbf{Q}(T^d \leqslant T \mid \mathcal{F}_t)), \; 0 \leqslant t < \tau \quad (3.2)$$

为了用这个模型对可违约贴现债券定价，我们需要三个方面的信息：

- 等价非违约贴现债券的价格。
- 回收率为常数。
- 测度 $\mathbf{Q}$ 下的违约概率。

我们最后指出利用方程(3.2)可以非常容易得出可违约债券价格所隐含的风险中性违约概率：

$$\mathbf{Q}(T^d \leqslant T \mid \mathcal{F}_t) = \frac{1 - \dfrac{P^d(t, T)}{P(t, T)}}{1 - Z_t}, \; 0 \leqslant t < \tau$$

同时需要假定 $0 \leqslant Z_t < 1$。

3.2　资产模型

3.2.1　默顿方法及其拓展

资产模型对可违约债券的定价最早追溯到默顿(Merton，1974)，默顿假设公司资产的跨时期价值过程可以用扩散随机过程表示，可违约债券可以视为对公司资产价值的或

有求偿权。默顿方法基于连续无套利模型的标准假设①，其他更为严格的假设为短期利率是常数 $r>0$。在 2.3.3 节中，我们已经说明在真实世界的概率测度 **P** 下如何运用默顿方法建立违约概率模型。我们仅仅关注定价问题，下面在鞅测度 **Q** 下给相关过程建模。假设公司只靠股权和一种零息债券融资，该零息债券承诺在到期日 T 支付固定的终极收益 $L>0$。如果时刻 T 公司资产的总市场价值 V_T 高于 L，公司就可以赎回债券，否则公司违约，债券持有人获得 V_T。换句话说，债券持有人得到的收益是 L 与 V_T 中的最小值。当

$$\min(L, V_T) = L - \max(0, L - V_T)$$

可违约贴现债券的价格必须等于面值为 L 的等价非违约贴现债券的价值减去行权价格为 L 且到期日为 T 的公司价值 V 的欧式看跌期权的价值：

$$P^d(t, T) = LP(t, T) - Put_t, \ 0 \leqslant t \leqslant T$$

如果我们在测度 **Q** 下确定 V 为

$$\frac{dV_t}{V_t} = rdt + \sigma_V d\hat{W}_V(t), \ 0 \leqslant t \leqslant T$$

其中，σ_V 是常数波动率参数，$\hat{W}_V$ 是标准的布朗运动。因此，Put_t 由欧式看跌期权的经典 Black-Scholes 定价公式给出（见 Lamberton & Lapeyre，1996，第 70 页）。我们给出下面命题：

命题 3.2.1

在默顿（1974）中的假设下，面值为 L 且到期日为 T 的可违约贴现债券的价格为

$$
\begin{aligned}
P^d(t, T) &= LP(t, T) - Put_t \\
&= LP(t, T) - LP(t, T)\Phi(-d_2(t)) + V_t\Phi(-d_1(t)) \\
&= LP(t, T)\Phi(d_2(t)) + V_t\Phi(-d_1(t))
\end{aligned} \tag{3.3}
$$

其中，

$$d_1(t) = \frac{l_t + \left(r + \frac{1}{2}\sigma_V^2\right)(T-t)}{\sigma_V\sqrt{T-t}}, \ d_2(t) = d_1(t) - \sigma_V\sqrt{T-t}$$

而且，$l_t = \ln\left(\frac{V(t)}{L}\right)$，$0 \leqslant t \leqslant T$。

---

① 没有税收和交易成本，资产完全可分，没有借贷价差，可连续无成本交易和卖空，所有投资者可获得的信息都是一样的。

评注 3.2.1

有时在公司价值过程 V 中考虑常数支付比率 κ 也是可以理解的。

$$\frac{dV_t}{V_t} = (r - \kappa)dt + \sigma_V d\hat{W}_V(t)$$

方程(3.3)可以拓展到更加一般的情况。

除了连续时间无套利模型的标准假设外,上述模型还有不少缺陷:公司债务形式为零息债券,债务形式单一,仅仅在到期日才有可能触发破产,破产无成本,利率是与时间无关的常数,严格实施绝对优先法则①。但是 Franks 和 Torous(1994)发现 78% 的破产没有严格遵守绝对优先法则。Kim 等(1992,1993)与 Jones 等(1984)指出,默顿模型得到的收益率价差与市场不符,他们指出默顿模型无法解释收益率价差会超过 120 个基点。而 1926—1986 年 AAA 级公司债的收益率价差在 15—215 个基点之间变化。过去 20 年内有大量的文章研究为什么默顿的风险债券定价模型不能解释这一现象,以及应如何推广该模型。Black 和 Cox(1976)考虑了高级与低级债因素、安全条款、红利以及对股东的红利政策等。Geske(1977)使用复合期权方法考虑了付息券并给出了次级债定价公式。Ho 和 Singer(1982)考虑了不同到期日的债券,同时考虑了其他债券条款的效应,如公司的融资限制、优先权法则、支付时间等。Leland(1994)拓展了模型假设,考虑了破产成本、税收等因素,在其之下考虑最优资本结构。由于实证研究表明,信用价差曲线可以是平坦的甚至下斜的,短期债不是零信用价差,公司价值可能会突然下降,因而 Mason 和 Bhattacharya(1981)考虑了纯粹跳过程,Zhou(1997)考虑了标的资产价值的跳扩散。

Shimko 等(1993)研究了 Vasicek(1997)中的随机非违约短期利率过程,其为均值回归过程,波动率 σ_r 为常数,

$$dr_t = a(b - r_t)dt + \sigma_r d\hat{W}_r(t) \tag{3.4}$$

其中,$\hat{W}_r$ 为测度 **Q** 下的一维标准布朗运动,初始值 r_0,$a > 0$,b 和波动率参数 $\sigma_r > 0$ 都是常数。另外,他们在测度 **Q** 下建立价值过程 V 的模型如下

$$\frac{dV_t}{V_t} = r_t dt + \sigma_V d\hat{W}_V(t) \tag{3.5}$$

布朗运动 $\hat{W}_r$ 和 $\hat{W}_V$ 是相关的,其瞬间相关系数为常数 ρ_{Vr}。我们已经知道,可违约贴现债券的定价变成计算欧式看跌期权的价格。Jamshidian(1989)已得到了随机利率情况下的股票欧式看跌期权价格的显式解,所以 Shimko 等(1993)在推广的默顿模型中将

---

① 如果严格实施绝对优先法则,当公司破产时,债券持有人得到的支付尽可能多,而股东什么都没有。

这一结果用在了可违约贴现债券的定价上。定价公式通过下面命题得到。

命题 3.2.2

我们对默顿(1974)中的假设进行如下推广:

● 利率过程服从式(3.4)中的 Vasicek 随机利率过程。

● 公司价值过程服从式(3.5),利率过程 $\hat{W}_r$ 与公司价值过程 $\hat{W}_V$ 的相关系数为

$$Cov(d\hat{W}_r(t), d\hat{W}_V(t)) = \rho_{Vr}dt$$

该相关系数类似于 Jamshidian(1989),这时可违约贴现债券的价格为

$$P^d(t, T) = LP(t, T) - Put_t$$
$$= LP(t, T) - LP(t, T)\Phi(-d_2^*(t)) + V_t\Phi(-d_1^*(t))$$
$$= LP(t, T)\Phi(d_2^*(t)) + V_t\Phi(-d_1^*(t))$$

其中,

$$d_1^*(t) = \frac{l_t^* + \frac{1}{2}\sigma^2(t, T)}{\sigma(t, T)}, \quad d_2^*(t) = d_1^*(t) - \sigma(t, T)$$

且

$$l_t^* = \ln\left(\frac{V_t}{LP(t, T)}\right)$$

$$\sigma^2(t, T) = \int_t^T (\sigma_V^2 - 2\rho_{Vr}\sigma_V b(u, T) + b^2(u, T))du$$

$$\text{对于 } 0 \leqslant t \leqslant T, \ b(t, T) = \frac{\sigma_r}{a}(1 - e^{-a(T-t)})$$

$P(t, T)$ 是 Vasicek 非违约债券的价格

$$P(t, T) = e^{\alpha(t, T) + \beta(t, T)r_t}$$

其中,对于 $0 \leqslant t \leqslant T$

$$\beta(t, T) = -\frac{1}{a}(1 - e^{-a(T-t)})$$

$$\alpha(t, T) = \left(b - \frac{\sigma^2}{2a^2}\right)(\beta(t, T) - T + t) - \frac{\sigma^2}{4a}\beta^2(t, T)$$

具有随机非违约利率的资产模型的例子非常多,如 Brennan 和 Schwartz(1980)以及 Cox, Ingersoll 和 Ross(1980)。另外,Kim 等(1992, 1993)研究了公司债和国债的看涨性,发现看涨性对于国债比对公司债更重要。Wang(1999)使用 Cox-Ingersoll-Ross 模型研究了随机非违约短期利率过程,假设非违约短期利率过程随机独立于公司价值过程。

Szatzschneider(2000)去掉了独立性假设从而推广了这一结果。

3.2.2　首达时间模型

　　首达时间模型假设违约发生在到期日之前，这推广了默顿模型，Black 和 Cox(1976)引入安全条款，为债券持有人提供如下权利：一旦公司价值触及某个槛值就可以迫使公司进入破产。槛值与时间相关。其他类型的违约发生在债券到期日。假定回收过程与公司价值过程成比例。Kim 等(1993)假设随机非违约短期利率为 Cox-Ingersoll-Ross 模型，即

$$dr_t = a(b - r_t)dt + \sigma_r \sqrt{r_t} d\hat{W}_r(t)$$

初始值 $r_0 > 0$，$\hat{W}_r$ 是测度 **Q** 下的一维标准布朗运动，a，b，$\sigma_r > 0$ 是常数。假定公司价值过程 V 如下：

$$\frac{dV_t}{V_t} = (r_t - \kappa)dt + \sigma_V d\hat{W}_V(t), \ V_0 > \frac{c}{\kappa}$$

其中，κ 是常数支付比率，$\sigma_V > 0$ 是 V 的常数波动率参数，$\hat{W}_V$ 是标准布朗运动，布朗运动 $\hat{W}_r$ 和 $\hat{W}_V$ 相关，其瞬时相关系数为常数 ρ_{Vr}。Kim 等(1993)假设债券持有人收到连续票息，票息率为 c（即 c 单位货币），这些支付优先于股东的红利。如果公司不能够定期支付票息，换句话说，公司价值低于 $\frac{c}{\kappa}$，公司的违约发生在到期日之前。这背后的含义是什么呢？如果在某个时刻 t 有 $c \leqslant \kappa V_t$，红利仍然可以支付票息。如果 $c > \kappa V_t$，红利不够支付票息，这时在到期日之前就会出现 Kim 等(1993)的现金流危机。而其他类型的违约只发生在债券到期日。如果公司价值落在债券的价值之下即发生违约，这样的违约条件是符合常理的。

　　除了破产程序不同外，Longstaff 和 Schwartz(1995b)的模型类似于 Shimko 等(1993)。虽然大多数文章都使用期权定价框架，即在公司价值低于债券价值时触发破产，但在该模型中当债券价值触及某个事先确定的槛值 D 时即认定违约，即违约时间 T^d 可表示为 $T^d = \inf\{t \geqslant 0 : V_t \leqslant D\}$，也即时刻 t 的公司资产价值 V_t 穿过下界 D 的首达时间。如果资产价值低于这个槛值就会发生违约，这时公司会重组，残余价值在公司的索偿人之间分配。公式假设一旦这个槛值被触及，所有发行在外的债务同时会发生违约。因此，与默顿模型和前面讨论的其他模型不同，违约在到期日之前发生，违约原因也不仅仅是债券契约或票息支付。只要公司的价值在 D 之上，公司就是安全的。违约时债券持有人回收的债券价值在债券到期日支付且是债券面值的一部分。对于每个债券而言，假

设回收率 w 是常数,这样债券在到期日 T 的支付为

$$P^d(T, T) = (1-w)LH_T + L(1-H_T)$$

因此,以货币市场账户作为计价单位,

$$P^d(t, T) = E^{\mathbf{Q}}\left[e^{-\int_t^T r(l)dl}((1-w)LH_T + L(1-H_T)) \mid \mathcal{F}_t\right] \tag{3.6}$$

将 $P(t, T)$ 作为计价单位,根据计价单位变换定理[①]对方程(3.6)进行变换,有

$$P^d(T, T) = LP(t, T)(1 - w\mathbf{Q}^T(T^d \leqslant T \mid \mathcal{F}_t))$$

其中,$\mathbf{Q}^T$ 是 T-远期测度。Longstaff 和 Schwartz(1995b)假设利率是不确定的,且服从 Vasicek(1977)模型,即

$$dr_t = a(b - r_t)dt + \sigma_r d\hat{W}_r(t)$$

其中,初始值 $r_0 > 0$,$\hat{W}_r$ 是测度 $\mathbf{Q}$ 下的一维标准布朗运动,$a, b, \sigma_r > 0$ 是常数。假设公司价值过程 V 遵从如下过程

$$\frac{dV_t}{V_t} = r_t dt + \sigma_V d\hat{W}_V(t) \tag{3.7}$$

其中,$\sigma_V > 0$ 是 V 的常数波动率参数,$\hat{W}_V$ 是标准布朗运动,布朗运动 $\hat{W}_r$ 与 $\hat{W}_V$ 相关,其瞬时相关系数为常数 ρ_{Vr}。Longstaff 和 Schwartz(1995b)指出在时刻 $t=0$ 可违约贴现债券的价格由下面命题给出。

命题 3.2.3

在 Longstaff 和 Schwartz(1995b)中的假设下,可违约贴现债券的价格可由下面公式给出

$$P^d(0, T) = LP(0, T)(1 - w\mathbf{Q}^T(T^d \leqslant T \mid \mathcal{F}_0))$$

其中,

$$P(0, T) = e^{\alpha(0, T) + \beta(0, T)r_0}$$

$$\beta(0, T) = -\frac{1}{a}(1 - e^{-aT})$$

$$\alpha(0, T) = \left(b - \frac{\sigma^2}{2a^2}\right)(\beta(0, T) - T) - \frac{\sigma^2}{4a}\beta^2(0, T)$$

$$\mathbf{Q}^T(T^d \leqslant T \mid \mathcal{F}_0) = \lim_{n \to \infty} \mathbf{Q}_n^T(T^d \leqslant T \mid \mathcal{F}_0)$$

且

---

① 见 Briys 等(1998,第 78 页)。

$$\mathbf{Q}_n^T(T^d \leqslant T \mid \mathcal{F}_0) = \sum_{i=1}^n q_i$$

$$q_1 = \Phi(a_1)$$

$$q_i = \Phi(a_i) - \sum_{j=1}^{i-1} q_j \Phi(b_{ij}), \; i = 1, \cdots, n$$

$$a_i = \frac{-\ln \dfrac{V_0}{D} - \mu\left(\dfrac{iT}{n}, T\right)}{\sqrt{\sigma\left(\dfrac{iT}{n}\right)}}, \; i = 1, \cdots, n$$

$$b_{ij} = \frac{\mu\left(\dfrac{jT}{n}, T\right) - \mu\left(\dfrac{iT}{n}, T\right)}{\sqrt{\sigma\left(\dfrac{iT}{n}\right) - \sigma\left(\dfrac{jT}{n}\right)}}, \; i = 1, 2, \cdots, n, \; j = 1, 2, \cdots, i-1$$

以及

$$\mu(t, T) = \left(b - \frac{\rho_{Vr}\sigma_V\sigma_r}{a} - \frac{\sigma_r^2}{a^2} - \frac{\sigma_V^2}{2}\right)t$$

$$+ \left(\frac{\rho_{Vr}\sigma_V\sigma_r}{a^2} + \frac{\sigma_r^2}{a^3}\right)e^{-aT}(e^{at} - 1)$$

$$+ \left(\frac{r_0}{a} - \frac{b}{a} + \frac{\sigma_r^2}{a^3} - \frac{\sigma_r^2}{2a^3}e^{-aT}\right)(1 - e^{-at})$$

$$\sigma(t) = \left(\frac{\rho_{Vr}\sigma_V\sigma_r}{a} + \frac{\sigma_r^2}{a^2} + \sigma_V^2\right)t$$

$$- \left(\frac{\rho_{Vr}\sigma_V\sigma_r}{a^2} + \frac{2\sigma_r^2}{a^3}\right)(1 - e^{-at})$$

$$+ \frac{\sigma_r^2}{2a^3}(1 - e^{-2at})$$

Longstaff 和 Schwartz(1995b)指出,收敛非常快,将 n 设置到 200 就够了。但是,Briys 等(1998)指出,上述模型的缺点在于当可违约债券到期时定价公式不能确保支付给债券持有人的金额不超过公司违约时的价值。实际上,根据槛值公司会发现债券到期时自身有清偿能力而此时资产并不足以支付债券的面值。

Briys 和 de Varenne(1997)试图校正这种错误,他们假设支付给债券持有人的金额不超过公司违约时的价值,只要公司价值到达槛值而具有清偿能力就可以偿还债券的面值。他们定义的槛值是随机的,更准确地讲,他们用非违约利率贴现可违约债券到期日的价值,以所得的固定数值来定义违约槛值。一旦到达槛值债务人收到公司残值的明确的一部分。Briys 和 de Varenne(1997)假设利率是不确定的,服从下面的高斯过程:

$$dr_t = a_t(b_t - r_t)dt + \sigma_r(t)d\hat{W}_r(t)$$

其中初始值 $r_0 > 0$，$\hat{W}_r$ 是测度 $\mathbf{Q}$ 下的一维标准布朗运动，a_t，b_t，$\sigma_r(t)$ 是确定性函数。假设公司价值过程 V 如下：

$$\frac{dV_t}{V_t} = r_t dt + \sigma_V d\hat{W}_V(t)$$

其中，σ_V 是 V 的常数波动率参数，$\hat{W}_V$ 是标准布朗运动，布朗运动 $\hat{W}_r$ 与 $\hat{W}_V$ 相关，其瞬时相关系数为常数 ρ_{Vr}。Briys 和 de Varenne(1997)考虑了安全条款，即一旦槛值被触发，允许债券持有人要求公司提前进入破产。一旦 V_t 触及如下外生的安全条款就实施破产：

$$\alpha LP(t, T)$$

其中，$0 \leqslant \alpha \leqslant 1$ 是某个固定的常数。α 越接近于 0，安全条款的保护性越小。如果时刻 T 公司的价值低于 L，债券到期日就会出现违约。因此，T^d 可以简单地写成

$$T^d = \min\{T^{d,1}, T^{d,2}\}$$

其中，

$$T^{d,1} = \begin{cases} \inf\{0 \leqslant t \leqslant T : V_t \leqslant \alpha LP(t, T)\}, & \text{时刻 } T \text{ 之前 } V \text{ 触及 } \alpha LP \\ \infty, & \text{其他} \end{cases}$$

$$T^{d,2} = \begin{cases} T, V_T < L \\ \infty, \text{其他} \end{cases}$$

如果违约发生在到期日之前，违约时债券持有人的回收率为 $0 \leqslant \beta_1 \leqslant 1$，如果违约发生在到期日，回收率为 $0 \leqslant \beta_2 \leqslant 1$。如果我们假设在到期日之前没有违约，那么 V_t 一直在 $\alpha LP(t, T)$ 之上，只能在到期日破产。这时债券持有人在到期日 T 的收益如下：

$$L(1 - H_T) + \beta_1 \alpha L H_{T-} + \beta_2 V_T(H_T - H_{T-})$$

因此，面值为 L 的可违约贴现债券的价格为

$$P^d(t, T) = E^{\mathbf{Q}}\left[e^{-\int_t^T r(l)dl}(L(1 - H_T) + \beta_1 \alpha L H_{T-} + \beta_2 V_T(H_T - H_{T-})) \mid \mathcal{F}_t\right]$$

- $L(1 - H_T)$ 是具有清偿能力即没有违约时的支付。
- $\beta_1 \alpha L H_{T-}$ 到期日前被强制破产时的支付。
- $\beta_2 V_T(H_T - H_{T-})$ 为没有在到期日前被强制破产但最终还是违约时的支付，即公司在到期日的资产价值高于槛值，但是低于债券的面值。

根据计价单位变换和时间变换方法①，我们有下面的命题。

---

① 计价单位变换和时间变换方法见 Briys 等(1998，第 4 章)。

命题 3.2.4

在 Briys 和 de Varenne(1997)中的假设下,可违约贴现债券的价格有如下显式解:

$$
\begin{aligned}
P^d(t,\,T)=LP(t,\,T)\Big[& 1-Put_1(t)+\alpha Put_2(t)\\
& -(1-\beta_1)\frac{V_t}{LP(t,\,T)}\Big(\Phi(-d_3(t))+\frac{\alpha LP(t,\,T)}{V_t}\Phi(-d_4(t))\Big)\\
& -(1-\beta_2)\frac{V_t}{LP(t,\,T)}\Big(\Phi(d_3(t))-\Phi(d_1(t))\\
& +\frac{\alpha LP(t,\,T)}{V_t}(\Phi(d_4(t))-\Phi(d_6(t)))\Big)\Big]
\end{aligned}
$$

其中,

$$
d_1(t)=\frac{-\ln\dfrac{LP(t,\,T)}{V_t}+\dfrac{\sigma^2(t,\,T)}{2}}{\sigma(t,\,T)}=d_2(t)+\sigma(t,\,T)
$$

$$
d_3(t)=\frac{-\ln\dfrac{\alpha LP(t,\,T)}{V_t}+\dfrac{\sigma^2(t,\,T)}{2}}{\sigma(t,\,T)}=d_4(t)+\sigma(t,\,T)
$$

$$
d_5(t)=\frac{-\ln\dfrac{\alpha^2 LP(t,\,T)}{V_t}+\dfrac{\sigma^2(t,\,T)}{2}}{\sigma(t,\,T)}=d_6(t)+\sigma(t,\,T)
$$

$$
\alpha^2(t,\,T)=\int_t^T[(\rho_{Vr}\sigma_V+\sigma_P(u,\,T))^2+(1-\rho_{Vr}^2)\sigma_V^2]du
$$

$$
\sigma_P(t,\,T)=\sigma_r(t)\int_t^T e^{-\int_t^u a(s)ds}du
$$

以及

$$
Put_1(t)=-\frac{V_t}{LP(t,\,T)}\Phi(-d_1(t))+\Phi(-d_2(t))
$$

$$
Put_2(t)=-\frac{V_t}{\alpha^2 LP(t,\,T)}\Phi(-d_5(t))+\Phi(-d_6(t))
$$

Nielsen、Saà-Requejo 和 Santa-Clara(1993)与 Saà-Requejo 和 Santa-Clara(1997)讨论了随机违约边界和偏离绝对优先法则的情况。Saà-Requejo 和 Santa-Clara(1997)的方法有点类似于 Nielsen 等(1993)的方法的推广,因此,我们集中讨论前者。假设在即时鞅测度 **Q** 下,短期利率服从 Itô 过程

$$
dr_t=\mu_t dt+\sigma_r d\hat{W}_r(t)
$$

公司价值过程 V 为

$$\frac{dV_t}{V_t} = (r_t - \kappa)dt + \sigma_V d\hat{W}_V(t)$$

其中，κ 是常数支付比率，$\sigma_V > 0$ 是 V 的常数波动率参数，$\hat{W}_V$ 是标准布朗运动，布朗运动 $\hat{W}_r$ 与 $\hat{W}_V$ 相关，其瞬时相关系数为常数 ρ_{Vr}。我们可以将 $\hat{W}_V(t)$ 表示为

$$\hat{W}_V(t) = \rho_{Vr}\hat{W}_r(t) + \sqrt{1 - \rho_{Vr}^2}\hat{W}(t)$$

其中，$\hat{W}(t)$ 是与 $\hat{W}_r$ 不相关的标准布朗运动。此外，边界过程 D_t 的模型服从如下偏微分方程：

$$\frac{dD_t}{D_t} = (r_t - \zeta)dt + \sigma_{D,1}d\hat{W}_r(t) + \sigma_{D,2}d\hat{W}(t), \ D_0 < V_0$$

其中，ζ，$\sigma_{D,1} > 0$ 和 $\sigma_{D,2} > 0$ 是常数。假设当 V_t 低于 D_t 时发生违约，即

$$T^d = \inf\{t \in [0, T]: V_t < D_t\} = \inf\left\{t \in [0, T]: l(t) = \ln\frac{V_t}{D_t} < 0\right\}$$

回收率 w 要么是一个常数，要么是一个 $\mathcal{F}_t$- 可测的随机变量。因此到期日 T 的支付等于

$$(1 - w)LH_T + L(1 - H_T)$$

如果假设回收率为常数 w，将 $P(t, T)$ 作为计价单位，我们可以计算 $P^d(t, T)$ 如下：

$$P^d(t, T) = LP(t, T)(1 - w\mathbf{Q}^T(T^d \leqslant T \mid \mathcal{F}_t))$$

其中，$\mathbf{Q}^T$ 是 T-远期测度。在某些特殊情况下可以很容易得到 $P^d(t, T)$ 的显式解。

命题 3.2.5

除了 Saà-Requejo 和 Santa-Clara(1997) 中的一般假设，我们还假定

$$\sigma_V\rho_{Vr} - \sigma_{D,1} = 0$$

这时可违约贴现债券的价格的显式解为

$$P^d(t, T) = LP(t, T)\left[1 - w\Phi\left(\frac{-l_t - \mu_l(T - t)}{\sigma_l\sqrt{T - t}}\right)\right.$$
$$\left. - we^{-2\frac{\mu_l l_t}{\sigma_l^2}}\Phi\left(\frac{-l_t + \mu_l(T - t)}{\sigma_l\sqrt{T - t}}\right)\right]$$

其中，

$$\mu_l = \zeta - \kappa + \frac{1}{2}(\sigma_{D,1}^2 + \sigma_{D,2}^2 - \sigma_V^2)$$

$$\sigma_l^2 = (\sigma_V \sqrt{1 - \rho_{Vr}^2} - \sigma_{D,2})^2$$

当然,在推广结构模型方面还有很多推广工作,但是,由于推广工作非常复杂,我们得不到显式解,这时需要采用数值解方法。尽管结构方法在理论上很重要,按发行人收集和分析公司资产负债表数据却是不合实际的。结构模型无法利用资产负债表中的信息。实际上,除了资产和负债因素外还有其他因素与违约相关。

3.3 强度模型

尽管学界为推广默顿模型做了相当大努力,但是结构模型在解释债券价格和信用价差方面只取得了有限的成果。这导致了关于违约过程采用更加直接的假设,这种替代的方法称为简式模型。该模型不考虑违约和公司资产价值之间的相关性,而将违约视为某个给定危险率过程的停时,即违约过程是外生给定的。这样做有两个效果:一是模型可以用于标的资产的价值不可观察的情况,二是违约时间是不可预料的,因此,短到期日的信用价差可以更加真实。此外,这个方法易于处理同时也比较灵活。关于该方法最近有很多文章,重要的文章如下:

- Jarrow 和 Turnbull(1995)给出了一个模型,其中的破产过程被比作即期汇率过程。违约为一个泊松过程,该泊松过程有一个常数强度参数[1],违约时的支付确定。
- 在 Lando(1994,1996,1998)的模型中,违约为 Cox 过程,可视作具有随机强度参数的泊松过程。
- Duffie 和 Singleton(1997,1998b)指出,风险调整概率测度下的估价可以通过对非违约债券的支付进行贴现来进行,贴现率按违约过程的参数调整了。
- Schönbucher(1996)给出了推广的 Heath-Jarrow-Morton 模型[2],允许违约时重组以及多次违约。

尽管简式模型具有上面的优点,但其缺点是公司价值和违约之间缺少联系。

最后必须指出,Duffie 和 Lando(1997)证明结构模型和简式模型之间是紧密联系的。

---

[1] 定义见第 2 节。
[2] Heath-Jarrow-Morton 模型的介绍见 Heath 等(1992)。

3.3.1 短期利率模型

我们考虑有限时间长度 $T^* > 0$ 和滤子概率空间 $(\Omega, \mathcal{F}, \mathbf{F} = (\mathcal{F}_t)_{0 \leqslant t \leqslant T^*}, \mathbf{P})$，其中，$\mathbf{P}$ 是真实概率测度。我们假设 $\mathcal{F}_0$ 是初始空间，即 $\mathcal{F}_0 = \{\phi, \Omega\}$，$\mathcal{F}_{T^*} = \mathcal{F}$，滤子 $\mathbf{F} = (\mathcal{F}_t)_{0 \leqslant t \leqslant T^*}$ 满足通常条件[1]。滤子 $\mathbf{F}$ 表示不同时刻信息的到达。可料短期利率过程 r 是固定的，由此非违约货币市场账户 $(B_t = e^{\int_0^t r_l dl})$ 已经定义好。我们回顾 2.3.4 节引入的强度模型。停时 T^d 是发生首次跳的时点，或者与由 $A_t = \sum_{n \geqslant 1} 1_{\{T_n \leqslant t\}}$ 定义的计数过程 $\{A_t\}_{0 \leqslant t \leqslant T^*}$ 相关。序列 T_n 是跳时点(即违约事件)的序列，T_n 为第 n 次跳发生的时间。如果我们定义 H_t 为过程 A_t 停止在时刻 T^d，这时 H_t 可理解为违约示性函数，其值为 0 表示没有违约，为 1 表示已经违约，即 $H_t = 1_{\{T^d \leqslant t\}}$。我们假设违约示性函数 H_t 允许 $(\mathbf{P}, \mathcal{F}_t)$-强度为 λ_t，更具体地，我们假设一个 Cox 过程模型(见评注 2.3.4)，考虑过程 r 与过程 λ 之间的相关性。此外，相对于短期利率过程 r，我们假设存在等价鞅测度 $\mathbf{Q}$，并且假设在风险中性概率下违约也是一个 Cox 过程。我们将风险中性强度过程记为 $\hat{\lambda}$。

零回收率情况下的定价。 我们首先假设可违约贴现债券的回收率为 0，我们定义这样的债券的价格为 $P^{d, zero}$。

命题 3.3.1

在 Lando(1998) 中的技术条件下，如果在时刻 t 没有违约，在回收率为 0 的情况下，可违约贴现债券的价格为

$$P^{d, zero}(t, T) = E^{\mathbf{Q}}\left[e^{-\int_t^T r_l dl}(1 - H_T) \,\middle|\, \mathcal{F}_t\right]$$

$$= E^{\mathbf{Q}}\left[e^{-\int_t^T (r_l + \hat{\lambda}_l) dl} \,\middle|\, \mathcal{F}_t\right], 0 \leqslant t < \tau \tag{3.8}$$

对于 $t \geqslant \tau$，$P^{d, zero}(t, T) = 0$，这是因为时刻 τ 后没有红利。

该定价公式背后的直觉意义是这样的:可违约信用工具的价格可以是以非违约贴现因子 $e^{-\int_t^T r_l dl}$ 贴现的未来收益的期望值，或者可以是以违约调整后的贴现因子 $e^{-\int_t^T (r_l + \hat{\lambda}_l) dl}$ 贴现的确定收益的期望值。从技术观点看，可违约贴现债券的定价与非违约贴现债券的定价一样的。

例 3.3.1

在测度 $\mathbf{Q}$ 下，$\hat{\lambda}_t$ 和 r_t 是因子 X 的仿射函数，即 $\hat{\lambda}_t = l_{\hat{\lambda}, 0}(t) + l_{\hat{\lambda}, 1}(t) \cdot X_t$，$r_t = $

---

[1] 见 Jacod 和 Shiryaev(1987,第 2 页):如果 σ-域 $\mathcal{F}$ 是 $\mathbf{P}$-完备的,同时每个 $\mathcal{F}_t$ 都包含 $\mathcal{F}$ 的所有 $\mathbf{P}$-空集合,则随机序列基 $(\Omega, \mathcal{F}, (\mathcal{F}_t)_{t \geqslant 0}, \mathbf{P})$ 称为完备的或者等价地说满足通常条件。对于给定的随机序列基总可以实现完备化。

$l_{r,0}(t) + l_{r,1}(t) \cdot X_t$, $l_{\lambda,0}$, $l_{r,0}$ 和 $l_{\lambda,1}$, $l_{r,1}$ 是区间 $[0, \infty)$ 上的有界连续函数,取值在 $\mathbb{R}^n$ 上的强 n 维马尔可夫过程 X 是如下随机偏微分方程的唯一解:

$$dX_t = \mu(X_t, t)dt + \sigma(X_t, t)d\hat{W}_t$$

$\hat{W}$ 是 R^n 中的 **F**-适应的 n 维标准布朗运动,$\mu : \Theta \to \mathbb{R}^n$, $\sigma : \Theta \to \mathbb{R}^{n \times n}$, $\Theta \subset \mathbb{R}^n \times [0, \infty)$, 对于每个 t, $\{x : (x, t) \in \Theta\}$ 包含 $\mathbb{R}^n$ 中的一个开集。在对过程 X 的参数的一些约束条件[①]下,选择一个特定的 Θ,可违约及非违约贴现债券的计价公式均为

$$P(t, T) = e^{\alpha(t, T) + \beta^T(t, T) \cdot X_t}$$
$$P^{d, zero}(t, T) = e^{a^{d, zero}(t, T) + (\beta^{d, zero}(t, T))^T \cdot X_t}$$

其中,$\alpha(t, T)$, $\alpha^{d, zero}(t, T) \in \mathbb{R}$ 与 $\beta(t, T)$, $\beta^{d, zero}(t, T) \in \mathbb{R}^n$ 是系数,分别依赖于明确给出的 t 和 T。

正回收率情况下的定价。 在 2.4 节中,我们已引入了不同的回收率模型,其中回收市场价值的一部分的模型可以非常简单地用在强度模型中。因此,我们假设回收率仅在违约时才确定。这样在违约前有

$$P^d(t, T) = E^{\mathbf{Q}}\left[\int_t^T e^{-\int_t^u r_l dl} Z_u dH_u + e^{-\int_t^T r_l dl}(1 - H_T) \,\middle|\, \mathcal{F}_t \right], \ 0 \leqslant t < \tau \quad (3.9)$$

Z_t 是另一尚未违约的等价债券的市场价值的一部分,风险中性比率为 w_t,即

$$Z_t = w_t P^d(t-, T), \ 0 \leqslant w_t \leqslant 1$$

命题 3.3.2

在 Duffie 和 Singleton(1997)条件下,方程(3.9)可以转换成下面形式。

$$P^d(t, T) = E^{\mathbf{Q}}\left[e^{-\int_t^T \left(r_l + (1 - w_l)\hat{\lambda}_l \right) dl} \,\middle|\, F_t \right], \ 0 \leqslant t < \tau$$

这直接推广了方程(3.8)。

---

① 见 Duffie 和 Kan(1996)。

4

违约相关性

在分析资产组合信用风险时考虑违约相关性非常困难，因为缺乏违约相关性数据，而且违约相关性依赖于信用质量、区域、行业和时间跨度，要建立与此相应的符合实际的违约相关性模型变得非常复杂。

——Krishan Nagpal 和 Reza Bahar

我们正朝着泰坦尼克号式解决方法发展。我们只是希望建造更大的船只，但却忘了还有冰山。

——Norbert Walter

4.1 基本知识

众多不同发行人或债务人之间的违约相关性，在量化多原因导致的投资组合的信用风险敞口中起了非常重要的作用。例如，

- 在给 CDOs、多名称信用衍生产品以及其他金融工具(包括其他可违约金融工具的投资组合)定价时，给违约相关性选择合适的模型非常重要。不同的违约相关性结构产生了不同的违约分布，反过来这又影响了这些金融工具的定价。它们的交易很活跃，这需要一种方法来每天度量违约和市场风险，建立稳定性好的违约相关性模型对于金融产品的定价和对冲非常重要。

- 尽管投资组合中由于单个发行者违约造成的实际损失也许很小(除非风险敞口特

别大),但是几个发行者同时违约产生的后果就可能是灾难性的。可是我们对于导致投资组合中的违约风险的原因知之甚少。

4.2 资产价值相关性

如果我们要研究投资组合中的违约行为,我们就需要为违约相关性建模[1]。因此,我们考虑 m 个债务人 $1, \cdots, m$。$H_i(t)$ 是第 i 个债务人的违约示性函数。首先我们用结构模型来研究违约相关性。假设第 i 个公司的违约行为由公司价值过程 V_i 决定。如果公司价值低于槛值 D_i 即发生违约,这样第 i 个公司的违约时间可以表示成

$$T_i^d = \inf\{t \geqslant 0 : V_i(t) < D_t^i\} = \inf\{t \geqslant 0 : V_i(t) \leqslant D_t^i\}$$

假设 $T_{i, j}^d = \min(T_i^d, T_j^d)$,$H_{i, j}(t) = 1_{\{T_{i, j}^d \leqslant t\}}$,第 i 个公司和第 j 个公司在时间区间 $[0, t]$ 上的违约相关性 $\rho_{i, j}^d$ 定义为随机变量 $H_i(t)$ 与 $H_j(t)$ 之间的相关性,$i, j \in \{1, \cdots, m\}$,$i \neq j$,即

$$\rho_{i, j}^d(t) =$$

$$\frac{E^P[H_i(t)H_j(t) \mid \mathcal{F}_0] - E^P[H_i(t) \mid \mathcal{F}_0]E^P[H_j(t) \mid \mathcal{F}_0]}{\sqrt{E^P[H_i(t) \mid \mathcal{F}_0](1 - E^P[H_i(t) \mid \mathcal{F}_0])} \sqrt{E^P[H_j(t) \mid \mathcal{F}_0](1 - E^P[H_j(t) \mid \mathcal{F}_0])}}$$

$$(4.1)$$

注意到

$$E^P[H_i(t)H_j(t) \mid \mathcal{F}_0] = E^P[H_i(t) \mid \mathcal{F}_0] + E^P[H_j(t) \mid \mathcal{F}_0] - E^P[H_{i, j}(t) \mid \mathcal{F}_0]$$

$$(4.2)$$

因此,如果我们计算出 $H_i(t)$、$H_j(t)$ 和 $H_{i, j}(t)$ 的期望值,就可以很容易知道 $\rho_{i, j}^d(t)$。为了计算这些值,我们需要确定关于过程 V_i 和 D_i 的假设。

假设 4.2.1

二维动态过程 (V_i, V_j),$i, j = 1, \cdots, m$,$i \neq j$,由如下向量随机过程给出:

$$\begin{bmatrix} d\ln V_i(t) \\ d\ln V_j(t) \end{bmatrix} = \begin{bmatrix} \mu_i \\ \mu_j \end{bmatrix} + \Sigma_{i, j} \begin{bmatrix} dW_i(t) \\ dW_j(t) \end{bmatrix}$$

---

[1] 本节中我们主要依据 Zhou(2001)。

其中,μ_i, μ_j 是常数漂移项,W_i 和 W_j 是独立的标准布朗运动,且

$$\Sigma_{i,j} = \begin{pmatrix} \sigma_{i,i} & \sigma_{i,j} \\ \sigma_{j,i} & \sigma_{j,j} \end{pmatrix}$$

$\Sigma_{i,j}$ 是一个常数 2×2 维矩阵,满足

$$\Sigma_{i,j} \cdot \Sigma_{i,j}^T = \begin{pmatrix} \sigma_i^2 & \rho_{i,j}\sigma_i\sigma_j \\ \rho_{i,j}\sigma_i\sigma_j & \sigma_j^2 \end{pmatrix}$$

系数 $\rho_{i,j}$ 反映公司 i 和公司 j 的资产价值运动之间的相关性。

假设 4.2.2

对于 $i=1, \cdots, m$,我们给定槛值 D_i 如下:

$$D_i = e^{\mu_i t}\kappa_i$$

其中,κ_i 是大于等于 0 的常数,μ_i 是常数漂移项。

命题 4.2.1

给定假设 4.2.1 和假设 4.2.2,对于 $i=1, \cdots, m$,我们有

$$E^{\mathbf{P}}[H_i(t) \mid \mathcal{F}_0] = \mathbf{P}(T_i^d \leqslant t \mid \mathcal{F}_0) = 2\Phi\left(-\frac{Z_i}{\sqrt{t}}\right)$$

其中,

$$Z_i = \frac{\ln\dfrac{V_i(0)}{\kappa_i}}{\sigma_i}$$

证明:见 Harrison(1990)。

根据方程(4.1)和(4.2),先确定 $E^{\mathbf{P}}[H_{i,j}(t) \mid \mathcal{F}_0]$,然后才得到 $\rho_{i,j}^d(t)$。

命题 4.2.2

给定假设 4.2.1 和假设 4.2.2,对于 $i=1, \cdots, m$, $i \neq j$,我们有

$$E^{\mathbf{P}}[H_{i,j}(t) \mid \mathcal{F}_0] = \mathbf{P}(T_{i,j}^d \leqslant t \mid \mathcal{F}_0)$$

$$= 1 - \frac{2\varrho_{i,j}}{\sqrt{2\pi t}} e^{-\frac{\varrho_{i,j}^2}{4t}} \sum_{k=1,3,5,\cdots} \frac{1}{k}\sin\left(\frac{k\pi\theta_{i,j}}{\alpha_{i,j}}\right) \cdot$$

$$\left[I_{\frac{1}{2}\left(\frac{k\pi}{a_{i,j}}+1\right)}\left(\frac{\varrho_{i,j}^2}{4t}\right) + I_{\frac{1}{2}\left(\frac{k\pi}{a_{i,j}}-1\right)}\left(\frac{\varrho_{i,j}^2}{4t}\right) \right]$$

其中,I_v 是阶数为 v 的修正贝塞尔(Bessel)函数 I。

$$Z_i = \frac{\ln \dfrac{V_i(0)}{\kappa_i}}{\sigma_i}, \quad i = 1, \cdots, m$$

$$\theta_{i,j} = \begin{cases} \tan^{-1}\left[\dfrac{Z_j \sqrt{1-\rho_{i,j}^2}}{Z_i - \rho_{i,j} Z_j}\right], \text{如果}(\bullet) > 0 \\[4mm] \pi + \tan^{-1}\left[\dfrac{Z_j \sqrt{1-\rho_{i,j}^2}}{Z_i - \rho_{i,j} Z_j}\right], \text{其他} \end{cases}$$

$$\varrho_{i,j} = \frac{Z_j}{\sin \theta_{i,j}}$$

$$\alpha_{i,j} = \begin{cases} \tan^{-1}\left[-\dfrac{\sqrt{1-\rho_{i,j}^2}}{\rho_{i,j}}\right], \text{如果}\ \rho_{i,j} < 0 \\[4mm] \pi + \tan^{-1}\left[-\dfrac{\sqrt{1-\rho_{i,j}^2}}{\rho_{i,j}}\right], \text{其他} \end{cases}$$

证明:对于 $i = 1, \cdots, m$，我们定义

$$Y_i(t) = -\ln \frac{e^{-\mu_i t} V_i(t)}{V_i(0)}$$

$$b_i = \ln \frac{V_i(0)}{\kappa_i}$$

很明显地，$(Y_i(t), Y_j(t))^T$ 服从二维布朗运动。

$$\begin{bmatrix} dY_i(t) \\ dY_j(t) \end{bmatrix} = -\Sigma_{i,j} \cdot \begin{bmatrix} dW_i(t) \\ dW_j(t) \end{bmatrix}$$

经过变换后，$E^\mathbf{P}[H_{i,j}(t) \mid \mathcal{F}_0]$ 等价于二维布朗运动 $(Y_i(t), Y_j(t))^T$ 的首达时间，初值为 $(Y_i(0), Y_j(0))^T = (0, 0)^T$，约束条件为 $b_i > 0$，$b_j > 0$。为方便起见，我们将边界条件记为 $\partial(b_i, b_j)$。

从图 4.1 中可以看到，二维布朗运动过程 $(Y_i(t), Y_j(t))^T$ 代表粒子在时刻 t 的位置，$\partial(b_i, b_j)$ 是吸收壁，假设 $f(y_1, y_2, t)$ 是区域 $\{(y_1, y_2) \mid y_1 < b_i, y_2 < b_j\}$ 内粒子的转移概率密度函数，即粒子不能到达 $[0, t)$ 内的吸收壁 $\partial(b_i, b_j)$ 的概率密度函数。相应的分布函数为

$$F(y_1, y_2, t) = \mathbf{P}(Y_i(s) < b_i, Y_j(s) < b_j, 0 \leqslant s < t, Y_i(t) < x_1, Y_j(t) < x_2)$$
$$= \int_{-\infty}^{x_1} \int_{-\infty}^{x_2} f(y_1, y_2, t) dy_1 dy_2$$

因此有

$$E^{\mathbf{P}}[H_{i,j}(t)\mid \mathcal{F}_0]=1-F(b_i,b_j,t)$$

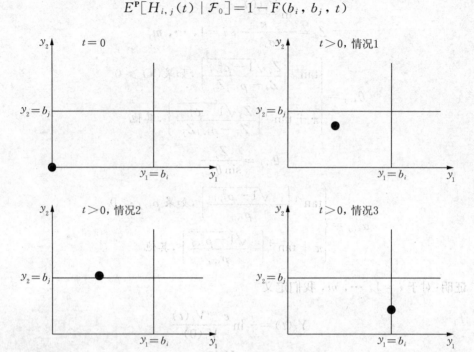

左上图：在时刻 $t=0$，$(Y_0^i,Y_0^j)=(0,0)^T$。右上图：时刻 $t=0$ 后，二维布朗运动过程 $(Y_i(t)$，$Y_j(t))^T$ 通过区域。左下图：过程的第二个分量一达到/穿过槛值 b_j，意味着违约发生。右下图：过程的第一个分量一达到/穿过槛值 b_i，意味着违约发生。

图 4.1　二维布朗运动过程与违约

根据 Cox 和 Miller(1972) 与 Karatzas 和 Shreve(1988)，转移概率密度函数 $f(y_1,y_2,t)$ 满足下面受一定边界条件约束的 Kolmogorov 向前方程：

$$\frac{\sigma_i^2}{2}\frac{\partial^2 f}{\partial y_1^2}+\rho_{i,j}\sigma_i\sigma_j\frac{\partial^2 f}{\partial y_1\partial y_2}+\frac{\sigma_j^2}{2}\frac{\partial^2 f}{\partial y_2^2}=\frac{\partial f}{\partial t},\ y_1<b_i,\ y_2<b_j$$

这样我们通过该偏微分方程求解密度函数 f 并积分，就可以得到需要的结果。

Bielecki 和 Rutkowski(2002) 使用概率方法而不是求解偏微分方程方法得到了同样的结果。槛值 D_i 的其他具体值（作为常数）也可以通过类似方法得到。

在本节的分析中，违约相关性得自潜变量(latent variables)即公司资产之间的相关性。一般地，我们假定这些潜变量服从多元正态分布，因而违约相关性可以完全通过皮尔森相关性(Pearson's correlations)来衡量。然而，用潜变量刻画的联合违约事件对潜变量的分布很敏感，建立在多元正态分布假设上的模型并不能充分衡量投资组合的真实风险敞口。

4.3 违约强度相关性

强度模型的核心是假设不同发行人的违约路径遵从相同的强度函数,但是违约路径彼此之间是独立的。这样的假设便于构造 Cox 过程,并表明模型中的违约相关性和违约强度相关性是一致的。理论上看,强度模型为研究动态性及信用风险的期限结构的建模提供了更灵活的框架,信用风险的期限结构基于信用价差等市场变量。但是对模型进行校准使其符合市场并不是简单的,困难在于缺乏违约数据以及需要同时为大量变量建模。一些实证研究指出,强度法在为违约相关性建模时存在问题。

- Hull 和 White(2001)认为违约相关性是有界的。即使在强度函数之间存在较好的相关性时,对于选定的时间段而言,相应的违约相关性通常也是非常低的。
- Schoenbucher 和 Schubert(2001)认为强度模型得出的违约相关性和实证数据相比非常低,同时强度模型很难得出违约相依性结构并对之进行分析。

Yu(2003)认为,强度模型中的违约相关性对于单个违约强度上的共同因子结构非常敏感。一方面,他意识到使用 Duffee(1999)模型暗含违约相关性低于实际观察值。另一方面,根据 Driessen(2002)模型计算出的价值不低于甚至高于实际观察值。

强度模型中的违约相关性是对 2.3.4 节中引入的单个发行人强度模型的推广。首先,我们假设有 m 个违约停时 T_i^d, $i=1, \cdots, m$, 和违约示性函数 $H_i(t)$, $i=1, \cdots, m$, 其中的强度函数为 $\lambda_i(t)$, $i=1, \cdots, m$。为了构建停时,我们采用可预测非负过程 λ_i,使得 $\int_0^t \lambda_i(s)ds < \infty$ **P**-a.s.。我们定义停时为

$$T_i^d = \inf\{t \geqslant 0 : \int_0^t \lambda_i(s)ds = \Lambda_i\}$$

其中,Λ_i 为指数分布随机变量,均值为 1,独立于如下随机变量:

$$Y_i(t) = E^{\mathbf{P}}\left[\exp\left(-\int_t^T \lambda_i(s)ds\right) \bigg| \mathcal{F}_t\right]$$

这样,λ_i 是 T_i^d 的强度,$\Delta Y_i(T_i^d) = 0$ a.s.。进一步地,我们假设 Λ_i 与 Λ_j 相互独立,$i \neq j$。根据方程(4.1)和(4.2),时间区间 $[0, t]$ 上的违约相关性为

$$\rho_{i,j}^{d}(t) =$$

$$\frac{E^{\mathbf{P}}[H_i(t) \mid \mathcal{F}_0] + E^{\mathbf{P}}[H_j(t) \mid \mathcal{F}_0] - E^{\mathbf{P}}[H_{i,j}(t) \mid \mathcal{F}_0] - E^{\mathbf{P}}[H_i(t) \mid \mathcal{F}_0]E^{\mathbf{P}}[H_j(t) \mid \mathcal{F}_0]}{\sqrt{E^{\mathbf{P}}[H_i(t) \mid \mathcal{F}_0](1 - E^{\mathbf{P}}[H_i(t) \mid \mathcal{F}_0])} \sqrt{E^{\mathbf{P}}[H_j(t) \mid \mathcal{F}_0](1 - E^{\mathbf{P}}[H_j(t) \mid \mathcal{F}_0])}}$$

$$(4.3)$$

为了计算违约相关性,我们介绍下面具有技巧性的引理。

引理 4.3.1

假设违约时间 T_i^d 的强度过程为 $\lambda_i(t)$,$i = 1, \cdots, m$,且当 $i \neq j$ 时,$\mathbf{P}(T_i^d = T_j^d) = 0$,那么 $\lambda_i(t) + \lambda_j(t)$ 为 $T_{i,j}^d = \min(T_i^d, T_j^d)$ 的强度过程。

证明: 因为 $\mathbf{P}(T_i^d = T_j^d) = 0$,有

$$H_{i,j}(t) = H_i(t) + H_j(t),\ t \leqslant T_{i,j}^d$$

根据 2.3.4 节,存在如下形式的鞅:

$$M_i(t) = H_i(t) - \int_0^{T_i^d \wedge t} \lambda_i(s)ds = H_i(t) - \int_0^t \lambda_i(s)1_{\{s \leqslant T_i^d\}}ds$$

然后,我们定义过程 M 为

$$M_t = H_{i,j}(t) - \int_0^t (\lambda_i(s) + \lambda_j(s))1_{\{s \leqslant T_{i,j}^d\}}ds$$

注意

$$M_t = M_i(t) + M_j(t),\ t \leqslant T_{i,j}^d$$
$$M_t = M_{T_{i,j}^d},\ t > T_{i,j}^d$$

因此,M 也是一个鞅,$\lambda_i(t) + \lambda_j(t)$ 为 $T_{i,j}^d$ 的强度过程。

假设 4.3.1

给定前面的假设,对于 $i = 1, \cdots, m$,有

$$E^{\mathbf{P}}[H_i(t) \mid \mathcal{F}_0] = \mathbf{P}(T_i^d \leqslant t \mid \mathcal{F}_0) = 1 - E^{\mathbf{P}}\left[\exp\left(-\int_0^t \lambda_i(s)ds\right) \mid \mathcal{F}_0\right] \quad (4.4)$$

而且,对于 $i \neq j$,$i, j = 1, \cdots, m$,

$$E^{\mathbf{P}}[H_{i,j}(t) \mid \mathcal{F}_0] = \mathbf{P}(T_{i,j}^d \leqslant t \mid \mathcal{F}_0)$$
$$= 1 - E^{\mathbf{P}}\left[\exp\left(-\int_0^t (\lambda_i(s) + \lambda_j(s))ds\right) \mid \mathcal{F}_0\right] \quad (4.5)$$

这样,总体的违约相关性——见方程(4.3)——取决于各个违约强度函数。

证明: 方程(4.4)的证明见 2.3.4 节。将引理 4.3.1 应用于方程(4.4)即可证明方程(4.5)。

各种强度模型随着所选择的状态变量及其服从的随机过程的不同而不同。对最重

要的一类强度模型即仿射跳扩散强度模型的推广如下。假设我们要为 m 个发行人的联合违约行为建模。第 i 个发行人的强度过程记为 $\lambda_i(t)$，$i=1,\cdots,m$，其中 $\lambda_i(t)$ 是因子 X 的仿射函数，即对于有界连续函数 $k_i:[0,\infty)\to\mathbb{R}$，$l_i:[0,\infty)\to\mathbb{R}^n$，

$$\lambda_i(t)=k_i(t)+l_i(t)\cdot X_t,\ i=1,\cdots,m$$

其中，X 是取值在 $\mathbb{R}^n$ 上的 n 维强马尔可夫过程，且为如下随机微分方程的唯一解：

$$dX_t=\mu(X_t,t)dt+\sigma(X_t,t)dW_t+dZ_t$$

W 是 $\mathbb{R}^n$ 上的 **F**-适应的 n 维标准布朗运动，$\mu:\Theta\to\mathbb{R}^n$，$\sigma:\Theta\to\mathbb{R}^{n\times n}$，$\Theta\subset\mathbb{R}^n\times[0,\infty)$，$Z$ 是一个纯粹跳过程，其计跳过程 A_t 允许的随机强度 $\gamma:\Theta\to[0,\infty)$ 与 X 相关，跳距分布 v 仅与时间 t 相关，对于时间 t，$\{x:(x,t)\in\Theta\}$ 包含一个属于 $\mathbb{R}^n$ 的开子集。注意到 X 中的所有分量是相互独立的过程，而且分为下面三种不同类型：第一类分量反映决定股价表现的共同因素（例如商业周期），其余两类分量分别反映债务人所在行业和特定债务人（例如账面值与市场价格之比和杠杆比率）。假设有三个发行人，$i=1,2,3$，和 6 个状态变量，即 $n=6$。所有发行人都来自同一个地区，发行人 1 与发行人 2 来自金融行业，发行人 3 来自化工行业。下面是可能的模型：

$$\lambda_1(t)=k_1(t)+l_{1,1}(t)X_1(t)+l_{1,4}(t)X_4(t)+l_{1,6}(t)X_6(t)$$
$$\lambda_2(t)=k_2(t)+l_{2,2}(t)X_2(t)+l_{2,4}(t)X_4(t)+l_{2,6}(t)X_6(t)$$
$$\lambda_3(t)=k_3(t)+l_{3,3}(t)X_3(t)+l_{3,5}(t)X_5(t)+l_{3,6}(t)X_6(t)$$

其中，$X_i(t)$，$i=1,2,3$，表示发行人自身独有的状态变量，$X_4(t)$ 是金融行业的状态变量，$X_5(t)$ 表示化工行业的状态变量，$X_6(t)$ 是共同的状态变量。

最后，我们来看看给定强度过程 $\lambda_i(t)$，$i=1,\cdots,m$，如何模拟出违约时间 T_i^d，$i=1,\cdots,m$。为简单起见，我们假设 $\mathbf{P}(T_i^d=T_j^d)=0$，$i\neq j$。这时，多元补偿模拟[①] 如下。假设对于 $t\geqslant 0$，$i=1,\cdots,m$，可以模拟出 $\int_0^t\lambda_i(s)ds$。

(1) 模拟 m 个独立单位均值指数分布随机变量 $\Lambda_1,\cdots,\Lambda_m$。

(2) 对于每个 i，如果 $\int_0^T\lambda_i(s)ds<\Lambda_i$，则有 $T_i^d>T$。

(3) 否则，令 $T_i^d=\min\left\{t\geqslant 0:\int_0^t\lambda_i(s)ds=\Lambda_i\right\}$。

有两种方式可拓展强度函数方法，目的是可以为强违约相关性建模。一种是 Davis 和 Lo(1999) 与 Jarrow 和 Yu(2000) 的违约传染模型，即在信用危机开始时，违约强度以

---

① 其他违约时间算法见 Duffie 和 Singleton(1998a)。

离散数量共同上跳。另一种是 Duffie(1998c)与 Kijima(2000)的离散点过程,即触发多个债务人在某个时点同时发生违约的过程。

4.4 相关性与连接函数

前面我们考虑了 m 个债务人的情况,$i=1,\cdots,m$。我们把债务人 i 的违约时间 T_i^d 的分布函数记为 F_i。这样有

$$F_i(t)=\mathbf{P}(T_i^d \leqslant t),\ t \geqslant 0$$

为了保证分位数函数 $F_i^{-1}(x)$ 落在[0,1]区间,我们假定 $F_i(t)$ 满足下列条件

$$F_i(0)=0,\ \lim_{t\to\infty}F_i(t)=1$$

如果 U 是标准均匀分布随机变量,即 $U \sim U(0,1)$,那么 $F_i^{-1}(U) \sim F_i$。 我们把 $T_1^d,T_2^d,\cdots,T_m^d$ 的联合分布函数记为 F,即

$$F(t_1,\cdots,t_m)=\mathbf{P}(T_1^d \leqslant t_1,\cdots,T_m^d \leqslant t_m),\ t_1,\cdots,t_m \geqslant 0$$

此外我们考虑相依标准均匀分布随机变量 $U_1,\cdots,U_m$,将它们的联合分布函数记为 C,即

$$C(u_1,\cdots,u_m)=\mathbf{P}(U_1 \leqslant u_1,\cdots,U_m \leqslant u_m)$$

定义 4.4.1

连接函数 C 是一个多元分布函数,其中每个随机变量的边际分布为标准均匀分布。我们考虑在 $\mathbb{R}^m$ 中,

$$C:[0,1]^m \to [0,1]$$

给定上述连接函数(copula function)C 及 C 的边际分布函数,可以得出[1] $T_1^d,T_2^d,\cdots,T_m^d$ 的联合分布函数为

$$F(t_1,\cdots,t_m)=C(F_1(t_1),\cdots,F_m(t_m))$$

反过来也成立[2]:如果 F 是一个 m 维多元分布函数,其连续边际分布函数为 $F_1,\cdots,$

---

① 见 Bluhm 等(2003)。
② 见 Sklar(1959)。

F_m,这时也存在唯一的一个连接函数 C,使得

$$F(t_1, \cdots, t_m) = C(F_1(t_1), \cdots, F_m(t_m))$$

连接函数连接边际分布函数和联合分布函数,将各随机变量与边际分布函数 $F_1, \cdots,$ F_m 分割开来。这大大简化了有多个发行人的投资组合的联合随机过程的估计问题。我们不必同时估计所有分布参数,而是从联合分布中分别估计边际分布。给定边际分布后,我们用适当的连接函数构造具有合意的相关性结构的联合分布函数。通过观察不同的连接函数对数据的统计拟合度,可以找到最佳连接函数。在信用风险建模中基本上有两种不同的方法来使用连接函数。

- 给定一个连接函数,我们可以给每个发行人选择不同的边际分布。通过选择不同的边际分布及其参数,我们可以观察在信用投资组合中单个发行人违约如何影响发行人群体的共同违约行为。
- 给定边际函数,我们可以通过选择不同连接函数或具有不同参数值的相同连接函数来改变相关性结构。这样我们可以量化违约相关性对信用投资组合的影响。

在信用风险分析中如何选择合适的连接函数尚有很多不同意见。其中最简单和最广泛使用的连接函数是正态连接函数。

例 4.4.1

假设随机向量 $(X_1, \cdots, X_m)$ 的分布函数为 m 维正态分布 $N_\rho^m(x_1, \cdots, x_m)$ 的分布函数,则对于 $(U_1, \cdots, U_m)$,$U_i = \Phi(X_i)$,$i = 1, \cdots, m$,有

$$C_\rho(u_1, \cdots, u_m) = N_\rho^m(\Phi^{-1}(u_1), \cdots, \Phi^{-1}(u_m))$$

随机违约时间表示为 $T_i^d = F_i^{-1}(\Phi(X_i))$,$i = 1, \cdots, m$。在 Li(2000)中,为使默顿模型的联合违约概率与正态连接函数的一致,资产相关性必须符合正态连接函数的相关性。$\rho = (\rho_{i,j})_{i,j=1,\cdots,m}$ 表示信用等级为 i 的资产与信用等级为 j 的资产的资产相关性矩阵。总之,通过正态连接函数得到违约相关性时间的步骤如下:

- 对于债务人 i,$i = 1, \cdots, m$,累积违约时间分布函数为 $F_i(t)$(信用曲线)。
- 假设对应债务人 i 和 j 的标准正态随机变量为 X_i 与 X_j,$i, j = 1, \cdots, m$,它们之间的相关系数为 $\rho_{i,j}$,$i \neq j$。
- 通过 $T_i^d = F_i^{-1}(\Phi(X_i))$ 构造出违约时间 T_i^d,$i = 1, \cdots, m$。

信用风险投资组合模型中大都采用正态连接函数,原因在于,一是可以利用 Merton (1974)的模型,二是容易计算。

例 4.4.2

正态连接函数可直接利用 Merton(1974)研究成果,而且易于实施,学生的 t 连接函

数更加适合极端情况。假设 $\Gamma_{\rho, v}$ 是标准的多元学生 t 分布，v 是自由度，ρ 是相关性矩阵。多元学生 t 连接函数的定义如下：

$$C_{\rho, v}(u_1, \cdots, u_m) = \Gamma_{\rho, v}(t_v^{-1}(u_1), \cdots, t_v^{-1}(u_m))$$

其中，t_v^{-1} 是单变量学生 t 分布的反函数。

例 4.4.3

Gumbel 连接函数的定义如下：

$$C(u_1, \cdots, u_m) = \exp[-(\sum_{i=1}^m (-\ln u_i)^a)^{\frac{1}{a}}]$$

其中，α 是确定分布的尾部情况的参数。

例 4.4.4

Clayton 连接函数的定义如下：

$$C(u_1, \cdots, u_m) = \exp[\sum_{i=1}^m u_i^{-a} - 1]^{-\frac{1}{a}}$$

其中，$\alpha > 1$ 是确定分布的尾部情况的参数。

其他的连接函数见 Nelsen(1999)。通过这些连接函数模拟 m 维随机向量见 Wang (2000)，Bouye 等(2000)与 Embrechts 等(2001)。Frees 和 Valdez(1997)，Li(2000)与 Frey 等(2001)研究如何将连接函数应用于标准信用风险问题。

5

信用衍生产品

我们已经知道……风险管理技术的应用势不可挡,没有它,银行没有办法设计、定价和管理大量新的金融产品,如信用衍生产品。这些相同或者相似的技术正开始被用于传统银行产品的定价与管理。

——Alan Greenspan

在我看来,证券化的出现并不是为了降低资本的价格,更不是因为需要资本。

——S.P.Baum

5.1 基本知识

信用衍生产品将会导致银行业的革命。有一点是确定的:自从信用衍生产品最早在1992 于巴黎召开的国际互换与衍生品协会年会上出现以来,信用衍生产品市场的规模增长非常快,目前信用衍生产品市场的发展趋势远没有结束。LIBOR 掉期曲线作为基准利率被广泛地应用到信用衍生产品中,有力地推动了信用衍生产品市场的发展。LIBOR 利率掉期曲线代表了信用等级为 AA 的商业银行在资本市场上的借款利率,因而反映了银行业的信用质量以及对冲其信用风险的成本。因此,它是一个定价的基准,这样就可以避免已经扭曲了多个重要市场中的政府债券收益率曲线形状的异质性结构和供给因素。利率衍生产品市场的发展离不开信用风险的定价与管理模型。市场参与者开发出更加量化的方法来分析信用,市场变得越来越复杂。电子交易平台如信用产品交易 Credit Trade(www. credittrade.com)和在线衍生产品交易 CreditEx(www.creditex.com)纷纷出现。它们都被证明是成功的,对于提高信用衍生产品市场上的价格发现效率与增加市场流动性有重大影响。

信用衍生产品可能是近十多年来最重要的新型金融产品之一。信用衍生产品有许多种:最重要的是信用期权(见 6.4.2 节)、信用价差期权(见 6.4.3 节)、违约互换与违约期权(见 6.4.4 节)、总收益互换(见 5.3.5 节)、信用连接票据(见 5.3.5 节)。信用衍生产品是建立在大量信用敏感性标的资产基础上的。

- 基于主权债券的信用衍生产品:如,布雷迪债券衍生产品允许投资者关注主权信用价差的收敛性。
- 基于公司债券的信用衍生产品:如,基于单个公司债券的信用衍生产品,通常被用于负债管理。
- 基于银行贷款的信用衍生产品:如,基于银行贷款的信用衍生产品通常被银行用以化解或中和单一发行人的风险,并为投资者提供有益的风险—收益组合。

近年来,公司信用衍生产品约占到市场份额的 50%,其余为主权信用衍生产品和银行信用衍生产品,二者的市场份额大体相当。传统做法是通过交易标的资产来管理信用风险敞口。这样做的缺点是:每完成一笔贷款,信用风险就留在出借方的资产负债表上,直到贷款到期后被归还或者被冲销,贷款的信用风险才能被解除。像其他衍生品一样,信用衍生产品促进了标的资产的单个特征脱离于该资产自身进行单独交易。信用衍生产品经过了一系列的加工,如转手、重新打包、复制、对冲信用风险。信用衍生产品没有卖出标的资产,但是通过隔离特定的信用风险,改变了标的资产的信用风险组合。有些流动性很差的资产,通常是无法正常交易的,经过加工后,其流动性得到了改善,交易的机会增加了。因此,信用衍生产品允许信用风险被分解和交易。在我们关于信用风险的定义中,信用风险包括与信用相关的所有事件,如信用价差扩大、信用等级下降以及违约等等。银行通过信用衍生产品可以对冲信用风险,避免资产负债表中的风险过度集中,从而避开监管当局在资本方面的监管要求。银行的收益通常取决于特定借款人或借款人团体的信用风险,有时基于信用敏感性金融工具的信用表现。信用表现可以根据相对于基准收益率的收益率差(如高于国债或 LIBOR 的基点)来确定,也可以根据信用等级和违约状况来确定。J.P.摩根信用衍生产品全球营销总监 Masters(1998)指出:

信用衍生产品可以绕过标的资产种类、到期日、信用等级、债务优先级等方面的障碍,从而创造出大量的交易机会,投资者可以从信用风险价格的变化中把握机遇,实现盈利。

此外,信用衍生产品还可以:

- 扩展市场影响力。

——鼓励更多交易者参与到高收益率债券、银行贷款和信用增强产品等市场中来。

——增加信用风险市场的流动性,从而更好地推动信用风险市场建设。

——提高不同市场间的定价效率。

——减少信用价差。

——有利于机构投资者通过投资组合分散风险。

● 建立银行间的联系通道,同时也起到分散风险的作用。

● 创造新的套利机会。

● 根据信用状况进行投资。

● 也可以用于:

——风险保护、相互交换风险、投机。

——抵消柜台交易的风险。

——贷款组合的风险对冲。

——延长产品线。

——改变信用风险的到期日或者货币。

——进入一些资产市场,如果没有信用衍生产品,机构投资者会发现这些资产的投资和交易非常困难。

例 5.1.1

在 20 世纪 90 年代末的亚洲金融危机中,许多银行对亚洲公司债券提供短期保护(通过短期信用违约互换)以吸引投资者重返亚洲的固定收益市场。很多人认为假如发行债券的公司能够在这次金融危机中存活下来,那么这些公司有理由未来存活得更久。短期信用违约互换将收益率曲线缩短为一年,不必对冲长期的信用风险。投资者为了得到违约保护,为持有的亚洲公司债券头一年的风险支付了高溢价,同时可以锁定一年以后债券的高收益率(可高过美元 LIBOR 约 1 200 个基点)。

信用衍生产品的广泛用途吸引了各类市场参与者。从以往的情况看,银行是市场上最大的对冲者、购买者和信用风险的交易者。后来新的玩家进入信用衍生品市场。英国银行家协会(British Banker's Association,BBA)的调查结果证实了这一观察,从而导致按市场参与者的类型来细分市场(见表 5.1)。

表 5.1 信用衍生产品市场的交易方

交易方	有保护买方(%)	有保护卖方(%)	交易方	有保护买方(%)	有保护卖方(%)
银 行	63	47	对冲基金	3	5
证券公司	18	16	共同基金	1	2
保险公司	7	23	养老基金	1	3
公 司	6	3	政府信用机构	1	1

资料来源:BBA,*Credit Derivatives Report 1999/2000*,2000。

毫不奇怪，全球信用衍生产品市场近些年来发展得非常快。根据加拿大帝国商业银行(CIBC)的估计①，信用衍生产品市场 1994 年和 1995 年的规模分别是 50 亿美元和 400 亿美元。根据 J.P.摩根的估计②，1996 年发行在外的信用衍生产品的规模又翻了一番。1998 年 3 月出版的《风险》杂志上的调查(Green et al.，1998)估计 1997 年全球信用衍生产品的规模在 1 400 亿美元至 3 250 亿美元之间。1999 年 3 月出版的《风险》杂志上的调查(Baldwin，1999)估计全球发行在外的信用衍生产品的平均规模为 4 770 亿美元。2000 年 3 月出版的《风险》杂志上的调查(Hargreaves，2000)估计全球信用衍生产品的规模增长了 39%，达到 6 610 亿美元。2000 年《风险》杂志(Patel，2001)估计全球发行在外的信用衍生产品的总额大约为 8 100 亿美元。英国银行家协会(BBA)的调查③显示 1997/1998 年和 1999/2000 年的信用衍生产品的规模更大，具体如图 5.1 所示。还可以通过咨询 BBA 的伦敦办事处得到，给定几乎每个主要市场参与者都有机构在伦敦，那么总的数字应该代表了全球的规模。但是由于这些数字是通过访谈和估计得到的，因而只能作为指示性的估计数而非确实的数目。

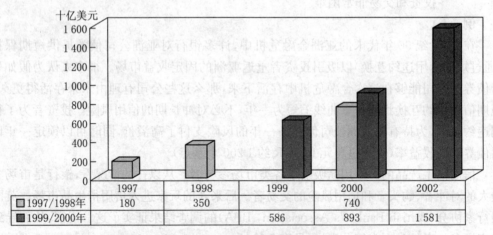

	1997	1998	1999	2000	2002
□1997/1998年	180	350		740	
■1999/2000年			586	893	1 581

资料来源：BBA：《信用衍生产品报告 1999/2000 年》(2000)。

图 5.1　全球信用衍生产品市场规模

①② 见 Wilson(1998，第 225 页)。

③ 根据 BBA：《信用衍生产品报告 1999/2000》(2000)。超过 30 家金融机构向英国银行家协会提交了详细的问卷调查，这些金融机构来自澳大利亚、加拿大、法国、德国、意大利、日本、荷兰、瑞士、英国和美国。其中 85% 都认为自己是中介或者做市商。报告对信用衍生产品的定义如下：

任何一种可以将标的资产中的信用风险的交易/管理与其他类型的风险分离开来的金融工具就是信用衍生产品，包括：信用违约产品、信用价差产品、总收益产品、一篮子产品、信用连接票据和资产互换。(BBA：《信用衍生产品报告 1999/2000 年》，2000，第 6 页)

不仅仅市场的规模在增加,产品的种类也在增加。尽管标准的信用违约产品仍占据了市场的主流,但是混合型的信用衍生产品越来越多。图 5.2 是全球信用衍生产品市场产品规模的统计。

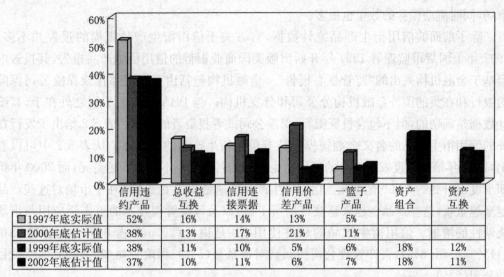

	信用违约产品	总收益互换	信用连接票据	信用价差产品	一篮子产品	资产组合	资产互换
1997年底实际值	52%	16%	14%	13%	5%		
2000年底估计值	38%	13%	17%	21%	11%		
1999年底实际值	38%	11%	10%	5%	6%	18%	12%
2002年底估计值	37%	10%	11%	6%	7%	18%	11%

资料来源:BBA:《信用衍生产品报告 1999/2000 年》(2000)。

图 5.2　全球信用衍生产品市场份额

从图 5.3 可以看出,目前欧洲是世界上最大的信用衍生产品市场,这是因为欧元有助于发展欧洲债券市场。由于亚洲及俄罗斯的金融危机,在不发达的信用衍生产品市场,

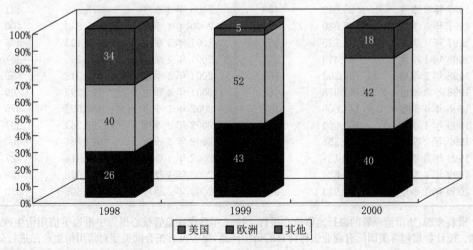

资料来源:Hargreaves(2000)。

图 5.3　全球信用衍生产品市场地理分布(1998—2000 年)

信用衍生产品的规模从 1998 年的 34％下降到 1999 年的 5％,当 2000 年又旋即恢复到 18％。新兴市场国家中信用衍生产品增长最快的地理区域是中欧与东欧。2000 年该区域的信用衍生产品占到全球市场的 11％。例如,匈牙利是该区域信用衍生产品最活跃的市场,同时流动债券的数量也最多。

除了前面的信用衍生产品统计数据,官方关于信用衍生产品规模的报告并不多。1997 年美国货币监理署 1997 年开始出版美国商业银行的信用衍生产品报告,其报告内容基于金融机构列出的"监管核心报告"。金融机构包括由美国联邦存款保险公司保险的银行和在美的国外金融机构分公司和分支机构。与 BBA 报告的不同之处在于,其统计数据是确切的,但不包含投资银行、保险公司或者投资者的数据。表 5.2 给出了发行在外的信用衍生产品的名义金额规模和持有信用衍生产品的银行数。从表 5.2 中可以看出,1997 年第一季度发行在外的信用衍生产品的名义金额不到 200 亿美元,而 2000 年第四季度上升到约 4 260 亿美元。信用衍生产品快速增长的主要原因在于市场对这些产品越来越重视,这些产品也越来越被市场所了解,以及风险管理技术的更广泛应用与市场流动性的增加。信用衍生产品的最终使用者[1]是银行(2000 年占 64％)、再保险公司(11％)、公司(8％)、资产管理公司(7％)、对冲基金(5％)、保险公司(3％)和其他特殊目的公司(2％)。

表 5.2 美国信用衍生产品市场

	名义金额 (十亿美元)	银行数		名义金额 (十亿美元)	银行数
1997 年 1 季度	19.139	504	2000 年 2 季度	361.685	416
1997 年 2 季度	25.649	463	2000 年 3 季度	378.585	421
1997 年 3 季度	38.880	475	2000 年 4 季度	425.848	400
1997 年 4 季度	54.729	459	2001 年 1 季度	352.405	395
1998 年 1 季度	91.419	451	2001 年 2 季度	351.235	367
1998 年 2 季度	129.202	461	2001 年 3 季度	359.548	359
1998 年 3 季度	161.678	464	2001 年 4 季度	394.797	369
1998 年 4 季度	144.006	447	2002 年 1 季度	437.532	379
1999 年 1 季度	190.990	439	2002 年 2 季度	492.263	391
1999 年 2 季度	210.351	435	2002 年 3 季度	572.784	408
1999 年 3 季度	234.131	426	2002 年 4 季度	634.814	427
1999 年 4 季度	286.584	416	2003 年 1 季度	709.928	488
2000 年 1 季度	301.913	389	2003 年 2 季度	802.306	530

资料来源:货币监理署的银行监管核心报告。1997 年首次在监管核心报告中报告了信用衍生产品的数据。统计数据包含美国所有商业银行持有的衍生产品,报告没有按合同类型对信用衍生产品进行分类。

---

[1] 见 Patel(2001)。

信用衍生产品发展的问题是价格发现问题。芝加哥第一国民银行伦敦副总裁、研究部负责人和战略风险管理顾问 James(1999)指出：

> 今天的信用衍生产品市场非常类似于 25 年前 Black-Scholes 期权定价模型即将出现时的期权市场。信用衍生产品市场同样需要革命性的突破。这种感觉如同信用衍生产品定价的 Black-Scholes 模型即将出现，一旦其被找到，信用衍生产品的定价问题就变得非常简单了。

目前有三种基本的方法供市场参与者对信用衍生产品进行定价：

● 基于信用担保品市场的定价。

> 对信用担保人的补偿可以参照其他形式的信用增级(credit enhancement)来确定。例如，如果 A 愿意每年支付给 B 100 个基点为 C 发行的债券提供担保，信用违约互换由于提供类似的功能，其定价可以据此进行。保险界提供多种多样的传统保险业务或者信用担保品，其定价根据历史违约的统计数据进行。当然，这些方法无法为所有的信用衍生产品定价，也没有考虑可能存在的关于违约的具体市场信息。

● 基于组合复制和资本成本的定价。

> 这种定价方法首先确定对冲衍生产品合约所需的头寸的价格以及持有这些头寸的成本，在此基础之上再确定信用衍生产品的价格。净对冲成本加上准备金以及交易收益等于信用衍生产品的价格。这种方法非常简单而且直观。如果建立了一个对冲头寸，这对交易者非常有用，但对于许多结构性产品而言，完全对冲是不可能的或者是成本太高。

● 基于结构模型、强度模型或混合模型等随机模型的定价。

> 尽管结构模型的优点非常直观，但在交易所中使用得并不多。交易所中最常使用的是强度模型。下面我们用三因子期限结构模型为信用衍生产品进行定价。

大部分信用风险与违约风险定价领域的论文都是关于可违约债券的定价，但是也有几篇文章是关于信用衍生产品的定价。Das(1995)基本表明，在资产定价框架下，信用期权是可违约债券的看跌期权的期望远期价值，看跌期权的行权价格代表信用水平。Longstaff 和 Schwartz(1995a)给出了信用价差期权的一个定价公式，模型假设信用价差的对数和非违约短期利率遵从 Vasicek 过程。Das 和 Tufano(1996)采用了一个模型为信用敏感型票据定价，推广了 Jarrow 等(1997)的随机回收率模型。Das(1997)总结了各种信用风险模型(见 Jarrow et al.，1997；Das & Tufano，1996)中对信用衍生产品的定价。这些模型都是离散型的。Duffie(1998a)使用简单无套利得到违约互换的近似价格，Hull 和 White(2000)给出了单个信用实体信用违约互换的定价方法，违约时的收益是或有的，没有对手违约的风险。Schönbucher(2000)利用强度模型开发出了多种信用衍生产品定价公式。

5.2 专业定义

定义 5.2.1

● 信用衍生产品是一种衍生证券，在某个特定的信用事件（违约）发生时会产生一个或者多个现金流。信用事件与一个或者多个信用参照或者信用参照资产相关。信用衍生产品的到期日为初始达成的到期日和与信用事件相关的支付日期中较早的日期。有时候，事先确定信用事件与支付之间的时间间隔。信用衍生产品事先付费或者定期支付直到违约或者合同到期。

● 信用事件是精确定义的违约事件，由信用衍生产品相关方协商确定。市场标准通常明确公开信息，相对参照信用来确认信用事件是否发生，包括：破产、清算、拒付、重组、延期偿付、无法支付、交叉违约和交叉加速等情况。无论信用事件是否发生都存在协商不成的风险，定价时没有考虑该风险。

● 参照信用就是指因违约触发信用事件的发行人。

● 参照信用资产是指由参照信用发行的资产。

● 违约支付是指违约事件发生时必须作出的支付。

与信用衍生产品交易相关的关键问题是把信用事件及信用事件的支付或结算机制确定下来。通常支付机制基于宣告信用事件时参照信用资产的市场出价或者为两部支付（即有一个事先确定的现金支付量）或者以事先商定的价格对违约的参照信用资产进行实物销售或交割。如果参照信用资产为贷款，要得到市场价格是非常困难的，通常采取两部支付。通常情况下，这些支付是基于对参照贷款价格的潜在变化事先确定的评估。自然地，这将使信用保护买方面对基差风险（basis risk），即信用事件发生时和结束后支付与价格的实际变化之间的差距。此外，两部支付还存在额外的税收问题。尽管实物交割机制可以部分消除其他两种支付机制的问题，但是有时会产生其他风险，如结算风险（信用保护卖方在信用事件发生时也许不会做多参照信用资产），有时信用事件结束后参照信用资产会被禁止交割，例如法院判决冻结违约资产。如果是贷款，由于其管理的复杂性，转移时间会更长，通常会要求借出方获得借款人的同意来重新分配贷款。如果结算期间没有明确下来，信用保护卖方并不知道何时会收到资产，也就没有办法评估和对冲风险。此外，许多信用衍生产品需要自行承担信用风险。下面我们假定我们可以忽略这一风险。

5.3 单方信用衍生产品

对于单方信用衍生产品的定价而言,我们在第 2 章和第 3 章已经介绍过相关模型。在 6.4 节中,我们将采用三因子可违约期限结构模型为信用衍生产品给出具体的定价公式。

5.3.1 信用期权

定义 5.3.1
一个信用期权是一个看涨或者看跌期权,标的资产为:

(1) 浮动利率票据、固定利率债券或者贷款,

(2) 一个资产互换组合,其由一个信用风险工具和相应的衍生产品合同构成,合同内容是将该信用风险工具的现金流更换为浮动利率现金流,通常为 3 个月或 6 个月的 LIBOR 加上一个价差。

结算方式有实物与现金两种方式。

定义 5.3.2
(1) 价格为 $P^d(t, T)$ 的可违约零息债券的一个欧式看涨期权的到期日为 $T_O \leqslant T$,行权价格为 K,如果该看涨期权在违约时失效,其损益为

$$1_{\{T_O < T^d\}}(P^d(T_O, T) - K)_+$$

(2) 价格为 $P^d(t, T)$ 的可违约零息债券的一个欧式看跌期权的到期日为 $T_O \leqslant T$,行权价格为 K,如果该看跌期权在违约时失效,其损益为

$$1_{\{T_O < T^d\}}(K - P^d(T_O, T))_+$$

对于相当多的流动债券而言,如某些拉丁美洲布雷迪债券和美国大公司发行的公司债,存在非常完善的债券期权市场。信用期权为非违约利率和信用价差的变化提供保护,因此可用来对冲价差及利率波动的盯住市场(mark-to-market)风险:用看跌期权对冲多头头寸,用看涨期权对冲空头头寸。对于投资者而言,信用期权可以提高收益率。例如,一个持有标的债券多头的小投资者可以通过卖出债券期权提高收益率。固定利率债券期权可以反映市场对发行人信用价差,以债券面值货币表示的利率变化以及利率和信用价差波动情况的评价。如果投资者关注于波动率,他可以用债券来 delta 对冲期权的多头头寸,这样可以做多波动率,以债券收益的波动性表示的参照信用的未来不确定性

越大,投资者获利越多。这种策略不受收益率的变动趋势的影响。债券期权允许对利率和信用价差间的变化进行相关性交易。对于许多投资者而言,购买债券的看涨期权较投资债券要便宜些。借款人用自己的名字开立信用账户,购买信用期权,可以提前锁定未来的借款成本,使其资产负债表不发生通货膨胀。他们花钱在文件中写明事先设定的价差,然后交给中介。尽管既可以实物交割也可以现金交割,但大多数时候债券期权都选择实物交割。

信用期权的定价公式见 6.4.2 节。

5.3.2 信用价差产品

定义 5.3.3

(1) 价格为 $P^d(t, T)$ 的可违约债券的一个信用价差看涨期权的到期日为 $T_o < T$, 行权价差为 K,该期权的持有者有权在 T_o 时刻购买该可违约债券,购买价格使得其收益超出价格为 $P(t, T)$ 的对等非违约债券收益的收益差为 K。

(2) 价格为 $P^d(t, T)$ 的可违约债券的一个信用价差看跌期权的到期日为 $T_o < T$, 行权价差为 K,该期权的持有者有权在 T_o 时刻卖出该可违约债券,卖出价格使得其收益超出价格为 $P(t, T)$ 的对等非违约债券收益的收益差为 K。

定义 5.3.4

(1) 价格为 $P^d(t, T)$ 的可违约零息债券的一个欧式信用价差看涨期权的到期日为 $T_o \leqslant T$, 行权价差为 K,如果该看涨期权在违约时失效,其损益为

$$1_{\{T_o < T_B^d\}} (P^d(T_o, T) - e^{-(T-T_o)K} P(T_o, T))_+$$

(2) 价格为 $P^d(t, T)$ 的可违约零息债券的一个欧式信用价差看跌期权的到期日为 $T_o \leqslant T$, 行权价差为 K,如果该看跌期权在违约时,其损益为

$$1_{\{T_o < T_B^d\}} (e^{-(T-T_o)K} P(T_o, T) - P^d(T_o, T))_+$$

一个信用价差期权是一份期权合约,行权条件为参照信用相对于某个行权价差的信用价差。这个价差可以是相应标的债券相对于国库券的信用价差,也可以是相对于 LIBOR 的信用价差。在后一种情况下,信用价差期权的行权涉及互换资产、浮动利率票据或违约互换的实物交割。对于标准期权,首先确定期权是看涨还是看跌,期权的到期日,行权价格或者行权价差,行权方式是欧式(只有一个行权日),美式(连续的行权日),还是百慕大式(多个行权日)。期权费通常事先就支付了,但也可以转化为固定日期支付。对信用不看好的价差的看涨期权(债券价格的看跌期权)通常在违约时就可行权。此时期

权费至少和相应的违约互换的权利金是等价的。对信用看好的价差的看跌期权(债券价格的看涨期权)在违约时的行权无价值。信用价差期权的行权价格通常以其和 LIBOR 之间价差的方式标出。如果投资者的资产组合价值对于违约债券与非违约债券收益率之间的价差变动非常敏感,信用价差期权则是投资者管理和对冲这类风险的重要工具。有些投资者被禁止投资于某些资产质量较差的品种,一旦参照信用资产的信用等级低于某个临界水平,信用价差看跌期权就可以使投资者退出可违约债券投资,因而其可以视为互换期权,使得一方有权用一份可违约债券换取一定数量的非违约债券。根据定义,期权在违约时要么生效要么失效。

信用价差期权为投资者提供了非现金方式来表达对信用的纯粹看法。与固定利率债券的期权不同,信用价差期权行权时不用考虑利率水平,仅仅需要考虑参照信用的信用价差相对于行权价差的水平。信用价差波动越大,信用价差期权的时间价值也就越大,也就越值钱。如果投资者通过交易相应标的资产来对冲该期权,他们可以做多波动率。因此,信用价差期权允许投资者表达对信用价差波动率的观点,而不用考虑信用价差的变化趋势。购买债券的价外(out-of-the money)看跌期权相当于购买了违约互换的保护,其优点在于,在信用情况发生严重恶化但正式违约尚未发生时可以行权。信用价差期权的拓展是可更换资产互换期权,该期权的购买者有更换资产互换组合的权力,但是没有一定要更换的义务,被更换的资产互换组合对应的信用等级是不同的,这样该期权的购买者可以观察不同资产互换组合的价差变化。随着信用价差产品的对冲基金市场的发展,我们也期待信用价差期权市场有更多的成长和发展。投资者可以使用信用价差期权表达对信用价差波动情况的观点。

由于期权的选择性,信用价差期权的定价需要信用价差演化的模型,Black 模型可以对利率顶与底进行定价,对于欧式期权而言最简单的这类模型是 Black 的估计利率上限和利率下限的模型的一个变体,在该模型中,替换了远期利率的期权行权时的远期信用价差是一个服从对数正态分布的随机变量。对于美式期权而言,二叉树方法可以对提前行权进行定价。另外还有更复杂的方法,需要考虑其他因素,如利率与信用价差的相关性。由于信用价差期权的卖方通常需要动态对冲期权空头头寸,而且参照信用的流动性也许不是很好,期权定价时也要考虑交易成本。

例 5.3.1

作为一个如何应用前面章节中给出的理论建立信用衍生产品定价公式的例子,我们来介绍 Longstaff 和 Schwartz(1995a)的信用价差看涨期权定价公式。给定该期权在到期日 T_O 的信用价差为 s_{T_O},行权价格为 K,根据 Longstaff 和 Schwartz(1995a),该期权在到期日的损益为

$$\max(s_{TO} - K, 0)$$

假设在测度 **Q** 下，信用价差过程 s 为

$$d\ln s_t = a_s[b_s - \ln s_t]dt + \sigma_s d\hat{W}_s(t)$$

其中，a_s，b_s 和 σ_s 是参数，$\hat{W}_s$ 是标准布朗运动。此外，我们假设测度 **Q** 下非违约短期利率过程 r 为

$$dr_t = a_r[b_r - r_t]dt + \sigma_r d\hat{W}_r(t)$$

其中，a_r，b_r 和 σ_r 是参数，$\hat{W}_r$ 是标准布朗运动。布朗运动 $\hat{W}_s$ 与 $\hat{W}_r$ 之间的相关系数是 $\rho_{r,s}$。

信用价差看涨期权的价格根据下式计算出来：

$$F_t^{\text{csc}} = E^{\mathbf{Q}}\left[e^{-\int_t^{TO} r_t dt} \max(s_{TO} - K, 0) \mid \mathcal{F}_t\right] \tag{5.1}$$

将 $P(t, T)$ 作为计价标准，对式(5.1)应用计价单位变换定理，有

$$F_t^{\text{csc}} = P(t, T)E^{\mathbf{Q}^T}\left[\max(s_{TO} - K, 0) \mid \mathcal{F}_t\right]$$

其中，$\mathbf{Q}^T$ 是 T-向前测度。在该测度下 s 的动态过程为

$$d\ln s_t = \left[a_s b_s - a_s \ln s_t - \frac{\rho_{r,s}\sigma_r\sigma_s}{a_r}(1 - e^{-a_r(TO-t)})\right]dt + \sigma_s d\bar{W}_s(t)$$

其中，$\bar{W}_s$ 是测度 $\mathbf{Q}^T$ 下的标准布朗运动。该随机微分方程表明，s_{TO} 是条件正态分布（在时刻 0，$\mathcal{F}_0$ 上的条件分布），均值为

$$\mu_0 = e^{-a_s T}\ln s_0 + \frac{1}{a_s}\left(a_r b_r - \frac{\rho_{r,s}\sigma_r\sigma_s}{a_r}\right)(1 - e^{-a_s T})$$

$$+ \frac{\rho_{r,s}\sigma_r\sigma_s}{a_r(a_s + a_r)}(1 - e^{-(a_s+a_r)T})$$

方差为

$$\sigma^2 = \frac{\sigma_s^2(1 - e^{-2a_s T})}{2a_s}$$

这样我们可以得到

$$F_0^{\text{csc}} = P(0, T)\left(e^{\mu + \frac{\sigma^2}{2}}\Phi\left(\frac{-\log K + \mu + \sigma^2}{\sigma}\right) - K\Phi\left(\frac{-\log K + \mu - \sigma^2}{\sigma}\right)\right)$$

对等的信用价差看跌期权的价格为

$$F_0^{csp} = F_0^{csc} + P(0, T)(K - e^{\mu + \frac{\sigma^2}{2}})$$

更多的信用价差期权定价公式见 6.4.3 节。

5.3.3 信用违约产品

信用违约期权和信用违约互换是标准的信用衍生产品,实际上,可以将其视作信用衍生产品市场的基石。如图 5.2 所示,它们是信用衍生品市场的主要产品。它们非常容易理解,同时可以为对冲者和投资者提供大量的以前不存在的货币市场交易机会。图 5.4 显示了信用违约期权和信用违约互换的一般结构。下面的定义给出了最重要的几种信用违约互换与信用违约期权的结构。

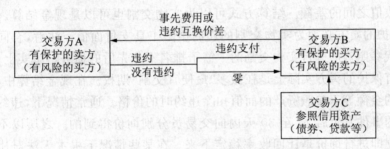

图 5.4 信用违约互换和信用违约期权的基本结构

定义 5.3.5

(1) 违约数字(看跌)期权在违约时有事先约定的收益,例如,可以是名义金额的固定比例或者是固定金额。受益人向担保人事先一次性支付一笔费用。

(2) 违约数字互换在违约时有事先约定的收益,例如,可以是名义金额的固定比例或者是固定金额。受益人定期向担保人支付费用,而不是事先一次性支付费用。

(3) 违约(看跌)期权是一种信用衍生产品,合约的一方(受益人)支付给另一方(担保人)固定金额的费用(事先一次性支付),担保人允诺当一种或者多种参照资产违约时会支付给受益人固定金额或者金额不等的收益来补偿违约时的全部损失。

(4) 违约互换是一种互换产品,合约的一方(受益人)向另一方(担保人)定期支付费用,其金额与某个通用利率挂钩,称为违约互换价差或者违约互换溢价,担保人允诺当一种或者多种参照资产违约时会支付给受益人固定金额或者金额不等的收益来补偿违约时的全部损失。

(5) 具有动态名义金额的违约互换向有保护的买方收取固定费用,并保证买方获得与特定衍生产品每一天的盯住市场价值相匹配的或有收益。

（6）在首次损失违约互换中，有保护的卖方向有保护的买方承诺，对于特定参照投资组合的一个或多个信用事件发生所导致的损失会提供事先约定金额的补偿。

（7）在首次违约互换或者资产组合互换中，有保护的卖方承担资产组合中首次遭受信用事件的资产发行人的损失，资产组合中每个资产发行人的信用头寸通常等于首次违约互换的名义金额。损失的上限为该名义金额，有保护的卖方不承担此后的信用事件的损失。

市场没有标准的违约期权和互换合同，都需要双方单独进行协商，然后签订合同。在交易进行之前需要明确一些合同细节，如参照信用发行人或信用事件。通常参照信用发行人为公司、银行或者主权发行人。一旦信用事件发生，将触发债务支付。信用事件可以是破产、无法偿还、被要求提前偿还、拒付、重组及其他事项。①合同必须明确信用事件发生后作出的支付。通常情况下，信用事件发生后支付的收益是参照资产的面值和回收值之间的差额。结算方式可以为实物交割也可以是现金结算。在实物交割中，有保护的卖方必须为实物交割的违约金融工具支付面值。注意，合同通常还会明确可替代参照资产进行实物交割的一篮子排名不分先后的债务。事实上，选择了实物交割的有保护的买方实际上是在做多"最便宜交割"期权。在现金结算中，有保护的买方收到的金额等于参照资产的面值扣除违约时的价格。通常情况下，违约资产的价格是在违约事件发生后 14 至 30 天内向交易员分别询价得到的。之所以不在违约事件发生时立即进行询价是让回收率稳定下来。在某些情况下根本无法对违约资产进行定价，这时就需要在文件中规定违约资产的价格可参照相同信用级别和类似到期日的等价资产的价格。最后，在违约数字期权和违约数字互换中需要规定现金结算。在信用违约互换合同中，一旦信用事件发生有保护的买方可以停止支付权利金。当然，这一条款必然增加违约互换权利金支付的成本。这会使买卖双方在信用事件发生后快速结清头寸，从而消除还会继续产生的行政管理成本。当前对银行和公司的市场标准要求，有保护的买方支付信用事件增长的权利金，主权违约互换不要求支付增长的权利金。当违约事件发生时或者在违约互换到期日之前可以终止支付权利金。违约互换是一种面值产品：当正在交易的资产偏离面值时，它不可完全对冲该资产的损失。如果正在交易的资产的价格低于面值，违约互换会过度对冲信用风险，反之亦然。如果资产的价格显著下跌，此时又没有信用事件发生，为对冲这样的风险，投资者可以购买更小面值的保护，或者使用分期摊还的违约互换来对冲，当债券到期时以摊还债券的一部分面值。信用违约产品的定价公式见 6.4.4 节。

---

① 这些信用事件的定义见 ISDA1999，ISDA1999 详细列出了信用衍生产品的清单。

5.3.4 面值和市场资产互换

资产互换市场产生于 20 世纪 90 年代初。银行广泛使用资产互换将持有的长期固定利率资产互换为浮动利率资产。此外,投资者可以了解具有最小的利率风险的债券的信用质量。本质上看,资产互换属于混合结构产品,允许投资者购买固定利率债券,然后通过互换将固定支付转换成浮动支付,来对冲利率风险。投资者持有固定利率债券将会面对信用风险。目前最常用的结构产品是面值资产互换,其由下面两个交易构成。

- 资产互换买方从资产互换卖方手中购买一种固定利率债券,报价为面值的含息价 (dirty price),见图 5.5。
- 资产互换买方进入利率互换市场,支付给资产互换卖方固定票息,金额等于固定利率债券的票息。因此,资产互换卖方支付 LIBOR 加上固定价差,即所谓的资产互换价差,见图 5.6。资产互换的到期日与固定利率债券的到期日相同。根据初始时固定利率债券的卖出净价加上利率互换等于 0 计算出资产互换价差。

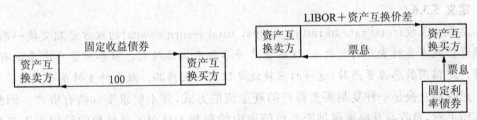

图 5.5　面值资产互换的第一个交易　　图 5.6　面值资产互换的第二个交易

如果固定利率债券在到期日之前违约,资产互换买方在票息支付和偿还面值上违约——仅仅从固定利率债券发行人那里得到回收值。利率互换要么持续到到期日,要么根据实际的市场价值结清——尽管利率互换的固定部分不再能从固定利率债券的票息支付中获得票息收入。因此,资产互换买方承担了固定利率债券的信用风险,这样资产互换价差可以视为对承担了信用风险的资产互换买方的一种补偿,一旦违约发生,则用作衡量期望损失的特定债券测度。对于面值资产互换而言,资产互换买方的最大损失是面值减去回收值。因为违约时违约互换支付给有保护的买方的金额等于面值减去回收值,所以资产互换价差类似于违约互换价差。由于按面值交易的浮动利率票据的损失也是面值减去回收值,所以资产互换价差也接近于按面值交易的浮动利率票据的价差。显然,实际上这些价差之间的差异会很大,这是因为不同市场的流动性、市场规模和资金成本是不同的。

市场资产互换与面值资产互换的不同之处在于,固定利率债券是按全价支付的。名义 LIBOR 部分按全价计价,这导致资产互换价差的价值不同。市场资产互换到期时,固定利率债券的面值要更换为初始价格。市场资产互换与面值资产互换同样要面对信用风险。图 5.7—图 5.9 图示了典型的市场资产互换合同。

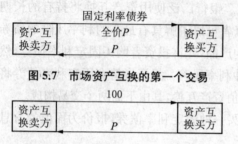

图 5.7 市场资产互换的第一个交易

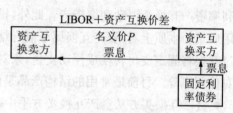

图 5.8 市场资产互换的第二个交易

图 5.9 市场资产互换到期时支付金额的更换

5.3.5 其他信用衍生产品

总收益互换。
定义 5.3.6

总收益互换(total rate of return swaps, total return swaps)的双方定期交换一两种参照资产或者多种资产的总收益,这些资产并不要求实际持有。当参照资产中至少有一种资产是信用敏感性资产时,这样的互换就是信用衍生产品。双方的支付是净支付。

总收益互换是一种复制买卖资产的现金流的方式,并不要求实际持有资产。因此,从本质上看,总收益互换更像是资产负债表中的套利工具而不是纯粹的信用衍生产品。然而,作为具有信用成分(存在违约可能)的衍生合同,其属于投资银行的信用衍生产品柜台交易品种,因而归类为信用衍生产品。它与违约互换的不同之处在于,它要么将一种特定资产的总经济表现与别的现金流互换,要么将两种特定资产的总经济表现与别的现金流互换。不论违约是否发生,总收益互换的交易双方的支付都基于一种或者多种特定信用工具的市场价值的变化。与违约互换不同,总收益互换并不仅仅转移参照信用资产的信用风险,而且转移其市场风险。图 5.10 给出了典型的总收益互换的结构。交易方 A

图 5.10 总收益互换的基本结构

定期(通常每周、每月或每季度)向交易方 B 支付通常的 LIBOR 加上一笔费用,以及自上一个支付日开始交易方 C 债券可能的价格贬值,和交易方 C 债券违约时的面值。交易方 B 按同样的时间间隔向交易方 A 定期支付交易方 C 债券的所有息票支付,以及自上一个支付日开始交易方 C 债券可能的价格升值,和交易方 C 债券的本金(不违约的)或者交易方 C 债券的回收值(违约的)。为了明确现金流,总收益互换必须在固定的支付日期是盯住市场的。作为现金交割的替代,总收益互换允许在到期日用参照信用资产进行实物交割。总收益互换的到期日可以和参照信用资产的到期日有所不同,实际上二者也很少相同。

对于总收益互换中的支付方而言,静态对冲就是在交易开始时购买该资产,将其记入资产负债表,然后在交易到期时卖出该资产。实际上,资产持有者可以对冲资产价格的变化的一种方式就是成为总收益互换中的支付方。这意味着交易成本主要取决于总收益支付方的发起成本(funding cost)和按规定要求资产的资本收费。我们可以将 TRS 的总成本分成很多部分。首先是头寸的真实发起成本。它取决于在资产负债表上持有该要求资产的总收益支付方的信用等级。如果资产可以回购,它取决于相应的回购利率;如果总收益支付方是银行,它还取决于该资产的 BIS 风险权重,OECD 银行债券的权重是 20%,公司债的权重是 100%。如果总收益支付方持有该资产,总收益接收方对于总收益支付方的交易对手信用风险很小。然而,总收益支付方对于总收益接收方总是具有实际与潜在的重大交易对手风险。这一风险可以用抵押担保协议减少或者在所支付的 LIBOR 价差息票中予以考虑。

信用连接票据
定义 5.3.7

信用连接票据属于有价证券,通常由有抵押担保的特殊目的机构(special purpose vehicle, SPV)发行,发行方可以是公司也可以是商业信托。信用连接票据的赎回或者票息支付与信用事件相联系。信用连接票据也可以由公司或者金融机构没有抵押担保地直接发行。受到资本保护的信用连接票据的本金在到期时的偿还得到部分或者全部的保证。100%保护本金的信用连接票据仅其息票承担信用风险。

希望投资于信用衍生产品市场并且需要一种现金工具的投资者,可以选择有保证的信用连接票据。信用连接票据支付固定利率或者浮动利率票息,并且有一个嵌入的信用衍生产品。如果信用连接票据的发行人违约,投资者就会损失部分或者全部票息和本金。标准的信用连接票据中含有一个嵌入的违约互换,投资者按面值金额购买票据,票据支付 LIBOR 加上一个价差,相当于参照资产的违约互换价差加上一个与票据发行人的发起价差(funding spread)相关的价差。该发行人发起价差补偿了投资者承担的发行人的信用风险。考虑到违约事件会导致信用连接票据提前终止,该发行人发起价差会小于发行人价差(issuer spread)。发行人也有管理成本。信用连接票据能够以充分融资的票据形式被用来嵌入信用衍生产品。信用连接票据同资产互换一样，实际上都是面值合成浮动产品。如果参照资产发生违约，信用连接票据提前执行，投资者交割违约资产。与资产互换不同的是，信用连接票据没有违约利率风险。图5.11给出了信用连接票据的结构。

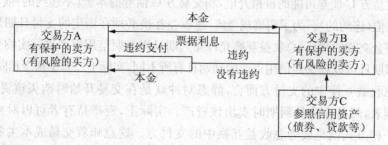

图 5.11　信用连接票据的基本结构

5.4　多方信用衍生产品

我们在第2、3、4章中已经介绍了多方信用衍生产品的定价模型。

5.4.1　指数互换

有时总收益互换并不与单个证券相连接，而是和一种指数的总收益相连接，如雷曼兄弟公司债券指数[①]。这样的金融工具称为指数互换。对于投资者而言，投资于指数互换这种金融工具的好处在于面对的是大量公司证券的整体风险，而不是某个具体发行人可能违约的风险。尽管指数互换的构成方式非常多，但常见的构成方式是指数互换的买方获得的收益为指数价值的损益加上应计票息，相当于LIBOR的浮动利率支付加上一个固定的价差。

为了给指数互换这种金融工具定价，我们还要考虑下列因素：

- 总收益支付方必须购买指数以对冲指数互换的风险，因此指数中资产的资金成本会影响价格。
- 指数中通常包含数千种不同债券。为了复制指数，总收益支付方仅购买其中的部分债券。由此造成的跟踪误差必须被包含在价格中。

---

① 见 www.lehman.com。

- 购买指数存在交易成本,在确定价格时同样要予以考虑。

指数互换是现金的有效替代物的原因如下:

- 无需太多资金就可实现分散投资。
- 如果投资者直接购买单个指数,可以避免头寸较少时很高的买卖价差。指数互换的买卖相差通常会小很多,因为指数互换比标的资产的流动性更好。
- 投资者对某个行业的专门知识缺乏了解,因而有行业风险。
- 投资者可以把指数互换当成一种基准,用标准的固定收益指数来衡量其投资组合。
- 投资组合经理可以复制指数而不产生跟踪误差。
- 指数互换让投资者从原本无法获得的资产类别中获益。

5.4.2 组合违约互换

组合违约互换是违约互换的推广。信用事件是组合中某些资产违约。众所周知的是首次违约,当组合中某一资产出现首次违约就触发违约支付。交割方式为现金交割或者实物交割,但是实物交割更为常见,相当于按照面值金额支付现金。为了保护首次违约,有保护的买方支付组合价差给有保护的卖方,作为一系列的应计现金支付。当首次违约发生时,现金支付停止。首次违约组合违约互换的推广产品是第二次违约组合违约互换。当组合中出现第二次违约时就触发违约支付。当第二次信用违约事件发生时,双方交割第二次违约的产品并支付面值金额。第二次违约组合违约互换属于所谓的第二损失类产品,对于希望购买高质量、高收益产品的投资者来讲是有吸引力的。它的收益较相应的高品质信用产品高,较单个信用资产的风险更小。

投资于组合违约互换有许多优点:

- 投资者放大信用风险并以此获得较高收益,同时获得较好的信誉。
- 与投资于标的资产相比,组合违约互换并没有增加投资者的风险。投资者的最大损失为面值减去首次违约资产的回收值,相当于投资者只是购买了首次违约资产会有的损失。但是所支付的组合价差是组合违约互换中单个资产支付的价差的若干倍。
- 许多风险厌恶的投资者可以用组合违约互换构造低风险资产,例如,第二次违约组合违约互换在两个或者更多的信用资产违约时才触发信用事件。因此,它们是低风险的第二损失类产品,较其他类似的风险资产而言也许会支付更高的收益。

组合违约互换本质上是违约相关类产品,第 4 章中介绍的方法可以用来对该类金融工具进行定价。组合价差与组合中各参照信用资产违约的概率高度相关。组合违约互换中由属于同一个国家或者行业的公司发行的资产,比由属于不同国家与行业的公司发行的资产有更高的违约相关性。此外，违约相关性与资产的信用等级密切相关。低信用等级的公司通常资产杠杆率更高，在经济不好时会更加容易发生违约。缺乏违约事件使得从实证分析中得出违约相关性变得很困难。如果组合违约互换中的资产的违约相关性低，组合价差接近于组合中各参照信用资产的单个信用价差之和。如果违约相关性高，各资产易同时发生违约，因此组合违约互换类似于组合中风险最高的信用资产，即组合价差非常接近于组合中各信用资产的最高信用价差。这是组合价差的最低基准。组合违约互换适用动态对冲而非静态对冲。当然，为这些金融工具定价时必须考虑对冲成本。强度法下组合违约互换的定价模型见 Duffie(1998c)。

5.4.3 担保债务凭证

数据。较之前介绍的金融工具更复杂的是结构金融交易（SPs），如担保债务凭证（CDOs）、担保债券凭证（CBOs）、担保贷款凭证（CLOs）、担保按揭凭证（CMOs）和其他资产支持证券（ABSs），这些金融工具的基本原理是组成一个资产池，将其总体信用风险的特定部分转移给新的投资者和/或担保者，根据 J.P.Morgan（《结构产品/1999 年 ABS 月度市场》），全球 SP/ABS 供给从 1999 年 1 月至 8 月相比 1998 年类似时期上升了 24%，达到了超过 3 330 亿美元的最高水平。美国公共 ABS 保险接近于 1 500 亿美元，欧洲结构产品市场超过了 550 亿美元，日本 ABS 市场大约为 130 亿美元，相比 1998 年 1 月至 8 月增长率分别为 25%、50% 和 230%。发行在外的 ABS 合同金额从 1995 年的 3 163 亿美元到 2003 年第二季度的 16 199 亿美元（见图 5.12）。

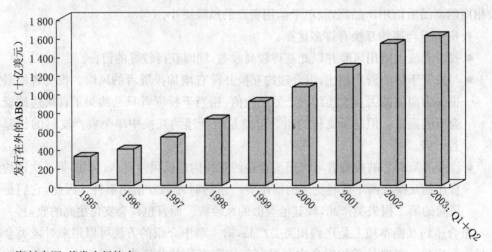

资料来源：债券市场协会。

图 5.12 发行在外的资产支持证券：1995—2003 年

CDOs 介绍。 CDOs 是投资于分散的资产池(抵押资产池)的特殊目的工具(SPVs)。这方面的投资由经验丰富的投资组合经理完成,投资组合经理也称为抵押资产管理经理。他只能在相关规定内行事,这些规定在合同中明确,由独立的信托机构控制执行。通过发行多种金融工具为这些投资进行融资,其中有的金融工具经过评级,有的没有经过评级。各种金融工具的偿付取决于抵押资产池中标的资产的收益状况。某一类金融工具的评级由用抵押资产池产生的现金流偿付本息的次序决定。所谓的高级票据的信用等级通常在 AAA 与 A 之间,它们在本息支付上享有最高优先权,即它们是最先被支付的。夹层票据的信用等级通常在 BBB 与 B 之间,它们次于高级票据,即在支付了高级票据的本息之后才可以支付夹层票据的本息。最后,次级票据没有信用等级,它们是最后被支付利息及本金的。如果抵押资产池产生的现金流总量足够大,可以支付所有费用,并且完全可以支付所有高级票据和夹层票据的本息,这时剩下的就可以支付次级票据的本金及利息。利息支付可以推迟或者取消,股权类资产就是所谓的第一损失头寸。图 5.13 给出了 CDO 的基本结构。

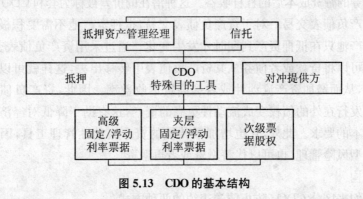

图 5.13　CDO 的基本结构

不同 CDO 合同的特征如下(见图 5.14):

● 抵押资产池中的资产

——如果 CDO 的抵押资产池纯粹由债券构成,就称之为抵押债券凭证(CBO)。

——如果抵押资产池纯粹由贷款构成,就称之为抵押贷款凭证(CLO)。

CDO 的抵押资产池中最常见的资产类别有:

——欧洲和美国的高收益公司债。其高票息使它们可以特别方便地组合成现金流 CDOs(见后文)。

——新兴市场国家的公司债和主权债。新兴市场国家的债券和 CDOs 的高级票据之间存在很高的收益价差,这使它们可以特别方便地组合成现金流 CDOs。另一方面,这些金融工具的价格波动率很大,因而不太适合组合成市场价值的 CDOs

（见后文）。但大多数情况下,新兴市场国家债券一般局限在某些地区。

——高品质银行贷款。它们通常用于资产负债表 CDOs（见后文）。由于低利率,它们不太适合用于现金流套利 CDOs（见后文）和市场价值 CLOs。

——低品质银行贷款。大多数时候只使用有抵押的贷款。因为高利率的缘故,它们适合用于现金流套利 CLOs。

——不幸债券。仅用于市场价值套利 CDOs（见后文）。

——信用衍生产品,如信用掉期、信用连接票据,等等。

——资产支持证券。

● 目标

——套利交易。对于套利交易,抵押资产池属于积极管理,需要进行长期交易和实时跟踪行情。抵押资产管理经理赚取管理费。股权类金融工具的资产管理经理或投资者对这些交易特别感兴趣。股权投资者利用抵押资产池中支付高票息的债券与高级票据之间的价差获益。他们希望取得资产违约后的收益扣除债券的融资成本后的杠杆收益。这种潜在的价差被称为套利 CDO 的套利。

——资产负债表交易。对于资产负债表交易,抵押资产池不需要积极管理。抵押资产池只在抵押资产到期时才发生变化。通过采用资产负债表交易,金融机构可以将贷款或者债券从其资产负债表中转移出去,这样就可以得到新的资本,从而增加资产流动性或者提高资本收益率。因此,资产负债表交易可以将发行在外的债权变成流动性更高的资产,这有助于降低对经济资本和监管资本的要求。此外,它也增加了传统的资产流动性管理工具,因为它允许积极型风险管理,也可以代替融资或者再融资。

● 信用结构

我们来区分 CDOs 防止债券违约的两种方式:

——现金流交易。现金流交易基于能产生足够的现金流以支付各信用等级金融工具正常的利息和本金的抵押资产。

——市场价值交易。市场价值交易基于抵押资产池中金融工具的盯住市场价值。抵押资产管理经理必须确认（通过积极交易）抵押资产的市场价值总是足够大以确保通过出售抵押资产总是足以偿还各金融工具的本息。

● 现金/合成资产

在现金交易中,资产可以卖给 CDO,但是合成资产就不可以。

● 负债,即各类金融工具的结构

抵押资产凭证结构很多。本金支付分为快速、慢速或者稳定型三种。票息可以按固定利率支付也可以按浮动利率支付。每类金融工具的份额的选择标准是

融资成本最小。通常份额最大的金融工具是高级票据。其他债务类金融工具占
5％—15％,股权类金融工具占 2％—15％。

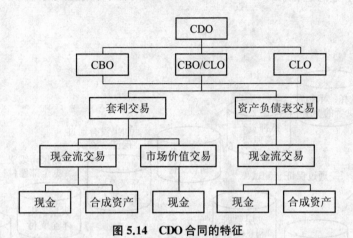

图 5.14 CDO 合同的特征

如图 5.15 所示,典型的现金流 CDO 的生命周期由持续 5—6 年的再投资阶段构成,
在此期间对抵押资产组合实行积极型管理。来自抵押资产池的利息支付的所有现金流
用来支付费用和债务类金融工具的利息,最后是股权类金融工具的收益。大多数 CDO
经理并不关注投机性资产,而是关注于产生稳定的现金流。高级票据的投资者和股权投
资者都从此策略中获益——优化股权类金融资产的收益与波动率特别有用。经过 3—5
年(不可赎回期)后,投资者可以行使看涨期权。在再投资期后就是还款期,还款期通常
持续 6—7 年。这一期间用来自抵押资产池中金融工具的本息的现金流根据优先级别来
偿付债务类金融工具。抵押资产数是不断减少的,因为得自到期的资产的现金流并没有
被继续投资于新的资产。因此,对股权类金融资产的股息支付也是不断减少的。在支付
完所有的高级票据和夹层票据后,来自抵押资产池的现金流再用来支付股权类金融工具。[①]

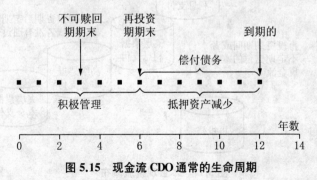

图 5.15 现金流 CDO 通常的生命周期

[①] 来自 Fabozzi 和 Goodman(2001)。

图 5.16 和图 5.17 给出了来自抵押资产池的利息现金流及本金现金流用于支付每类金融工具的利息和本金的过程。

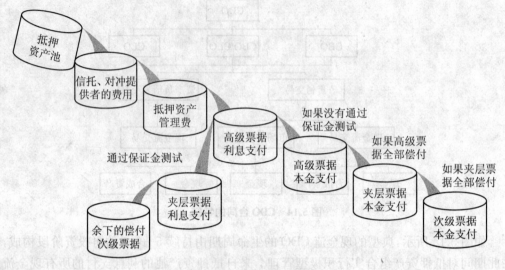

图 5.16　利息现金流瀑布

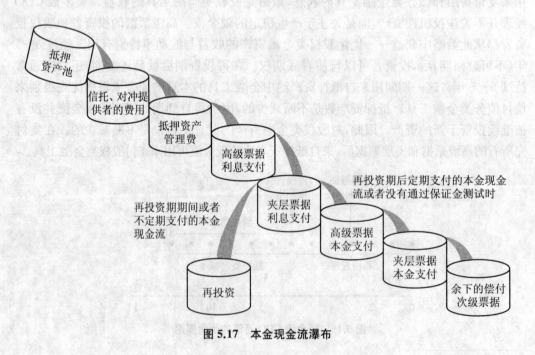

图 5.17　本金现金流瀑布

　　下面是投资者为什么应该投资于 CDO 的原因：

- CDOs 可以作为有效的资产分散工具。通过投资于 CDO,投资者可以分散不同经济体、不同信用等级和不同行业的风险。
- CDOs 有助于实现风险与收益的匹配。一个投资者可以选择 CDO 的不同部分进行投资。而投资于 CDO 的每个部分都会产生一个具体的风险与收益组合。CDO 的不同部分可以满足投资者不同的风险偏好和收益预期。例如,投资于 CDO 中信用等级为 AAA 的部分可以获得较高收益。
- 相对于同信用等级的其他资产,CDO 支付的利息较高。
- CDO 的夹层部分特别受到保险公司欢迎,因其能提供给保险公司长期稳定的利息以帮助保险公司偿还负债。

例 5.4.1

图 5.18 给出了一个真实的 CDO 结构。利用 Promise-A-2002-1 PLC 结构,德国复兴信贷银行(Kreditanstalt fuer Wiederaufbau, KfW)使得德国联合抵押银行(Hypo Vereinsbank, HVB)可以削减由向德国中小企业贷款的信用风险而导致的经济资本与监管资本的要求。因此,这样的结构安排意味着德国复兴信贷银行可以向德国中小企业发放更多的贷款。Promise-A-2002-1 的结构为合成的部分融资 CLO 而非出售 CLO,由德国复兴信贷银行发行而由德国联合抵押银行管理。这样安排可以将抵押资产池 16.2 亿欧元的信用风险转移给投资者。抵押资产池中的资产是德国联合抵押银行以及联合西方银行股份公司(Vereins-und-Westbank, VuW)的公司贷款。显然,由于资产池中的资产违约,Promise-A-2002-1 不能全额支付本金和利息,投资者就会面临风险。信用风险转移分两步完成:

- 德国联合抵押银行从德国复兴信贷银行购买担保并支付担保费。当抵押资产池出现违约时,德国复兴信贷银行赔偿德国联合抵押银行的损失。德国复兴信贷银行为了对冲风险购买高级信用违约互换,并为此支付一定的费用。
- 对冲的第二步是使用由德国复兴信贷银行发行的信用连接票据。由抵押资产池中的资产产生的现金流部分用于为这些票据融资。抵押资产池中的每个资产部分都对应一个特定系列的信用连接票据,二者的本金与利息支付是同步的。

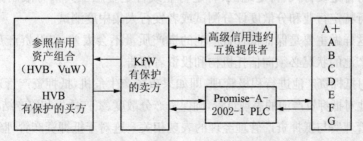

图 5.18　Promise-A-2002-1 PLC 结构

图 5.19 给出了 Promise-A-2002-1 PLC 结构中的各个资产部分及息票。其中，最大的部分为 AAA 级资产，占到 36.3%，所有投资级资产一起约占 48%，投机级资产约占 37%、股权类资产占 15%。

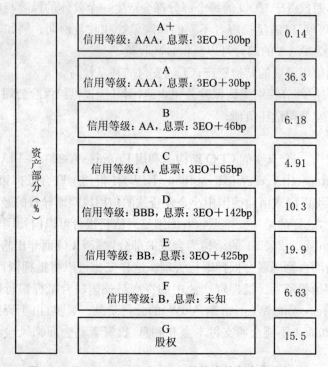

资产部分（%）	A+ 信用等级：AAA，息票：3EO+30bp	0.14
	A 信用等级：AAA，息票：3EO+30bp	36.3
	B 信用等级：AA，息票：3EO+46bp	6.18
	C 信用等级：A，息票：3EO+65bp	4.91
	D 信用等级：BBB，息票：3EO+142bp	10.3
	E 信用等级：BB，息票：3EO+425bp	19.9
	F 信用等级：B，息票：未知	6.63
	G 股权	15.5

图 5.19 Promise-A-2002-1 PLC 结构中的各个资产部分

下面几个特征使得 CDO 成为更加安全的投资：

- 存在严格的抵押资产选择准则以及质量测试。比如，会有如下的规则：
  ——抵押资产池中投机级资产不超过 x%。
  ——抵押资产池中各资产的加权平均信用等级必须高于某个基准。
  ——对特定发行人、特定地区、特定行业或特定金融工具都有限制。有时还会进行特定行业和分散度评分测试或者发行人集中度测试。
    这样做主要是保证抵押资产池的资产质量不会太差，以及资产足够分散。抵押资产池的状况必须向信托机构和投资者报告。
- 有时对抵押资产池进行积极管理，即如果市场产生危机，抵押资产管理经理必须应对。他对抵押资产池的表现负责，确保资产分散度、资产质量和资产结构符合标准。
- 有时管理费与抵押资产管理经理的表现相关。这对于抵押资产管理经理表现良好是一个额外的激励。

● 如果来自抵押资产池的现金流不足以偿付各类金融工具的本息,这时有两种类型的测试(覆盖测试)给出预警。如果覆盖测试失败,来自抵押资产池的现金流则用来根据信用等级偿付发行在外的各类金融工具。

——超额抵押测试的对象是每类金融工具,但股权类金融工具除外。该测试考虑和测度来自抵押资产池的本金是否足以偿付相关金融工具的本金。假设有三种债权类金融工具 A、B、C,金融工具 A 的 O/C 比率可定义为:

$$O/C_A = \frac{抵押资产池的面值}{金融工具 A 的面值}$$

通常地,O/C_A 的下限是 O/C_A^{min},当 $O/C_A < O/C_A^{min}$ 时测试失败。因此,金融工具 B 和 C 的 O/C 比率分别为

$$O/C_B = \frac{抵押资产池的面值}{金融工具 A 和 B 的面值之和}$$

$$O/C_C = \frac{抵押资产池的面值}{金融工具 A、B 和 C 的面值之和}$$

同样地,O/C_B 和 O/C_C 的下限分别为 O/C_B^{min} 和 O/C_C^{min},如果有低于下限则测试失败。该测试考虑必须首先偿付高级票据。

——利率覆盖测试考虑和测度特定支付期内来自抵押资产池的利息是否足够偿付必须支付给各类金融资产的票息与相关费用。如果我们再次假设有三种债权类金融工具 A、B、C,那么就要对每种金融工具进行一次利率覆盖测试,共进行三次。假设以一年为限,金融工具 A 的 I/C 比率可定义为:

$$I/C_A = \frac{抵押资产池中 1 年内到期的利息支付 - 年费用}{金融工具 A 1 年内到期的利息支付}$$

通常情况下,I/C_A 的下限为 I/C_A^{min},当 $I/C_A < I/C_A^{min}$ 时测试失败。同样地,金融工具 B 和 C 的 I/C 比率分别为

$$I/C_B = \frac{抵押资产池中 1 年内到期的利息支付 - 年费用}{金融工具 A 和 B 1 年内到期的利息支付}$$

$$I/C_C = \frac{抵押资产池中 1 年内到期的利息支付 - 年费用}{金融工具 A、B 和 C 1 年内到期的利息支付}$$

同样地,I/C_B 与 I/C_C 的下限分别为 I/C_B^{min} 与 I/C_C^{min},如果有低于下限则测试失败。该测试考虑必须首先偿付高级票据。

虽然对于 CDO 的表现而言，抵押资产管理经理的管理水平是其中一个最重要的因素，但遗憾的是，也是其中一个不太好预测的因素。某一类别的 CDO 中，CDO 的表现变化很大，如图[1] 5.20 所示。对抵押资产管理经理的管理水平的综合分析应该包括定性和定量标准。

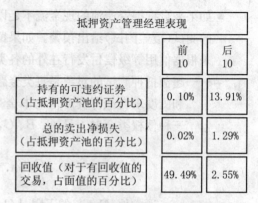

抵押资产管理经理表现		
	前 10	后 10
持有的可违约证券（占抵押资产池的百分比）	0.10%	13.91%
总的卖出净损失（占抵押资产池的百分比）	0.02%	1.29%
回收值（对于有回收值的交易，占面值的百分比）	49.49%	2.55%

图 5.20　抵押资产管理经理表现的测度

定性因素如下：

- 相关资产管理的专业性。
- 历史记录。
- 团队的稳定性。
- 投资流程质量。
- 团队的技术装备。

比较重要的定量因子为历史表现，即相对于标准普尔 CDO 指数（特定资产类别和特定发行年度）的表现。有下面两种不同的指数：

- 标准普尔套利 CBO 指数。该指数综合了主要由高收益债券抵押担保的套利 CDO 交易的月度历史表现信息。该指数自 2001 年 2 月引入，包含起始于 1999 年 5 月的月度表现数据。
- 标准普尔套利 CLO 指数。该指数综合了主要由杠杆贷款抵押担保的套利 CDO 交易的月度历史表现信息。该指数自 2001 年 8 月引入，包含起始于 2000 年 4 月的月度表现数据。

每种指数都追踪 22 类资产的表现信息，主要集中在抵押担保债务证券的买、卖和违约以及交易的超额抵押比率。指数信息根据起始年份（即根据世代或者年代）分类，不同的表显示起始于 1997 年、1998 年、1999 年和 2000 年各年的交易表现。每个月和最近三个月的表现信息（为了便于比较，还有一年前每个月的表现信息），以"评级指引报告"（Ratings Direct）的形式公布在网站 www.standardandpoors.com 上。分类包含下列信息：

- 持有的全部抵押担保债务证券（CDS）的信息
  - ——CDS 的平均本金余额
- 抵押担保债务证券的违约信息
  - ——平均月度最新违约
  - ——持有的平均违约资产

---

① 来自 *S & P CDO Surveillance*（2002）。

- 抵押担保债务证券的购买信息
  - ——购买的 CDS 的平均面值
  - ——购买的 CDS 的平均市价
- 抵押担保债务证券的全部销售信息
  - ——销售的全部 CDS 的平均面值
  - ——销售的全部 CDS 的平均市价
  - ——销售的全部 CDS 的平均票面损益
- 违约的抵押担保债务证券的销售信息
  - ——销售的违约 CDS 的平均面值
  - ——销售的违约 CDS 的平均市价
  - ——销售的违约 CDS 的平均票面损益
- 信用风险抵押担保债务证券的销售信息
  - ——销售的信用风险 CDS 的平均面值
  - ——销售的信用风险 CDS 的平均市价
  - ——销售的信用风险 CDS 的平均票面损益
- 信用升级抵押担保债务证券的销售信息
  - ——销售的信用升级 CDS 的平均面值
  - ——销售的信用升级 CDS 的平均市价
  - ——销售的信用升级 CDS 的平均票面损益
- 抵押担保债务证券的全权销售信息
  - ——全权销售的 CDS 的平均面值
  - ——全权销售的 CDS 的平均市价
  - ——全权销售的 CDS 平均票面损益
- 交易的超额抵押比率信息
  - ——高级票据超额抵押比率测试的平均价差
  - ——次级票据超额抵押比率测试的平均价差

图 5.21 给出了 2001 年观察到的起始于 1998 年、1999 年和 2000 年的 CBO 和 CLO 交易的年化月违约率。1998 年的年化月违约率最高,其次是 1999 年,最后是 2000 年。1999 年 CBO 交易的违约多于 1999 年 CLO 交易的违约。1998 年和 2000 年的 CBO 交易均比 CLO 交易经历了稍多一点的违约。

图 5.22 显示了抵押资产池中违约资产的百分比。1998 年违约资产的百分比最高,其次是 1999 年,最后是 2000 年。CBO 的抵押资产池中违约资产的百分比较 CLO 的抵押资产池高。

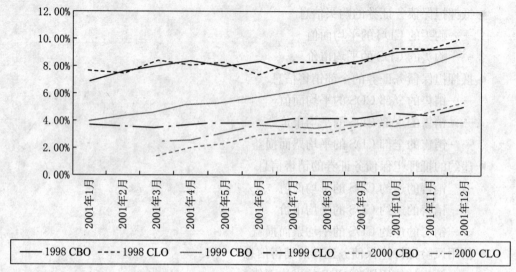

图 5.21　年化月违约率

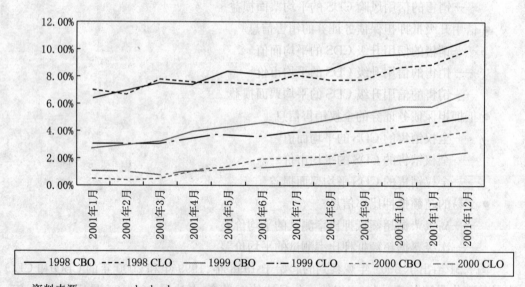

图 5.22　抵押资产池中违约资产的百分比

图 5.23 显示了 2001 年累积违约 CDS 销售的面值。大多数销售在 1998 年的交易中完成,1999 年和 2000 年几乎没有销售 CBOs。

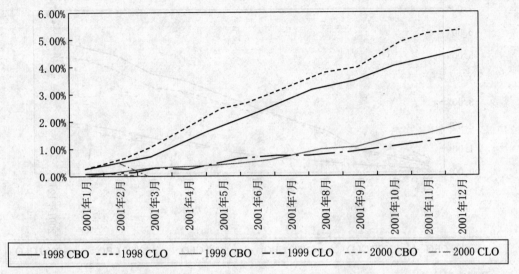

资料来源：www.standardandpoors.com。

图 5.23　2001 年累积违约 CDS 销售的面值

图 5.24 表明抵押资产池中违约资产的 12 个月滚动平均回收率。贷款的回收率较债券的回收率高。各类债券的回收率的差异小于各类贷款的回收率的差异。

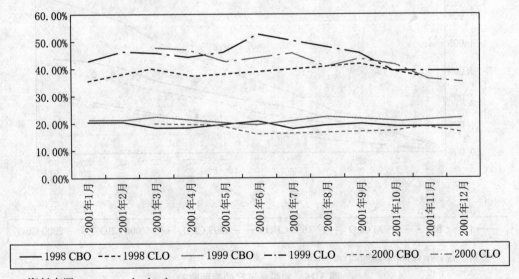

资料来源：www.standardandpoors.com。

图 5.24　违约资产的回收率(12 个月滚动平均)

图 5.25 显示了违约资产和信用风险资产销售的票面损失。显然,图 5.25 类似于图 5.23。

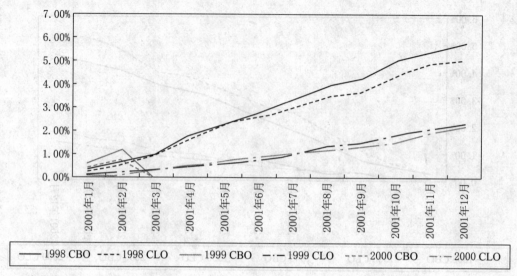

图 5.25   违约资产和信用风险资产销售的票面损失

图 5.26 显示了购买新资产的票面收益。债券的票面收益最大。

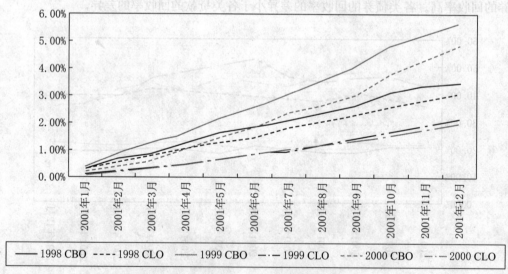

图 5.26   购买新资产的票面收益

图 5.27 显示了对抵押资产池中高级票据的超额抵押测试的结果。2000 年的测试结果最好。1998 年部分 CBO 交易没有通过测试。所有曲线都是向下倾斜的。

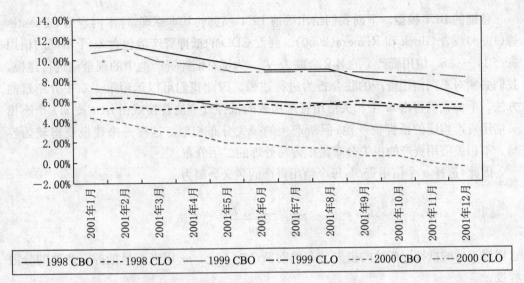

资料来源：www.standardandpoors.com。

图 5.27　高级票据超额抵押比率的平均价差

图 5.28 显示了对次级票据的超额抵押测试的结果。2000 年的测试结果最好。1998 年的部分 CBO 和 CLO 交易与 1999 年的部分 CBO 交易没有通过测试。所有曲线是水平的或者向下倾斜的。

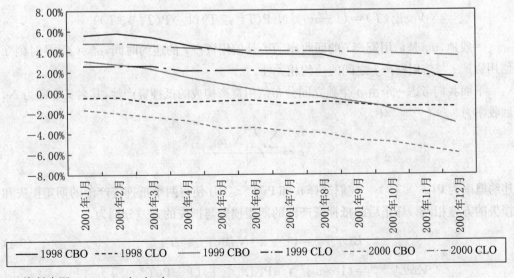

资料来源：www.standardandpoors.com。

图 5.28　次级票据超额抵押比率的平均价差

穆迪的 **BET** 模型。下面我们给出穆迪 BET 模型的基本原理，详细内容见 Cifuentes 等(1998)或者 Gluck 和 Remeza(2000)。假设 CDO 的抵押资产池包含 m 个不同的信用资产 $1, \cdots, m$，信用资产 i 的名义金额为 N_i。为了对抵押资产池中的现金流进行建模，我们必须对不同信用资产的联合行为进行建模。因此我们可以运用第 4 章中介绍过的方法。下面我们将由 m 个相关信用资产构成的抵押资产池替换成由 $n(n < m)$ 个不相关信用资产构成的抵押资产池，但所产生的损失分布相似。这样一来建模变得较为容易。不相关信用资产的损失分布是很容易处理的二项分布。

因此，选择 n 个信用资产，每个信用资产的名义金额为

$$N = \frac{\sum_{i=1}^{m} N_i}{m}$$

这样修正后的抵押资产池的损失分布的前两个矩不变。m 用来衡量抵押资产池的分散程度。

时刻 0 初始抵押资产池至时刻 T 的期望损失与损失的方差分别为

$$EL_T^{\text{original}} = \sum_{i=1}^{m} (1 - w_i) N_i \mathbf{P}(T_i^d \leqslant T) \tag{5.2}$$

$$VarL_T^{\text{original}} = \sum_{i=1}^{m} VarL_i(T) + \sum_{i, j, \, i \neq j} \rho_{i, j}^d(T) \sqrt{VarL_i(T) VarL_j(T)} \tag{5.3}$$

其中，

$$VarL_i(T) = (1 - w_i)^2 N_i^2 \mathbf{P}(T_i^d \leqslant T)(1 - \mathbf{P}(T_i^d \leqslant T))$$

一般地，w_i 是信用资产 i 的回收率，T_i^d 是信用资产 i 的违约时间，$\rho_{i, j}^d(T)$ 是时刻 T 信用资产 i 与信用资产 j 之间的违约相关性。

下面我们考虑一个由 n 个独立同分布信用资产构成的抵押资产池，其名义金额为 N，回收率为

$$w = \frac{\sum_{i=1}^{m} N_i w_i}{Nn}$$

违约概率为 $\mathbf{P}(T^d \leqslant T)$。我们选择 n 和 $\mathbf{P}(T^d \leqslant T)$ 使得两个抵押资产池的期望损失和损失的方差相同。修正后的抵押资产池的期望损失与损失的方差分别为

$$EL_T^{\text{modified}} = (1 - w) Nn \mathbf{P}(T^d \leqslant T) \tag{5.4}$$

$$VarL_T^{\text{modified}} = (1 - w)^2 N^2 n \mathbf{P}(T^d \leqslant T)(1 - \mathbf{P}(T^d \leqslant T)) \tag{5.5}$$

如果式(5.2)和式(5.3)与式(5.4)和式(5.5)是匹配的，那么我们可以用由 n 个独立信

用资产构成的抵押资产池来近似由 m 个相关信用资产构成的初始抵押资产池。因此,我们必须选择 n 和 $\mathbf{P}(T^d \leqslant T)$ 为

$$\mathbf{P}(T^d \leqslant T) = \frac{\sum_{i=1}^{m}(1-w_i)N_i\mathbf{P}(T_i^d \leqslant T)}{(1-w)Nn}$$

和

$$n = \frac{EL_T^{\text{original}}((1-w)N - EL_T^{\text{original}})}{VarL_T^{\text{original}}}$$

6

三因子可违约期限结构模型

尽管所有模型都是错误的,但是其中有些还是有用的。

——George E.Box

一切科学的宏大目标是用最少的假设或公理来逻辑推导出最多的实证事实。

——Albert Einstein

6.1 基本知识

6.1.1 可违约债券新定价模型

下面我们介绍一个可违约债券定价模型,该模型可以准确地反映真实世界的实际情况。在介绍模型之前,为了更具启发性,我们考虑建立三因子模型的动机,我们将深入讨论下面的内容。

- 既然违约是实实在在发生的,债券定价模型必须能够处理违约事件:例如,1999 年 8 月厄瓜多尔发行的布雷迪债券在利息支付上发生违约,金额为 60 亿美元。1999 年 10 月第二笔违约金额为 0.5 亿美元。图 6.1 显示了厄瓜多尔主权债的到期收益率以及信用等级变化情况,1999 年 9 月标准普尔将其信用等级降为 D 级。
- 评级机构不可能给出每天甚至实时的信用情况,一般每隔一段时间重新评估一次,但是债务人的信用水平变化通常是连续的(如图 6.1 所示)。因此,对债务人的信用水平或者离违约的距离必须连续观察。

- 债务人的信用等级一般是均值回归的。当信用等级下降时,公司管理层会采取措施提高信用等级。图 6.2 显示了赫兹(Hertz)公司的信用等级变化情况,标准普尔对其评级的均值回归水平是 A—,穆迪对其评级的均值回归水平是 A3。
- 可违约零息债券的许多定价并不允许短期信用价差为正:离到期日越近,模型中的信用价差越趋于零。很明显,这些模型并不符合实际。图 6.3 显示了不同到期日的公司债的信用价差。即使是信用等级为 A,到期日为 7 天的公司债,其信用价差也大于 500 个基点。因此,模型必须对短期债券也能产生高信用价差。
- 收益率和信用价差通常取决于债务人的信用水平。信用水平越好,收益率越低(如图 6.4 所示)。收益率的时间序列显示了信用等级 A 与 AAA 的公司债之间的高度相关性。至少在某种程度上,损益是由债务人的信用水平变化造成的。
- 信用价差的变化通常也具有均值回归的特性,如图 6.5 所示。
- 非违约利率也通常呈现均值回归,如图 6.6 所示。

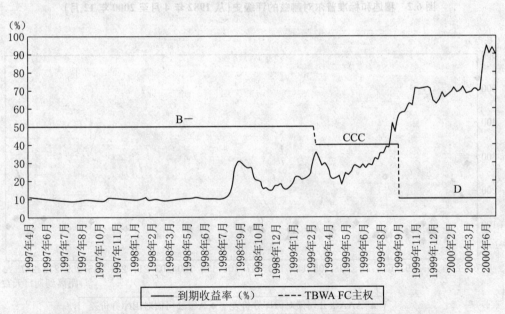

资料来源:Reuters Information Services。

图 6.1 到期收益率和厄瓜多尔主权债券 BEEC 的 Thomson Bankwatch Fitch IBCA(TBWAFC)评级(B—, CCC, D) 11.25% 25/04/2002 DEM(从 1997 年 4 月至 2000 年 6 月)

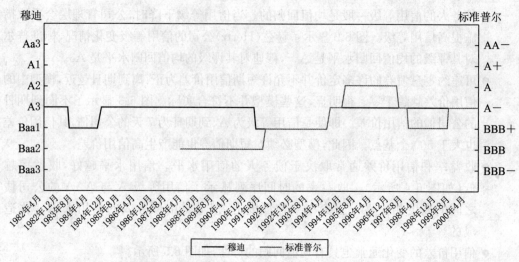

资料来源：Reuters Information Services。

图 6.2　穆迪和标准普尔对赫兹的评级史(从 1982 年 4 月至 2000 年 12 月)

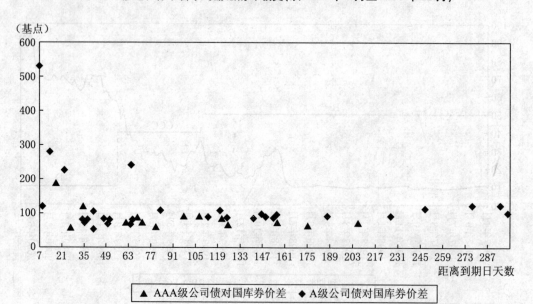

资料来源：Reuters Information Services。

图 6.3　不同到期日的标准普尔 AAA 级公司债与 A 级公司债的信用价差

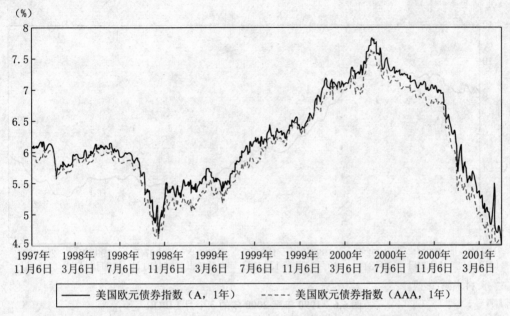

（%）

资料来源：彭博。

图 6.4　信用等级为 A 与 AAA 的 1 年期美国欧元债券指数

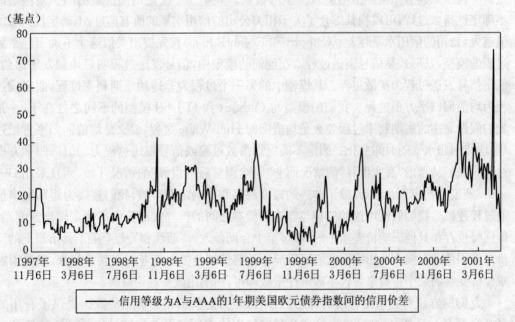

（基点）

资料来源：彭博。

图 6.5　信用等级为 A 与 AAA 的 1 年期美国欧元债券指数间的信用价差

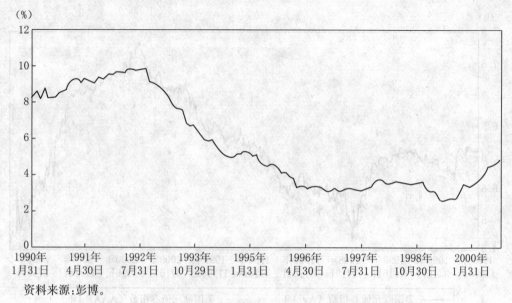

资料来源：彭博。

图 6.6 1990 年至 2000 年的 3 个月 LIBOR

　　下面我们提出三因子可违约期限结构模型，这个模型可以为很多风险债券和衍生产品定价。模型兼具有结构模型与简式模型的特征。其中一个决定信用价差的因子是所谓的不确定性指数过程，可以视其综合了关于相关公司的信用水平的所有信息：不确定性指数的值越大，公司的信用水平越差。Cathcart 和 El-Jahel(1998)首先提出类似这个不确定性指数过程的模型，其形式是信号发送过程。在他们的模型中，信号发送过程明显地触发了违约，假定信号发送过程为扩散过程。其模型中的另一个过程为非违约短期利率过程，假定该过程为均值回归平方根过程。我们的模型与 Cathcart 和 El-Jahel 模型的不同之处在于：一是我们假设非违约短期利率过程要么是均值回归 Hull-White 过程，要么是均值回归平方根过程，均值回归水平随时间变化。假定不确定性指数过程或信号发送过程为均值回归平方根过程。我们从考虑"真实世界"的情况而非"风险调整后的世界"的情况开始，而且采用 Girsanov 测度变换定理。最后，除了非违约短期利率和不确定性指数，我们直接为短期利率价差过程建模。我们假设可违约债券与非违约债券之间的价差大部分由不确定性指数驱动，但同时也存在其他影响价差水平的因素，至少合同条款、流动性和类似金融工具市场上的溢价对信用价差有极大的影响。我们可以简单地将信用价差与商业周期联系起来，只要用宏观经济变量的某个指数来替代不确定性指数即可，而不用改变理论框架。

　　我们的方法看起来是合理的，因为信用价差为定价模型所依据的数据提供了有用的可观察信息。另外，模型可以直接拟合利率信用价差所遵循的实际过程。可违约债券定价的解析解在实际中易于使用，因为所有的变量及参数都可以从市场数据中获取。

6.2 三因子模型

6.2.1 基本步骤

我们希望在无套利假设下发展一个相对定价理论来决定可违约证券和信用衍生产品的公允价值。和通常一样,我们假设市场是无摩擦的和完全竞争的,交易连续发生,没有税收、交易成本,信息是对称的,投资者都是价格接受者。我们固定时间长度为 T^*。金融市场的不确定性通过完备概率空间 $(\Omega,\ \mathcal{F},\ \mathbf{P})$ 和三维标准布朗运动 $W'_t - (W_r(t),\ W_s(t),\ W_u(t))$ (v'代表向量 v 的转置)的滤子 $\mathbf{F} = (\mathcal{F}_t)_{0 \leqslant t \leqslant T^*}$ 来表示,布朗运动满足普通条件(即 $\mathcal{F}_0$ 是初始空间,包含 $\mathcal{F}$ 的所有 $\mathbf{P}$-空集,滤子 $\mathbf{F}$ 是右连续的)。此外,我们还假设 $\mathcal{F}_{T^*} = \mathcal{F}$。滤子 $\mathbf{F}$ 表示不同时刻信息的到达。我们假定如果 t 时刻后所有的红利支付均为 0,则该证券在时刻 t 的价格为 0。所有的价格都是经过除权的,所有的过程都定义在概率空间 $(\Omega,\ \mathcal{F},\ \mathbf{P})$ 上。更进一步地,我们还有如下假设。

假设 6.2.1

非违约短期利率过程满足下面的随机微分方程(SDE):

$$dr_t = [\theta_r(t) - a_r r_t]dt + \sigma_r r_t^\beta dW_r(t),\ 0 \leqslant t \leqslant T^* \tag{6.1}$$

其中,a_r,σ_r 为大于 0 的常数,$\beta = 0$ 或者 $\dfrac{1}{2}$,θ_r 为非负确定性函数。

可以看出,短期利率 r_t 有趋向 $\dfrac{\theta_r(t)}{a_r}$ 的趋势,速度为 a_r,而且如果 $\beta = \dfrac{1}{2}$,短期利率变化的即时方差和利率水平存在比例关系。

假设 6.2.2

不确定性指数过程满足下面的随机微分方程:

$$du_t = [\theta_u - a_u u_t]dt + \sigma_u \sqrt{u_t} dW_u(t),\ 0 \leqslant t \leqslant T^* \tag{6.2}$$

其中,a_u,σ_u 为大于 0 的常数,θ_u 为一个非负常数。

假设 6.2.3

短期利率价差过程(短期利率价差为可违约债券短期利率减去非违约债券短期利率)满足下面的随机微分方程:

$$ds_t = [b_s u_t - a_s s_t]dt + \sigma_s \sqrt{s_t} dW_s(t), \ 0 \leqslant t \leqslant T^* \tag{6.3}$$

其中,a_s,b_s,σ_s 为大于 0 的常数。

进一步地,我们假设

$$Cov(dW_r(t), dW_s(t)) = Cov(dW_r(t), dW_u(t))$$
$$= Cov(dW_s(t), dW_u(t)) = 0$$

注意,尽管我们假设 W_r,W_s,W_u 为不相关的标准布朗运动,但是从短期利率价差的随机微分方程中可以看出,短期利率价差 s_t 与不确定性指数 u_t 是相关的。

前面我们是从数学上理解 r,s,u 的,下面我们给出经济学上的解释。

引理 6.2.1

令 r_t,u_t,s_t 分别是公式(6.1)、(6.2)和(6.3)定义的随机过程,假定 $\theta_r(t)$ 是区间 $[0, T^*]$ 上的有界函数[①],即对于任意 $t \in [0, T^*]$,有 $\theta_r(t) \leqslant \theta_r$。此外,令

$$dX_t = b(X_t)dt + \sigma(X_t)dW_t, \ 0 \leqslant t \leqslant T^* \tag{6.4}$$

定义一个三变量随机微分方程[②],其中,

$$b(X_t) = b(r_t, u_t, s_t)$$

$$= (b_i(r_t, u_t, s_t))_{1 \leqslant i \leqslant 3} = \begin{pmatrix} \theta_r(t) - a_r r_t \\ \theta_u - a_u u_t \\ b_s u_t - a_s s_t \end{pmatrix}$$

---

① 假设 $\theta_r(t)$ 在区间 $[0, T^*]$ 上有界,这一假设并不十分严格。我们后面是用确保 $\theta_r(t)$ 是区间 $[0, T^*]$ 上的连续函数的方法从市场数据估计 $\theta_r(t)$ 的。因此,我们总是假设 $\theta_r(t)$ 在区间 $[0, T^*]$ 上有界。

② 令

• $W = (W_1, \cdots, W_p)$ 是 $\mathbb{R}^p$-值 $\mathcal{F}_t$ 布朗运动。

• $b: \mathbb{R}^+ \times \mathbb{R}^n \to \mathbb{R}^n$,$b(s, x) = (b_1(s, x), \cdots, b_n(s, x))$

• $\sigma: \mathbb{R}^+ \times \mathbb{R}^n \to \mathbb{R}^{n \times p}$,$\sigma(s, x) = (\sigma_{i,j}(s, x))_{1 \leqslant i \leqslant n, 1 \leqslant j \leqslant p}$

• $Z = (Z_1, \cdots, Z_n)$ 是 $\mathbb{R}^n$ 上的 $\mathcal{F}_0$-可测随机变量

那么

$$X_t = Z + \int_0^t b(s, X_s)ds + \int_0^t \sigma(s, X_s)dW_s$$

被称为多元随机微分方程。换言之,就是取值在 $\mathbb{R}^n$ 上的多元随机过程 $(X_t)_{0 \leqslant t \leqslant T^*}$,是适应于滤子 $(\mathcal{F}_t)_{t \geqslant 0}$ 的,而且满足 $P_{a.s.}$,对于时刻 t 与 $i \leqslant n$,

$$X_i(t) = Z_i + \int_0^t b_i(s, X_s)ds + \sum_{j=1}^p \int_0^t \sigma_{i,j}(s, X_s)dW_j(s)$$

$$\sigma(X_t) = \sigma(r_t, u_t, s_t)$$

$$= (\sigma_{i,j}(r_t, u_t, s_t))_{1 \leqslant i, j \leqslant 3} = \begin{pmatrix} \sigma_r r_t^\beta & 0 & 0 \\ 0 & \sigma_u \sqrt{u_t} & 0 \\ 0 & 0 & \sigma_s \sqrt{s_t} \end{pmatrix}$$

且

$$W_t = (W_r(t), W_u(t), W_s(t))'$$

然后,给定 $\mathcal{F}_0$-测度随机变量 (r_0, u_0, s_0),方程(6.4)具有唯一弱解[①]$X = (X_t)_{0 \leqslant t \leqslant T^*} = (r_t, u_t, s_t)'_{0 \leqslant t \leqslant T^*}$。

证明:见附录 B。

引理 6.2.2

r, s 和 u 是时间区间 $[0, T^*]$ 上的 $\mathcal{F}_t$-累进可测过程。

证明:上面三个过程都是连续的,因此在时间区间 $[0, T^*]$ 上是 $\mathcal{F}_t$-累进可测[②]过程。

非违约短期利率过程的假设可以换成其他的短期利率,这不会产生大的变动。我们可以用互换曲线或者国库券曲线估计出非违约短期利率过程的参数。但是对于信用衍生产品的定价,市场采用基于 LIBOR 的互换曲线而非国库券曲线作为基准非违约曲线。不确定性指数反映了债务人的信用等级情况:不确定性指数的值越大,债务人的信用等级越差。在处理公司债时,我们可以使用评级机构或公司价值的数据来拟合不确定性指数和估计参数。在处理主权债时,我们可以使用评级机构的数据或者某种宏观经济数据。模型可以有不同解释,在反映不同类型债务人的特征上具有很大的灵活性。不确定性指数均值回归的假设是有实证依据的。例如,Elsas 等(1999)指出,当公司的信用等级下降时,公司管理层会采取改进措施,使得公司的信用水平恢复到以前状态。此外,短期利率价差均值回归的假设符合许多理论研究者和从业人员的先验信念。例如,Taurén (1999)指出,他的实证研究支持没有均值回归的模型应该被断然拒绝的观点。我们的模型推广了以前那些均值回归水平是时间相依的而且可能取决于不确定性指数的模型。

---

① 随机微分方程(6.4)的弱解是一个三元组 (X, W), $(\Omega, \mathcal{F}, \mathbf{P})$, $\mathbf{F} = (\mathcal{F}_t)$,其中:

(1) $(\Omega, \mathcal{F}, \mathbf{P})$ 是概率空间,$\mathbf{F} = (\mathcal{F}_t)$ 是满足通常条件的 $\mathcal{F}$ 的子 σ-域的滤子。

(2) X 是连续的 $\mathcal{F}_t$-适应的 $\mathbf{R}^3$ 上取值的随机过程,W 为三维布朗运动。

(3) $\mathbf{P}\left[\int_0^t \{|b_i(X_s)| + \sigma_{ij}^2(X_s)\}ds < \infty\right] = 1$, $1 \leqslant i, j \leqslant 3$, $0 \leqslant t \leqslant T^*$。

(4) 式(6.4)的积分 $X_t = X_0 + \int_0^t b(X_s)ds + \int_0^t \sigma(X_s)dW_s$ 几乎处处成立,$0 \leqslant t \leqslant T^*$。

② Korn 和 Korn(1999,第 36 页):如果随机过程的所有路径都是右连续的,则该过程为累进可测过程。

因此，我们考虑信用等级对信用价差有极大影响。有些信用价差问题不应被忽视：通常情况下，违约资产与非违约资产之间的收益价差并不是纯粹的信用价差。贷款与债券可以包含明确的或者隐含的期权。这种情况下，观察到的价差必须根据这些期权的价值进行调整。此外，所观察到的价差还能反映流动性或者其他形式的风险。理想情况是，这些风险因素应从观察到的信用价差中剔除。

通常情况下，为了方便起见，我们需要假设无套利。无套利由等价鞅测度 $\mathbf{Q}$ 的存在来保证。根据定义，等价鞅测度必须满足 $\mathbf{Q} \sim \mathbf{P}$，贴现证券价格过程对于合适的计价单位必须是局部 $\mathbf{Q}$ 鞅的。

定义 6.2.1

非违约货币市场账户定义为

$$B(t) = e^{\int_0^t r_l dl}$$

将非违约货币市场账户作为计价单位，我们有下面的定义。

定义 6.2.2

当且仅当存在一个定义在 $(\Omega, \mathcal{F}, \mathbf{P})$ 上等价于 $\mathbf{P}$ 的概率测度 $\mathbf{Q}$，在该概率测度下，贴现证券价格过程成为局部 $\mathbf{Q}$ 鞅，才存在局部有界套利机会，这时测度 $\mathbf{Q}$ 被称为等价鞅测度，对于任何证券价格过程 $X(t)$，贴现价格过程定义为 $\dfrac{X_t}{B_t}$。

在几何布朗运动 $(\mathcal{F}_t = \sigma(W_\tau, 0 \leqslant \tau \leqslant t)$ 可扩展至满足通常条件)中，我们知道每个等价鞅测度 $\mathbf{Q}$ 以如下的 Radon-Nikodym 导数形式[1]给出：

$$\frac{d\mathbf{Q}}{d\mathbf{P}} \text{ 和 } \frac{d\mathbf{Q}_t}{d\mathbf{P}_t}$$

其中，$\mathbf{Q}_t = \mathbf{Q} \mid \mathcal{F}_t$ 与 $\mathbf{P}_t = \mathbf{P} \mid \mathcal{F}_t$ 分别为 $\mathbf{Q}$ 与 $\mathbf{P}$ 在 $\mathcal{F}_t$ 上的限制，同时有

$$\frac{d\mathbf{Q}_t}{d\mathbf{P}_t} = \exp\left(-\int_0^t \gamma_\tau' dW(\tau) - \frac{1}{2}\int_0^t \| \gamma_\tau \|^2 d\tau\right)$$

其中，$\| \cdot \|$ 代表欧几里得范数。且

$$\{\gamma_t' = (\gamma_r(t), \gamma_s(t), \gamma_u(t)) : 0 \leqslant t \leqslant T^*\}$$

是适应可测三维过程，满足

$$\int_0^{T^*} \gamma_i^2(t)dt < \infty, \ i = r, s, u \quad \mathbf{P}-a.s.$$

---

① 详见 Bingham 和 Kiesel(1998, §5.8)。

更精确地,我们假设(见 Chen,1996,第 5 页):

$$\gamma_r(t) = \lambda_r \sigma_r r_t^{1-\beta}$$

$$\gamma_s(t) = \lambda_s \sigma_s \sqrt{s_t}$$

$$\gamma_u(t) = \lambda_u \sigma_u \sqrt{u_t},\ 0 \leqslant t \leqslant T^*$$

其中,λ_r,λ_s 和 λ_u 是实常数,并假设满足下面的 Novikov 条件:

$$E\left(\exp\left(\frac{1}{2}\int_0^{T^*} \parallel \gamma_\tau \parallel^2 d\tau\right)\right) < \infty$$

运用 Girsanov 定理[①],
由

$$\hat{W}_i(t) = W_i(t) + \int_0^t \gamma_i(\tau)d\tau,\ i = r,\ s,\ u,\ 0 \leqslant t \leqslant T^*$$

的过程

$$\{\hat{W}_t' = (\hat{W}_r(t),\ \hat{W}_s(t),\ \hat{W}_u(t)):0 \leqslant t \leqslant T^*\}$$

是滤子概率空间$(\Omega,\ \mathcal{F},\ \mathbf{F},\ \mathbf{Q})$上的三维标准布朗运动,时间区间为$[0,\ T^*]$。在测度 $\mathbf{Q}$ 下,r_t,s_t 和 u_t 的动态过程为

$$dr_t = [\theta_r(t) - \hat{a}_r r_t]dt + \sigma_r r_t^\beta d\hat{W}_r(t) \tag{6.5}$$

$$ds_t = [b_s u_t - \hat{a}_s s_t]dt + \sigma_s \sqrt{s_t} d\hat{W}_s(t) \tag{6.6}$$

$$du_t = [\theta_u - \hat{a}_u u_t]dt + \sigma_u \sqrt{u_t} d\hat{W}_u(t),\ 0 \leqslant t \leqslant T^* \tag{6.7}$$

其中,$\hat{a}_i = a_i + \lambda_i \sigma_i^2$。

评注 6.2.1

显然,根据引理 6.2.1,方程(6.5)、(6.6)和(6.7)存在唯一解,原因如下:

- $Cov(d\hat{W}_r(t),\ d\hat{W}_s(t)) = Cov(d\hat{W}_r(t),\ d\hat{W}_u(t)) = Cov(d\hat{W}_s(t),\ d\hat{W}_u(t)) = 0$。
- $\theta_r(t)$在测度变换时并不改变。
- $b(r_t,\ u_t,\ s_t)$与$\sigma(r_t,\ u_t,\ s_t)$的基本结构在测度变换时并不改变,我们仅需要将常数 a_i 替换为常数$\hat{a}_i$即可,$i = r,\ s,\ u$。

6.2.2　或有求偿权的定价公式

通常情况下,或有求偿权(或者就是求偿权)或者衍生资产是一种金融工具,其收益

---

① 见 Karatzas 和 Shreve(1988,第 190—201 页)。

完全由一个或多个标的资产的收益决定(详细定义见 Ingersoll, 1987,第 50—51 页)。从技术上说,一个简单(欧式)非违约或有 T-求偿权是一个二元变量对 (Y, T),由非负 $\mathcal{F}_T$-可测随机变量 Y 与时间 $T \leqslant T^*$ 组成,在时间 T 支付 Y。这个概念可以推广到可违约求偿权的情况。

定义 6.2.3

一个简单(欧式)可违约求偿权是一个三元组 $[(Y, T), Z, T^d]$,其构成如下:

- 没有发生违约情况下,一个简单(欧式)非违约或有求偿权 (Y, T) 在时刻 T 产生的收益为 Y,即 (Y, T) 是发行人的责任,满足 $E^{\mathbf{Q}}[|Y|^q] < \infty$, $q > 1$。
- $\mathcal{F}_t$-可料过程 Z 描述违约时的收益,且满足 $E^{\mathbf{Q}}[\sup_t |Z_t|^q] < \infty$。
- 取值在区间 $[0, \infty)$ 上的 **F**-停时 T^d 描述违约时间的随机结构。

什么时间发生违约可能出人意料,即完全不可能事先获知。其即将发生之前不可被预知的概率为正。同 2.3.4 节讨论的一样,违约示性函数 $H(t) = H_t$ 定义为

$$H_t = 1_{\{Td \leqslant t\}}, \ t \geqslant 0$$

此外,我们还定义

$$L_t = 1 - H_t, \ t \geqslant 0 \tag{6.8}$$

并令 $\tau = \min(T, T^d)$。 根据违约示性函数,可违约证券的累计红利过程为

$$\int_0^{t \wedge T} Z_u dH_u + Y1_{\{Td > T, t \geqslant T\}}, \ t \geqslant 0$$

简单的可违约或有求偿权 $[(Y, T), Z, T^d]$ 在时刻 t 的无套利价格 F_t 可以通过求未来现金流的贴现期望值得到。[①]该期望值必须在测度 **Q** 下求,即

$$F_t = E^{\mathbf{Q}}\left[\int_t^T e^{-\int_t^u r(l)dl} Z_u dH_u + e^{-\int_t^T r(l)dl} YL_T \,\bigg|\, \mathcal{F}_t\right], \ 0 \leqslant t < \tau \tag{6.9}$$

既然在时刻 τ 后没有红利,当 $t \geqslant \tau$ 时有 $F_t = 0$。

下面我们得到 F 的表达式,该表达式中没有停时 T^d。我们先来引入几条假设、定义和引理。

假设 6.2.4

我们假设求偿权违约时的收益为

$$Z_t(\omega) = Z(\omega, t, F) = w(\omega, t)F(\omega, t-), \ 0 \leqslant w(\omega, t) \leqslant 1$$

---

① 见 Duffie 等(1996)。

其中,$w(t)$是描述回收率过程的$\mathcal{F}_t$-可料过程(满足$E^{\mathbf{Q}}[\sup_t \mid Z_t \mid^q] < \infty$),即我们假设市场价值部分回收。[1]

我们定义在时刻$t=0$投资于到期日很短的可违约零息债券的可违约货币市场账户的价值为1,如果在时刻t没有违约,则该账户继续滚动至违约时。因此,可违约货币市场账户可以视为非违约利率模型中的非违约货币市场账户B_t。

定义 6.2.4

可违约货币市场账户B^d定义为

$$B_t^d = \left(1 + \int_0^t (w_l - 1)dH_l\right)e^{\int_0^t (r_l + s_l)dl}$$

引理 6.2.3

$M_t^d = \int_0^t s_l dl + \int_0^t (w_l - 1)dH_l$ 是$\mathcal{F}_t$-(局部)鞅。

证明:根据定义 6.2.2 及无套利假设,在测度 **Q** 下贴现过程

$$\frac{B_t^d}{B_t} = \left(1 + \int_0^t (w_l - 1)dH_l\right)e^{\int_0^t s_l dl}$$

一定是(局部)鞅,但这是下式的 Doléans Dade 指数[2]:

$$M_t^d = \int_0^t s_l dl + \int_0^t (w_l - 1)dH_l$$

反过来,M_t^d 也是一个(局部)鞅[3];注意,M_t^d 具备有界变差[4]。因此,M_t^d 的 Doléans Dade 指数为

---

[1] 见 2.4 节。

[2] 见 Musiela 和 Rutkowski(1997,第 245 页):令 U 是一个定义在$(\Omega,\mathcal{F},\mathbf{Q})$上的实值半鞅,右连续存在左极限(RCLL,有时称为 càdlàg),$U_0 = U_{0-} = 0$。我们用$\varepsilon(U)$表示 U 的 Doléans Dade 指数,它是如下随机微分方程的唯一解:

$$d\varepsilon_t(U) = \varepsilon_{t-}(U)du_t \qquad (6.10)$$

其中,$\varepsilon_0(U) = 1$。方程(6.10)的解为

$$\varepsilon_t(U) = e^{U_t - \frac{1}{2}[U]_t^c}\prod_{u \leqslant t}(1 + \Delta_u U)e^{-\Delta_u U}$$

其中,$\Delta_u U = U_u - U_{u-}$,$[U]^c$ 是$[U]$的 path-by-path 连续部分。

[3] 见 Lando(1995,第 4 页):给定半鞅 U,$U_0 = U_{0-} = 0$,当且仅当$\varepsilon(U)$是局部鞅,U 是局部鞅。

[4] Jacod 和 Shiryaev(1987,第 59 页):如果 U 是有界变差,

$$\varepsilon_t(U) = e^{U_t}\prod_{u \leqslant t}(1 + \Delta_u U)e^{-\Delta_u U}$$

$$\varepsilon_t(M^d) = e^{M_t^d} \prod_{u \leqslant t}(1 + \Delta_u M^d)e^{-\Delta_u M^d}$$

$$= e^{\int_0^t s_l dl + \int_0^t (w_l - 1)dH_l} \prod_{u \leqslant t} \left(1 + \int_{u-}^u (w_l - 1)dH_l\right)e^{-\int_{u-}^u (w_l - 1)dH_l}$$

$$= e^{\int_0^t s_l dl} \prod_{u \leqslant t} \left(1 + \int_{u-}^u (w_l - 1)dH_l\right)$$

$$= \left(1 + \int_0^t (w_l - 1)dH_l\right)e^{\int_0^t s_l dl}$$

引理 6.2.4

对于一个给定的连续函数 $f: \mathbb{R} \times \Omega \times [0, \infty) \to \mathbb{R}$，一个 $\mathcal{F}_t$-可测的随机变量 Y，和一个有界变差过程 $\{D_t: 0 \leqslant t \leqslant T\}$，假设存在某个 $q \in [1, \infty)$，满足 $E^{\mathbf{Q}}\left[\left(\int_0^t |f(0, \omega, t)| dt\right)^q\right] < \infty$，$E^{\mathbf{Q}}[|Y|^q] < \infty$，并假设存在某个常数 $K > 0$，使得对于所有的 (ω, t) 和所有 $x, y \in \mathbb{R}$，下式成立：

$$|f(x, \omega, t) - f(y, \omega, t)| \leqslant K |x - y|$$

则下面的递归随机积分方程存在唯一解 V：

$$V_t = E^{\mathbf{Q}}\left[\int_t^T f(V_l, \omega, l)dl + \int_t^T dD_l + Y \mid \mathcal{F}_t\right], \ t \leqslant T$$

该方程处于满足 $E^{\mathbf{Q}}\left[\left(\int_0^T |V_t| dt\right)^q\right] < \infty$ 的所有 RCLL 适应过程的空间中。

证明：见 Duffie 和 Huang(1996，第 941 页)。

引理 6.2.5

令 M 是一个 $\mathbf{Q}$ 鞅。如果 Y 是一个可料过程，且对于某个 $q > 1$，$E^{\mathbf{Q}}[\sup_t |Y_t|^q] < \infty$，则 $\int Y dM$ 是一个 $\mathbf{Q}$ 鞅。

证明：见 Duffie 等(1996，第 1086 页)。

引理 6.2.6

令 Y 是一个满足 $E^{\mathbf{Q}}\left[\int_0^T |Y_t| dt\right] < \infty$ 的半鞅(见定义 2.3.3)，D 是一个满足 $E^{\mathbf{Q}}\left[\int_0^T |dD_t|\right] < \infty$ 的半鞅，根据定义，$\int_0^T |dD_t| = \int_0^T d|D|_t$，$|D|_t = VAR_t(D)$ 为 D 的变差过程，并令 G 是一个累进可测过程，满足 $E^{\mathbf{Q}}\left[\int_0^T |G_t| dt\right] < \infty$，则存在一个鞅 m，使得

$$dY_t = -G_t dt - dD_t + dm_t, \ t \leqslant T$$

当且仅当

$$Y_t = E^{\mathbf{Q}}\left[\int_t^T G_u du + \int_t^T dD_u + Y_T \,\Big|\, \mathcal{F}_t\right], \; t \leqslant T$$

证明：见 Duffie 等(1996，第 1086 页)与 Duffie 和 Huang(1996，第 942 页)。

推论 6.2.1

令 Y 是一个满足 $E^{\mathbf{Q}}\left[\int_0^T |Y_t| \, dt\right] < \infty$ 的半鞅，假设 D 是可积变差[①]的一个 RCLL 适应过程，ξ 是累进可测过程。此外，假设 ξ 可以保证具有很好的性质[②]，则对于某个鞅 m，有

$$dY_t = -dD_t - Y_t \xi_t dt + dm_t, \; t \leqslant T$$

当且仅当

$$Y_t = E^{\mathbf{Q}}\left[\int_t^T e^{\int_t^u \xi_v dv} dD_u + e^{\int_t^T \xi_v dv} Y_T \,\Big|\, \mathcal{F}_t\right]$$

证明：见 Duffie 等(1996，第 1086 页)。

评注 6.2.2

(1) 如果 D 是可积变差的 RCLL 适应过程，则 D 是一个满足 $E^{\mathbf{Q}}\left[\int_0^T |dD_t|\right] < \infty$ 的半鞅。(见 Protter，1992，第 47 页)。

(2) 如果 D 具备可积变差或者如果 D 满足 $E^{\mathbf{Q}}\left[\int_0^T |dD_t|\right] < \infty$，则 D 是一个有界变差(见 Jacod & Shiryaev，1987，第 29 页)。

根据引理 6.2.3 和推论 6.2.1，我们可以证明下面的重要命题。

命题 6.2.1

对于某个 $q > 1$，令 $E^{\mathbf{Q}}[|Y|^q] < \infty$，在假设 6.2.4 和方程(6.5)、(6.6)、(6.7)确定的动态过程下，由方程(6.9)给出的价格过程 F_t 满足

$$F_t = V_t \mathbf{1}_{\{t < \tau\}} \tag{6.11}$$

其中，适应连续过程 V 为

$$V_t = E^{\mathbf{Q}}\left[e^{-\int_t^T (r_l + s_l) dl} Y \,|\, \mathcal{F}_t\right], \; 0 \leqslant t \leqslant T \tag{6.12}$$

[①] 随机过程 D 满足下面条件则称之具备可积变差：
$$E^{\mathbf{Q}}[VAR(D)_\infty] < \infty$$
其中，$VAR(D)_\infty = \lim_{t \to \infty} VAR(D)_t$。

[②] 见引理 6.2.6。

而且对于 $t \geq T$，有 $V_t = 0$，即如果直到时刻 t 都没有违约，F_t 一定等于用风险贴现率贴现的无风险现金流的期望值，方程（6.12）在含有每个半鞅的半鞅空间 J 中有唯一解，使得对于某个 $q > 1$，$E^{\mathbf{Q}}[\sup_t |J_t|^q] < \infty$。

证明： 根据引理 6.2.4，可以立刻得出方程（6.12）的存在性与唯一性，接下来证明方程（6.11）也是成立的。

- 因为 V 仅在 $[0, T]$ 上满足积分方程（6.12），我们定义一个修正的过程 $\hat{V}$ 为

$$\hat{V}_t = V_t 1_{\{t < T\}} + Y 1_{\{t \geq T\}}$$

以将定义扩展到闭区间 $[0, T]$ 上。

- 将推论 6.2.1 应用于 $\hat{V}$，其中，$\xi = -(r+s)$，$dX_t = 0$（根据引理 6.2.2，ξ 是累进可测的）：

$$d\hat{V}_t = \hat{V}_t (r_t + s_t) dt + dm_t$$
$$= \hat{V}_t r_t dt + \hat{V}_t (1 - w_t) dH_t + \hat{V}_t dM_t^d + dm_t$$

其中，鞅 m 和 M_t^d 的定义见引理 6.2.3。

- 定义 $U_t = \hat{V}_t L_t$，L_t 的定义见方程（6.8），根据分部积分[1]，有

$$dU_t = \hat{V}_{t-} dL_t + L_{t-} d\hat{V}_t + d[L, \hat{V}]_t$$
$$= \hat{V}_t dL_t + L_{t-} d\hat{V}_t$$
$$= \hat{V}_t dL_t + U_t r_t dt + \hat{V}_t L_{t-} (1 - w_t) dH_t + \hat{V}_t L_{t-} dM_t^d + L_{t-} dm_t$$
$$= \hat{V}_t dL_t + U_t r_t dt + \hat{V}_t L_{t-} (1 - w_t) dH_t + d\tilde{m}_t$$

其中，$\hat{V}$ 是连续过程，L 是二次纯跳半鞅。[2] 注意，$\tilde{m}_t$ 是鞅[3]，$d\tilde{m}_t = \hat{V}_t L_{t-} dM_t^d + L_{t-} dm_t$。

---

[1] 见 Protter（1992，第 60 页）：令 X 和 Y 为两个半鞅，那么 XY 也是半鞅，且

$$XY = \int X_- dY + \int Y_- dX + [X, Y]$$

上面公式由两个半鞅 X 和 Y 的二次协变差 $[X, Y]$ 的定义而来：

$$[X, Y] = XY - \int X_- dY - \int Y_- dX$$

[2] 见 Protter（1992，第 68 页）：令 L 是一个二次纯跳半鞅，那么对于半鞅 $\hat{V}$，有

$$[L, \hat{V}]_t = L_0 \hat{V}_0 + \sum_{0 < s \leq t} \Delta L_s \Delta \hat{V}_s$$

如果 $[L, L]^c = 0$，半鞅 L 是二次纯跳。

[3] 由于 L 是有界的，m 是鞅，因而 $\int L_{t-} dm_t$ 是鞅（Jacod and Shiryaev，1987，第 47 页，4.34(b)）。根据引理 6.2.5，$\int \hat{V}_t L_{t-} dM_t^d$ 是鞅；因为 V 是区间 $(0, T)$ 上的连续过程，V 一定可料。此外，V 属于半鞅空间 Y，使得 $E^{\mathbf{Q}}[\sup_t |Y_t|^q] < \infty$。根据 Jacod 和 Shiryaev（1987，第 17 页，命题 2.6），L_{t-} 是可料的。

● 应用推论 6.2.1,其中,$\xi = -r$, $dX_t = -\hat{V}_t L_{t-}(1-w_t)dH_t - \hat{V}_t dL_t$, 即

$$dX_t = \begin{cases} 0, \text{如果 } t \neq T^d \\ \hat{V}_{T^d} w_{T^d}, \text{如果 } t = T^d \end{cases}$$

根据引理 6.2.2, ξ 是累进可测的;根据 H 和 L 的定义,X 是 RCLL 适应过程;由于 X 是 RCLL 适应的,递增的,且 $E(VAR(X)_\infty) \leqslant \hat{V}_{T^d} < \infty$,因而 X 具备可积变差:

$$U_t = E^{\mathbf{Q}}\left[-\int_t^T e^{-\int_t^u r_l dl} \hat{V}_u (L_{u-}(1-w_u)-1)dH_u + e^{-\int_t^T r_l dl} Y L_T \mid \mathcal{F}_t \right]$$

$$= E^{\mathbf{Q}}\left[-\int_t^T e^{-\int_t^u r_l dl} \hat{V}_{u-}(L_{u-}(1-w_u)-1)dH_u + e^{-\int_t^T r_l dl} Y L_T \mid \mathcal{F}_t \right]$$

$$= E^{\mathbf{Q}}\left[\int_t^T e^{-\int_t^u r_l dl} \hat{V}_{u-} w_u dH_u + e^{-\int_t^T r_l dl} Y L_T \mid \mathcal{F}_t \right]$$

● 因为对于 $t < \tau$, $U_t = V_t$,我们有

$$F_t = V_t 1_{\{t < \tau\}}$$

将 V_t 视为偏微分方程的解,我们来计算方程(6.12)。在温和的正则条件下(见 Duffie,1992),应用 Feynman-Kac 公式(见 Duffie,1992),我们有下面的引理。

引理 6.2.7

假设由方程(6.5)、(6.6)和(6.7)确定的动态过程,Z 如假设 6.2.4 所示的可违约求偿权 $[(Y, T), Z, T^d]$ 在时刻 t 的违约前价值 $V(r, s, u, t)$ 是下面的偏微分方程(PDE)[1]的解:

$$0 = \frac{1}{2}[\sigma_r^2 r^{2\beta} V_{rr} + \sigma_s^2 s V_{ss} + \sigma_u^2 V_{uu}]$$
$$+ [\theta_r(t) - \hat{a}_r r]V_r + [b_s u - \hat{a}_s s]V_s$$
$$+ [\theta_u - \hat{a}_u u]V_u + V_t - (r+s)V, \ (r, s, u, t) \in \mathbb{R}^3 \times [0, T) \quad (6.13)$$

---

[1] 如果我们假设对于常数,ρ_{rs}, ρ_{ru} 和 ρ_{su},

$$Cov(d\mathbf{W}_r(t), d\mathbf{W}_s(t)) = \rho_{rs}dt$$
$$Cov(d\mathbf{W}_r(t), d\mathbf{W}_u(t)) = \rho_{ru}dt$$
$$Cov(d\mathbf{W}_s(t), d\mathbf{W}_u(t)) = \rho_{su}dt$$

则我们不考虑偏微分方程(6.13),而必须考虑下面的偏微分方程(见 6.5.3 节):

$$0 = \frac{1}{2}[\sigma_r^2 r^{2\beta} V_{rr} + \sigma_s^2 s V_{ss} + \sigma_u^2 V_{uu}]$$
$$+ \rho_{rs}\sigma_r\sigma_s r^\beta \sqrt{s} V_{rs} + \rho_{ru}\sigma_r\sigma_u r^\beta \sqrt{u} V_{ru} + \rho_{us}\sigma_u\sigma_s \sqrt{su} V_{us}$$
$$+ [\theta_r(t) - \hat{a}_r r]V_r + [b_s u - \hat{a}_s s]V_s$$
$$+ [\theta_u - \hat{a}_u u]V_u + V_t - (r+s)V, \ (r, s, u, t) \in \mathbb{R}^3 \times [0, T)$$

边界条件为

$$V(r, s, u, T) = Y(r, s, u), (r, s, u) \in \mathbb{R}^3 \tag{6.14}$$

类似地，假设由式(6.5)确定的动态过程，非违约求偿权(Y, T)在时刻t的价值$F(r, t)$是下面的偏微分方程的解：

$$0 = \frac{1}{2}\sigma_r^2 r^{2\beta} F_{rr} + [\theta_r(t) - \hat{a}_r r] F_r + F_t - rF, (r, t) \in \mathbb{R} \times [0, T]$$

边界条件为

$$F(r, T) = Y(r), r \in \mathbb{R}$$

这样，到期日为T的非违约贴现债券在时刻t的价值$P(t, T) = P(r, t, T)$由下式给出——与Vasicek(1977)，Hull和White(1990)以及Hull(1997)相比较：

$$P(r, t, T) = A(t, T)e^{-B(t, T)r} \tag{6.15}$$

其中，$A(t, T)$和$B(t, T)$定义为

$$B(t, T) = \begin{cases} \frac{1}{\hat{a}_r}[1 - e^{-\hat{a}_r(T-t)}], & \text{如果}\ \beta = 0 \\ \\ \frac{1 - e^{-\delta_r(T-t)}}{\kappa_1^{(r)} - \kappa_2^{(r)} e^{-\delta_r(T-t)}}, & \text{如果}\ \beta = \frac{1}{2} \end{cases} \tag{6.16}$$

$$\ln A(t, T) = \begin{cases} \int_t^T \left(\frac{1}{2}\sigma_r^2 B(\tau, T)^2 - \theta_r(\tau)B(\tau, T) \right) d\tau \\ = \ln \frac{P(0, T)}{P(0, t)} - B(t, T)\frac{\partial \ln P(0, t)}{\partial t} \\ - \frac{\sigma_r^2}{4\hat{a}^3}(e^{-\hat{a}_r T} - e^{-\hat{a}_r t})^2(e^{2\hat{a}_r t} - 1), & \text{如果}\ \beta = 0 \\ - \int_t^T \theta_r(\tau)B(\tau, T)d\tau, & \text{如果}\ \beta = \frac{1}{2} \end{cases} \tag{6.17}$$

其中，

$$\delta_x = \sqrt{\hat{a}_x^2 + 2\sigma_x^2}, \quad \kappa_{1/2}^{(x)} = \frac{\hat{a}_x}{2} \pm \frac{1}{2}\delta_x \tag{6.18}$$

方程(6.15)、(6.16)和(6.17)根据时刻t的短期利率定义了贴现债券在未来时刻t的价格，并且定义了非违约贴现债券在当前时刻的价格。后者可以通过当前时刻的期限结

构计算出来。式(6.17)中的偏导数 $\dfrac{\partial \ln P(0,\,t)}{\partial t}$ 可以用 $\dfrac{\ln P(0,\,t+\varepsilon)-\ln P(0,\,t-\varepsilon)}{2\varepsilon}$ 近似,其中,ε 为非常小的时间长度。此外,如果 $\beta=0$,确定性函数 $\theta_r(t)$ 的形式为

$$\theta_r(t)=f_t(0,\,t)+\hat{a}_r f(0,\,t)+\frac{\sigma_r^2}{2\hat{a}_r}(1-e^{-2\hat{a}_r t})$$

其中,$f(0,\,t)$ 为从时刻 0 看时刻 t 到期的合同的即时远期利率。如果 $\beta=\dfrac{1}{2}$,$\theta_r(t)$ 可以通过时间离散化从下面的方程迭代解出:

$$-\int_0^t \theta_r(\tau)B(\tau,\,t)d\tau=\ln A(0,\,t)$$

6.3 固定利率与浮动利率可违约债券定价

6.3.1 基本知识

下面我们将分别考虑可违约零息债券、附息债券、浮动利率票据及利率互换的定价公式。如没有特别说明,我们总假设面值为1。

6.3.2 可违约贴现债券

可违约贴现债券是一种承诺在某个预先设定的到期日 T 支付 1 的金融工具。可违约贴现债券满足定义 6.2.3 关于简单可违约求偿权的定义,因此,我们可以用前面章节讨论的结果确定求偿权在时刻 $t\,(t<T)$ 的价格。将引理 6.2.7 运用到可违约贴现债券得到下面的定理。

定理 6.3.1

假设由方程(6.5)、(6.6)和(6.7)确定的动态过程,对于时刻 $t<\tau$,可违约贴现债券的价格 $P^d(t,\,T)=P^d(r,\,s,\,u,\,t,\,T)$ 为

$$P^d(t,\,T)=A^d(t,\,T)e^{-B(t,T)r_t-C^d(t,T)s_t-D^d(t,T)u_t} \tag{6.19}$$

其中,

$$C^d(t, T) = \frac{1 - e^{-\delta_s(T-t)}}{\kappa_1^{(s)} - \kappa_2^{(s)} e^{-\delta_s(T-t)}}$$

$$D^d(t, T) = \frac{-2v'(t, T)}{\sigma_u^2 v(t, T)}$$

$$\ln A^d(t, T) = \ln A(t, T) + \frac{2\theta_u}{\sigma_u^2} \ln \left| \frac{v(T, T)}{v(t, T)} \right|$$

其中,$v(t, T)$将由后面的式(6.31)和式(6.33)定义。

证明:根据引理 6.2.7,时刻 t 可违约贴现债券的价格 $P^d(r, s, u, t, T)$ 是下面的偏微分方程的解

$$
\begin{aligned}
0 = & \frac{1}{2}\sigma_r^2 r^{2\beta} P_{rr}^d + \frac{1}{2}\sigma_s^2 s P_{ss}^d + \frac{1}{2}\sigma_u^2 u P_{uu}^d \\
& + [\theta_r - \hat{a}_r r] P_r^d + [b_s u - \hat{a}_s s] P_s^d \\
& + [\theta_u - \hat{a}_u u] P_u^d + P_t^d - (r+s) P^d
\end{aligned}
$$

边界条件为 $P^d(r, s, u, T, T) = 1$。

如果 $\beta = 0$,代入 P^d 的偏导数,得出下面的常微分方程组:

$$\hat{a}_r B^d - B_t^d - 1 = 0 \tag{6.20}$$

$$\frac{1}{2}\sigma_s^2 (C^d)^2 + \hat{a}_s C^d - C_t^d - 1 = 0 \tag{6.21}$$

$$\frac{1}{2}\sigma_u^2 (D^d)^2 + \hat{a}_u D^d - D_t^d - b_s C^d = 0 \tag{6.22}$$

$$A^d \left(\theta_r B^d + \theta_u D^d - \frac{1}{2}\sigma_r^2 (B^d)^2 \right) - A_t^d = 0 \tag{6.23}$$

方程(6.21)具有 Ricatti 形式,即 $C_t^d = \frac{1}{2}\sigma_s^2 (C^d)^2 + \hat{a}_s C^d - 1$,其解为

$$C^d(t, T) = \frac{-2w'(t, T)}{\sigma_s^2 w(t, T)}$$

其中,$w(t, T)$满足

$$w'' - \hat{a}_s w' - \frac{1}{2}\sigma_s^2 w = 0 \tag{6.24}$$

根据 $\hat{a}_s^2 + 2\sigma_s^2 > 0$,得出常微分方程(6.24)的解为 $w = \alpha_1 e^{\kappa_1^{(s)} t} + \alpha_2 e^{\kappa_2^{(s)} t}$,其中,$\alpha_1$ 和 α_2 为常数,$\kappa_1^{(s)}$ 和 $\kappa_2^{(s)}$ 为

$$\kappa_{1/2}^{(x)} = \frac{\hat{a}_x}{2} \pm \frac{1}{2}\sqrt{\hat{a}_x^2 + 2\sigma_x^2} \qquad (6.25)$$

方程(6.21)的解为

$$C^d(t, T) = -\frac{2}{\sigma_s^2} \frac{\alpha_1 \kappa_1^{(s)} e^{\kappa_1^{(s)}t} + \alpha_2 \kappa_2^{(s)} e^{\kappa_2^{(s)}t}}{\alpha_1 e^{\kappa_1^{(s)}t} + \alpha_2 e^{\kappa_2^{(s)}t}} \qquad (6.26)$$

为了满足边界条件

$$C^d(T, T) = 0$$

常数 α_1 为

$$\alpha_1 = -\alpha_2 \frac{\kappa_2^{(s)}}{\kappa_1^{(s)}} e^{-\delta_s T}$$

因而

$$C^d(t, T) = \frac{1 - e^{-\delta_s(T-t)}}{\kappa_1^{(s)} - \kappa_2^{(s)} e^{-\delta_s(T-t)}} \qquad (6.27)$$

其中，

$$\delta_x = \sqrt{\hat{a}_x^2 + 2\sigma_x^2} \qquad (6.28)$$

方程(6.22)具有 Ricatti 形式，即 $D_t^d = \frac{1}{2}\sigma_u^2(D^d)^2 + \hat{a}_u D^d - b_s C^d$，其解为

$$D^d(t, T) = \frac{-2v'(t, T)}{\sigma_u^2 v(t, T)} \qquad (6.29)$$

其中，$v(t, T)$ 满足

$$v'' - \hat{a}_u v' - \frac{1}{2}b_s\sigma_u^2 C^d v = 0 \qquad (6.30)$$

方程(6.30)的解为

$$v(t, T) = \vartheta_1 (\sigma_u^2 e^{-\delta_s(T-t)})^{\frac{\hat{a}_u}{2\delta_s} - \phi(\kappa_1^{(s)})} F_1(t, T)$$
$$+ \vartheta_2 (\sigma_u^2 e^{-\delta_s(T-t)})^{\frac{\hat{a}_u}{2\delta_s} + \phi(\kappa_1^{(s)})} F_3(t, T) \qquad (6.31)$$

其中，ϑ_1 和 ϑ_2 为常数，$F_1(t, T)$ 和 $F_3(t, T)$ 为

$$F_1(t, T) = F(-\phi(\kappa_1^{(s)}) - \phi(\kappa_2^{(s)}), -\phi(\kappa_1^{(s)}) + \phi(\kappa_2^{(s)}), 1 - 2\phi(\kappa_1^{(s)}), \kappa_2^{(s)}/\kappa_1^{(s)} e^{-\delta_s(T-t)})$$

$$F_3(t, T) = F(\phi(\kappa_1^{(s)}) - \phi(\kappa_2^{(s)}), \phi(\kappa_1^{(s)}) + \phi(\kappa_2^{(s)}), 1 + 2\phi(\kappa_1^{(s)}), \kappa_2^{(s)}/\kappa_1^{(s)} e^{-\delta_s(T-t)})$$

且

$$\phi(g) = \sqrt{\frac{\hat{a}_u^2 g + 2b_s \sigma_u^2}{4\delta_s^2 g}}$$

$F(a, b, c, z)$是超几何函数①。

$v(t, T)$的微分形式为

$$v'(t, T) = y_1(t, T) + y_2(t, T) \tag{6.32}$$

其中，

$$y_1(t, T) = \vartheta_1 (\sigma_u^2 e^{-\delta_s(T-t)})^{\frac{\hat{a}_u}{2\delta_s} - \phi(\kappa_1^{(s)})} \varphi_2(t, T)$$

$$y_2(t, T) = -\vartheta_2 (\sigma_u^2 e^{-\delta_s(T-t)})^{\frac{\hat{a}_u}{2\delta_s} + \phi(\kappa_1^{(s)})} \varphi_1(t, T)$$

且

$$\varphi_1(t, T) = \zeta_2 e^{-\delta_s(T-t)} F_4(t, T) - \xi_1 F_3(t, T)$$

$$\varphi_2(t, T) = \xi_2 F_1(t, T) - \zeta_1 e^{-\delta_s(T-t)} F_2(t, T)$$

其中，

$$F_2(t, T) = F(1 - \phi(\kappa_1^{(s)}) - \phi(\kappa_2^{(s)}), 1 - \phi(\kappa_1^{(s)}) + \phi(\kappa_2^{(s)}), 2 - 2\phi(\kappa_1^{(s)}), \kappa_2^{(s)}/\kappa_1^{(s)} e^{-\delta_s(T-t)})$$

$$F_4(t, T) = F(1 + \phi(\kappa_1^{(s)}) - \phi(\kappa_2^{(s)}), 1 + \phi(\kappa_1^{(s)}) + \phi(\kappa_2^{(s)}), 2 + 2\phi(\kappa_1^{(s)}), \kappa_2^{(s)}/\kappa_1^{(s)} e^{-\delta_s(T-t)})$$

$$\xi_{1/2} = \left(\frac{\hat{a}_u}{2} \pm \delta_s \phi(\kappa_1^{(s)})\right), \quad \zeta_{1/2} = \delta_s \frac{\kappa_2^{(s)}}{\kappa_1^{(s)}} \frac{\phi^2(\kappa_2^{(s)}) - \phi^2(\kappa_1^{(s)})}{1 \mp 2\phi(\kappa_1^{(s)})}$$

为了满足边界条件

---

① 超几何函数通常记为F,其序列展开式为

$$F(a, b, c, z) = \sum_{k=0}^{\infty} \frac{(a)_k (b)_k}{(c)_k} \frac{z^k}{k!}$$

其中，$(a)_0 = 1$, $(a)_n = a(a+1)(a+2)\cdots(a+n-1)$, $n \in \mathbf{N}$,是下面的超几何微分方程的解：

$$z(1-z)y'' + [c - (a+b+1)z]y' - aby = 0$$

超几何函数可以写成下面的积分形式：

$$F(a, b, c, z) = \frac{\Gamma(c)}{\Gamma(b)\Gamma(c-b)} \int_0^1 t^{b-1}(1-t)^{c-b-1}(1-tz)^{-a} dt, \ c > b > 0$$

上式同时被称为高斯序列或者库默尔序列。

$$D^d(T, T) = 0$$

ϑ_1 为

$$\vartheta_1 = \vartheta_2 (\sigma_u^2)^{2\phi(\kappa_1(s))} \frac{\varphi_1}{\varphi_2} \tag{6.33}$$

其中，$\varphi_1 = \varphi_1(T, T)$，$\varphi_2 = \varphi_2(T, T)$。根据式(6.29)、(6.31)、(6.32)和(6.33)，$D^d(t, T)$的形式为

$$D^d(t, T) = \frac{2}{\sigma_u^2} \frac{\varphi_2 e^{-2\delta_s \phi(\kappa_1(s))(T-t)} \varphi_1(t, T) - \varphi_1 \varphi_2(t, T)}{\varphi_1 F_1(t, T) + \varphi_2 e^{-2\delta_s \phi(\kappa_1(s))(T-t)} F_3(t, T)}$$

下面考虑 $\beta = 0$ 的情况。

满足边界条件 $B^d(T, T) = 0$ 的方程(6.20)的解为

$$B^d(t, T) = \frac{1}{\hat{a}_r} [1 - e^{-\hat{a}_r(T-t)}]$$

经过直接替换，满足边界条件 $A^d(T, T) = 1$ 的方程(6.23)的解 A^d 为

$$A^d(t, T) = \exp\left[-\int_t^T \left(\theta_r(\tau) B^d(\tau, T) + \theta_u D^d(\tau, T) - \frac{1}{2}\sigma_r^2 (B^d(\tau, T))^2 \right) d\tau \right]$$

根据式(6.17)，

$$-\int_t^T \left(\theta_r(\tau) B^d(\tau, T) - \frac{1}{2}\sigma_r^2 (B^d(\tau, T))^2 \right) d\tau = \ln A(t, T)$$

此外，根据式(6.29)，

$$\theta_u \int_t^T D^d(\tau, T) d\tau = \frac{-2\theta_u}{\sigma_u^2} \left[\ln \left| \frac{v(T, T)}{v(t, T)} \right| \right]$$

其中，$\vartheta_1 = \vartheta_2 (\sigma_u^2)^{2\phi(\kappa_1(s))} \frac{\varphi_1}{\varphi_2}$。

$\beta = \frac{1}{2}$ 的情况见附录 B.2。

评注 6.3.1

我们根据常数 θ_u 来定义不确定性指数，现将常数 θ_u 推广到一个与时间相关的参数 $\theta_u(t)$，$\theta_u(t)$的值由下式迭代得出：

$$\ln \frac{A^d(0, t)}{A(0, t)} = \int_0^t \theta_u(\tau) D^d(\tau, t) d\tau$$

虽然债券定价公式和信用价差公式相当复杂，其中有很多参数，但容易证明这些参数具有与实际相符的性质：$\lim_{T \to \infty} P^d(r, s, u, t, T) = 0$；当 $T > t$ 时，由于 $B(t, T) > 0$，$C^d(t, T) > 0$，$\lim_{r \to \infty} P^d(r, s, u, t, T) = \lim_{s \to \infty} P^d(r, s, u, t, T) = 0$；可违约贴现债券的价格是关于 r 的递减函数，也是关于 s 的递减函数，同时，还分别是 r 和 s 的凸函数。

因子负荷：可违约贴现债券的到期收益率具有如下形式：

$$R^d(r, s, u, t, T) = -\frac{1}{T - t}\left[\ln A^d(t, T) - B(t, T)r - C^d(t, T)s - D^d(t, T)u\right]$$

函数 B，C^d 和 D^d 决定了可违约零息债券收益率对 r，s，u 的敏感性，我们分别称其为 r，s，u 的因子负荷。

图 6.7 表明短期、中期债券的收益率对于 r 和 s 的敏感性更大。中期债券对 u 的敏感性最大。当到期时间趋于无穷时，收益率对所有参数都不敏感，这和业界公认的长期债券的收益率曲线为平坦的结论相一致。

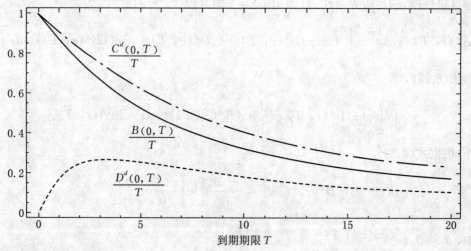

注：参数值为 $\hat{a}_r = 0.3$，$\hat{a}_s = 0.2$，$\sigma_s = 0.1$，$b_s = 0.5$，$\hat{a}_u = 1$，$\sigma_u = 0.4$，$\theta_u = 1.5$。

图 6.7 $\dfrac{B(0, T)}{T}$，$\dfrac{C^d(0, T)}{T}$，$\dfrac{D^d(0, T)}{T}$ **的期限结构**

信用价差期限结构。信用价差定义为可违约债券与相应的非违约债券的收益率之差。由于 $A^d(t, T) = A(t, T)e^{\int_t^T \theta_u D^d(\tau, T)d\tau}$，可违约债券定价公式可以写成如下形式：

$$P^d(r, s, u, t, T) = P(r, t, T)e^{\int_t^T \theta_u D^d(\tau, T)d\tau - C^d(t, T)s - D^d(t, T)u} \tag{6.34}$$

因此,可违约债券的违约溢价为

$$P(r, t, T)\left(1 - e^{\int_t^T \theta_u D^d(\tau, T)d\tau - C^d(t, T)s - D^d(t, T)u}\right)$$

我们记到期时刻为 T 的非违约贴现债券在时刻 t 的到期收益率为 $R(r, t, T)$,到期时刻为 T 的可违约贴现债券在时刻 t 的到期收益率为 $R^d(r, s, u, t, T)$,信用价差 $S(r, s, u, t, T)$ 为

$$S(r, s, u, t, T) = R^d(r, s, u, t, T) - R(r, t, T)$$

$$= \frac{1}{T-t}\left[-\int_t^T \theta_u D^d(\tau, T)d\tau + C^d(t, T)s + D^d(t, T)u\right] \quad (6.35)$$

从式(6.35)可以看出,尽管非违约短期利率对可违约债券与非违约债券的价格的影响非常大,信用价差与非违约短期利率的水平无关。此外,当 s 和 u 趋于 0 时,信用价差趋于为 $\dfrac{-\int_t^T \theta_u D^d(\tau, T)d\tau}{T-t}$,其既可以为正也可以为负,这取决于参数值。这表明尽管当前的债券质量是优等的,时刻 t 至到期时刻 T 仍存在债券质量下降(即不确定性指数上升)的可能性,因此,当前的短期利率价差为 0。总是存在一定的违约风险,可违约债券的购买者为此应得到一定金额的补偿。然而,如果 $\theta_u \equiv 0$,0 成为 u 的吸收状态。那么,如果 s 趋于 0,收益价差也会趋于 0。最后,该模型中,信用价差反映的短期利率价差等于①

$$\lim_{T \to t}[S(r, s, u, t, T)] = s_t \quad (6.36)$$

和以前的模型相比,我们可以从影响信用价差的期限结构的更多参数中直接得出下面两个结论:首先,我们可以得出更接近实际观察的更大的价差;其次,我们的模型抓住了信用价差更复杂的性质。为了更好地了解这些性质,我们考虑下列具体参数值,并研究改变参数的效应:$s(0) = 0.000\ 8$,$u(0) = 3$,$\theta_u = 1$,$\hat{a}_u = 1$,$\sigma_u^2 = 0.16$,$b_s = 0.000\ 1$,$\hat{a}_s = 0.1$,$\sigma_s^2 = 0.01$。 下面用这些参数为基础进行分析。

---

① $\lim_{T \to t} \dfrac{-\int_t^T \theta_u D^d(\tau, T)d\tau}{T-t} = -\theta_u D^d(T, T) = 0$

$\lim_{T \to t} \dfrac{C^d(t, T)}{T-t} = \lim_{T \to t} \dfrac{(1 - e^{-\delta_s(T-t)})s(t)}{(\kappa_1^{(s)} - \kappa_2^{(s)}e^{-\delta_s(T-t)})(T-t)} \overset{L'Hospital}{=} s(t)$

$\lim_{T \to t} \dfrac{D^d(t, T)u(t)}{T-t} = \lim_{T \to t} \dfrac{-2v'(t, T)u(t)}{\sigma_u^2 v(t, T)(T-t)} \overset{L'Hospital}{=} 0$

$v''(t, t) = -\frac{1}{2}\sigma_u^2(\hat{a}_u D^d(t, t) - b_s C^d(t, t))v(t, t) = 0, v(t, t) \neq 0$

均值回归参数 θ_u 的效应。图 6.8 显示,参数 θ_u 与不确定性指数的均值回归水平的表现与预期一致:θ_u 的增大扩大了信用价差。参数 θ_u 反映公司质量的长期期望值。期望值越小,信用价差越小。当公司的实际质量($u(0)=3$)较不确定性指数的长期水平糟糕得多时:$\dfrac{\theta_u}{\hat{a}_u}$ = 1.5, 1.0, 0.5, 0.1,到期期限长的信用价差会变小。当 θ_u 的值很小时,信用价差期限结构呈驼峰状,当 θ_u 的值增大时,即当 θ_u 的值使得 $\dfrac{\theta_u}{\hat{a}_u}$ 接近于 $u(0)$ 时,期限结构曲线变为上倾形状。

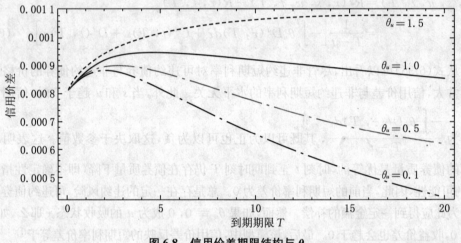

图 6.8　信用价差期限结构与 θ_u

均值回归速度参数 $\hat{a}_u$ 的效应。图 6.9 显示,均值回归速度参数 $\hat{a}_u$ 增大时,信用价差变小。当 $\hat{a}_u$＝1.5, 1.0 和 0.5 时,公司的实际质量($u_0=3$)较不确性指数的长期水平糟

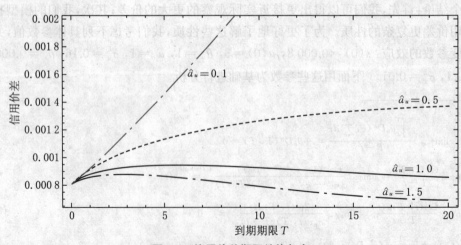

图 6.9　信用价差期限结构与 $\hat{a}_u$

糕得多：$\dfrac{\theta_u}{\hat{a}_u}=\dfrac{2}{3}$，1 和 2。对于 $\hat{a}_u=1.5$，1.0，到期期限短的信用价差扩大，到期期限长的信用价差缩小。信用价差期限结构曲线呈驼峰状。当 $\hat{a}_u=0.1$ 时，不确定性指数的长期水平较公司的实际质量差。因此，从长期看，公司质量预期会进一步下降。我们得到上倾的信用价差期限结构曲线。$\hat{a}_u$ 越大，向均值回归的速度越快。当 $\hat{a}_u=0.1$ 时，信用价差扩大效应更明显。当 $\hat{a}_u=1.5$，1.0 和 0.5 时，信用价差缩小效应更明显。

不确定性指数 u_0 的效应。 图 6.10 显示，短期债务的信用价差对公司当前质量非常敏感，对于长期债务而言，公司质量的长期水平较当前质量更为重要。实际的不确定性指数越大，信用价差越大。到期期限约为 4 年的可违约债券的信用价差最大。

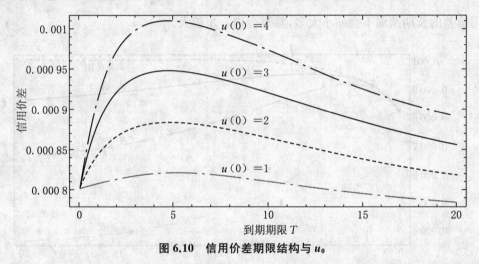

图 6.10　信用价差期限结构与 u_0

参数 b_s 的效应。 图 6.11 显示，b_s 值增大对信用价差期限结构有很大的影响。一般

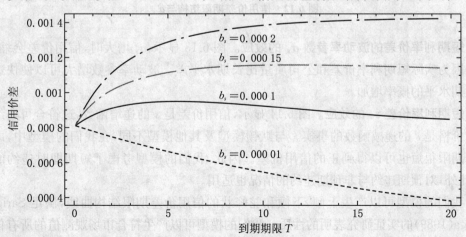

图 6.11　信用价差期限结构与 b_s

地,b_s 值越大,不确定性指数对短期利率价差和信用价差的期限结构的影响越大。当 $b_s = 0.000\ 1$, $0.000\ 15$ 时,图 6.11 中的曲线呈驼峰状。当 $b_s = 0.000\ 01$ 时,曲线下倾,当 $b_s = 0.000\ 2$ 时,曲线上倾。

参数 $\hat{a}_s$ 的效应。图 6.12 显示,$\hat{a}_s$ 越大,信用价差越小。当 $\hat{a}_s = 0.2$, 0.5 时,实际短期利率信用价差 $s(0) = 0.000\ 8$ 较长期水平 $\dfrac{b_s}{\hat{a}_s}\dfrac{\theta_u}{\hat{a}_u} = 0.000\ 5$, $0.000\ 2$ 大。因此,到期期限短的信用价差扩大,而到期期限长的信用价差缩小。信用价差期限结构曲线呈驼峰状。当 $\hat{a}_s = 0.1$, 0.01 时,实际短期利率信用价差较长期水平 $\dfrac{b_s}{\hat{a}_s}\dfrac{\theta_u}{\hat{a}_u} = 0.001$, 0.01 要小。因此,信用价差的长期预测不会缩小太多,甚至会进一步扩大。

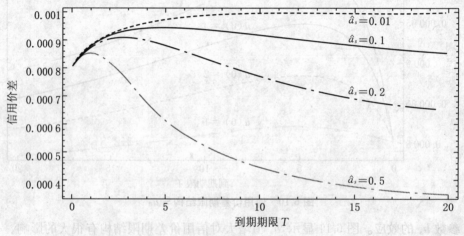

图 6.12　信用价差期限结构与 $\hat{a}_s$

短期利率价差的波动率参数 σ_s 的效应。图 6.13 显示,σ_s 增大时,信用价差会缩小。这是因为实际短期利率价差和公司质量比长期水平差。波动率参数增大可以使快速回归长期水平的概率增加。

短期利率价差 s_0 的效应。图 6.14 显示,信用价差是 s 的递增函数,这符合可违约债券的价格是 s 的递减函数的事实。与默顿模型及其他模型不同,在我们的模型中,即使到期期限很短也可以得到正的信用价差。因此,我们的模型考虑了短期即时违约的情况,此外,对预期违约与非预期违约的情况也适用。

我们的模型可以产生上倾、下倾和驼峰状的信用价差期限结构曲线,满足 Sarig 和 Warga(1989)的实证研究表明的性质。我们的模型可以产生符合市场观测值的所有信用价差水平,而默顿模型不能产生市场上的所有信用价差。

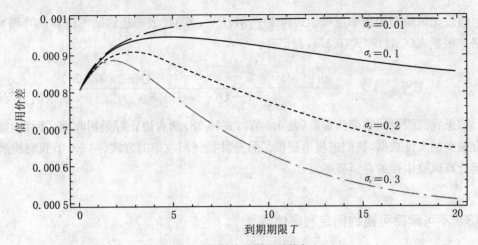

图 6.13 信用价差期限结构与 σ_s

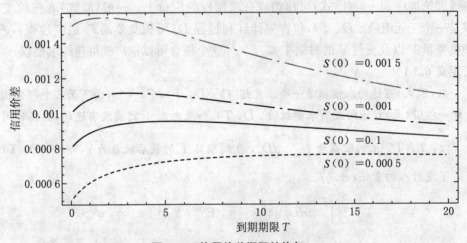

图 6.14 信用价差期限结构与 s_0

隐含回收率。当违约时,对债券持有人而言,所关心的是回收率。根据假设 6.2.4,我们假设市场价值只有部分得到回收。此外,为简化起见,假定随机回收率为 w,违约过程是独立的,回收率是指到期日的支付率(如果违约发生在到期日之前)。我们很容易确定隐含的期望回收率。这些假设并不严格,因为大多数模型都假设回收率是常数。根据我们的假设,风险债券的价格为

$$P^d(t, T) = P(t, T)E^{\mathbf{Q}}\big[w1_{\{\tau \leqslant T\}} + 1_{\{\tau > T\}} \mid \mathcal{F}_t\big]$$
$$= P(t, T)[E^{\mathbf{Q}}[w \mid \mathcal{F}_t](1 - \mathbf{Q}(\tau > T \mid \mathcal{F}_t)) + \mathbf{Q}(\tau > T \mid \mathcal{F}_t)]$$

$$(6.37)$$

假设无风险短期利率过程如式(6.1)所示,$P(t，T)$代表非违约贴现债券在时刻 t 的价格。根据式(6.34)和式(6.37),我们有:

$$E^{\mathbf{Q}}[w_t \mid \mathcal{F}_t] = \frac{e^{\int_t^T \theta_u D^d(\tau, T)d\tau - C^d(t, T)s - D^d(t, T)u} - \mathbf{Q}(\tau > T \mid \mathcal{F}_t)}{1 - \mathbf{Q}(\tau > T \mid \mathcal{F}_t)} \quad (6.38)$$

如果我们假设回收率为常数(见 6.4 节),式(6.38)的右边正好是回收率。因此,如果只有很少的实证数据,我们的模型提供了另一种找到回收率的方式(在 6.6 节我们将展示如何计算风险中性的存活概率)。

6.3.3   不可赎回可违约固定利率债券

简单(欧式)可违约或有求偿权理论不能用于为可违约固定利率债券定价。本节我们将该理论推广到一般(欧式)可违约或有求偿权的定价上。一般(欧式)非违约或有求偿权是一个三元组$(Y、D、T)$,包含累计红利过程 D(可积变差的 $\mathcal{F}_t$ 适应过程),$\mathcal{F}_T$-可测随机变量 Y 以及支付 Y 的时刻 $T \leqslant T^*$。 这个概念可以推广到可违约求偿权。

定义 6.3.1

一般(欧式)可违约求偿权是一个三元组$[(Y, D, T), Z, T^d]$,由下面三个部分构成:

● 一般(欧式)非违约或有求偿权(Y, D, T),如果时刻 T 之前没有违约,其在时间区间

$[t, T \wedge T^d]$上的收益为$\int_t^{T \wedge T^d} dD_u$,在到期日 T 的最后收益为 Y,即(Y, D, T)描述

了发行人的责任,并满足

$$E^{\mathbf{Q}}\left[\int_0^T \mid dD_t \mid^q\right] < \infty, \quad E^{\mathbf{Q}}[\mid Y \mid^q] < \infty, \quad q > 1$$

● 描述违约时收益的$\mathcal{F}_t$-可料过程 Z,满足$E^{\mathbf{Q}}[\sup_t \mid Z_t \mid^q] < \infty$。

● 描述违约时间的随机结构的 **F**-停时 T^d,取值区间为$[0, \infty)$。

因此,简单(欧式)可违约或有求偿权$[(Y, T), Z, T^d]$等于一般(欧式)可违约或有求偿权$[(Y, D, T), Z, T^d]$,其中,$dD_t = 0, 0 \leqslant t \leqslant T$。 为简化起见,我们将一般可违约或有求偿权视作可违约或有求偿权。根据违约示性函数,可违约证券的累计红利过程为

$$\int_0^{t \wedge T} z_u dH_u + \int_0^{t \wedge T} L_u dD_u + Y1_{\{T^d > T, t \geqslant T\}}, \quad t \geqslant 0$$

可违约或有求偿权$[(Y, D, T), Z, T^d]$在时刻 t 的无套利价格 F_t,可以通过求未来现金流的贴现期望值得到。必须对测度 **Q** 求该期望值,即对于 $0 \leqslant t < \tau$,

$$F_t = E^{\mathbf{Q}}\left[\int_t^T e^{-\int_t^u r_l dl} Z_u dH_u + \int_t^T e^{-\int_t^u r_l dl} L_u dD_u + e^{-\int_t^T r_l dl} YL_T \mid \mathcal{F}_t\right] \tag{6.39}$$

由于时刻 τ 后没有股利,对于 $t \geqslant \tau$, $F_t = 0$。

命题 6.3.1

在假设 6.2.4 和由方程(6.5)、(6.6)和(6.7)确定的动态过程下,如果 V 是可料的或者如果 $\Delta V_{T^d} = 0$ $a.s.$,由式(6.39)给出的价格过程 F_t 满足

$$F_t = V_t 1_{\{t < \tau\}} \tag{6.40}$$

其中,适应过程 V 为

$$V_t = E^{\mathbf{Q}}\left[\int_t^T e^{-\int_t^u (r_l + s_l) dl} dD_u + e^{-\int_t^T (r_l + s_l) dl} Y \mid \mathcal{F}_t\right], \ 0 \leqslant t < T \tag{6.41}$$

对于 $t \geqslant T$, $V_t = 0$,即如果直到时刻 t 才违约,F_t 一定等于无风险现金流以风险贴现率贴现的期望值。式(6.41)在半鞅空间 J 中有唯一解,使得对于某个 $q > 1$,有 $E^{\mathbf{Q}}[\sup_t |J_t|^q]$。

证明:可违约求偿权的定义以及 r 和 s 的特征满足引理 6.2.4 的所有前提条件。因此,方程(6.41)的存在性与唯一性直接得自引理 6.2.4。接下来证明式(6.40)是有效的。

- 因为 V 只在时间区间 $[0, T)$ 上满足积分方程(6.12),我们定义修正后的过程 $\hat{V}$ 为

$$\hat{V}_t = V_t 1_{\{t < T\}} + 1_{\{t \geqslant T\}} dD_T + Y 1_{\{t \geqslant T\}}$$

以把 $\hat{V}$ 拓展到闭区间 $[0, T]$ 上。

- 将推论 6.2.1 运用于 $\hat{V}$,令 $\xi = -(r+s)$, $dX_t = dD_t$ (根据引理 6.2.2, ξ 是累进可测的),对于引理 6.2.3 中定义的某个鞅 m 和 M_t^d,有

$$
\begin{aligned}
d\hat{V}_t &= -dD_t + \hat{V}_t(r_t + s_t)dt + dm_t \\
&= -dD_t + \hat{V}_t r_t dt + \hat{V}_t(1 - w_t)dH_t + \hat{V}_t dM_t^d + dm_t
\end{aligned}
$$

- 定义 $U_t = \hat{V}_t L_t$, L_t 的定义同上。运用分部积分,有

$$
\begin{aligned}
dU_t &= \hat{V}_{t-} dL_t + L_{t-} d\hat{V}_t + d[L, \hat{V}]_t \\
&= \hat{V}_t dL_t + L_{t-} d\hat{V}_t \\
&= \hat{V}_t dL_t - L_{t-} dD_t + U_t r_t dt + \hat{V}_t L_{t-}(1 - w_t)dH_t + \hat{V}_t L_{t-} dM_t^d + L_{t-} dm_t \\
&= \hat{V}_t dL_t - L_{t-} dD_t + U_t r_t dt + \hat{V}_t L_{t-}(1 - w_t)dH_t + d\tilde{m}_t
\end{aligned}
$$

与命题 6.2.1 的证明一样,具有 $d\tilde{m}_t = \hat{V}_t L_{t-} dM_t^d + L_{t-} dm_t$ 的 $\tilde{m}_t$ 是鞅。

- 应用推论 6.2.1,令 $\xi = -r$ 且

$$dX_t = L_{t-} dD_t - \hat{V}_t L_{t-}(1 - w_t)dH_t - \hat{V}_t dL_t$$

有(根据引理 6.2.2，ξ 是累进可测的，根据 H 和 L 的定义，X 是 RCLL 适应过程，同时也是递增的，且 $E(Var(X)_\infty) \leqslant \hat{V}_{Td} < \infty$，因而 X 具有可积变差)：

$$U(t)$$

$$= E^Q\left[-\int_t^T e^{-\int_t^u r_l dl} \hat{V}_{u-}(L_{u-}(1-w_u)-1)dH_u + \int_t^T e^{-\int_t^u r_l dl} L_{u-} dD_u + e^{-\int_t^T r_l dl} YL_T \mid \mathcal{F}_t\right]$$

$$= E^Q\left[\int_t^T e^{-\int_t^u r_l dl} \hat{V}_{u-} w_u dH_u + \int_t^T e^{-\int_t^u r_l dl} L_{u-} dD_u + e^{-\int_t^T r_l dl} YL_T \mid \mathcal{F}_t\right]$$

- 因为对于 $t < \tau$，$U_t = V_t$，

$$F_t = V_t 1_{\{t < \tau\}}$$

评注 6.3.2

假设 $\Delta V_{Td} = 0 \ a.s.$ 并不很严格。比如，对于可违约附息债券，通常不是刚好在票息支付日宣布违约，而是提前宣布的。

假设我们想为如下可违约附息债券定价，该债券承诺在时刻 $t < t_i \leqslant T$，$i = 1$，2，$\cdots$，n，分别支付票息 c_i 在到期日 T 最终支付 1。可违约附息债券满足可违约求偿权的特征，因此，根据命题 6.3.1，尚未违约的附息债券在时刻 t 的价格 $P_c^d(t，T) = P_c^d(r，s，u，t，T)$ 为

$$P_c^d(t，T) = \sum_{i=1}^n c_i P^d(t，t_i) + P^d(t，T) \tag{6.42}$$

6.3.4 可赎回可违约固定利率债券

很多公司债都是可赎回的，因而将我们的定价理论扩展到嵌入看涨期权的固定利率债券很重要。我们假设当债券的市值最小时，债券发行人赎回债券是最有利的。如果我们将时间区间 $[t，T]$ 上可行的赎回政策表示为 $\mathcal{CP}(t，T)$，并假设在时刻 t 前没有发生赎回及违约，到期日为 T，在时刻 $t < t_i \leqslant T$，$i = 1，2，\cdots，n$ 分别支付票息 c_i 的可赎回可违约固定利率债券的价格 $P_{cc}^d(t，T) = P_{cc}^d(r，s，u，t，T)$ 为

$$P_{cc}^d(t，T) = \min_{Tc \in \mathcal{CP}(t，T)} E^Q\left(\sum_{t < t_i \leqslant T^c} c_i e^{-\int_t^{t_i}(r_l + s_l)dl} + e^{-\int_t^{T^c}(r_l + s_l)dl} \mid \mathcal{F}_t\right) \tag{6.43}$$

假设上面方程的最小值在某个停时得到，技术正则条件见 Karatzas(1988)。在完全不同的情形中用来为可赎回债券定价的这种停时方法最先由 Merton(1974)提出。方程(6.43)可以通过采用离散方法求解(见 Duffie & Singleton，1997)。

6.3.5 构建单边可违约利率衍生产品定价的理论框架

我们考虑定义 6.2.3 中给出的简单（欧式）可违约求偿权$[(Y, T), Z, T^d]$,假定市值会恢复。（见假设 6.2.4）。和通常一样,我们将可违约求偿权在时刻 t 的价格记为 F_t,F_t 在命题 6.2.1 中给出。V 是如下方程的解：

$$
\begin{aligned}
0 = &\frac{1}{2}\big[\sigma_r^2 r^{2\beta}V_{rr} + \sigma_s^2 sV_{ss} + \sigma_u^2 V_{uu}\big] \\
&+ [\theta_r(t) - \hat{a}_r r]V_r + [b_s u - \hat{a}_s s]V_s \\
&+ [\theta_u - \hat{a}_u u]V_u + V_t - (r+s)V, \ (r, s, u, t) \in \mathbb{R}^3 \times [0, T) \quad (6.44)
\end{aligned}
$$

边界条件为

$$
V(r, s, u, T) = Y(r, s, u), (r, s, u) \in \mathbb{R}^3 \quad (6.45)
$$

我们假设 $G(y, \check{t}, z, t)$ 是如下方程的解：

$$
\begin{aligned}
0 = &\frac{1}{2}\sigma_r^2 r^{2\beta}G_{rr} + \frac{1}{2}\sigma_s^2 sG_{ss} + \frac{1}{2}\sigma_u^2 uG_{uu} \\
&+ [\theta_r(t) - \hat{a}_r r]G_r + [b_s u - \hat{a}_s s]G_s \\
&+ [\theta_u - \hat{a}_u u]G_u + G_t - (r+s)G \quad (6.46)
\end{aligned}
$$

边界条件为

$$
G(y, \check{t}, z, \check{t}) = \delta(r - y_r)\delta(s - y_s)\delta(u - y_u) \quad (6.47)
$$

其中,$\delta(\cdot)$是狄拉克(Dirac)函数[①], $x = (x_1, x_2, x_3)$, $y = (y_r, y_s, y_u)$, $z = (r, s, u)$。

[①] 我们采用的狄拉克函数的定义见 Wilmott 等(1993,第 94— 页):狄拉克函数 δ 并不是实际意义上的函数,而是一种推广函数,是当 $\varepsilon \to 0$ 时,具有下面性质的单参数函数 $\delta_\varepsilon(t)$ 的极限:

- 对于每个 ε, $\delta_\varepsilon(t)$ 是分段平滑的。
- $\int_{-\infty}^\infty \delta_\varepsilon(t)dt = 1$。
- 对于每个 $t \neq 0$, $\lim_{\varepsilon \to 0}\delta_\varepsilon(t) = 0$。

上述函数列被称为德尔塔序列。对于任意平滑函数 $f(x)$,

$$
\int_{-\infty}^\infty \delta(x - x_0)f(x)dx = f(x_0)
$$

将上式乘以 $\delta(x-x_0)$ 后积分,可以得到 f 在 x_0 点的值。此外,如果 $\mathcal{H}(x)$ 是单位阶跃函数,

$$
\mathcal{H}(x) = \begin{cases} 0, & x < 0 \\ 1, & x \geq 0 \end{cases}
$$

则有,$\int_{-\infty}^x \delta(\xi)d\xi = \mathcal{H}(x)$, 反之, $\mathcal{H}'(x) = \delta(x)$。有时 $\mathcal{H}(x)$ 被称为赫维赛德(Heaviside)函数。

可以直接证明[1]边界条件为式(6.45)的偏微分方程(6.44)的解为

$$V(z, t) = \iiint_{\mathbb{R}^3} G(y, T, z, t) Y(y) dy \tag{6.48}$$

第一步，我们证明式(6.48)中定义的 V 满足偏微分方程(6.44)，即

$$\frac{1}{2} [\sigma_r^2 r^{2\beta} V_{rr} + \sigma_s^2 s V_{ss} + \sigma_u^2 V_{uu}] + [\theta_r(t) - \hat{a}_r r] V_r + [b_s u - \hat{a}_s s] V_s$$

$$+ [\theta_u - \hat{a}_u u] V_u + V_t - (r + s) V$$

$$= \iiint_{\mathbb{R}^3} \left\{ \frac{1}{2} [\sigma_r^2 r^{2\beta} G_{rr}(y, T, z, t) + \sigma_s^2 s G_{ss}(y, T, z, t) + \sigma_u^2 u G_{uu}(y, T, z, t)] \right.$$

$$+ [\theta_r(t) - \hat{a}_r r] G_r(y, T, z, t) + [b_s u - \hat{a}_s s] G_s(y, T, z, t)$$

$$\left. + [\theta_u - \hat{a}_u u] G_u(y, T, z, t) + G_t(y, T, z, t) - (r + s) G(y, T, z, t) \right\} Y(y) dy$$

$$= \iiint_{\mathbb{R}^3} 0 \cdot Y(y) dy = 0$$

第一个等号通过交换积分与求导的次序得到。因此，G 必须满足一些适当的光滑性条件。第二个等号直接根据方程(6.46)得出。

第二步，我们证明满足边界条件(6.45)：

$$V(z, T) = \iiint_{\mathbb{R}^3} G(y, T, z, t) Y(y) dy$$

$$= \iiint_{\mathbb{R}^3} \delta(r - y_r) \delta(s - y_s) \delta(u - y_u) Y(y) dy \tag{6.49}$$

$$= Y(z) \tag{6.50}$$

根据式(6.47)得到式(6.49)，式(6.50)直接由狄拉克函数的性质得出。

推论 6.3.1

$$F(z, t) = 1_{\{t < \tau\}} \iiint_{\mathbb{R}^3} G(y, T, z, t) Y(y) dy$$

特别地，如果 $t < \tau$，有

$$P^d(z, t, T) = \iiint_{\mathbb{R}^3} G(y, T, z, t) dy$$

---

[1] 与 Chen(1996)或者 Cathcart 和 El-Jahel(1998)比较。Chen(1996)使用类似的方法为非违约债券定价。

因此,如果 $t < \tau$,有

$$\iiint_{\mathbb{R}^3} G(y, T, z, t) dy = A^d(t, T) e^{-B(t, T)r_t - C^d(t, T)s_t - D^d(t, T)u_t}$$

如果我们定义

$$\hat{L}(y, T, z, t) = \frac{G(y, T, z, t)}{P^d(z, t, T)}$$

就有

$$F(z, t) = 1_{\{t < \tau\}} P^d(z, t, T) \iiint_{\mathbb{R}^3} \hat{L}(y, T, z, t) Y(y) dy$$

通过构造,使得 $\hat{L}(y, T, z, t) > 0$,且对 y 的积分结果为1,因此,我们可以将 $\hat{L}$ 视为测度 $\mathbf{Q}^{\hat{L}}$ 下 r_T,s_T 及 u_T 的联合密度的概率密度函数。因此有

$$F(z, t) = 1_{\{t < \tau\}} P^d(z, t, T) E^{\mathbf{Q}^{\hat{L}}}[Y(y) \mid \mathcal{F}_t]$$

推论 6.3.2

简单可违约或有求偿权 $[(Y, T), Z, T^d]$ 在时刻 t 的无套利价格 F_t 为

$$\begin{aligned}
F_t &= E^{\mathbf{Q}}\left[\int_t^T e^{-\int_t^u r_l dl} Z_u dH_u + e^{-\int_t^T r_l dl} Y L_T \mid \mathcal{F}_t\right] \\
&= 1_{\{t < \tau\}} E^{\mathbf{Q}}\left[e^{-\int_t^T (r_l + s_l) dl} Y \mid \mathcal{F}_t\right] \\
&= 1_{\{t < \tau\}} \iiint_{\mathbb{R}^3} G(y, T, z, t) Y(y) dy \\
&= 1_{\{t < \tau\}} P^d(z, t, T) E^{\mathbf{Q}^{L}}[Y(y) \mid \mathcal{F}_t]
\end{aligned}$$

这样,如果知道函数 G,就可以很容易地得出衍生品的价格。

引理 6.3.1

$G(y, \check{t}, z, t)$ 由下式给出:

$$G(y, \check{t}, z, t) = \frac{1}{(2\pi)^{3/2}} \iiint_{\mathbb{R}^3} e^{-ixy'} \widetilde{G}(x, \check{t}, z, t) dx \tag{6.51}$$

其中,

$$\widetilde{G}(x, \check{t}, z, t) = A^{\widetilde{G}}(x, t, \check{t}) e^{-B^{\widetilde{G}}(x, t, \check{t})r - C^{\widetilde{G}}(x, t, \check{t})s - D^{\widetilde{G}}(x, t, \check{t})u}$$

且 $z = (r, s, u)$,$x = (x_1, x_2, x_3)$,$y = (y_r, y_s, y_u)$,以及

$$B^{\widetilde{G}}(x,t,\check{t})=\begin{cases} -ix_1 e^{-\hat{a}_r(\check{t}-t)}+\dfrac{1}{\hat{a}_r}(1-e^{-\hat{a}_r(\check{t}-t)}), \ \beta=0 \\[3mm] -\dfrac{2}{\sigma_r^2}\dfrac{\overline{\omega}(x_1)\kappa_1^{(r)}e^{-\kappa_1^{(r)}(\check{t}-t)}+\kappa_2^{(r)}e^{-\kappa_2^{(r)}(\check{t}-t)}}{\overline{\omega}(x_1)e^{-\kappa_1^{(r)}(\check{t}-t)}+e^{-\kappa_2^{(r)}(\check{t}-t)}}, \ \beta=\dfrac{1}{2} \end{cases} \quad (6.52)$$

$$C^{\widetilde{G}}(x,t,\check{t})=\frac{\kappa_3^{(s)}(x)-e^{-\delta_s(\check{t}-t)}}{\kappa_4^{(s)}(x)-\kappa_5^{(s)}(x)e^{-\delta_s(\check{t}-t)}}$$

$$D^{\widetilde{G}}(x,t,\check{t})=\frac{\dfrac{-2}{\sigma_u^2}(\pi_1(x)\varphi_2(x,t,\check{t})-e^{-2\delta_s\phi(\kappa_4^{(s)}(x),\kappa_3^{(s)}(x))(\check{t}-t)}\pi_2(x)\varphi_1(x,t,\check{t}))}{\pi_1(x)F_1^{\widetilde{G}}(x,t,\check{t})+e^{-2\delta_s\phi(\kappa_4^{(s)}(x),\kappa_3^{(s)}(x))(\check{t}-t)}\pi_2(x)F_3^{\widetilde{G}}(x,t,\check{t})}$$

如果 $\beta=\dfrac{1}{2}$,

$$A^{\widetilde{G}}(x,t,\check{t})=\widetilde{A}(x,t,\check{t})$$

且

$$\ln\widetilde{A}(x,t,\check{t})=\int_{\check{t}}^{t}(\theta_r(\tau)B^{\widetilde{G}}(x,\tau,\check{t})+\theta_u D^{\widetilde{G}}(x,\tau,\check{t}))d\tau$$

如果 $\beta=0$,

$$A^{\widetilde{G}}(x,t,\check{t})=\widetilde{A}(x,t,\check{t})e^{-\int_{\check{t}}^{t}\frac{1}{2}\sigma_r^2(B^{\widetilde{G}}(x,\tau,\check{t}))^2 d\tau}$$

$F(a,b,c,z)$ 是超几何函数,$\overline{\omega}$, $k_3^{(s)}$, $k_4^{(s)}$, $k_5^{(s)}$, π_1, π_2, φ_1, φ_2 将在下面的证明中给出定义。δ_s, $k_1^{(r)}$ 和 $k_2^{(r)}$ 由式(6.18)给出。

证明: 我们应用在附录 B.3 中的证明,令 $\alpha=1$,这样有

$$G(y,\check{t},z,t)=G^{(1)}(y,\check{t},z,t), \widetilde{G}(x,\check{t},z,t)=\widetilde{G}^{(1)}(x,\check{t},z,t)$$

$$A^{\widetilde{G}}(x,t,\check{t})=A^{\widetilde{G}^{(1)}}(x,t,\check{t}), B^{\widetilde{G}}(x,t,\check{t})=B^{\widetilde{G}^{(1)}}(x,t,\check{t})$$

$$C^{\widetilde{G}}(x,t,\check{t})=C^{\widetilde{G}^{(1)}}(x,t,\check{t}), D^{\widetilde{G}}(x,t,\check{t})=D^{\widetilde{G}^{(1)}}(x,t,\check{t})$$

$$\pi_1(x)=\pi_1^{(1)}(x), \pi_2(x)=\pi_2^{(1)}(x)$$

$$\varphi_1(x,t,\check{t})=\varphi_1^{(1)}(x,t,\check{t}), \varphi_2(x,t,\check{t})=\varphi_2^{(1)}(x,t,\check{t})$$

$$\kappa_3^{(s)}(x)=\kappa_3^{(s,1)}(x), \kappa_4^{(s)}(x)=\kappa_4^{(s,1)}(x)$$

$$\kappa_5^{(s)}(x)=\kappa_5^{(s,1)}(x)$$

$\overline{\omega}$ 由方程(B.21)给出。

下面在可违约债券的价格给定的假设下,我们归纳一下计算可违约利率衍生产品的

价格的步骤①：

(1) 根据引理 6.3.1,对函数 G 进行傅里叶变换②得到 $\widetilde{G}$。

(2) 确定概率密度函数 $\hat{L}$,方法如下：

a) 根据 $\widetilde{G}$ 构造 $\hat{L}$ 的傅里叶变换 $\widetilde{L}$。

$$\widetilde{L}(x,\check{t},z,t)=\frac{1}{(2\pi)^{3/2}}\frac{\widetilde{G}(x,\check{t},z,t)}{\widetilde{G}(0,\check{t},z,t)}$$

其中,0 为三维零向量。

证明：

$$\widetilde{G}(x,\check{t},z,t)=\frac{1}{(2\pi)^{3/2}}\iiint_{\mathbb{R}^3}e^{ixy'}G(y,\check{t},z,t)dy$$

$$=\frac{1}{(2\pi)^{3/2}}\iiint_{\mathbb{R}^3}e^{ixy'}\hat{L}(y,\check{t},z,t)P^d(z,t,\check{t})dy$$

$$=\frac{1}{(2\pi)^{3/2}}P^d(z,t,\check{t})\iiint_{\mathbb{R}^3}e^{ixy'}\hat{L}(y,\check{t},z,t)dy$$

$$=P^d(z,t,\check{t})\widetilde{L}(x,\check{t},z,t)$$

因而

$$\widetilde{L}(x,\check{t},z,t)=\frac{\widetilde{G}(x,\check{t},z,t)}{P^d(z,t,\check{t})}$$

最后

$$P^d(z,t,\check{t})=\iiint_{\mathbb{R}^3}G(y,\check{t},z,t)dy$$

$$=(2\pi)^{3/2}\widetilde{G}(0,\check{t},z,t)$$

b) 计算 $\widetilde{L}$ 的傅里叶逆变换 $\hat{L}$。

---

① 如果得不到可违约债券的价格,我们可以用定理 6.3.1 来确定。因此必须首先校准一下三因子可违约期限结构模型。

② 在 $\mathbb{R}$ 的每个有限子区间中满足狄立克雷(Dirichlet)条件(见 Bronstein & Semendjajew, 1991,第 608 页)且 $\int_{-\infty}^{\infty}|f(x)|<\infty$ 的函数 $f:\mathbb{R}\to\mathbb{R}$ 的傅里叶变换为

$$\frac{1}{\sqrt{2\pi}}\int_{-\infty}^{\infty}f(x)e^{iyx}dx$$

$$\hat{L}(y,\check{\imath},z,t)=\frac{1}{(2\pi)^{3/2}}\iiint_{\mathbb{R}^3}e^{-ixy'}\tilde{L}(x,\check{\imath},z,t)dx$$

如果不能得出解析解，我们根据特征函数的逆变换用数值方法来计算 $\hat{L}$。

（3）用可违约债券价格及 L 计算可违约利率衍生产品的价格。

$$F(z,t)=1_{\{t<\tau\}}P^d(z,t,T)\iiint_{\mathbb{R}^3}\hat{L}(y,T,z,t)Y(y)dy$$

6.3.6 可违约浮动利率票据

下面，我们讨论可违约浮动利率票据定价，给定其调息期序列为 $t_1\leqslant t<t_i\leqslant T$, $i=2,\cdots,n$，承诺的支付期序列为 $t<t_p(t_i)\leqslant T$, $i=1,\cdots,n$，使得对于所有 i, $t_i\leqslant t_p(t_i)$。令 $\tau_p^1=t_p(t_1)-t$, $\tau_p^i=t_p(t_i)-t_p(t_{i-1})$, $i=2,\cdots,n$。在实际中，浮动利率票据利率价差通常是相对于某个协议浮动指数，例如 3 个月的 LIBOR，该浮动指数不必为纯粹非违约指数。如果纯粹非违约浮动利率与基准利率之间的价差是一个常数，进一步的分析就没有问题。我们假设定期的浮动利率支付为 LIBOR 加上一个常数价差 S。时刻 t_i 的固定指数收益率和该指数的到期期限分别记为 $I(t_i)$ 及 τ^I。对于年化的 LIBOR，我们有

$$I(t_i)=\frac{1}{\tau^I}\Big(\frac{1}{P(t_i,t_i+\tau^I)}-1\Big)$$

其中，非违约债券价格 $P(t_i,t_i+\tau^I)$ 由式（6.15）给出。在时刻 $t_p(t_i)$ 存在一个浮动利率支付 $\tau_p^iI(t_i)+S$, $i=1,\cdots,n$。不失一般性，假定实际的标准市场上 $\tau_p^i=\tau^I$。可违约浮动利率票据可作为可违约求偿权。因此，我们将 6.3.5 节的框架应用于该金融工具的定价中。我们先来考虑调息期与支付期相同的特殊情况。

特殊情况：支付时间为 $t_p(t_i)=t_i$, $i=2,\cdots,n$。根据命题 6.3.1，$\tau^II(t_i)$ 在时刻 t 的价格 $f_i(t)$ 为

$$f_i(t)=E^{\mathbf{Q}}\Big[e^{-\int_t^{t_i}(r_l+s_l)dl}\tau^II(t_i)\,\Big|\,\mathcal{F}_t\Big]$$

$$=E^{\mathbf{Q}}\Big[e^{-\int_t^{t_i}(r_l+s_l)dl}\Big(\frac{1}{P(t_i,t_i+\tau^I)}-1\Big)\,\Big|\,\mathcal{F}_t\Big]$$

我们用 6.3.5 节描述的偏微分方程来求出该期望值。根据 Feynman-Kac 公式，f_i 满足下

面的偏微分方程:

$$0 = \frac{1}{2}\sigma_r^2 r^{2\beta}(f_i)_{rr} + \frac{1}{2}\sigma_s^2 s(f_i)_{ss} + \frac{1}{2}\sigma_u^2 u(f_i)_{uu} \tag{6.53}$$

$$+ [\theta_r(t) - \hat{a}_r r](f_i)_r + [b_s u - \hat{a}_s s](f_i)_s$$

$$+ [\theta_u - \hat{a}_u u](f_i)_u + (f_i)_t - (r+s)f_i, \ (r, s, u, t) \in \mathbb{R}^3 \times [0, T)$$

边界条件为

$$f_i(z, t_i) = \frac{1}{P(z, t_i, t_i + \tau^I)} - 1 \tag{6.54}$$

方程(6.53)和(6.54)的解为

$$f_i(t) = f_i(z, t) = \iiint_{\mathbb{R}^3} G(y, t_i, z, t)\left(\frac{1}{P(y, t_i, t_i + \tau^I)} - 1\right) dy \tag{6.55}$$

且

$$\hat{L}(y, t_i, z, t) = \frac{G(y, t_i, z, t)}{P^d(t, t_i)} \tag{6.56}$$

$$f_i(t) = f_i(z, t) = P^d(t, t_i)\iiint_{\mathbb{R}^3} \hat{L}(y, t_i, z, t)\left(\frac{1}{P(y, t_i, t_i + \tau^I)} - 1\right) dy$$

最后,浮动利率票据在时刻 t 的价格为

$$P_f^d(t, T) = 1_{\{t<\tau\}} \sum_{i=2}^{n} (f_i(t) + S \cdot P^d(t, t_i)) + 1_{\{t<\tau\}} P^d(t, T) \tag{6.57}$$

一般情况:当 $i=1$ 时,在时刻 t 已经知道支付为 $\tau^I I(t_1)$,定价问题归结为浮动利率息票的定价。因此,$\tau^I I(t_1)$ 在时刻 t 的价格 $f_1(t)$ 为

$$f_1(t) = P^d(t, t_p(t_1))\left(\frac{1}{P(t_1, t_1 + \tau^I)} - 1\right)$$

当 $i \geqslant 2$ 时,情况变得更加复杂。$\tau^I I(t_i)$ 在时刻 t 的价格 $f_i(t)$ 为

$$f_i(t) = E^{\mathbf{Q}}\left[e^{-\int_t^{t_p(t_i)}(r_l+s_l)dl}\tau^I I(t_i) \,\Big|\, \mathcal{F}_t\right]$$

$$= E^{\mathbf{Q}}\left[e^{-\int_t^{t_i}(r_l+s_l)dl}\left(\frac{P^d(t_i, t_p(t_i))}{P(t_i, t_i + \tau^I)} - P^d(t_i, t_p(t_i))\right) \,\Big|\, \mathcal{F}_t\right]$$

证明：

$$E^{\mathbf{Q}}\left[e^{-\int_t^{t_p(t_i)}(r_l+s_l)dl}\tau^I I(t_i)\,\Big|\,\mathcal{F}_{t_i}\right]$$

$$=E^{\mathbf{Q}}\left[e^{-\int_t^{t_i}(r_l+s_l)dl}e^{-\int_{t_i}^{t_p(t_i)}(r_l+s_l)dl}\tau^I I(t_i)\,\Big|\,\mathcal{F}_{t_i}\right]$$

$$=e^{-\int_t^{t_i}(r_l+s_l)dl}\tau^I I(t_i)P^d(t_i,t_p(t_i))$$

通过运用塔法，我们有

$$E^{\mathbf{Q}}\left[e^{-\int_t^{t_p(t_i)}(r_l+s_l)dl}\tau^I I(t_i)\,\Big|\,\mathcal{F}_t\right]$$

$$=E^{\mathbf{Q}}\left[e^{-\int_t^{t_i}(r_l+s_l)dl}\tau^I I(t_i)P^d(t_i,t_p(t_i))\,\Big|\,\mathcal{F}_t\right]$$

运用 6.3.5 节的结论，求解边界条件如下的偏微分方程(6.53)：

$$f_i(z,t_i)=\frac{P^d(z,t_i,t_p(t_i))}{P(z,t_i,t_i+\tau^I)}-P^d(z,t_i,t_p(t_i))$$

得到

$$f_i(t)=f_i(z,t)$$

$$=P^d(t,t_i)\iiint_{\mathbb{R}^3}\hat{L}(y,t_i,z,t)\left(\frac{P^d(z,t_i,t_p(t_i))}{P(z,t_i,t_i+\tau^I)}-P^d(z,t_i,t_p(t_i))\right)dy$$

最后，浮动利率票据在时刻 t 的价格为

$$P_f^d(t,T)=1_{\{t<\tau\}}\sum_{i=1}^n\left(f_i(t)+S\cdot P^d(t,t_i)\right)+1_{\{t<\tau\}}P^d(t,T) \tag{6.58}$$

6.3.7 可违约利率互换

利率互换是指双方同意以同种货币定期互换浮动利率或固定利率现金流的协议。浮动利率现金流基于一个特定的基准利率(指数)。在典型的互换合约中，固定利率方每年支付固定的金额，而浮动利率方一年需支付数次。支付金额与时间都是事先确定的。普通利率互换是指浮动利率现金流与固定利率现金流互换，互换一方基于浮动利率指数，另一方基于事先商定好的固定利率。如果没有违约风险，普通互换就是两种无风险债券的互换。根据 Bicksler 和 Chen(1986)，互换交易等同于这样一个协议，即承诺支付固定金额的一方将固定附息非违约债券与非违约浮动利率票据交换，固定附息非违约债券的付息期和到期期限与该互换相同，非违约浮动利率票据的浮动利率指数、支付期和到期期限与一方承诺按浮动利率支付的互换相同。在实践中，互换双方通常并非无违约

风险的,但只有息票违约风险。净额结算通常进一步降低了信用风险。本金不会存在风险,这是因为根据互换合约的条款,互换双方的本金没有互换。互换中违约风险的价格高度依赖于触发违约事件和破产清算。互换协议的终止条件在国际互换交易商协会(ISDA)主协议中制定。根据协会的"违约"规则,互换合约的破产条款是:一旦违约发生,将来就不会发生任何支付。特别地,如果互换合约对于违约方的剩余市值为正,非违约方没有义务补偿违约方。根据协会的"非违约"规则,基于互换合约剩余的市值,剩余市值为负的一方有义务赔偿另一方,而不必考虑谁是违约方。

Sundaresan(1991)是首位考虑可违约利率互换产品定价的研究者。他将非违约短期利率与违约溢价模型化为 Cox-Ingersoll-Ross 过程(见 Cox et al., 1985)。Cooper 和 Mello(1991)计算了结构模型的可违约互换价格,但是仅仅考虑了单边违约风险。他们不允许互换采用净额结算的方式,只考虑"非违约"规则。Sorensen 和 Bollier(1994)分析了双边违约风险,并没有采用高级信用风险模型,Duffie 和 Huang(1996)首先采用高级信用风险模型特别是强度模型来模型化双边信用风险。他们应用了 Rendleman(1992)提出的基本概念。本书中我们用自己的混合模型分析了利率互换中双边违约风险。

下面,我们开始建模,模型中的双方为 A 和 B, A 支付固定利率现金流,B 支付浮动利率现金流。给定调息期序列为 t_i, $i=1, \cdots, n$, 支付期序列为 $t_p(t_i)$, $i=1, \cdots, n$, 使得 $t_1 \leqslant t \leqslant t_p(t_1) \leqslant t_2 \leqslant t_p(t_2) \leqslant t_3 \leqslant t_p(t_3) \leqslant \cdots \leqslant t_n \leqslant t_p(t_n) = T$。定期浮动利率支付为协议浮动利率指数,如三个月的 LIBOR。时刻 t_i 的固定指数收益率和该指数的到期期限分别记为 $I(t_i)$ 与 τ^I。对于年化的 LIBOR,我们有

$$I(t_i) = \frac{1}{\tau^I} \left(\frac{1}{P(t_i, t_i + \tau^I)} - 1 \right)$$

其中,非违约债券价格 $P(t_i, t_i + \tau^I)$ 由式(6.15)给出。定期有限固定利率支付用 c 表示。那么,普通利率互换是固定利率支付序列 $\{c\}$ 与浮动利率支付系列 $\{\tau^I I(t_i)\}$ 在时刻 $\{t_p(t_i)\}$ 相交换。注意,时刻 $t_p(t_i)$ 的浮动利率支付 $\tau^I I(t_i)$ 取决于时刻 t_i 的非违约短期利率 r_{t_i} 而非时刻 $t_p(t_i)$ 的可违约短期利率 $r_{t_p(t_i)}$。与浮动利率票据一样,我们也可以将浮动利率支付定为 $\tau^I I(t_i)$ 加上常数价差 S。如果考虑时刻 $t_p(t_i)$ 可能的异步互换支付,则可能有三种支付程序:

- A 方收到浮动利率支付 $\tau^I I(t_i)$,即 A 方的净支付为 $C_A(t_p(t_i)) = \tau^I I(t_i)$。
- A 方付出固定利率支付 c,即 A 方的净支付为 $C_A(t_p(t_i)) = -c$。
- 浮动利率支付为 $\tau^I I(t_i)$,固定利率支付为 c,即 A 方的净支付为 $C_A(t_p(t_i)) = \tau^I I(t_i) - c$。如果 $c - \tau^I I(t_i) > 0$, B 方收到现金流,否则 A 方收到现金流。

我们将时刻 t 互换合约对于互换方 i, $i \in \{A, B\}$ 的价值记为 $F_i(t)$。显然,

$F_A(t) = -F_B(t)$。由于标准市场实践的是"非违约"规则，我们集中考虑这种情况。

单边违约风险

假设 6.3.1

互换双方中只有一方存在违约风险，比如互换方 i，$i \in \{A, B\}$。

对于互换方 i，我们假设由式(6.5)、(6.6)和(6.7)确定的动态过程。因为另一方没有违约风险，式(6.5)充分描述了其利率过程。采用定义 6.3.1 中的表示法，对于互换方 A，一个互换合约可理解为一个三元组 $[(Y_A, D_A, T), Z_A, T_A^d]$，$Y_A = 0$，违约前支付为

$$dD_A(t) = \begin{cases} C_A(t_p(t_j)), & t = t_p(t_j), j = 1, \cdots, n \\ 0, & \text{其他} \end{cases} \tag{6.59}$$

可预测结算支付为

$$Z_A(t) = \begin{cases} w_A(t)F_A(t-), & F_A(t-) < 0, \text{A 违约} \\ F_A(t-), & F_A(t-) \geqslant 0, \text{A 违约} \\ w_B(t)F_A(t-), & F_A(t-) \geqslant 0, \text{B 违约} \\ F_A(t-), & F_A(t-) < 0, \text{B 违约} \end{cases} \tag{6.60}$$

$w_i(t)$ 是假设 6.2.4 中定义的互换方 i 的回收率过程。注意，我们对 Y_A，D_A 及 T_A^d 的定义满足可违约求偿权的所有特征。因此，我们可以应用我们推广后的理论。当 $t < \tau$，可违约利率互换的价格 $F_A(t)$ 为

$$\begin{aligned} F_A(t) = E^{\mathbf{Q}} \Big[& \int_t^T e^{-\int_t^u r_l dl} Z_A(u) dH_i(u) \\ & + \int_t^T e^{-\int_t^u r_l dl} L_i(u) dD_A(u) \mid \mathcal{F}_t \Big] \end{aligned} \tag{6.61}$$

其中，$H_i(t)$ 是互换方 i 的违约示性函数，$L_i(t) = 1 - H_i(t)$。因为互换合约并不是单方求偿权，所以我们不能使用命题 6.3.1 及 6.3.5 节提出的框架来为该合约估值。我们必须考虑双方违约的情况。但我们可以把命题 6.3.1 推广到更一般的情况。

命题 6.3.2

如果我们假设

- 式(6.59)给出的违约前支付，式(6.60)给出的结算日支付。
- 对于违约方 i，由式(6.5)、(6.6)和(6.7)确定的动态利率过程。
- 对于非违约方，由式(6.5)确立的动态过程

那么，由式(6.61)给出的价格过程 $F_A(t)$ 满足

$$F_A(t) = V_A \mathbf{1}_{\{t < \tau\}}$$

其中，对于 $0 \leqslant t < T$，适应连续过程 V 为

$$V_t = \begin{cases} E^{\mathbf{Q}}\left[\int_t^T e^{-\int_t^u (r_l + s_l \cdot 1_{\{F_A(l-)<0\}})dl} dD_A(u) \mid \mathcal{F}_t\right], \text{A 违约} \\ E^{\mathbf{Q}}\left[\int_t^T e^{-\int_t^u (r_l + s_l \cdot 1_{\{F_A(l-)\geq 0\}})dl} dD_A(u) \mid \mathcal{F}_t\right], \text{B 违约} \end{cases}$$ (6.62)

当 $t \geq T$ 时,有 $V_t = 0$。式(6.62)在半鞅空间 J 中有唯一解,使得对于 $q > 1$,$E^{\mathbf{Q}}[\sup_t |J_t|^q] < \infty$。

证明:证明过程见命题 6.3.4。

评注 6.3.3

更多定价方法见 6.3.7 节。

双方对称违约风险

假设 6.3.2

在违约之前,双方总是具有相同的违约风险,但不会发生双方同时违约的情况。

我们把 6.2.2 节中对违约的定义推广到存在 A 和 B 双方的情况,将随机违约时间模型化为取值在区间 $[0, \infty)$ 上的 **F**-停时 T_i^d,$i \in \{A, B\}$。互换合约的违约时间 T^d 定义为:$T^d = \min\{T_A^d, T_B^d\}$。如果 T 是互换的到期日,我们令 $\tau = \min(T, T^d)$。事件 $\{T^d > \tau\}$ 是没有违约的事件。我们假设双方的利率动态过程为由式(6.5)、式(6.6)和式(6.7)确定的相同过程。当 $t < \tau$ 时,可违约互换的价格为

$$F_A(t) = E^{\mathbf{Q}}\left[\int_t^T e^{-\int_t^u r_l dl} 1_{\{u \leq T^d\}} Z_A(u)(dH_A(u) + dH_B(u)) \right. \\ \left. + \int_t^T e^{-\int_t^u r_l dl} L_A(u)L_B(u)dD_A(u) \mid \mathcal{F}_t\right]$$

其中,D_A 和 Z_A 分别由式(6.59)和式(6.60)给出,$H_i(t)$,$i \in \{A, B\}$ 是 A 与 B 双方的违约示性函数。此外,$L_i(t) = 1 - H_i(t)$。这样我们有下面的命题。

命题 6.3.3

对于 $0 \leq t < T$,

$$F_A(t) = V_t 1_{\{t<\tau\}}$$

且

$$V_t = E^{\mathbf{Q}}\left[\int_t^T e^{-\int_t^u (r_l + s_l)dl} dD_A(u) \mid \mathcal{F}_t\right]$$ (6.63)

当 $t \geq T$ 时,$V_t = 0$。方程(6.63)在半鞅空间 J 中有唯一解,使得对于 $q > 1$,$E^{\mathbf{Q}}[\sup_t |J_t|^q] < \infty$。

证明:证明见命题 6.3.4。

评注 6.3.4

在双边对称违约风险中，$F_A(t)$ 的计算方法与可违约固定利率债券和可违约浮动利率票据的定价方法一样。

双方不对称违约风险

最后，我们将可违约互换合约的定价推广到互换双方 A 与 B 的违约风险相互独立的情况。我们再次假设他们不可能会同时违约[①]。

假设 6.3.3

在测度 **Q** 下，非违约短期利率过程如式 (6.5) 所示。

假设 6.3.4

在测度 **Q** 下，对于互换方 $i = A, B$，不确定性指数过程由下面的随机微分方程给出：

$$du_i(t) = [\theta_u^i - \hat{a}_u^i u_i(t)]dt + \sigma_u^i \sqrt{u_i(t)} d\hat{W}_u^i(t), \ 0 \leqslant t \leqslant T^*, \ i = A, B$$

其中，$\hat{a}_u^i$，σ_u^i 是正常数，$i = A, B$，θ_u^i 是非负常数，$i = A, B$。

假设 6.3.5

在测度 **Q** 下，对于互换方 $i = A, B$，短期利率价差过程由下面的随机微分方程给出：

$$ds_i(t) = [b_s^i - \hat{a}_s^i s_i(t)]dt + \sigma_s^i \sqrt{s_i(t)} d\hat{W}_s^i(t), \ 0 \leqslant t < T^*, \ i = A, B$$

其中，$\hat{a}_s^i$，b_s^i，σ_s^i 是正常数。

此外，我们假设布朗运动 $\hat{W}_r$，$\hat{W}_s^A$，$\hat{W}_s^B$，$\hat{W}_u^A$ 和 $\hat{W}_u^B$ 两两不相关。

在双方对称违约风险情况下，$F_A(t)$ 为

$$F_A(t) = E^{\mathbf{Q}}\left[\int_t^T e^{-\int_t^u r_l dl} 1_{\{u \leqslant \tau\}} Z_A(u)(dH_A(u) + dH_B(u))\right.$$
$$\left. + \int_t^T e^{-\int_t^u r_l dl} L_A(u) L_B(u) dD_A(u) \mid \mathcal{F}_t\right]$$

其中，D_A 和 Z_A 分别由式 (6.59) 和式 (6.60) 给出。这样我们有下面的命题。

命题 6.3.4

对于 $0 \leqslant t < T$，

$$F_A(t) = V_t 1_{\{t < \tau\}}$$

且

$$V_t = E^{\mathbf{Q}}\left[\int_t^T e^{-\int_t^u (r_l + s_A(l)1_{\{F_A(l-) < 0\}} + s_B(l)1_{\{F_A(l-) \geqslant 0\}})dl} dD_A(u) \mid \mathcal{F}_t\right] \tag{6.64}$$

[①] 在实践中，互换合约双方以正概率同时违约的情况是不太可能出现的。

当 $t \geqslant T$ 时，$V_t = 0$。

证明：式(6.64)的存在性与唯一性可以由引理 6.2.4 直接得到。因为 $e^{-\int_t^T r_u du} F_A(T) = 0$，对于 $t < \tau$，有

$$F_A(t) = E^{\mathbf{Q}} \left[\int_t^T e^{-\int_t^l r_u du} (L_A(l) L_B(l) dD_A(l) + 1_{\{l \leqslant \tau\}} Z_A(l)(dH_A(l) + dH_B(l))) \Big| \mathcal{F}_t \right]$$

$$= E^{\mathbf{Q}} \left[\int_t^T e^{-\int_t^l r_u du} (L_A(l) L_B(l) dD_A(l) + 1_{\{l \leqslant \tau\}} Z_A(l)(dH_A(l) + dH_B(l))) \right.$$

$$\left. + e^{-\int_t^T r_u du} F_A(T) \Big| \mathcal{F}_t \right]$$

将推论 6.2.1 应用于 F_A，对于（局部）$\mathbf{Q}$ 鞅 m 和 $\tilde{m}$，根据式(6.60)，具有 $M_A^d(t)$ 和 $M_B^d(t)$ 的引理 6.2.3，以及 $F_A(t) = F_A(t) \cdot 1_{\{t \leqslant \tau\}}$，有

$$dF_A(t) = r_t F_A(t) dt - L_A(t) L_B(t) dD_A(t)$$
$$- 1_{\{t \leqslant \tau\}} Z_A(t)(dH_A(t) + dH_B(t)) + dm_t$$
$$= r_t F_A(t) dt - L_A(t) L_B(t) dD_A(t)$$
$$- 1_{\{t \leqslant \tau\}} F_A(t-)(1_{\{F_A(t-) < 0\}}(w_A(t) - 1) + 1) dH_A(t)$$
$$- 1_{\{t \leqslant \tau\}} F_A(t-)(1_{\{F_A(t-) \geqslant 0\}}(w_B(t) - 1) + 1) dH_B(t) + dm_t$$
$$= r_t F_A(t) dt - L_A(t) L_B(t) dD_A(t)$$
$$- 1_{\{t \leqslant \tau\}} 1_{\{F_A(t-) < 0\}} F_A(t-)(w_A(t) - 1) dH_A(t)$$
$$- 1_{\{t \leqslant \tau\}} F_A(t-) dH_A(t)$$
$$- 1_{\{t \leqslant \tau\}} 1_{\{F_A(t-) \geqslant 0\}} F_A(t-)(w_B(t) - 1) dH_B(t)$$
$$- 1_{\{t \leqslant \tau\}} F_A(t-) dH_B(t) + dm_t$$
$$= r_t F_A(t) dt - L_A(t) L_B(t) dD_A(t)$$
$$- 1_{\{t \leqslant \tau\}} 1_{\{F_A(t-) < 0\}} F_A(t-)(dM_A^d(t) - s_A(t) dt)$$
$$- 1_{\{t \leqslant \tau\}} F_A(t-) dH_A(t)$$
$$- 1_{\{t \leqslant \tau\}} 1_{\{F_A(t-) \geqslant 0\}} F_A(t-)(dM_B^d(t) - s_B(t) dt)$$
$$- 1_{\{t \leqslant \tau\}} F_A(t-) dH_B(t) + dm_t$$
$$= 1_{\{t \leqslant \tau\}} r_t F_A(t) dt - L_A(t) L_B(t) dD_A(t)$$
$$+ 1_{\{t \leqslant \tau\}} F_A(t-)(s_A(t) 1_{\{F_A(t-) < 0\}} + s_B(t) 1_{\{F_A(t-) \geqslant 0\}}) dt$$
$$- 1_{\{t \leqslant \tau\}} F_A(t-)(dH_A(t) + dH_B(t)) + d\tilde{m}_t$$
$$= 1_{\{t \leqslant \tau\}} F_A(t)(r_t + s_A(t) 1_{\{F_A(t-) < 0\}} + s_B(t) 1_{\{F_A(t-) \geqslant 0\}}) dt$$
$$- L_A(t) L_B(t) dD_A(t)$$
$$- 1_{\{t \leqslant \tau\}} F_A(t-)(dH_A(t) + dH_B(t)) + d\tilde{m}_t$$

其中，

$$d\widetilde{m}_t = -L_A(t-)L_B(t-)F_A(t-)1_{\{F_A(t-)<0\}}(dM_A^d(t)-dM_B^d(t))$$
$$-L_A(t-)L_B(t-)F_A(t-)dM_B^d(t)+dm_t$$

将引理 6.2.6 应用于 F_A，有（该引理的前提的证明同命题 6.2.1 和命题 6.3.1 中的证明）

$$F_A(t) \cdot 1_{\{t<\tau\}} = F_A(t)$$
$$= E^{\mathbf{Q}}\Big[\int_t^T -(r_l+s_A(l)1_{\{F_A(l-)<0\}}+s_B(l)1_{\{F_A(l-)\geqslant 0\}})1_{\{l\leqslant\tau\}}F_A(l)dl$$
$$+L_A(l)L_B(l)dD_A(l)+1_{\{l\leqslant\tau\}}F_A(l-)(dH_A(l)+dH_B(l)) \mid \mathcal{F}_t\Big]$$

另一方面，将推论 6.2.1 用于 V_t，对于某个 $\mathbf{Q}$-鞅 $\hat{m}$，有

$$dV_t = (r_s+s_A(t)\cdot 1_{\{F_A(t-)<0\}}+s_B(t)\cdot 1_{\{F_A(t-)\geqslant 0\}})V_t dt - dD_A(t)+d\hat{m}_t$$

采用分部积分，得出

$$d(V_t 1_{\{t<\tau\}}) = d(V_t L_A(t)L_B(t))$$
$$= L_A(t-)L_B(t-)dV_t - V_{t-}(L_B(t-)dH_A(t)+L_A(t-)dH_B(t))$$
$$= L_A(t-)L_B(t-)((r_t+s_A(t)1_{\{F_{t-}^A<0\}}+s_B(t)1_{\{F_{t-}^A\geqslant 0\}})V_t dt$$
$$-dD_A(t)+d\hat{m}_t) - V_{t-}(L_B(t-)dH_A(t)+L_A(t-)dH_B(t))$$
$$= -L_A(t-)L_B(t-)dD_A(t)+L_A(t-)L_B(t-)$$
$$(r_t+s_A(t)1_{\{F_A(t-)<0\}}+s_B(t)1_{\{F_A(t-)\geqslant 0\}})V_t dt$$
$$-1_{\{t\leqslant\tau\}}V_{t-}(dH_A(t)+dH_B(t))+L_A(t-)L_B(t-)d\hat{m}_t$$

将引理 6.2.6 应用于 $V_t 1_{\{t<\tau\}}$，有（该引理的前提的证明同命题 6.2.1 和命题 6.3.1 中的证明）

$$V_t 1_{\{t<\tau\}} = E^{\mathbf{Q}}\Big[\int_t^T -(r_l+s_A(l)1_{\{F_A(l-)<0\}}+s_B(l)1_{\{F_A(l-)\geqslant 0\}})1_{\{l\leqslant\tau\}}V_l dl$$
$$+L_A(l)L_B(l)dD_A(l)+1_{\{l\leqslant\tau\}}V_{l-}(dH_A(l)+dH_B(l)) \Big| \mathcal{F}_t\Big]$$

由解的唯一性，我们可以得出，对于 $t<\tau$，

$$F_A(t) = V_t 1_{\{t<\tau\}}$$

这样方程（6.64）的解可以确定下来，比如，通过选择 Feynman-Kac 表达式和求解合适的偏微分方程求得，可以运用同 Crank-Nicholson 方法[1]一样的有限差分算法，或者采用蒙特卡罗（Monte Carlo）模拟方法。

---

① 见 Lamberton 和 Lapeyre(1996)。

6.4 信用衍生产品定价

6.4.1 部分定价文献

下面我们根据三因子可违约期限结构模型求出信用期权、价差期权、违约期权/互换产品的定价公式。与其他研究者的做法不同,我们采用三因子模型和类似于 6.3.5 节中介绍的方法的偏微分方程法来为信用衍生产品定价。本节中我们假设 $\beta = \frac{1}{2}$,这可以保证非违约短期利率 r 总是正数。对 $\beta = 0$ 的情况的讨论见附录 C。为了在三因子模型框架中求出定价公式,我们必须首先进行一些拓展。假定我们要为可违约零息债券的期权(即信用期权)定价。如果该期权在零息债券违约时失效,期权的买方得不到任何支付。因此,我们可以将该期权理解为回收率为 v 的可违约投资。我们可以用风险贴现率对该期权到期日承诺的现金流进行贴现得到的期望值来作为该期权的价格。但是如何选择风险贴现率呢? 因为该期权的回收率与参照可违约零息债券的回收率不同,所采用的风险贴现率也与可违约零息债券定价时采用的风险贴现率不同。为此,我们必须采用短期利率信用价差 s^{zero},其描述了等同于零息债券(特别是信用等级相同,但回收率为零)发行人的债务人的信用价差过程。因此,对于信用期权等信用衍生产品的定价,我们需要到期日 $T > 0$ 的下列相关数据:

- 债券价格 $P(t,T)$ 的非违约期限结构。
- 债券价格 $P^d(t,T)$ 的可违约期限结构。
- 回收率为 0 的债券价格 $P^{d,zero}(t,T)$ 的可违约期限结构。

首先,非违约期限结构容易得到,可以选择发达经济体的政府债券曲线或者互换曲线;其次是参照信用资产的可违约期限结构,理想情况下可从参照信用债券的价格中直接获取;最后是回收率为 0 的可违约债券的价格数据。这些数据是很难得到的,但是我们可以从债券价格的可违约及非违约期限结构中得到债券价格的回收率为 0 的期限结构。因此我们可以采用我们的三因子可违约期限结构模型。显然,不确定性指数 u 和非违约短期利率 r 并不依赖于回收率,但是回收率可以潜在地改变短期利率价差。为此,我们必须在我们的模型中再引入一个随机过程来描述回收率为 0 的短期利率价差。这样做与我们对可违约货币市场账户的定义(定义 6.2.4)是一致的。

假设 6.4.1

回收率为 0 的短期利率信用价差 s^{zero} 为

$$s_t^{zero} = \frac{s_t}{1 - w_t}, \ 0 \leqslant t \leqslant T^* \tag{6.65}$$

其中，s_t 是式(6.3)定义的短期利率价差过程，$0 \leqslant w_t < 1$ 是假设 6.2.4 中参照信用资产的回收率过程。

定义 6.4.1(对应于定义 6.2.4)

回收率为 0 的可违约货币市场账户 $B^{d, zero}$ 定义为

$$B_t^{d, zero} = \left(1 - \int_0^t dH_l\right) e^{\int_0^t (r_l + s_l^{zero}) dl}$$

其中，H_t 为参照信用资产的违约示性函数。

引理 6.4.1(对应于引理 6.2.3)

$M_t^{d, zero} = \int_0^t s_l^{zero} dl - \int_0^t dH_l$ 是 $\mathcal{F}_t -$ (局部)鞅，H_t 为参照信用资产的违约示性函数。

证明：见引理 6.2.3 的证明。

使用引理 6.2.4、引理 6.2.5、引理 6.2.6、引理 6.4.1 和推论 6.2.1，可以证明下面的命题是有效的。

命题 6.4.1(对应于命题 6.2.1)

令对于 $q > 1$, $E^{\mathbf{Q}}[|Y|^q] < \infty$，假设回收率为 0(即或有求偿权在参照信用资产违约时失效)，根据式(6.5)、式(6.6)、式(6.7)和式(6.65)确定的随机过程，价格过程 F_t 为

$$F_t = E^{\mathbf{Q}}\left[e^{-\int_t^T r_l dl} Y L_T \ \middle| \ \mathcal{F}_t\right], \ 0 \leqslant t < \tau$$

其中，$L_T = 1 - H_T$。 这是由下式得出的：

$$F_t = V_t 1_{\{t < \tau\}} \tag{6.66}$$

其中，适应的连续过程 V 定义为

$$V_t = E^{\mathbf{Q}}\left[e^{-\int_t^T (r_l + s_l^{zero}) dl} Y \ \middle| \ \mathcal{F}_b\right], \ 0 \leqslant t < T \tag{6.67}$$

且对于 $t \geqslant T$，有 $V_t = 0$，即，如果直到时刻 t 才发生违约，对无风险现金流用回收率为 0 的风险贴现率贴现得到的期望值就是 F_t。方程(6.67)在半鞅空间 J 中有唯一一解，使得对于 $q > 1$, $E^{\mathbf{Q}}[\sup_t |J_t|^q] < \infty$。

证明: 见命题 6.2.1 的证明。

评注 6.4.1

(1) 假设我们要为承诺在到期日 T 支付 Y 的或有求偿权定价。如果参照信用资产直到到期日才违约,且违约时回收率为 0,那么参照信用资产在时刻 t(这时尚未违约)的价格取决于随机过程 r,s,u。但因为贴现率为 $e^{-\int_t^T (r_l + s_l^{zero})dl}$,或有求偿权的价格还取决于 s^{zero}。

(2) 同命题 6.4.1 一样,我们可以得到对应于命题 6.3.1 的命题。

前面我们已经得出的定价公式都没有明显地用到回收率,特别地,我们对 w_t 的动态过程没有作任何具体假设。下面我们假设 w_t 是一个已知常数,即 $w_t = w$,$0 \leqslant t \leqslant T^*$,这样回收率为 0 的短期利率价差过程为

$$
\begin{aligned}
ds_t^{zero} &= \frac{1}{1-w}ds_t \\
&= \left[\frac{b_s}{1-w}u_t - \frac{a_s}{1-w}s_t\right]dt + \frac{\sigma_s}{1-w}\sqrt{s_t}dW_s(t) \\
&= \left[\frac{b_s}{1-w}u_t - a_s s_t^{zero}\right]dt + \frac{\sigma_s}{\sqrt{1-w}}\sqrt{s_t^{zero}}dW_s(t) \\
&= [b_s^{zero}u_t - a_s s_t^{zero}]dt + \sigma_s^{zero}\sqrt{s_t^{zero}}dW_s(t), \quad 0 \leqslant t \leqslant T^*
\end{aligned}
$$

其中,$b_s^{zero} = \dfrac{b_s}{1-w}$,$\sigma_s^{zero} = \dfrac{\sigma_s}{\sqrt{1-w}}$。在测度 $\mathbf{Q}$ 下 s^{zero} 的动态过程为

$$
ds_t^{zero} = [b_s^{zero}u_t - \hat{a}_s s_t^{zero}]dt + \sigma_s^{zero}\sqrt{s_t^{zero}}dW_s(t), \quad 0 \leqslant t \leqslant T^*
$$

总的来讲,确定时刻 t 回收率为 0 的债券价格的可违约期限结构的必要步骤如下:

(1) 根据市场观察数据确定时刻 t 的债券价格的非违约和可违约期限结构。

(2) 确定 r_t,s_t 和 u_t。

(3) 估计 r,s,u 过程的参数(详细见 6.6 节)。

(4) 计算参数 b_s^{zero} 和 σ_s^{zero}。

(5) 计算回收率为 0 的零息债券的价格。

$$
P^{d,\,zero}(t,\,T) = A^{d,\,zero}(t,\,T)e^{-B(t,T)r_t - C^{d,\,zero}(t,\,T)s_t^{zero} - D^{d,\,zero}(t,\,T)u_t} \tag{6.68}
$$

其中,$A^{d,\,zero}(t,\,T)$,$C^{d,\,zero}(t,\,T)$,$D^{d,\,zero}(t,\,T)$ 分别由 $A^d(t,\,T)$,$C^d(t,\,T)$,$D^d(t,\,T)$ 的对应公式给出,只需将 b_s 和 σ_s 换成 b_s^{zero} 和 σ_s^{zero}。

到目前为止,我们没有提及有保护的卖方的信用质量。信用等级低的有保护的卖方的信用衍生产品的价格也低。参照信用资产与有保护的卖方之间的违约相关性越高,违

约互换的价值越低。我们通常假设有保护的卖方是非违约的。

6.4.2 信用期权

我们为到期日为 T 的可违约零息债券的欧式看涨与看跌期权[1]进行定价，其到期日 $T_O \leqslant T$，执行价为 K，违约零息券，价格分别用 $F^{cc}(z, t, T; T_O, K)$ 与 $F^{cp}(z, t, T; T_O, K)$ 表示，其中，$z = (r, s, u)$。和其他期权一样，信用期权溢价对标的资产的市场价格波动以及期权执行价与债券价格之间的价差相对于可运用的当期远期收益率曲线是实值或者虚值(in or out of the money)的程度高度敏感。在具体情况下，期权要么持续下去要么因为违约而失效。在前一种情况下，仅考虑 P^d 是不够的，但我们也必须考虑违约后的债券价格行为。基本上有两种可能性：要么债务人即使违约也存活下去，例如公司可以进行重组，债券仍以跌至回收率乘以债券的违约前市场价值的市场价值交易，要么违约后回收的收入以非违约短期利率再投资，并一直滚动投资直到失效。如果信用期权在违约事件后存活下来，违约风险与价差风险在交易双方之间进行转移，否则只有价差风险被转移。下面我们假设标的资产违约时期权失效。

定义 6.4.2

(1) 价格为 $P^d(t, T)$ 的可违约零息债券的一个欧式看涨期权的到期日为 $T_O \leqslant T$，行权价为 K，如果该看涨期权在违约时失效，其支付为

$$1_{\{T_O < T^d\}}(P^d(T_O, T) - K)_+$$

(2) 价格为 $P^d(t, T)$ 的可违约零息债券的一个欧式看跌期权的到期日为 $T_O \leqslant T$，行权价为 K，如果该看跌期权在违约时失效，其支付为

$$1_{\{T_O < T^d\}}(K - P^d(T_O, T))_+$$

如果我们假设期权发行人没有违约风险，违约时看涨期权失效，根据命题 6.4.1，该看涨期权时刻 $t \leqslant T_O$ 的价格为

$$
\begin{aligned}
&F^{cc}(z, t, T; T_O, K) \\
&= E^{\mathbf{Q}}\left[e^{-\int_t^{T_O} r_l dl} 1_{\{T_O < T^d\}}(P^d(T_O, T) - K)_+ \Big| \mathcal{F}_t\right] \\
&= E^{\mathbf{Q}}\left[e^{-\int_t^{T_O}(r_l + s_l^{zero})dl}(P^d(T_O, T) - K) \cdot 1_{\{\mathcal{B}_1\}} \Big| \mathcal{F}_t\right]
\end{aligned}
$$

---

[1] 对信用期权的介绍见 5.3.1 节。

其中，$\mathcal{B}_1$ 是 r，s，u 的取值区域①，在此区域内，该期权在失效日 T_O 是实值的，即

$$\mathcal{B}_1 = \{z \in \mathbb{R}_+^3 \mid P^d(z, T_O, T) - K \geqslant 0\}$$
$$= \{z \in \mathbb{R}_+^3 \mid B(T_O, T)r + C^d(T_O, T)s + D^d(T_O, T)u \leqslant K^*\}$$

$K^* = \ln \dfrac{A^d(T_O, T)}{K}$ 和 $P^d(T_O, T)$ 是由式(6.19)给出的债券价格。类似地，根据命题 6.4.1，看跌期权的价格为

$$F^{cp}(z, t, T; T_O, K)$$
$$= E^{\mathbf{Q}}\left[e^{-\int_t^{T_O}(r_l + s_l^{zero})dl}(K - P^d(T_O, T)) \cdot 1_{\{\mathcal{B}_2\}} \,\Big|\, \mathcal{F}_t\right]$$

其中，$\mathcal{B}_2$ 是 r，s，u 的取值区域，在此区域内，该期权在失效日 T_O 是实值的，即

$$\mathcal{B}_2 = \{z \in \mathbb{R}_+^3 \mid K^* \leqslant B(T_O, T)r + C^d(T_O, T)s + D^d(T_O, T)u\}$$

我们使用偏微分方程计算 $F^{cc}(z, t, T; T_O, K)$。在温和的正则条件下，根据 Feynman-Kac 公式，$F^{cc}(z, t, T; T_O, K)$ 满足下面的偏微方程：

$$0 = \frac{1}{2}\sigma_r^2 r^{2\beta} F_{rr}^{cc} + \frac{1}{2}\sigma_s^2 s F_{ss}^{cc} + \frac{1}{2}\sigma_u^2 u F_{uu}^{cc} \tag{6.69}$$
$$+ [\theta_r(t) - \hat{a}_r r]F_r^{cc} + [b_s u - \hat{a}_s s]F_s^{cc}$$
$$+ [\theta_u - \hat{a}_u u]F_u^{cc} + F_t^{cc} - \left(r + \frac{s}{1-w}\right)F^{cc}$$

边界条件为

$$F^{cc}(z, T_O, T; T_O, K) = (P^d(z, T_O, T) - K)_+ \tag{6.70}$$

如果 $\vec{G}(y, \check{t}, z, t)$ 是下面方程的解：

$$0 = \frac{1}{2}\sigma_r^2 r^{2\beta}\vec{G}_{rr} + \frac{1}{2}\sigma_s^2 s\vec{G}_{ss} + \frac{1}{2}\sigma_u^2 u\vec{G}_{uu}$$
$$+ [\theta_r(t) - \hat{a}_r r]\vec{G}_r + [b_s u - \hat{a}_s s]\vec{G}_s$$
$$+ [\theta_u - \hat{a}_u u]\vec{G}_u + \vec{G}_t - \left(r + \frac{s}{1-w}\right)\vec{G}$$

边界条件为

---

① 既然我们已设定 $\beta = \dfrac{1}{2}$，我们可以确保 r 总为正值。此外，s 和 u 的定义保证 s 和 u 是正过程。因而，根据 6.4 节，有 $(r, s, u) \in \mathbb{R}_+^3$。在附录 C 中，我们讨论了 $\beta = 0$ 的情况，这意味着 r 可能变为负值。

$$\vec{G}(y, \check{t}, z, \check{t}) = \delta(r - y_r)\delta(s - y_s)\delta(u - y_u)$$

其中,$\delta(\cdot)$是狄拉克函数,边界条件为式(6.70)的偏微分方程(6.69)的解可以写成

$$F^{cc}(z, t, T; T_O, K) = \iiint_{\mathbb{R}^3} \vec{G}(y, T_O, z, t)(P^d(y, T_O, T) - K)_+ \, dy \quad (6.71)$$

如果我们知道$\vec{G}$,就可以很容易地确定$F^{cc}(z, t, T; T_O, K)$。

引理 6.4.2

$\vec{G}(y, \check{t}, z, t)$具有如下形式

$$\vec{G}(y, \check{t}, z, t) = \frac{1}{(2\pi)^{3/2}} \iiint_{\mathbb{R}^3} e^{-ixy'} \tilde{G}(x, \check{t}, z, t) dx \quad (6.72)$$

其中,

$$\tilde{G}(x, \check{t}, z, t) = A^{\tilde{G}}(x, t, \check{t}) e^{-B^{\tilde{G}}(x, t, \check{t})r - C^{\tilde{G}}(x, t, \check{t})s - D^{\tilde{G}}(x, t, \check{t})u}$$

且

$$C^{\tilde{G}}(x, t, \check{t}) = \frac{\kappa_3^{(s, \frac{1}{1-w})}(x) - e^{-\delta_s^{(\frac{1}{1-w})}(\check{t} - t)}}{\kappa_4^{(s, \frac{1}{1-w})}(x) - \kappa_5^{(s, \frac{1}{1-w})}(x) e^{-\delta_s^{(\frac{1}{1-w})}(\check{t} - t)}}$$

$$D^{\tilde{G}}(x, t, \check{t}) = \frac{-2(v^{\tilde{G}})'(x, t, \check{t})}{\sigma_u^2 v^{\tilde{G}}(x, t, \check{t})}$$

如果$\beta = 0$,

$$A^{\tilde{G}}(x, t, \check{t}) = e^{-\int_t^{\check{t}} \left(-\frac{1}{2}\sigma_r^2 (B^{\tilde{G}})^2(x, \tau, \check{t}) + \theta_r(\tau) B^{\tilde{G}}(x, \tau, \check{t}) + \theta_s(\tau) B^{\tilde{G}}(x, \tau, \check{t})\right) d\tau}$$

如果$\beta = \frac{1}{2}$,

$$A^{\tilde{G}}(x, t, \check{t}) = e^{-\int_t^{\check{t}} \left(\theta_r(\tau) B^{\tilde{G}}(x, \tau, \check{t}) + \theta_s(\tau) B^{\tilde{G}}(x, \tau, \check{t})\right) d\tau}$$

$v^{\tilde{G}}(x, \check{t}, t)$和$(v^{\tilde{G}})'(x, \check{t}, t)$是下面证明中将要定义的复杂函数。$\kappa_3^{(s, \frac{1}{1-w})}(x)$,$\kappa_4^{(s, \frac{1}{1-w})}(x)$、$\kappa_5^{(s, \frac{1}{1-w})}(x)$和$\delta^{(\frac{1}{1-w})}(t)$分别由式(B.23)、式(B.24)、式(B.25)和式(B.22)给出,$B^{\tilde{G}}(x, t, \check{t})$由式(6.52)给出。

证明: 我们应用附录 B.3 的证明令$\alpha = \frac{1}{1-w}$,那么

$$\vec{G}(y, \breve{t}, z, t) = G^{\left(\frac{1}{1-w}\right)}(y, \breve{t}, z, t), \ \tilde{G}(x, \breve{t}, z, t) = \tilde{G}^{\left(\frac{1}{1-w}\right)}(x, \breve{t}, z, t)$$

$$A^{\tilde{G}}(x, t, \breve{t}) = A^{\tilde{G}\left(\frac{1}{1-w}\right)}(x, t, \breve{t}), \ C^{\tilde{G}}(x, t, \breve{t}) = C^{\tilde{G}\left(\frac{1}{1-w}\right)}(x, t, \breve{t})$$

$$D^{\tilde{G}}(x, t, \breve{t}) = D^{\tilde{G}\left(\frac{1}{1-w}\right)}(x, t, \breve{t})$$

其中，$v^{\tilde{G}}(x, \breve{t}, t) = v^{\tilde{G}\left(\frac{1}{1-w}\right)}(x, \breve{t}, t)$ 与 $(v^{\tilde{G}})'(x, \breve{t}, t)$ 分别由附录 B.3 中的式 (B.26)、式 (B.27) 和式 (B.28) 定义。

由方程 (6.71) 与引理 6.4.2 可以推出 $F^{cc}(z, t, T_B; T_O, K)$ 的下列解析解。

定理 6.4.1

(1) 价格为 $P^d(t, T)$ 的可违约零息债券的一个欧式看涨期权（在标的资产违约时失效）的到期日为 $T_O \leqslant T$，行权价为 K，其价格为

$$F^{cc}(z, t, T; T_O, K)$$
$$= P^d(z, t, T) \cdot \Phi^C(\phi_1, \phi_2, \phi_3, \psi_0, \psi_1, \psi_2, \psi_3, \varphi_0, \varphi_1, \varphi_2, \varphi_3, z)$$
$$- KP^d(z, t, T_O) \cdot \Phi^C(\phi_4, \phi_5, \phi_6, \psi_4, \psi_5, \psi_6, \psi_7, \varphi_0, \varphi_1, \varphi_2, \varphi_3, z)$$

其中，

$$\Phi^C(a_1, a_2, a_3, b_0, b_1, b_2, b_3, c_0, c_1, c_2, c_3, z) \tag{6.73}$$
$$= \frac{1}{(2\pi)^{3/2}} \iiint_{\mathbb{R}^3} \Lambda^C(a_1, a_2, a_3, c_0, c_1, c_2, c_3) \cdot b_0(x) \cdot e^{-b_1(x)r - b_2(x)s - b_3(x)u} dx$$

且

$$\Lambda^C(a_1, a_2, a_3, c_0, c_1, c_2, c_3) \tag{6.74}$$
$$= \iiint_{\mathbb{R}^3_+} e^{-ia_1(x)y_r - ia_2(x)y_s - ia_3(x)y_u} \cdot 1_{\{c_1 y_r + c_2 y_s + c_3 y_u \leqslant c_0\}} dy$$

$$\phi_1 = x_1 - iB(T_O, T), \ \phi_2 = x_2 - iC^d(T_O, T)$$
$$\phi_3 = x_3 - iD^d(T_O, T), \ \phi_4 = x_1$$
$$\phi_5 = x_2, \ \phi_6 = x_3$$

$$\psi_0 = A^d(T_O, T) \frac{A^{\tilde{G}}(x, t, T_O)}{A^d(t, T)}, \ \psi_1 = B^{\tilde{G}}(x, t, T_O) - B(t, T)$$

$$\psi_2 = C^{\tilde{G}}(x, t, T_O) - C^d(t, T), \ \psi_3 = D^{\tilde{G}}(x, t, T_O) - D^d(t, T)$$

$$\psi_4 = \frac{A^{\tilde{G}}(x, t, T_O)}{A^d(t, T_O)}, \ \psi_5 = B^{\tilde{G}}(x, t, T_O) - B(t, T_O)$$

$$\psi_6 = C^{\tilde{G}}(x, t, T_O) - C^d(t, T_O), \ \psi_7 = D^{\tilde{G}}(x, t, T_O) - D^d(t, T_O)$$

$$\varphi_0 = \ln \frac{A^d(T_O, T)}{K}, \ \varphi_1 = B(T_O, T)$$

$$\varphi_2 = C^d(T_O, T), \ \varphi_3 = D^d(T_O, T)$$

$B^{\tilde{G}}$ 由式(6.52)给出，$A^{\tilde{G}}$，$C^{\tilde{G}}$ 和 $D^{\tilde{G}}$ 由引理 6.4.2 定义，A^d，B，C^d 和 D^d 由定理 6.3.1 定义。$\Lambda^C(a_1, a_2, a_3, c_0, c_1, c_2, c_3)$ 可以有解析解(引理 6.4.3)。

(2) 价格为 $P^d(t, T)$ 的可违约零息债券的一个欧式看跌期权(在标的资产违约时失效)的到期日为 $T_O \leqslant T$，行权价为 K，其价格为

$$F^{cp}(z, t, T; T_O, K)$$
$$= KP^d(z, t, T_O) \cdot \Phi^P(\phi_4, \phi_5, \phi_6, \psi_4, \psi_5, \psi_6, \psi_7, \varphi_0, \varphi_1, \varphi_2, \varphi_3, z)$$
$$- P^d(z, t, T) \cdot \Phi^P(\phi_1, \phi_2, \phi_3, \psi_0, \psi_1, \psi_2, \psi_3, \varphi_0, \varphi_1, \varphi_2, \varphi_3, z)$$

其中，

$$\Phi^P(a_1, a_2, a_3, b_0, b_1, b_2, b_3, c_0, c_1, c_2, c_3, z)$$
$$= \frac{1}{(2\pi)^{3/2}} \iiint_{\mathbb{R}^3} \Lambda^P(a_1, a_2, a_3, c_0, c_1, c_2, c_3) \cdot b_0(x) \cdot e^{-b_1(x)r - b_2(x)s - b_3(x)u} dx$$

且

$$\Lambda^P(a_1, a_2, a_3, c_0, c_1, c_2, c_3)$$
$$= \iiint_{\mathbb{R}^3_+} e^{-ia_1 y_r - ia_2 y_s - ia_3 y_u} \cdot 1_{\{c_1 y_r + c_2 y_s + c_3 y_u \geqslant c_0\}} dy$$

证明： 价格 $F^{cc}(z, t, T; T_O, K)$ 可以写成如下形式：

$$F^{cc}(z, t, T; T_O, K) = \iiint_{\mathbb{R}^3} (P^d(y, T_O, T) - K)\vec{G}(y, T_O, z, t)1_{\{y \in \mathcal{B}_1\}} dy$$
$$= \iiint_{\mathbb{R}^3} P^d(y, T_O, T)\vec{G}(y, T_O, z, t)1_{\{y \in \mathcal{B}_1\}} dy$$
$$- K\iiint_{\mathbb{R}^3} \vec{G}(y, T_O, z, t)1_{\{y \in \mathcal{B}_1\}} dy$$
$$= I_1 - I_2$$

其中，$\mathcal{B}_1$ 由前面定义，$\vec{G}(y, T_O, z, t)$ 由引理 6.4.2 给出。我们计算 I_1 为

$$I_1 = \iiint_{\mathbb{R}^3} P^d(y, T_O, T)\vec{G}(y, T_O, z, t)1_{\{y \in \mathcal{B}_1\}}dy$$

$$= \frac{1}{(2\pi)^{3/2}} \iiint_{\mathbb{R}^3}\iiint_{\mathbb{R}^3} P^d(y, T_O, T)e^{-iyx'}1_{\{y \in \mathcal{B}_1\}}dy \cdot \vec{G}(x, T_O, z, t)dx$$

$$= \frac{P^d(z, t, T)}{(2\pi)^{3/2}} \iiint_{\mathbb{R}^3}\iiint_{\mathbb{R}^3} A^d(T_O, T) \cdot$$

$$e^{-iy_r(x_1 - iB(T_O, T)) - iy_s(x_2 - iC^d(T_O^*, T)) - iy_u(x_3 - iD^d(T_O, T))} \cdot 1_{\{y \in \mathcal{B}_1\}}dy \cdot$$

$$\frac{A^{\tilde{G}}(x, t, T_O)}{A^d(t, T)}e^{-(B^{\tilde{G}}(x, t, T_O) - B(t, T))r} \cdot e^{-(C^{\tilde{G}}(x, t, T_O) - C^d(t, T))s - (D^{\tilde{G}}(x, t, T_O) - D^d(t, T))u}dx$$

下面计算 I_2：

同样，第二项积分可以写成如下形式：

$$I_2 = \iiint_{\mathbb{R}^3} K\vec{G}(y, T_O, z, t)1_{\{y \in \mathcal{B}_1\}}dy$$

$$= \frac{K}{(2\pi)^{3/2}} \iiint_{\mathbb{R}^3}\iiint_{\mathbb{R}^3} e^{-iyx'}1_{\{y \in \mathcal{B}_1\}}dy \cdot$$

$$e^{-B^{\tilde{G}}(x, t, T_O)r}A^{\tilde{G}}(x, t, T_O)e^{-C^{\tilde{G}}(x, t, T_O)s - D^{\tilde{G}}(x, t, T_O)u}dx$$

$$= \frac{KP^d(r, s, u, t, T_O)}{(2\pi)^{3/2}} \iiint_{\mathbb{R}^3}\iiint_{\mathbb{R}^3} e^{-iyx'}1_{\{y \in \mathcal{B}_1\}}dy \cdot$$

$$\frac{A^{\tilde{G}}(x, t, T_O)}{A^d(t, T_O)}e^{-(B^{\tilde{G}}(x, t, T_O) - B(t, T_O))r} \cdot$$

$$e^{-(C^{\tilde{G}}(x, t, T_O) - C^d(t, T_O))s - (D^{\tilde{G}}(x, t, T_O) - D^d(t, T_O))u}dx$$

对看跌期权的证明是一样的。

引理 6.4.3

$$\Lambda^C(a_1, a_2, a_3, c_0, c_1, c_2, c_3)$$

$$= -\frac{ic_0^3}{c_1c_2c_3\tilde{a}_1} \cdot \left(\frac{e^{-i\tilde{a}_3} - e^{-i\tilde{a}_2}}{(\tilde{a}_3 - \tilde{a}_2)(\tilde{a}_2 - \tilde{a}_1)} - \frac{e^{-i\tilde{a}_3} - e^{-i\tilde{a}_1}}{(\tilde{a}_3 - \tilde{a}_1)(\tilde{a}_2 - \tilde{a}_1)} + \frac{e^{-i\tilde{a}_3} - 1}{\tilde{a}_2\tilde{a}_3} - \frac{e^{-i\tilde{a}_2} - e^{-i\tilde{a}_2}}{\tilde{a}_2(\tilde{a}_3 - \tilde{a}_2)} \right)$$

其中，

$$\tilde{a}_i = \frac{c_0 a_i}{c_i}, i = 1, 2, 3$$

对于 Λ^P 也可以得到类似的结论。

证明：见附录 B。

评注 6.4.2

(1) 如果我们假设看涨期权在违约后仍然可以存活下来,通过重组,债券仍以跌至回收率乘以违约前债券的市场价值的市场价值交易,那么价格为

$$F^{cc}(z, t, T; T_O, K) = E^{\mathbf{Q}}\left[e^{-\int_t^{T_O} r_l dl} 1_{\{T_O < T^d\}} (P^d(T_O, T) - K)_+ \;\middle|\; \mathcal{F}_t\right]$$
$$+ E^{\mathbf{Q}}\left[e^{-\int_t^{T_O} r_l dl} 1_{\{T_O \geq T^d\}} (\widetilde{P}^d(T_O, T) - K)_+ \;\middle|\; \mathcal{F}_t\right]$$

其中,$\widetilde{P}^d(t, T)$是时刻 t 之前因为可能违约而调整过的可违约零息债券的价格,即还没有违约但相当于面值跌至债券回收率(我们假设其为一个常数)乘以违约前债券的市场价值的已违约债券的零息债券的价格。

$$E^{\mathbf{Q}}\left[e^{-\int_t^{T_O} r_l dl} 1_{\{T_O \geq T^d\}} (\widetilde{P}^d(T_O, T) - K)_+ \;\middle|\; \mathcal{F}_t\right]$$
$$= E^{\mathbf{Q}}\left[e^{-\int_t^{T_O} r_l dl} (\widetilde{P}^d(T_O, T) - K)_+ \;\middle|\; \mathcal{F}_t\right] \tag{6.75}$$
$$- E^{\mathbf{Q}}\left[e^{-\int_t^{T_O} r_l dl} 1_{\{T_O < T^d\}} (\widetilde{P}^d(T_O, T) - K)_+ \;\middle|\; \mathcal{F}_t\right] \tag{6.76}$$

因为式(6.76)类似于计算下式:

$$E^{\mathbf{Q}}\left[e^{-\int_t^{T_O} r_l dl} 1_{\{T_O < T^d\}} (P^d(T_O, T) - K)_+ \;\middle|\; \mathcal{F}_t\right]$$

我们将该计算留给感兴趣的读者。和前面所述方法类似,我们可以使用偏微分方程计算式(6.75)。必要的数学工具见附录 B 中的引理 B.5.1。

(2) 相应的公式适用于看跌期权。

(3) 可违约时定价方式的结构同经典期限结构模型中的债券期权定价公式的结构。

6.4.3 信用价差期权

对于信用价差期权[①]的定价,我们使用同样的定价方法。

定义 6.4.3

(1) 价格为 $P^d(t, T)$ 的可违约零息债券的一个欧式信用价差看涨期权的到期日为 $T_O \leq T$,行权价为 K,如果该看涨期权在违约时失效,其支付为

$$1_{\{T_O < T_B^d\}}(P^d(T_O, T) - e^{-(T-T_O)K}P(T_O, T))_+$$

---

① 信用价差期权的介绍见 5.3.2 节。

（2）价格为 $P^d(t, T)$ 的可违约零息债券的一个欧式信用价差看跌期权的到期日为 $T_O \leqslant T$，行权价为 K，如果该看跌期权在违约时失效，其支付为

$$1_{\{T_O < T_B^d\}}(e^{-(T-T_O)K}P(T_O, T) - P^d(T_O, T))_+$$

如果我们假设期权发行人没有违约风险，且该看涨期权在违约时失效，时刻 $t \leqslant T_O$ 该看涨期权的价格为

$$
\begin{aligned}
&F^{csc}(z, t, T; T_O, K) \\
&= E^{\mathbf{Q}}\left[e^{-\int_t^{T_O} r_l dl} 1_{\{T_O < T^d\}}(P^d(T_O, T) - e^{-(T-T_O)K}P(T_O, T))_+ \,\Big|\, \mathcal{F}_t\right] \\
&= E^{\mathbf{Q}}\left[e^{-\int_t^{T_O}(r_l + s_l^{zero})dl} 1_{\{\mathcal{B}_3\}}(P^d(T_O, T) - e^{-(T-T_O)K}P(T_O, T)) \,\Big|\, \mathcal{F}_t\right]
\end{aligned}
$$

其中，$\mathcal{B}_3$ 是 r, s 和 u 的取值区域，在此区域内，该期权在失效日 T_O 是实值的，即

$$
\begin{aligned}
\mathcal{B}_3 &= \left\{z \in \mathbb{R}_+^3 \mid (P^d(T_O, T) - e^{-(T-T_O)K}P(T_O, T) \geqslant 0\right\} \\
&= \left\{z \in \mathbb{R}_+^3 \mid C^d(T_O, T)s + D^d(T_O, T)u \leqslant (T-T_O)K + \ln\frac{A^d(T_O, T)}{A(T_O, T)}\right\}
\end{aligned}
$$

类似地，看跌期权的价格为

$$
\begin{aligned}
&F^{csp}(z, t, T; T_O, K) \\
&= E^{\mathbf{Q}}\left[e^{-\int_t^{T_O}(r_l + s_l^{zero})dl} 1_{\{\mathcal{B}_4\}}(e^{-(T-T_O)K}P(T_O, T) - P^d(T_O, T)) \,\Big|\, \mathcal{F}_t\right]
\end{aligned}
$$

其中，$\mathcal{B}_4$ 是 r, s 和 u 的取值区域，在此区域内，该期权在失效日 T_O 是实值的，即

$$\mathcal{B}_4 = \left\{z \in \mathbb{R}_+^3 \mid (T-T_O)K + \ln\frac{A^d(T_O, T)}{A(T_O, T)} \leqslant C^d(T_O, T)s + D^d(T_O, T)u\right\}$$

那么，时刻 t 看涨期权的价格为

$$
\begin{aligned}
&F^{csc}(z, t, T; T_O, K) \\
&= \int_{\mathcal{B}_3}(P^d(y, T_O, T) - e^{-(T-T_O)K}P(y_r, T_O, T))\vec{G}(y, T_O, z, t)dy \\
&= I_3 - I_4
\end{aligned}
$$

其中，$\vec{G}(y, T_O, z, t)$ 由式（6.72）给出，$\mathcal{B}_3$ 是信用价差期权在到期日 T 是实值的取值区域，I_3 和 I_4 的计算方法类似于 I_1 和 I_2：

$$I_3 = \frac{P^d(z, t, T)}{(2\pi)^{3/2}} \iiint_{\mathbb{R}^3}\iiint_{\mathbb{R}^3} e^{-iy_r(x_1 - iB(T_O - T)) - iy_s(x_2 - iC^d(T_O, T)) - iy_u(x_3 - iD^d(T_O, T))} \cdot 1_{\{y \in \mathcal{B}_3\}} dy \cdot$$

$$A^d(T_O, T) \frac{A^{\tilde{G}}(x, t, T_O)}{A^d(t, T)} e^{-(B^{\tilde{G}}(x, t, T_O) - B(t, T)) r} \cdot$$

$$e^{-(C^{\tilde{G}}(x, t, T_O) - C^d(t, T)) s - (D^{\tilde{G}}(x, t, T_O) - D^d(t, T)) u} dx$$

以及

$$I_4 = \frac{e^{-(T-T_O)} K P^d(z, t, T_O)}{(2\pi)^{3/2}} \cdot$$

$$\iiint_{\mathbb{R}^3}\iiint_{\mathbb{R}^3} e^{-iy_r(x_1 - iB(T_O - T)) - iy_s x_2 - iy_u x_3} \cdot 1_{\{y \in \mathcal{B}_3\}} dy \cdot$$

$$A(T_O, T) \frac{A^{\tilde{G}}(x, t, T_O)}{A^d(t, T)} e^{-(B^{\tilde{G}}(x, t, T_O) - B(t, T_O)) r} \cdot$$

$$e^{-(C^{\tilde{G}}(x, t, T_O) - C^d(t, T_O)) s - (D^{\tilde{G}}(x, t, T_O) - D^d(t, T_O)) u} dx$$

这样，我们有下面的定理。

定理 6.4.2

（1）价格为 $P^d(t, T)$ 的可违约零息债券的一个欧式看涨期权（在标的资产违约时失效）的到期日为 $T_O \leqslant T$，行权价为 K，其价格为

$$F^{csc}(z, t, T; T_O, K)$$
$$= P^d(z, t, T) \cdot \Phi^C(\phi_1, \phi_2, \phi_3, \psi_0, \psi_1, \psi_2, \psi_3, \varphi_4, \varphi_5, \varphi_2, \varphi_3, z)$$
$$- \overline{K} P^d(z, t, T_O) \cdot \Phi^C(\phi_1, \phi_5, \phi_6, \psi_8, \psi_5, \psi_6, \psi_7, \varphi_4, \varphi_5, \varphi_2, \varphi_3, z)$$

其中，$\overline{K} = e^{-(T-T_O)K}$，$\Phi^C$ 由定理 6.4.1 给出，且

$$\psi_8 = A(T_O, T) \frac{A^{\tilde{G}}(x, t, T_O)}{A^d(t, T_O)}$$

$$\psi_4 = (T - T_O)K + \ln \frac{A^d(T_O, T)}{A(T_O, T)}, \quad \varphi_5 = 0$$

$A^{\tilde{G}}$，A^d 和 A 分别由引理 6.4.2、定理 6.3.1 和式（6.17）定义，所有其他参数由定理 6.4.1 定义。

（2）价格为 $P^d(t, T)$ 的可违约零息债券的欧式看跌期权（在标的资产违约时失效）的到期日为 $T_O \leqslant T$，行权价为 K，其价格为

$$F^{csp}(z, t, T; T_O, K)$$
$$= \overline{K} P^d(z, t, T_O) \cdot \Phi^P(\phi_1, \phi_5, \phi_6, \psi_8, \psi_5, \psi_6, \psi_7, \varphi_4, \varphi_5, \varphi_2, \varphi_3, z)$$
$$- P^d(z, t, T) \cdot \Phi^P(\phi_1, \phi_2, \phi_3, \psi_0, \psi_1, \psi_2, \psi_3, \varphi_4, \varphi_5, \varphi_2, \varphi_3, z)$$

评注 6.4.3

(1) 信用价差通常变化较大,正因如此,信用价差看跌期权的发行人常常具有一个额外特征。如果在该期权到期前的任意时刻 t,市场价差 $S(t, T)$ 大于或等于某个事先商定好的价差 $K^* > K$,则该看跌期权当即支付

$$e^{-(T-t)K} P(t, T) - e^{-(T-t)K^*} P(t, T)$$

(2) 如果我们允许该期权在违约后仍然存活,我们还需要给出违约后债券行为的模型,可以使用与信用期权同样的方法。

6.4.4　违约互换与违约期权

违约数字互换和违约数字看跌期权。 我们考虑一个违约数字看跌期权[1],其在违约时支付 1。首先我们假设在互换合约到期日进行支付。如果直到时刻 t 才违约,该合约在时刻 t 的价格为

$$
\begin{aligned}
F_t^{ddp} &= E^{\mathbf{Q}} \left[e^{-\int_t^T r_l dl} 1_{\{Td \leqslant T\}} \, \Big| \, \mathcal{F}_t \right] \\
&= E^{\mathbf{Q}} \left[e^{-\int_t^T r_l dl} \left(1 - 1_{\{Td > T\}} \right) \, \Big| \, \mathcal{F}_t \right] \\
&= P(t, T) - E^{\mathbf{Q}} \left[e^{-\int_t^T r_l dl} 1_{\{Td > T\}} \, \Big| \, \mathcal{F}_t \right] \\
&= P(t, T) - P^{d, zero}(t, T)
\end{aligned}
$$

如果在参照信用资产违约时进行支付,且直到时刻 t 才违约,该合约在时刻 t 的价格为

$$
F_t^{ddp} = E^{\mathbf{Q}} \left[\int_t^T e^{-\int_t^{\tilde{t}} r_l dl} dH_{\tilde{t}} \, \Big| \, \mathcal{F}_t \right]
$$

因而,既然 $L_T F_T^{ddp} = 0$,

$$
L_t F_t^{ddp} = E^{\mathbf{Q}} \left[\int_t^T e^{-\int_t^{\tilde{t}} r_l dl} dH_{\tilde{t}} + e^{-\int_t^T r_l dl} L_T F_T^{ddp} \, \Big| \, \mathcal{F}_t \right] \tag{6.77}
$$

将推论 6.2.1 运用于式(6.77),对于某个鞅 m,有

$$
d(L_t F_t^{ddp}) = -dH_t + r_t L_t F_t^{ddp} dt + dm_t \tag{6.78}
$$

根据引理 6.4.1,对于某个鞅 $\tilde{m}$,且 $d\tilde{m}_t = dm_t + dM_t^{d, zero}$,式(6.78)变为

---

① 信用违约产品的介绍见 5.3.3 节。

$$d(L_t F_t^{ddp}) = -s_t^{zero}dt + r_t L_t F_t^{ddp}dt + d\widetilde{m}_t$$

最后，由于根据前面的论证，

$$\int L_t F_t^{ddp}dM_t^{d,\,zero}) = \int L_t F_t^{ddp}s_t^{zero}dt - \int L_t F_t^{ddp}dH_t$$

是一个鞅，对于某个鞅 $\widehat{m}$ 且 $d\widehat{m} = d\widetilde{m}_t - L_t F_t^{ddp}dM_t^{d,\,zero}$，有

$$\begin{aligned}d(L_t F_t^{ddp}) &= -L_t F_t^{ddp}dH_t - s_t^{zero}dt + (r_t + s_t^{zero})L_t F_t^{ddp}dt + d\widehat{m}_t\\ &= -s_t^{zero}dt + (r_t + s_t^{zero})L_t F_t^{ddp}dt + d\widehat{m}_t\end{aligned} \tag{6.79}$$

因为 $L_t F_t^{ddp}dH_t = 0$，所以式(6.79)成立。再次运用推论 6.2.1，我们得到

$$L_t F_t^{ddp} = E^{\mathbf{Q}}\left[\int_t^T e^{-\int_t^{\widetilde{t}}(r_l + s_l^{zero})dl}s_{\widetilde{t}}^{zero}d\widetilde{t} + e^{-\int_t^T(r_l + s_l^{zero})dl}L_T F_T^{ddp}\,\Big|\,\mathcal{F}_t\right]$$

因而，由于有足够的条件允许积分与期望可交换[1]，

$$L_t F_t^{ddp} = E^{\mathbf{Q}}\left[\int_t^T e^{-\int_t^{\widetilde{t}}(r_l + s_l^{zero})dl}s_{\widetilde{t}}^{zero}d\widetilde{t}\,\Big|\,\mathcal{F}_t\right] \tag{6.80}$$

$$= \int_t^T E^{\mathbf{Q}}\left[e^{-\int_t^{\widetilde{t}}(r_l + s_l^{zero})dl}s_{\widetilde{t}}^{zero}\,\Big|\,\mathcal{F}_t\right]d\widetilde{t}$$

根据 r 与 s^{zero} 的相互独立性，我们最终得到

$$L_t F_t^{ddp} = \int_t^T P(t,\widetilde{t})E^{\mathbf{Q}}\left[e^{-\int_t^{\widetilde{t}}s_l^{zero}dl}s_{\widetilde{t}}^{zero}\,\Big|\,\mathcal{F}_t\right]d\widetilde{t}$$

$$= \int_t^T P^{d,\,zero}(t,\widetilde{t})f^{d,\,zero}(t,\widetilde{t})d\widetilde{t} \tag{6.81}$$

这可以由非违约利率理论的一个著名结论(见 Sandmann & Sondermann，1997)直接得出，该结论的基本内容就是

$$E^{\mathbf{Q}}\left[e^{-\int_t^{\widetilde{t}}r_l dl}r_{\widetilde{t}}\,\Big|\,\mathcal{F}_t\right] = -E^{\mathbf{Q}}\left[e^{-\int_t^{\widetilde{t}}r_l dl}\,\Big|\,\mathcal{F}_t\right]\cdot\frac{\partial}{\partial T}\ln P(t,T)\Big|_{T=\widetilde{t}}$$

且 $f^{d,\,zero}(t,\widetilde{t})$ 是零回收率价差远期利率，即

$$f^{d,\,zero}(t,\widetilde{t}) = -\frac{\partial}{\partial\widetilde{t}}\ln\frac{P^{d,\,zero}(t,\widetilde{t})}{P(t,\widetilde{t})} \tag{6.82}$$

---

[1] $E^{\mathbf{Q}}\left[\int_t^T \left|e^{-\int_t^{\widetilde{t}}(r_l + s_l^{zero})dl}s_{\widetilde{t}}^{zero}\right|d\widetilde{t}\right] \leqslant E^{\mathbf{Q}}\left[\int_t^T \left|s_{\widetilde{t}}^{zero}\right|d\widetilde{t}\right] < \infty$，且 $e^{-\int_t^{\widetilde{t}}(r_l + s_l^{zero})dl}s_{\widetilde{t}}^{zero}$ 是 $\Omega\times[t,T]$ 上的可测乘积(见 Duffie，1992，第 234 页)。

因此,将式(6.82)代入式(6.81),得到

$$L_t F_t^{ddp} = -\int_t^T P^{d,\,zero}(t,\,\widetilde{t}) \frac{\partial}{\partial \widetilde{t}} \Big(\ln \frac{P^{d,\,zero}(t,\,\widetilde{t})}{P(t,\,\widetilde{t})} \Big) d\widetilde{t}$$

$$= \int_t^T \frac{P^{d,\,zero}(t,\,\widetilde{t}) \frac{\partial}{\partial \widetilde{t}}(P(t,\,\widetilde{t}))}{P(t,\,\widetilde{t})} - \frac{\partial}{\partial \widetilde{t}}(P^{d,\,zero}(t,\,\widetilde{t})) d\widetilde{t}$$

$$= L_t - \int_t^T \frac{P^{d,\,zero}(t,\,\widetilde{t})}{P(t,\,\widetilde{t})} \frac{\partial}{\partial \widetilde{t}}(P(t,\,\widetilde{t})) d\widetilde{t} - P^{d,\,zero}(t,\,T)$$

$$= L_t - P^{d,\,zero}(t,\,T) \tag{6.83}$$

$$+ \int_t^T P^{d,\,zero}(t,\,\widetilde{t}) \Big(\frac{A_{\widetilde{t}}(t,\,\widetilde{t})}{A(t,\,\widetilde{t})} - B_{\widetilde{t}}(t,\,\widetilde{t}) r_t \Big) d\widetilde{t}$$

我们得到下面的结论。

定理 6.4.3

一个违约数字看跌期权在违约时支付 1,如果直到时刻 t 才违约,该期权的价格为

$$F_t^{ddp} = 1 - P^{d,\,zero}(t,\,T) + \int_t^T P^{d,\,zero}(t,\,\widetilde{t}) \Big(\frac{A_{\widetilde{t}}(t,\,\widetilde{t})}{A(t,\,\widetilde{t})} - B_{\widetilde{t}}(t,\,\widetilde{t}) r_t \Big) d\widetilde{t}$$

评注 6.4.4

(1) 式(6.83)是违约数字看跌期权的解析解。

a) $P^{d,\,zero}(t,\,\widetilde{t})$ 由式(6.68)给出,$t \leqslant \widetilde{t} \leqslant T$。

b) 根据式(6.17)给出的 $A(t,\,\widetilde{t})$,可以很容易计算出 $A_{\widetilde{t}}(t,\,\widetilde{t}) = \frac{\partial}{\partial \widetilde{t}} A(t,\,\widetilde{t})$。

c) 根据式(6.16)给出的 $B(t,\,\widetilde{t})$,可以很容易计算出 $B_{\widetilde{t}}(t,\,\widetilde{t}) = \frac{\partial}{\partial \widetilde{t}} B(t,\,\widetilde{t})$。

d) L_t 与 r_t 在时刻 t 是已知的。

(2) 也可以不需要期望和积分可交换,我们通过偏微分方程就可以求解方程(6.80)。

违约互换与违约看跌期权。 实际上,违约互换和违约看跌期权合约的不同在于违约时的支付不一样。

● 归还与等价的非违约债券的差额。在违约时刻 T^d 的支付为

$$P(T^d,\,T) - P^d(T^d,\,T) = P(T^d,\,T) - w(T^d) P^d(T^d-,\,T)$$

● 归还与面值的差额。如果发生违约,支付金额等于参照信用资产的面值与市场价值(违约时)之差(现金结算)。即违约时刻 T^d 的支付为

$$1 - P^d(T^d,\,T) = 1 - w(T^d) P^d(T^d-,\,T)$$

可违约附息债券的违约互换仅仅支付违约后附息债券价格与面值的差额。只有本金保护,没有票息保护。如果违约发生,图 6.15 和图 6.16 分别是违约看跌期权的现金流和违约互换现金流。

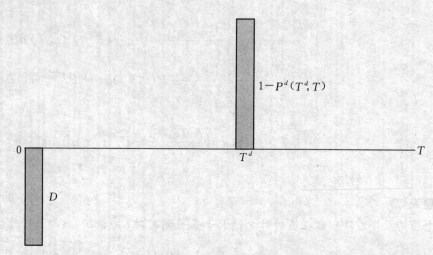

违约看跌期权的预付费为 D,归还与面值的差额 $1-P^d(T^d,T)$,标的参照信用资产为可违约零息债券。

图 6.15　违约看跌期权在违约时刻 T^d 的现金流

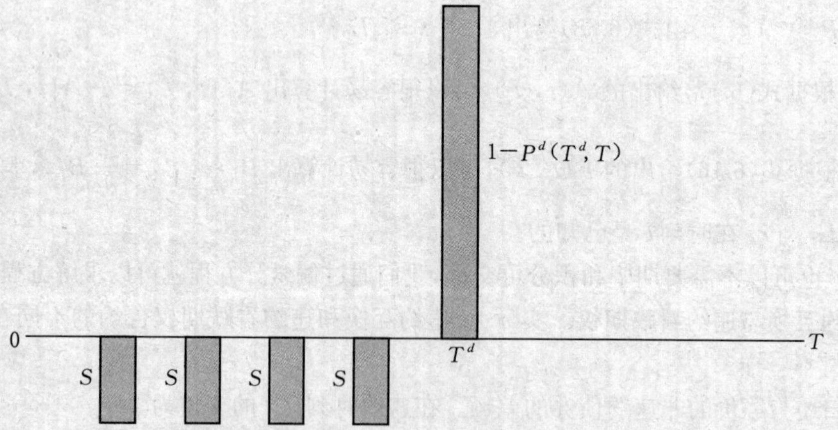

违约互换价差为 S,归还与面值的差额 $1-P^d(T^d,T)$,标的参照信用资产为可违约零息债券。

图 6.16　违约互换在违约时刻 T^d 的现金流

在对违约互换定价时会碰到两个问题。互换开始时没有现金流的互换,我们需要确定使违约互换的市场价值为 0 的违约互换价差 S,互换开始后,违约互换的市场价值会根据标的资产情况的变化而变化。所以当违约互换价差 S 给定时,我们需要确定违约互换当前的市场价值。我们假设信用互换双方(受益者与担保者)都不会违约,只是归还面值的差额(按照当前的市场标准)。

标的参照信用资产为可违约零息债券。我们假定直到时刻 t 才违约。

(1) 违约看跌期权,归还与面值的差额。时刻 t 的价格为

$$F_t^{dp} = E^{\mathbf{Q}}\left[\int_t^T e^{-\int_t^u r_l dl}(1-Z_u)dH_u \mid \mathcal{F}_t\right]$$

$$= F_t^{ddp} - E^{\mathbf{Q}}\left[\int_t^T e^{-\int_t^u r_l dl}Z_u dH_u \mid \mathcal{F}_t\right]$$

$$= F_t^{ddp} - E^{\mathbf{Q}}\left[\int_t^T e^{-\int_t^u r_l dl}Z_u dH_u + e^{-\int_t^T r_l dl}L_t \mid \mathcal{F}_t\right] + E^{\mathbf{Q}}\left[e^{-\int_t^T r_l dl}L_T \mid \mathcal{F}_t\right]$$

$$= F_t^{ddp} - P^d(t, T) + P^{d, zero}(t, T)$$

(2) 违约看跌期权归还与等价的非违约债券的差额。

根据无套利假设,我们可以确定标的资产为可违约零息债券的信用违约期权的价格,在违约时,归还与等价的非违约债券的差额。假设投资者的投资组合中含有到期期限为 T 的可违约零息债券,和当违约时支付其与到期期限为 T 的非违约零息债券的差额的信用违约期权。这样的构造完全消除了可违约零息债券的违约风险。因此,该投资组合的价格总是等于到期日为 T 的非违约零息债券的价格,即

$$F_t^{dp} = P(t, T) - P^d(t, T)$$

这个等式对于大多数关于过程 r, s, u 的假设都是有效的。

(3) 违约互换。

在信用违约互换中,定期支付 S(信用违约价差)而非预付费 F_0^{dp}。在信用违约看跌期权开始时支付费用 F_0^{dp} 一定和在事先商定的时间 t_i 支付 S 直至违约发生等价,$i=1, \cdots, m$。注意,t_i 是所有可能的支付日期,$i=1, \cdots, m$。因此,根据评注 6.4.1(2),

$$F_0^{dp} = S\sum_{i=1}^m P^{d, zero}(0, t_i)$$

这等价于信用互换价差

$$S = \frac{F_0^{dp}}{\sum_{i=1}^m P^{d, zero}(0, t_i)}$$

标的参照信用资产为可违约固定利率债券。下面我们不考虑在违约时可能未支付的应计利息,此外,我们还假设直至时刻 t 才发生违约事件。

（1）违约看跌期权归还与面值的差额。

标的参照信用资产是在时刻 t_i 支付离散的票息 c_i 且到期日为 T 的付息债券，$t <$ $t_i \leqslant T$，$i = 1, \cdots, n$。那么，违约看跌期权的定价同零息债券的情况一样，我们得到

$$F_c^{dp}(t) = F_t^{ddp} - P_c^d(t, T) + P_c^{d, zero}(t, T)$$

其中，

$$P_c^{d, zero}(t, T) = \sum_{i=1}^{n} c_i P^{d, zero}(t, t_i) + P^{d, zero}(t, T)$$

（2）违约看跌期权归还与等价的非违约债券的差额。

我们可以运用与零息债券情形中一样的无套利原理，得到

$$F_c^{dp}(t) = P_c(t, T) - P_c^d(t, T)$$

（3）违约互换。

信用互换价差可以通过零息债券情形中的相同方式计算出来。因此，如果在预先确定的时刻 t_i 按时支付 S 直到违约发生，$i = 1, \cdots, m$ 那么 S 为

$$S = \frac{F_c^{dp}(0)}{\sum_{i=1}^{m} P_0^d(0, t_i)}$$

标的票据是可违约面值浮动利率票据，到期日是违约互换的到期日。 我们假设违约仅可能发生在票息日或者到期日，并且存在一种在时刻 t 的浮动利率为 C_t 的非违约浮动利率票据。在时刻 t，标的的可违约浮动利率票据的票息支付为 $C_t + \bar{S}$，其中 $\bar{S}$ 是固定价差。两种浮动利率票据最终支付 1（如果没有违约）。如果两种浮动利率票据在时刻 $t = 0$ 按照面值交易，我们可以采用套利原理为违约互换定价。我们卖空以面值发行的可违约浮动利率票据，同时买入以面值发行的非违约浮动利率债券，将该投资组合持有到到期日或者违约事件发生，一方面收到非违约浮动利率票据的票息，另一方面支付可违约浮动利率票据的票息。如果在到期日之前没有发生违约，两种浮动利率票据到期时交换面值，所以到期日互换双方的净现金流为 0。如果在到期日之前发生违约，我们对投资组合进行清算，立即从非违约浮动利率票据收到 1（等于票息日的面值），同时支付违约的浮动利率票据的剩余市场价值 $P_f^d(T^d, T)$，因此净现金流为 $1 - P_f^d(T^d, T)$，这正是违约互换合约所规定的。无套利则意味着唯一的无套利违约互换价差 $S = \bar{S}$。表 6.1 比较了违约或到期日之前的违约互换的现金流和该投资组合的现金流。

表 6.1　以可违约浮动利率票据为参照资产的违约互换的现金流以及由非违约
浮动利率票据(多头)和可违约浮动利率票据(空头)构成的投资组合的现金流

	违约互换	非违约浮动利率票据—可违约浮动利率票据
$t = 0$	0	$1 - 1 = 0$
违约前(含到期日)的票息日	$-S$	$C_t - (C_t + \overline{S}) = -\overline{S}$
$t = T^d$ (没有票息)	$1 - P_f^d(T^d, T)$	$1 - P_f^d(T^d, T)$
$t = T$ (没有票息)	0	$1 - 1 = 0$

如果我们考虑违约不仅发生在票息日,那么我们在违约之后最近的票息日清算该投资组合。这样下面的关系式只是近似成立:

$$违约互换 = 非违约浮动利率票据 - 违约浮动利率票据$$

结论 6.4.1

因为可违约浮动利率票据的违约互换的起始市场价值为 0,无套利违约互换价差 S 等于参照可违约浮动利率票据价差 $\overline{S}$ 与等价的非违约浮动利率票据的票息价差。违约互换在开始交易后的价格等于非违约浮动利率票据的市场价值减去可违约浮动利率票据的市场价值。

评注 6.4.5

(1) 我们可以放松目标浮动利率票据与违约互换的到期日相同的假设。固定违约互换价差的相关面值价差 $\overline{S}$ 等于由 C 方发行的另一种不同的浮动利率票据的价差,该票据的到期日与违约互换相同,其优先权也与标的浮动利率票据相同。如果不能获得信用质量和优先权与违约互换相同,到期日也与违约互换相同的以面值发行的浮动利率票据,那么违约互换价差 S 通常可以从别的价差中推导出来。

(2) 套利原理的一个重要方面就是可以随时卖空 C 方以面值发行的可违约浮动利率票据。例如,卖空浮动利率票据可以通过逆回购加上现金销售实现。通过逆回购可以收回浮动利率票据,就像贷款的抵押品一样。这样投资者可立即卖掉票据而不是持有该抵押品。但是这样交易也会遇到一些问题:

- 交易成本。
- C 方发行的浮动利率票据的出价与询价间有很大的价差。
- 投资者可能会被迫进行特定回购,即回购率必须远低于一般抵押率(general collateral rate, GCR)。这样,随着 GCR 与特定回购率之差的增大,违约互换价差也会增大。
- 在实际中,对于流动性金融工具,违约互换价差随着 C 方发行的浮动利率票据这一参照信用资产而变化。

（3）有时违约互换合约规定，有保护的买方必须支付自上一次票息日后已累计的违约互换升水。

（4）典型的违约互换规定违约时的支付等于不含应计利息的面值与标的浮动利率票据的市场价值之差。上述套利投资组合的价值是面值加上非违约浮动利率票据的应计利息减去标的可违约浮动利率票据的回收值。

6.5 离散时间三因子模型

6.5.1 基本知识

本节给出 6.2 节中模型的离散时间形式。连续时间模型可以用离散时间模型近似，这样我们可以确定没有任何解析解的与违约相关的金融工具的价格，比如，可能由于是美式期权或具有可赎回性质而没有解析解。另外，离散时间模型是我们模型的扩展式数值研究所需要的计算工具。由于可违约期限结构模型含有三个随机过程，我们需要建立四维的网格模型。一个维度是时间，其他三个维度属于状态空间。我们假设非违约短期利率过程独立于其他两个过程。不确定性指数过程影响短期利率信用价差过程。因此，四维网格的构造基本分为两个部分：建立非违约短期利率树以及建立短期利率信用价差和不确定性指数的复合树。首先，不确定性指数的网格可以拓展一步，然后拓展后的值作为下一步拓展短期利率信用价差网格的初始值。

6.5.2 构造网格

在本小节中，我们证明在我们的三因子模型基础上如何能通过建立四维网格来为信用衍生产品定价。具体方法是对 Hull 和 White(1994)提出的两阶段程序的一个修正，这代表了众多的单因子利率模型。特别地，该两阶段程序是用来建立由方程(6.5)定义的非违约短期利率模型对应的利率树，其中参数 $\beta = 0$。假设所有过程都是在等价鞅测度 $\mathbf{Q}$ 下加以考虑的。首先，我们假设对于一维随机过程 X_t，我们必须建立一个三叉树，其形式为

$$dX_t = (\mu(X, t) - aX_t)dt + \sigma dW_*(t) \tag{6.84}$$

其中，$W_*(t)$ 代表一维布朗运动，参数 $a > 0$，$\sigma > 0$ 为常数，$\mu(X, t)$ 是可能取决于 X_t 的累进可测随机过程。注意，$W_*(t)$ 可以为我们在我们的三因子模型中考虑的任一种布朗运动。因此，我们对 $\mathcal{F}_t$ 的定义同前。对于时间段 Δt，有

$$\Delta X_t = X_{t+\Delta} - X_t = (\mu(X, t) - aX_t)\Delta t + \sigma \Delta W_*(t)$$

上式是 $\mathcal{F}_t$ 上的正态分布,其期望值为

$$E^{\mathbf{Q}}[\Delta X_t \mid \mathcal{F}_t] = (\mu(X, t) - aX_t)\Delta t \qquad (6.85)$$

条件方差为

$$Var^{\mathbf{Q}}[\Delta X_t \mid \mathcal{F}_t] = \sigma^2 \Delta t \qquad (6.86)$$

离散时间过程序列收敛到相应的连续时间扩散过程的分布需要两个主要条件(见 Amin,1995):

a) 离散时间过程序列单位时间 Δt 的(条件)均值、方差和协方差项必须收敛到连续时间扩散过程的对应项。

b) 极限过程必须具有连续样本路径,即当 $\Delta t \to 0$ 时,任何时刻该过程的绝对增量(跳距)的极大值必须收敛于 0。

既然我们处理不相关布朗运动,即 $\rho_{r,s} = \rho_{r,u} = \rho_{s,u} = 0$,如果我们保证每个单因子模型的均值与方差条件,则我们的三因子模型满足这些条件。第一个基石是考虑由方程 (6.84) 定义的平稳随机过程 X_t^*,其中 $\mu \equiv 0$。为了使误差最小(见 Hull & White,1994),我们选择常数跳距 $\Delta x^* = \sigma\sqrt{3\Delta t}$,如果我们定义 (i, j) 为三叉树的节点,且 $t = i\Delta t$,$X_t^* = X_{i\Delta}^* = j\Delta x^*$,$j_{\min}$ 为大于 $\dfrac{0.184}{a\Delta t}$ 的最小整数,且 $j_{\min} = -j_{\max}$,则对于平的树,我们可以确保均值和方差条件成立,而且如果我们采用下面的分支方法,则可以保证所有概率为正:对于 $j_{\min} \leqslant j \leqslant j_{\max}$,从节点 (i, j) 到节点 $u = (i+1, j+1)$,$m = (i+1, j)$,$d = (i+1, j-1)$ 的标准分支的概率为

$$p_u = \frac{1}{6} + \frac{a^2 j^2 \Delta t^2 - aj\Delta t}{2}, \quad p_m = \frac{2}{3} - a^2 j^2 \Delta t^2, \quad p_d = \frac{1}{6} + \frac{a^2 j^2 \Delta t^2 + aj\Delta t}{2}$$

对于 $j < j_{\min}$,向上分支[①],对于 $j > j_{\max}$,向下分支[②]。注意,每个节点的概率只取决于

[①] 对于 $j < j_{\min}$,从节点 (i, j) 到节点 $d = (i+1, j)$,$m = (i+1, j+1)$,$u = (i+1, j+2)$ 的向上分支的概率为

$$p_u = \frac{1}{6} + \frac{a^2 j^2 \Delta t^2 + aj\Delta t}{2}, \quad p_m = -\frac{1}{3} - a^2 j^2 \Delta t^2 - 2aj\Delta t$$

$$p_d = \frac{7}{6} + \frac{a^2 j^2 \Delta t^2 + 3aj\Delta t}{2}$$

[②] 对于 $j > j_{\max}$,从节点 (i, j) 到节点 $d = (i+1, j-2)$,$m = (i+1, j-1)$,$u = (i+1, j)$ 的向下分支的概率为

$$p_u = \frac{7}{6} + \frac{a^2 j^2 \Delta t^2 - 3aj\Delta t}{2}, \quad p_m = -\frac{1}{3} - a^2 j^2 \Delta t^2 + 2aj\Delta t$$

$$p_d = \frac{1}{6} + \frac{a^2 j^2 \Delta t^2 - aj\Delta t}{2}$$

j, a 和 Δt，这使得该程序对于改变收益曲线或价差曲线的敏感性分析非常稳健。

第二个基石是我们平移每个节点，以保证条件 a) 与 b) 成立。因此我们定义每个节点的移动距离为 $\alpha_t = X_t - X_t^*, t \in [0, T^*]$，其可由下面的微分方程表示为

$$d\alpha_t = (\mu(X, t) - a\alpha_t)dt, \quad \alpha_0 = X_0$$

相应的离散时间形式为

$$\Delta \alpha_t = \alpha_{t+\Delta t} - \alpha_t = [\mu(X, t) - a\alpha_t]\Delta t \qquad (6.87)$$
$$= [\mu(X^* + \alpha, t) - a\alpha_t]\Delta t$$

因此，

$$\alpha_{t+\Delta t} = \mu(X^* + \alpha, t)\Delta t + (1 - a\Delta t)\alpha_t$$

注意，$\alpha_{t+\Delta t}$ 通过 $\mu(X, t)$ 依赖于树中特定节点的前一个必须被平移的节点。根据方程 (6.85)，其中 $\mu \equiv 0$，和方程 (6.87)，我们有

$$E^Q[\Delta X_t \mid \mathcal{F}_t] = E^Q[X_{t+\Delta t}^* + \alpha_{t+\Delta t} - (X_t^* + \alpha_t) \mid \mathcal{F}_t]$$
$$= [\mu(X, t) - aX_t]\Delta t$$

同样地，我们得到

$$Var^Q[\Delta X_t \mid \mathcal{F}_t] = Var^Q[\Delta X_t^* \mid \mathcal{F}_t] = \sigma^2 \Delta t$$

其可以保证我们的离散时间过程序列依分布收敛于相应的连续时间扩散过程。实际运用中，我们从时刻 $t=0$ 开始，将节点 $(0, 0)$ 平移 $\alpha_0 = X_0$。假设我们将树平行移动直到时刻 $t = i\Delta t$，从 $x_{i,j}^*$ 得到节点值 $x_{i,j}$。从节点 (i, j) 至节点 $(i+1, j+k)$，$k = -1, 0, 1$，节点值 $x_{i+1, j+k}^*$ 经过移动

$$\alpha_{i+1, j+k} = \mu(x_{i,j}, t)\Delta t + (1 - a\Delta t)\alpha_{i, j}$$

变为节点值 $x_{i+1, j+k}$。注意，$\alpha_{i+1, j+k}$ 依赖于 $x_{i,j}$ 会破坏三叉树的复合型特征。

第三个基石只对由下式定义的 Cox-Ingersoll-Ross 过程是必要的：

$$dY_t = (\theta(Y, t) - \hat{a}Y_t)dt + \sigma\sqrt{Y_t}dW(t)$$

令 $X_t = G(y, t)$，运用下面的转换

$$G(y, t) = 2\sqrt{y_t}$$

根据 Itô 引理，有

$$dX_t = \left[\frac{1}{\sqrt{Y_t}} (\theta(Y, t) - \hat{a} Y_t) - \frac{1}{4} \frac{1}{\sqrt{Y_t}} \sigma^2 \right] dt + \sigma dW(t)$$

既然 $Y_t = \frac{1}{4} X_t^2$，那么

$$dX_t = \left[\frac{2\theta\left(\frac{1}{4} X_t^2, t \right) - \frac{1}{2} \sigma^2}{X_t} - \frac{\hat{a}}{2} X_t \right] dt + \sigma dW(t)$$

$$= [\mu(X, t) - aX_t] dt + \sigma dW(t)$$

且

$$\mu(X, t) = \frac{2\theta\left(\frac{1}{4} X_t^2, t \right) - \frac{1}{2} \sigma^2}{X_t}, \ a = \frac{\hat{a}}{2}$$

我们根据前面的内容，建立随机过程 X_t 的三叉树，在该三叉树的每个节点令 $Y_t = \frac{1}{4} X_t^2$，我们得到 Y_t 的三叉树。

现在我们来考虑三因子模型方法。我们从下面的不确定性过程开始：

$$du_t = [\theta_u - \hat{a}_u u_t] dt + \sigma_u \sqrt{u_t} d\hat{W}_u(t)$$

其可以转换为如下过程：

$$dX_u(t) = \left[\frac{2\theta_u - \frac{1}{2} \sigma^2}{X_u(t)} - \frac{\hat{a}_u}{2} X_u(t) \right] dt + \sigma_u d\hat{W}_u(t)$$

及

$$\alpha_u(t + \Delta t) = \alpha_u(t) + \left[\frac{2\theta_u - \frac{1}{2} \sigma^2}{X_u(t)} - \frac{\hat{a}_u}{2} \alpha_u(t) \right] \Delta t$$

$$= \frac{2\theta_u - \frac{1}{2} \sigma^2}{X_u^*(t) + \alpha_u(t)} \Delta t + \left(1 - \frac{\hat{a}_u}{2} \Delta t \right) \alpha_u(t)$$

其中，初始值 $\alpha_u(0) = X_u(0) = 2\sqrt{u_0}$。

同样地，给定时刻 t 的 u_t，价差过程为

$$ds_t = [b_s u_t - \hat{a}_s s_t] dt + \sigma_s \sqrt{s_t} d\hat{W}_s(t)$$

经过转换，有

$$dX_s(t) = \left[\frac{2b_s u_t - \frac{1}{2}\sigma_s^2}{X_s(t)} - \frac{\hat{a}_s}{2}X_s(t) \right]dt + \sigma_s d\hat{W}_s(t)$$

及

$$\alpha_s(t+\Delta t) = \frac{2b_s u_t - \frac{1}{2}\sigma_s^2}{X_s^*(t) + \alpha_s(t)}\Delta t + \left(1 - \frac{\hat{a}_s}{2}\Delta t\right)\alpha_s(t)$$

其中，初始值 $\alpha_s(0) = X_s(0) = 2\sqrt{s_0}$ 。

短期利率过程为

$$dr_t = [\theta_r(t) - \hat{a}_r r_t]dt + \sigma_s r_t^\beta d\hat{W}_r(t)$$

其中，$\beta \in \left\{0, \frac{1}{2}\right\}$。对于 $\beta = \frac{1}{2}$，我们必须把短期利率过程转换为

$$dX_r(t) = \left[\frac{2\theta_r(t) - \frac{1}{2}\sigma_r^2}{X_r(t)} - \frac{\hat{a}_r}{2}X_r(t) \right]dt + \sigma_r d\hat{W}_r(t)$$

对于 $\beta = 0$，不必经过转换，我们可以考虑

$$dX_r(t) = [\theta_r(t) - \hat{a}_r X_r(t)]dt + \sigma_r d\hat{W}_r(t)$$

即 $X_t = r_t$。对于 $\beta = \frac{1}{2}$，相应的 $\alpha's$ 由下式给出：

$$\alpha_r(t+\Delta t) = \frac{2\theta_r(t) - \frac{1}{2}\sigma_r^2}{X_r^*(t) + \alpha_r(t)}\Delta t + \left(1 - \frac{\hat{a}_r}{2}\Delta t\right)\alpha_r(t)$$

其中，初始值 $\alpha_r(0) = X_r(0) = 2\sqrt{r_0}$ 。
对于 $\beta = 0$，相应的 $\alpha's$ 由下式给出：

$$\alpha_r(t+\Delta t) = \theta_r(t)\Delta t + (1 - \hat{a}_r\Delta t)\alpha_r(t)$$

其中，初始值 $\alpha_r(0) = X_r(0) = r_0$ 。

注意，由于 $\theta_r(t)$ 与时间相关，我们可以用短期利率模型来拟合收益曲线。同时注

意,对于 Hull-White 模型 ($\beta = 0$),在时刻 $t = i\Delta t$ 的所有节点 (i, j) 的移动距离 $\alpha_r(t)$ 是相同的。为了给这种情形建立利率树,Hull 和 White(1994)提出了一个与前述模型稍有不同的方法,他们认为该方法在数值上更有效。

现在我们可以为过程 (r_t, s_t, u_t) 建立一个三维三叉树模型。与 Chen(1996),Amin (1995)或 Boyle(1988)提出的三叉树方法不同,该三叉树的分支和概率不会任意改变,这使得该三叉树更有效,特别是对于风险管理。该三维三叉树的每个节点的概率只由一维过程的积确定。注意,尽管我们必须考虑时刻 $t = i\Delta t$ 与节点 $j_r\Delta r$,$j_s\Delta s$ 和 $j_u\Delta u$ 上的所有可能的组合 $(r_{i,j}, s_{i,j}, u_{i,j})$,总数量仍受到分支方法的限制。

6.5.3 广义利率过程

如果我们要考虑下面的相关几何布朗运动,即

$$Cov(dW_r(t), dW_s(t)) = \rho_{r,s}dt$$
$$Cov(dW_r(t), dW_u(t)) = \rho_{r,u}dt$$
$$Cov(dW_s(t), dW_u(t)) = \rho_{s,u}dt$$

基本偏微分方程可以写为

$$-(\rho_{r,s}\sigma_r\sigma_s r^\beta\sqrt{s}F_{rs} + \rho_{r,u}\sigma_r\sigma_u r^\beta\sqrt{u}F_{ru} + \rho_{u,s}\sigma_u\sigma_s \sqrt{su}F_{us}) \tag{6.88}$$

$$= \frac{1}{2}\sigma_r^2 r^{2\beta}F_{rr} + \frac{1}{2}\sigma_s^2 s F_{ss} + \frac{1}{2}\sigma_u^2 u F_{uu}$$

$$+ [\theta_r(t) - \hat{a}_r r]F_r + [b_s u - \hat{a}_s s]F_s$$

$$+ [\theta_u - \hat{a}_u u]F_u + F_t - (r+s)F, \quad (r, s, u, t) \in \mathbb{R}^3 \times [0, T)$$

边界条件为

$$F(r, s, u, T) = h(r, s, u) \tag{6.89}$$

可以证明,通过运用包含引理 6.3.1 中定义的函数 G 的递归算法,可以求出边界条件为式(6.89)的偏微分方程(6.88)的解。但是由于这种方法因为一些原因很不方便[①],我们建议对于相关性情形采用树式方法。因此,需要对 6.5.2 节提出的程序稍作修正。对于将树式方法从不相关的布朗运动情形推广到相关的布朗运动情形,在文献中已经作了深入讨论。因此,这里我们就不再讨论,具体可见 Hull 和 White(1994)。

---

① 例如,递归算法涉及复杂函数 G 的大量积分的计算。此外,收敛速度事先并不知道。

6.6　市场数据拟合模型

6.6.1　基本知识

　　对于可违约金融工具的定价，无论是解析解还是数值解，我们都需要估计决定利率过程的标的随机过程的参数。定价的最终成败在于是否有能力收集到必要的信息来更好地确定模型中的参数值。下面我们采用两种不同方法估计过程 r, s 和 u 的参数值。首先我们采用最小二乘法，我们比较具体时点的市场价格和理论价格，通过市场价格和理论价格的离差平方和的最小化来估计出参数，第二种方法是卡尔曼滤波法。

6.6.2　最小二乘法

　　不确定性指数。实践中，评级机构的评级结果往往代表公司的品质：通常信用等级越高，违约概率越小。我们假设信用等级分为 6 个等级，我们用 1，2，…，6 表示。信用等级为 6 代表违约，信用等级为 1 代表最高信用品质（即不确定性最小）。每个公司（更具体点是债务工具）根据其信用品质或者不确定性程度归属于不同的信用等级，不确定性由公司的不确定性指数来衡量。信用等级和不确定性指数之间是一一映射，即，对于槛值 ξ_j, $j = 1$, …, 5，如果 $\xi_{j-1} < u \leqslant \xi_j$, $j = 2$, …, 5，公司信用等级为 j，如果 $u > \xi_5$，意味着公司违约，如果 $u \leqslant \xi_1$，公司信用等级为 1。我们称 ξ_5 是违约槛值，记为 ξ^d。我们利用 $u(t)$ 的非中心 χ^2-分布性质（详细见 Lamberton & Lapeyre, 1996，第 129 页之后），过程 u 的未知参数以及未知槛值可以用公司的转移概率表示。如果我们假定时间区间 $[0, t]$ 上的转移概率给定，则下列方程成立：

$$\mathbf{P}(\mu_t \leqslant \xi_1 \mid u_0) = \mathbf{F}_{\frac{4\theta u}{\sigma_u^2}, s}\left(\frac{\xi_1}{L}\right) \tag{6.90}$$

$$\mathbf{P}(\mu_t \leqslant \xi_1 \mid u_0) + \sum_{k=2}^{j} \mathbf{P}(\xi_{k-1} < u_t \leqslant \xi_k \mid u_0) = \mathbf{F}_{\frac{4\theta u}{\sigma_u^2}, s}\left(\frac{\xi_j}{L}\right) \tag{6.91}$$

$$\mathbf{P}(\mu_t > \xi_5 \mid u_0) = 1 - \mathbf{F}_{\frac{4\theta u}{\sigma_u^2}, s}\left(\frac{\xi_5}{L}\right)$$

其中，$L = \dfrac{\sigma_u^2}{4a_u}(1 - e^{-a_u t})$，$s = \dfrac{4u_0 a_u}{\sigma_u^2(e^{a_u t} - 1)}$，$\mathbf{F}_{\frac{4\theta u}{\sigma_u^2}, s}$ 确定了非中心 χ^2-分布函数，自由度为

$\frac{4\theta_u}{\sigma_u^2}$，参数为 s。相同信用等级的转移概率是相等的。为了在连续模型中嵌入离散模型，我们假设评级机构确定每一初始信用等级的概率对应于不确定性过程的可能值域中的某个初始值，即，对于 $0 \leqslant \alpha_1 \leqslant 1$，信用等级为 1 对应于某个不确定性过程值 $u_1(0) = \alpha_1 \xi_1$，对于 $0 \leqslant \alpha_k \leqslant 1$，信用等级为 k，$2 \leqslant k \leqslant 5$，对应于不确定性过程值 $u_k(0) = (1 - \alpha_k)\xi_{k-1} + \alpha_k \xi_k$。 如果对于每个信用等级（包括信用等级 6 在内），我们建立方程(6.90)和(6.91)，我们得到含有 25 个未知变量的 25 个方程，约束条件为 $\xi_1 < \xi_2 < \xi_3 < \xi_4 < \xi_5$，$0 \leqslant \alpha_k \leqslant 1$，$1 \leqslant k \leqslant 5$。 我们可以采用 Nelder 和 Mead(1965)的多维下山单纯形法来求解该方程组。因为我们采用的是实际的转移概率数据，我们只能估计 a_u，而不能估计 $\hat{a}_u$。因此，我们根据信用价差的市场价格数据，来估计 λ_u 和短期利率价差的参数。

非违约短期利率。 拟合非违约短期利率与市场价格（如经纪人报价）的最直接的方法是选择最佳拟合了一系列非违约利率期权如利率上限期权的 $\hat{a}_r$ 与 σ_r 的值。参数 σ_r 决定了非违约短期利率总的波动率，参数 $\hat{a}_r$ 决定了长期利率和短期利率的相对波动率。我们需要选择最小化下式的 $\hat{a}_r$ 与 σ_r 的值：

$$\sum_i (P_i^* (\hat{a}_r, \sigma_r) - V_i)^2$$

其中，P_i^* 是模型给出的第 i 个利率期权的价格，V_i 为第 i 个利率期权的市场价格。这对于 Hull-White 模型来说非常简单，由此算出的利率上限期权的价格有解析解。同样，该问题也可以运用多维下山单纯形法求解。

短期利率信用价差。 余下要估计的参数是 b_s，$\hat{a}_s$，σ_s 和 λ_u。我们选择最佳拟合了信用价差市场数据的上述参数的值。同前面非违约短期利率的参数的估计一样，我们选择合适最小化下式的 b_s，$\hat{a}_s$，σ_s 和 λ_u 的值：

$$\sum_i (S_i (b_s, \hat{a}_s, \sigma_s, \lambda_u) - Y_i)^2$$

其中，S_i 是根据模型计算出的第 i 个信用价差的值，Y_i 为市场价值数据。同样，对于该最优化，我们可以运用多维下山单纯法求解。

例子。 我们运用我们的理论模型及校准方法来建立通用汽车公司的特定模型，并运用来自路透、彭博和标准普尔的数据估计模型参数。

(1) 非违约短期利率。

使用来自路透的美国 Cap-Volas 数据(1999 年 5 月 4 日)

$$1 \text{ 年期 } 11.25\%, \ 2 \text{ 年期 } 15.25\%$$

我们得到的估计结果为 $\hat{a}_r = 1.05 \cdot 10^{-8}$，$\sigma_r = 1.019 \, 494 \, 64\%$。

（2）不确定性指数。

我们假设对于任意 k，$\alpha_k = \frac{1}{2}$（即同一信用等级的平均信用品质对应的信用），且有 5 种信用等级。

1998 年 7 月标准普尔一年期平均转移率（%）见表 6.2 中的转移矩阵。我们通过将信用等级 AAA 和 AA 加总为信用等级 1，信用等级 A 对应信用等级 2，信用等级 BBB 和 BB 加总为信用等级 3，信用等级 B 和 CCC 加总为信用等级 4，信用等级 D 对应信用等级 5，修正了该矩阵。修正后的转移矩阵[①]见表 6.3。

表 6.2　1998 年 7 月标准普尔一年期平均转移概率（%）

	AAA	AA	A	BBB	BB	B	CCC	D
AAA	90.82	8.26	0.74	0.06	0.11	0.00	0.00	0.00
AA	0.65	90.88	7.69	0.58	0.05	0.13	0.02	0.00
A	0.08	2.42	91.30	5.23	0.68	0.23	0.01	0.05
BBB	0.03	0.31	5.87	87.45	4.96	1.08	0.12	0.18
BB	0.02	0.12	0.64	7.70	81.08	8.39	0.98	1.08
B	0.00	0.10	0.24	0.44	6.81	82.90	3.90	5.60
CCC	0.20	0.00	0.40	1.19	2.56	11.24	61.97	22.50

表 6.3　修正转移矩阵

	1	2	3	4	5
1	95.31	4.22	0.40	0.07	0.00
2	2.50	91.30	5.91	0.24	0.05
3	0.24	3.26	90.59	5.28	0.63
4	0.15	0.30	5.50	80.00	14.05

通用汽车公司的标准普尔信用等级 A 对应于我们的信用等级 2。采用下山单纯形法，我们得到该信用等级的下列参数估计值：

$$\theta_u = 0.065\ 356\ 213\ 191\ 026\ 3$$
$$\sigma_u = 0.099\ 999\ 999\ 943\ 306\ 77$$
$$a_u = 0.134\ 999\ 535\ 769\ 650\ 13$$

---

① 假设每个信用等级内的债务人数目都一样。

以及槛值

$$\xi_1 = 0.043\ 650\ 134\ 999\ 497\ 6$$
$$\xi_2 = 0.254\ 040\ 348\ 795\ 075\ 6$$
$$\xi_3 = 0.649\ 135\ 439\ 721\ 414\ 7$$
$$\xi_4 = 1.180\ 648\ 469\ 865\ 003\ 3$$

（3）短期利率价差。

对于其余参数的估计，我们使用来源于彭博社的（1999 年 5 月 4 日）美元固定利率债券数据（半年票息，通用汽车公司的标准普尔信用等级 A 对应于我们的信用等级 2）：

a) 9.125，2000 年 7 月 18 日，净价：104.15，收益：5.497

b) 9.02，2001 年 6 月 7 日，净价：106.32，收益：5.758

c) 8.875，2001 年 6 月 11 日，净价：106.07，收益：5.760

d) 9.2，2001 年 7 月 2 日，净价：106.86，收益：5.769

使用 $s_0 = 80$ 个基点，下山单纯形法估计的结果为 $b_s = 0.000\ 099\ 7$，$\hat{a}_s = 0.328\ 893$，$\sigma_s = 0.2$，$\lambda_u = 0.19$。

6.6.3　卡尔曼滤波方法

在前面的章节中，我们根据市场交易日数据估计了三因子可违约期限结构模型的参数值，本节我们根据债券人的市场价值时间序列数据来估计参数值。因此，我们运用卡尔曼滤波方法（见 Oksendal，1998，第 79—106 页；Harvey，1989）。鉴于我们模型中的参数非常多，我们的想法是连续两次使用卡尔曼滤波方法。首先，我们对相应于非违约短期利率模型——见式(6.1)和式(6.5)——的非违约债券数据运用卡尔曼滤波方法来估计参数 $\hat{a}_r$ 和 σ_r。第二步：使用前面得到的非违约模型参数估计值，对不同的可违约债券价格的时间序列数据应用卡尔曼滤波方法得到剩下的参数的估计值。我们将该方法运用于德国和意大利政府的零息债券数据与希腊政府的附息债券数据，数据时间是 1999 年 1 月 1 日至 2000 年 10 月 23 日。这段时间由于德国与意大利同属于欧洲货币联盟因而其货币汇率是固定的。在我们的样本中德国、意大利和希腊的附息债券的面额都是以欧元为单位，所以在我们的研究中，我们不需要考虑任何汇率风险。我们假设德国债券没有违约风险，并假设意大利和希腊的债券存在违约风险。我们分析了德国和意大利以及德国和希腊的债券之间的信用价差随时间的变化情况，并考察了我们的三因子可违约期限结构模型如实描述这些动态过程的能力。特别地，德国和意大利非常适合作为我们的分析样本，因为它们是欧洲货币联盟内流动性最高的政府债券市场之一。附息债券价格

（从 1999 年 1 月 1 日至 2000 年 10 月 23 日）的日数据由路透信息服务机构提供。

　　Chen 和 Scott(1995)，Geyer 和 Pichler(1996)以及 Babbs 和 Nowman(1999)通过对时间序列数据运用卡尔曼滤波方法，估计了期限结构模型。就我们所知，我们最先把这种方法运用于可违约期限结构模型，特别是我们的三因子模型。将卡尔曼滤波方法运用于(可违约)期限结构模型的巨大优势在于，允许标的资产的状态变量(在我们的研究中即非违约短期利率，短期利率信用价差和不确定性指数)完全不可观察。其他方法通常需要短期利率的代理变量，这些代理变量在参数估计过程中会产生噪声。采用哪一个代理变量来表示不确定性指数的值事关重大。

　　我们分析中的所有收益都根据连续复合到期年收益率进行了调整，假设一年有 365 天。那么，可以计算意大利和德国以及希腊和德国的零息债券收益率之间的差额来作为信用价差。我们分析了这些信用价差随时间的变化情况，并分析了我们的模型解释这些动态过程的能力。Longstaff 和 Schwartz(1995a)，Duffee(1996b)，Wei 和 Guo(1997)以及 Düllmann 和 Windfuhr(2000)都进行了信用价差实证研究，大部分是公司债券的信用价差。

- 我们使用信用价差的日数据。
- (就我们所知)我们是第一个将卡尔曼滤波方法用于信用价差研究。
- 我们没有使用不可观察状态变量的代理变量，而是对可观察数据进行滤波得出其值。
- 我们运用许多不同的样本内和样本外检验，最重要的是样本外检验。

　　数据。下面的分析中我们使用的是观察到的德国和意大利的零息政府债券之间以及德国和希腊的附息政府债券之间的信用价差数据。标准普尔对德国、意大利和希腊的债券的信用等级分别是 AAA、AA 和 A−。因此，所有债券都是投资级的，我们可以假设德国债券是无违约风险的，而意大利和希腊的债券是可违约债券。信用价差就是零息债券之间的价差。我们考虑从 1999 年 1 月 1 日至 2000 年 10 月 23 日的 22 个月每日债券价格的时间序列数据，数据由路透信息服务机构[①]提供。所有价格都以欧元标价。因为德国和意大利都是欧洲货币联盟的成员，我们不必考虑信用价差中的货币风险。更进一步地，注意我们的样本中只有德国和意大利的纯粹零息债券，而不含有任何特定的嵌入期权，如可赎回性。希腊债券是纯粹固定利率债券，每年支付一次票息，票息率在 3% 到 9.7% 之间。从表 6.4 中可以看出，我们的研究对象中德国债券有 33 个，意大利债券有 36 个，希腊债券有 38 个。德国、意大利和希腊主权债券的到期期限分别在 0.5 年至 11.5 年、0.36 年至 12.2 年、2.4 年至 20.8 年之间。

---

　　① 以前大部分实证研究采用的是周数据或者月数据。除了 Düllmann 和 Windfuhr(2000)，我们是唯一使用日数据的——至少就我们所知。

表 **6.4** 样本中德国、意大利和希腊主权债券的统计数

	德　国	意大利	希　腊
债券个数	33	36	38
最小到期期限	0.5 年	0.36 年	2.4 年
最大到期期限	11.5 年	12.2 年	20.8 年
平均到期期限	4.9 年	3.5 年	7.46 年

为了确定三因子模型的参数值,我们需要完备的德国、意大利和希腊主权债券在每个时段(即每个观察日)的零息利率曲线,期限上限为最大到期期限。但遗憾的是我们只能得到零息利率曲线上有限个观察日的数据。为了基于交易日价格数据从 33 个德国债券、36 个意大利债券和 38 个希腊债券的价格日数据中推断出整个德国、意大利和希腊债券的零息利率曲线,我们使用 Nelson 和 Siegel(1987)的方法。这一简练的方法被广泛应用:

- Litterman 和 Scheinkman(1991)的研究发现,水平的、倾斜的、弯曲形状的期限结构可以解释国库券的大部分收益。
- Jones(1991)表明,收益率曲线主要可以由平移(平行变换)与扭曲(改变倾斜状态)来解释。
- Barrett、Gosnell 和 Heuson(1995)将该方法应用于国库券和债券价格的日数据。他们从对收益曲线的平移的研究中,得出了有关如何选择免疫的投资策略的结论。
- Willner(1996)使用 Nelson 和 Siegel 的方法将传统的期限测度方法拓展至水平的、倾斜的和弯曲的期限结构。
- 德国央行(Bundesbank)从其内部模型转为采用 Nelson 与 Siegel 的方法来估计面值收益率曲线(见 *Estimating the Term Structure of Interest Rates*, 1997)。
- Brooks 和 Yan(1999)表明,Nelson、Siegel 函数形式也可用来拟合远期曲线与即期曲线。
- Jordan 和 Mansi(2000)表明,Nelson-Siegel 函数形式优于其他收益平滑方法。
- Mansi(2000)比较了到期日不变的国库券,并用来替代发行在外的国库券的收益。他发现,将 Nelson-Siegel 函数形式的连续自举法作为插值法可以极大地减少定价误差。

Nelson 和 Siegel 使用指数衰减函数拟合收益率曲线,将该问题简化四参数模型:水平、倾斜、弯曲和时间常数。除了构造零息利率曲线,我们还希望使用 Nelson 和 Siegel 的方法得出我们的数据的平滑拟合效应,特别是希腊债券的数据,我们会让其含有的噪声比德国与意大利债券的数据多。这样的利率平滑模型避免了选择最优结点的样条函数的内在问题。Nelson 和 Siegel 采用下面的四参数近似模型通过债券价格来决定零息利率曲线:

$$R(t, T) = \beta_0(t) + (\beta_1(t) + \beta_2(t)) \frac{1 - e^{-\frac{(T-t)}{\beta_3}}}{\frac{(T-t)}{\beta_3}} - \beta_2(t) e^{-\frac{(T-t)}{\beta_3}} \tag{6.92}$$

其中，

$$P(t, T) = 100 e^{-R(t, T)(T-t)}, \quad 0 \leqslant t \leqslant T$$

式(6.92)中的各项决定了可以用来产生各种形状的零息利率曲线的各个适当权重。$\beta_0(t)$代表水平或者长期因子；$-\beta_1(t)$代表倾斜或者短期因子；$\beta_2(t)$代表弯曲或者中期因子；β_3是时间常数，表示曲线隆起的位置，其决定了向长期利率衰减的速度。对于每一天t，我们首先确定好β_3，根据德国的非违约零息债券数据使用非线性回归的方法估计参数$\beta_i(t)$，$i=0, 1, 2$。我们可以选择特定的β_3的值以产生最佳效果。如表6.4所示，德国债券的到期期限为0.5年至11.5年，平均到期期限为4.9年。

接下来，我们对意大利的可违约零息债券数据和希腊的可违约附息债券数据使用同样的方法。意大利债券的到期期限为0.36年至12.2年，平均到期期限为3.5年，希腊债券的到期期限为2.4年到20.8年，平均到期期限为7.46年。对于每个时间t，我们用获得的意大利和希腊的可违约债券数据，拟合 Nelson 和 Siegel 模型的参数$\beta_i^{d, j}(t)$和$\beta_3^{d, j}$，$i=0, 1, 2$，$j \in \{I = $意大利$, G = $希腊$\}$：

$$R^{d, j}(t, T) = \beta_0^{d, j}(t) + (\beta_1^{d, j}(t) + \beta_2^{d, j}(t)) \frac{1 - e^{-\frac{(T-t)}{\beta_3^{d, j}}}}{\frac{(T-t)}{\beta_3^{d, j}}} - \beta_2^{d, j}(t) e^{-\frac{(T-t)}{\beta_3^{d, j}}} \tag{6.93}$$

其中，

$$P^{d, I}(t, T) = 100 e^{-R^{d, I}(t, T)(T-t)}, \quad 0 \leqslant t \leqslant T$$

$$P_c^{d, G}(t, T) = \sum_{k=1}^{n} c_k e^{-R^{d, G}(t, t_k)(t_k - t)} + 100 e^{-R^{d, G}(t, T)(T-t)}$$

希腊附息债券在时刻$t < t_k \leqslant T$支付离散的票息c_i，$k=1, 2, \cdots, n$。为了让三个模型更加具有可比性，我们假设$\beta_3 = \beta_3^{d, j}$，$j \in \{I, G\}$。对于t与β_3，根据估计的参数值$\beta_i(t)$和$\beta_i^{d, j}(t)$，我们可以计算到期期限为$T \geqslant t$的非违约的德国政府债券和可违约的意大利与希腊的政府债券的估计的零息利率曲线，其中，$i=0, 1, 2$，$j \in \{I, G\}$。结果表明，当令常数参数$\beta_3 = 3$时拟合效果最好。估计完零息利率曲线后，我们使用稳健异常值检验剔除掉根据 Nelson 和 Siegel 的方法，不能被很好地拟合的所有曲线[1]。表6.5总

---

[1] 令SSR_t表示时刻t用 Nelson-Siegel 模型估计的零息利率与对应观察值之间的离差平方和除以观察值的个数。我们假定，对于任意时刻t，如果SSR_{t^*}与所有SSR_t的均值的离差超过SSR_t值的标准差的3倍，就称时刻t^*的零息债券曲线为异常值。

结了德国和意大利的估计的零息利率曲线的统计结果,即我们估计的利率期限结构与观察到的德国和意大利的债券数据的离差。如表 6.5 所示,德国的平均绝对离差[①]的均值是 18.8 个基点,意大利是 9.0 个基点,相应的标准差分别是 11.0 个基点与 10.3 个基点。可以看出,所有曲线与数据拟合得相当好。

表 6.5　德国与意大利的零息利率的估计值(连续复合)与观察值的离差的统计结果(单位:基点)

	德　国	意大利
每条估计曲线的平均债券数目	23.8	15.4
平均绝对离差的均值	18.8	9.0
平均绝对离差的标准差	11.0	10.3
平均绝对离差的最大值	49.8	39.2

表 6.6—表 6.8 分别给出了拟合德国、意大利与希腊的零息利率曲线的参数统计结果。结果表明,德国的长期零息利率曲线的水平程度的均值是 5.532%,而且曲线总体上是上倾的,因为倾斜程度的均值是 2.245%,此外,曲线的弯曲程度的均值是 0.102%。意大利的长期零息利率曲线的水平程度的均值是 6.048%,而且曲线总体上是上倾的,因为倾斜程度的均值是 2.795%,此外,曲线的弯曲程度的均值为 0.385%。因此,总的来说,意大利的零息利率曲线较德国高。德国与意大利的有些零息利率曲线是下倾的,但大部分是上倾的,意大利的零息利率曲线倾向于更陡。希腊的长期零息利率曲线的水平程度的均值是 7.046%,而且曲线总体上是下倾的,因为倾斜程度的均值是 −1.435%,此外,曲线的弯曲程度的均值是 −5.684%。因此,希腊的零息利率曲线较德国和意大利高。这与德国、意大利和希腊三个国家的信用等级是一致的。此外,信用等级越低,零息利率曲线的水平程度、倾斜程度与弯曲程度的标准差越高。希腊的大部分零息利率曲线是下倾且凹的。图 6.17 与图 6.18 给出了 1999 年 10 月 3 日与 2000 年 8 月 24 日德国和意大利的零息利率曲线的拟合结果图。在 1999 年 10 月 3 日,两条曲线都是隆起的、明显向上倾斜的和凹的,且与数据的拟合度很好:意大利和德国的零息利率曲线的水平程度、倾斜程度与弯曲程度的参数分别为 5.345% 和 2.989%、2.942% 和 6.220%、3.686% 和 1.532%。可以看出,从各自的零息利率曲线的水平程度的参数与倾斜程度的参数看,意大利均较德国高。显然,这可以用意大利债券的信用等级较德国低来解释。在 2000 年 8 月 24 日,

---

[①]　时刻 t,用 Nelson-Siegel 模型估计的零息债券收益率曲线的平均绝对离差为

$$\sqrt{\frac{SSR_t}{用来估计时刻\ t\ 的零息利率曲线的债券数目}}$$

其中,SSR_t 是时刻 t 用 Nelson-Siegel 模型估计的零息利率与对应观察值之间的离差平方和。

情况完全不同。虽然德国的零息利率曲线在到期期限较短时是上倾的，在到期期限较长时是下倾的，但总的来讲还是平坦的。意大利的零息利率曲线在到期期限较短时明显上倾，在到期期限较长时是隆起而下倾的。当到期期限小于 1 年时，估计的意大利的零息利率曲线位于估计的德国的零息利率曲线下面，尽管所有的意大利的实际零息利率均高于德国的实际零息利率。不过，两个国家的零息利率曲线都与数据拟合得很好。意大利和德国的零息利率曲线的水平程度、倾斜程度和弯曲程度的参数分别为 5.055% 和 0.120%、0.602% 和 6.088%、3.548% 和 2.247%。

表 6.6　Nelson-Siegel 模型拟合德国的零息利率曲线的参数统计结果（单位：百分比）

	均值	标准差	最大	最小
水平 β_0	5.532	0.257	6.414	4.042
倾斜—β_1	2.245	0.994	3.788	−0.556
弯曲 β_2	0.102	1.682	4.343	−3.492

表 6.7　Nelson-Siegel 模型拟合意大利的零息利率曲线的参数统计结果（单位：百分比）

	均值	标准差	最大	最小
水平 β_0^d	6.048	0.435	9.967	4.305
倾斜—β_1^d	2.795	0.965	7.478	−0.239
弯曲 β_2^d	0.385	2.041	8.391	−4.759

表 6.8　Nelson-Siegel 模型拟合希腊的零息利率曲线的参数统计结果（单位：百分比）

	均值	标准差	最大	最小
水平 β_0	7.046	0.501	8.400	5.620
倾斜—β_1	−1.435	1.777	2.350	−5.977
弯曲 β_2	−5.684	3.533	3.352	−18.905

为了研究德国和意大利以及德国和希腊的零息利率曲线之间的关系，我们首先计算 3 年期、6 年期与 9 年期的德国和意大利以及德国和希腊的零息利率的相关系数矩阵。从表 6.9 可以看出，德国和意大利的所有零息利率都是高度相关的。到期期限相同而国家不同的零息利率的相关系数几乎总是高于到期期限不同而国家相同的零息利率的相关系数。总的来讲，我们可以看出，到期期限相差越大，相关系数越小。德国和希腊的情况就大不相同，见表 6.10。希腊 3 年期的零息利率与所有期限的德国的零息利率都负相关，和其他到期期限的希腊的零息利率低度相关。6 年期与 9 年期的希腊的零息利率之

间高度相关,而它们和所有期限的德国的零息利率中度相关。图 6.19 和图 6.20 分别显示了德国和意大利以及德国和希腊的零息利率随时间的同步变动。根据德国和意大利的零息利率的高相关性,尽管其零息利率曲线的绝对利率水平不同,但是形状或多或少都是形似的。德国和意大利的零息利率的到期期限越长,相应的零息利率曲线越高。在观察的时间段内,德国和意大利的零息利率主要是上升的,而希腊的零息利率主要是下降的。所有期限的希腊的零息利率曲线均高于德国和意大利的零息利率曲线。到期期限更长的希腊的零息利率曲线低于到期期限更短的希腊的零息利率曲线。德国、意大利和希腊的零息利率都是收敛的,收敛的原因在于希腊将来会加入欧洲货币联盟。因为德国和意大利已经属于欧洲货币联盟,它们的零息利率在观察期之前就已经收敛了。

表 6.9　3 年期、6 年期和 9 年期的德国的零息利率与 3 年期、6 年期和 9 年期的意大利的零息利率的相关系数矩阵

	3 年期德国	6 年期德国	9 年期德国	3 年期意大利	6 年期意大利	9 年期意大利
3 年期德国	1.000					
6 年期德国	0.967	1.000				
9 年期德国	0.924	0.990	1.000			
3 年期意大利	0.996	0.956	0.911	1.000		
6 年期意大利	0.976	0.991	0.973	0.976	1.000	
9 年期意大利	0.949	0.990	0.978	0.944	0.992	1.000

表 6.10　3 年期、6 年期和 9 年期的德国的零息利率与 3 年期、6 年期和 9 年期的希腊的零息利率的相关系数矩阵

	3 年期德国	6 年期德国	9 年期德国	3 年期希腊	6 年期希腊	9 年期希腊
3 年期德国	1.000					
6 年期德国	0.967	1.000				
9 年期德国	0.924	0.990	1.000			
3 年期希腊	−0.486	−0.441	−0.424	1.000		
6 年期希腊	0.482	0.574	0.601	0.391	1.000	
9 年期希腊	0.649	0.746	0.778	0.118	0.951	1.000

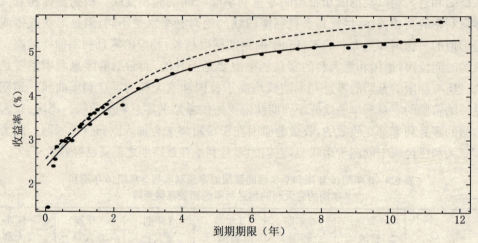

实线和虚线分别为拟合的德国和意大利的零息利率曲线，其上的圆点分别表示估计的德国和意大利的零息利率

图 6.17   1999 年 10 月 3 日 Nelson-Siegel 模型拟合的零息利率曲线

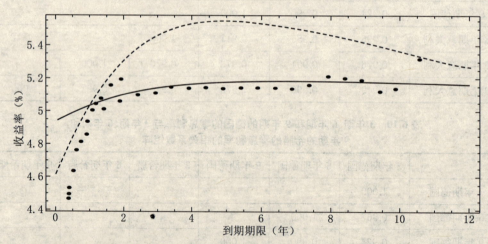

实线和虚线分别为拟合的德国和意大利的零息利率曲线，其上的圆点分别表示估计的德国和意大利的零息利率

图 6.18   2000 年 8 月 24 日 Nelson-Siegel 模型拟合的零息利率曲线

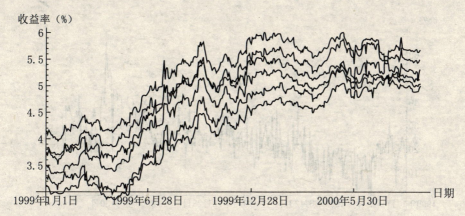

收益率（%）

图 6.19　从下至上依次为 3 年期德国、3 年期意大利、6 年期德国、
6 年期意大利、9 年期德国和 9 年期意大利的零息利率

收益率（%）

图 6.20　从下至上依次为 3 年期德国、6 年期德国、9 年期德国、
9 年期希腊、6 年期希腊、3 年期希腊的零息利率

　　为了进一步理解德国、意大利和希腊的零息利率曲线相互之间的结构差异，我们来研究它们之间的价差。我们计算意大利和德国的政府零息债券收益率之间的差额来作为估计的信用价差，不同到期期限的信用价差如图 6.21—图 6.23 所示。不同到期期限的希腊和德国的政府零息债券的信用价差如图 6.24—图 6.26 所示。信用价差随到期期限与国家的不同变化很大。到期期限为 3 年的希腊和德国的政府零息债券的信用价差从高达 400 个基点下降到不到 100 个基点，落差很大。因为德国和意大利是欧洲流动性最高的政府债券市场，所以我们可以假定这些价差是真实的信用价差，而且流动性风险可以忽略不计。

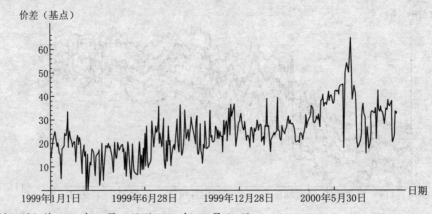

时间区间:从 1999 年 1 月 1 日至 2000 年 10 月 23 日。

图 6.21　到期期限为 3 年的意大利和德国的政府零息债券之间估计的信用价差

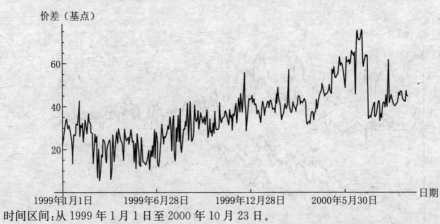

时间区间:从 1999 年 1 月 1 日至 2000 年 10 月 23 日。

图 6.22　到期期限为 6 年的意大利和德国的政府零息债券之间估计的信用价差

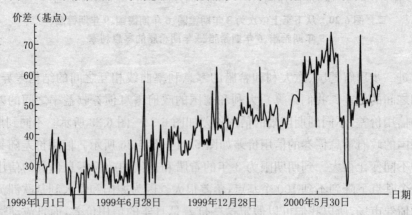

时间区间:从 1999 年 1 月 1 日至 2000 年 10 月 23 日。

图 6.23　到期期限为 9 年的意大利和德国的政府零息债券之间估计的信用价差

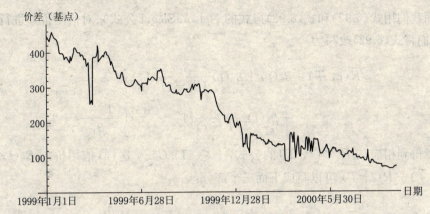

时间区间：从 1999 年 1 月 1 日至 2000 年 10 月 23 日。

图 6.24 到期期限为 3 年的希腊和德国的政府零息债券之间估计的信用价差

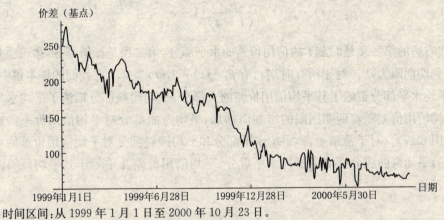

时间区间：从 1999 年 1 月 1 日至 2000 年 10 月 23 日。

图 6.25 到期期限为 6 年的希腊和德国的政府零息债券之间估计的信用价差

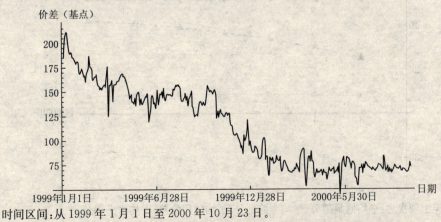

时间区间：从 1999 年 1 月 1 日至 2000 年 10 月 23 日。

图 6.26 到期期限为 9 年的希腊和德国的政府零息债券之间估计的信用价差

下面我们用式(6.92)和式(6.93)形式的 Nelson-Siegel 公式来对信用价差进行区分。首先，我们将式(6.92)改写为

$$R(t,\, T) = \beta_0(t) + \beta_1(t)\, \frac{\beta_3}{(T-t)}\Big(1 - e^{-\frac{(T-t)}{\beta_3}}\Big)$$

$$+ \beta_2(t)\, \frac{\beta_3}{(T-t)}\Big(1 - e^{-\frac{(T-t)}{\beta_3}}\Big(\frac{(T-t)}{\beta_3} + 1\Big)\Big)$$

我们可以得到相应的 $R^{d,\,j}(t,\, T)$ 的公式，$j \in \{I,\, G\}$。这样，信用价差 $S^j(t,\, T) = R^{d,\,j}(t,\, T) - R(t,\, T)$ 可以写成下面三个部分：

$$S^j(t,\, T) = (\beta_0^{d,\,j}(t) - \beta_0(t)) + (\beta_1^{d,\,j}(t) - \beta_1(t))\, \frac{\beta_3}{(T-t)}\Big(1 - e^{-\frac{(T-t)}{\beta_3}}\Big)$$

$$+ (\beta_2^{d,\,j}(t) - \beta_2(t))\, \frac{\beta_3}{(T-t)}\Big(1 - e^{-\frac{(T-t)}{\beta_3}}\Big(\frac{(T-t)}{\beta_3} + 1\Big)\Big) \quad (6.94)$$

上式右边的第一项是时刻 t 的信用价差的水平部分，第二项是倾斜部分，第三项是弯曲部分，到期期限为 T。对于所有时刻 t，有 $\beta_0^{d,\,j}(t) - \beta_0(t) > 0$。在我们的样本集中，意大利的平均水平部分贡献了其平均信用价差的大部分，平均倾斜部分抵消了平均水平部分，且平均信用价差随着到期期限的增加而增加，平均弯曲部分对平均信用价差的贡献较小（见图 6.27）。对于希腊而言，平均水平部分和平均倾斜部分对平均信用价差的贡献是主要的，平均弯曲成分抵消了平均水平成分，平均信用价差几乎等于其平均倾斜部分（见图 6.28）。

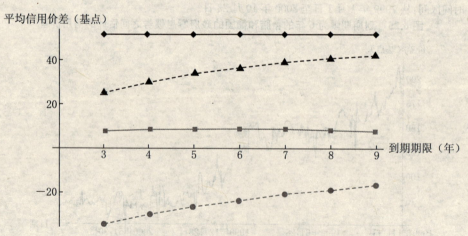

从下至上依次为：平均倾斜部分、平均弯曲部分、平均信用价差、平均水平部分。

图 6.27 不同到期期限的意大利的平均信用价差的组成部分

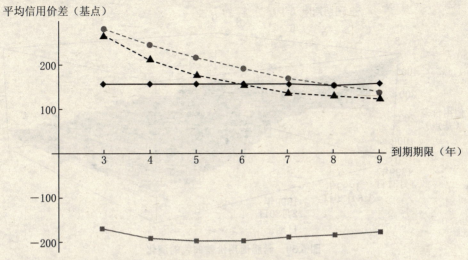

从下至上依次为：平均弯曲部分、平均水平部分、平均信用价差、平均倾斜部分。

图 6.28　不同到期期限的希腊的平均信用价差的组成部分

由此，我们得到了意大利和希腊从 1999 年 1 月 1 日至 2000 年 10 月 23 日共计 370 天的信用价差曲线。图 6.29 显示的是意大利的信用价差曲线：在观察期内，我们得到了一系列不同形状：单调、隆起和 S 形。图 6.30 显示了希腊的信用价差曲线随时间收紧。

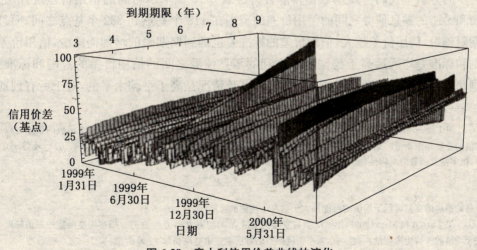

图 6.29　意大利信用价差曲线的演化

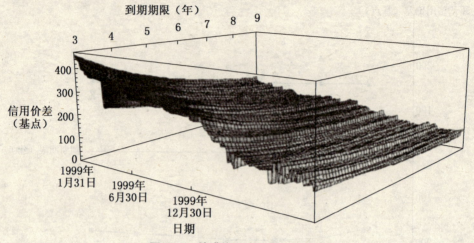

图 6.30   希腊信用价差曲线的演化

表 6.11 显示了不同到期期限的德国和意大利零息债券之间的信用价差的统计结果。统计仍然是基于 370 天的观察期。由于到期期限的不同，信用价差的范围在 24 个基点到 41 个基点之间。到期期限越长，信用价差通常越大。对于所有到期期限，信用价差的标准差基本是相同的（大约 12 个基点）。偏度[1]参数均为正，表明信用价差大多高于平均水平。超值峰度[2]参数表明，对于所有到期期限，概率密度函数都是低峰态。我们发现，对于短期债券而言（到期期限为 1 年至 2 年），信用价差的标准差很大。这就是为什么在进一步的分析中我们将短期数据排除在外。表 6.12 显示了希腊的信用价差统计结果。德国和希腊的零息债券之间的信用价差的范围在 113 个基点到 232 个基点之间，而且到期期限越短，信用价差越大，信用价差的标准差也随到期期限的增加而减少，信用价差的范围和标准差均远远高于德国和意大利的零息债券之间的信用价差的范围和标准差。德国和希腊的零息债券之间的信用价差大多数情况是高于平均水平的，对于所有到期期

---

① 见 Larsen 和 Marx(2001，第 233 页)：令随机变量 X 的均值为 μ，方差为 σ^2。概率密度函数的偏度可以用关于均值的 3 阶矩来衡量。如果概率密度函数是对称的，$E[(X-\mu)^3]=0$，如果不对称，$E[(X-\mu)^3]$ 不等于 0。实际中，概率密度函数的对称性（或不对称性）通常由偏度系数 γ_1 来衡量，

$$\gamma_1 = \frac{E[(x-\mu)^3]}{\sigma^3}$$

具有负的偏度的变量远低于均值的可能性大于远高于均值的可能性。

② 见 Larsen 和 Marx(2001，第 233 页)：令随机变量 X 的均值为 μ，方差为 σ^2。概率密度函数的超值峰度可以用关于均值的 4 阶矩来衡量。实际中，概率密度函数的峰度通常由峰度系数 γ_2 来衡量，

$$\gamma_2 = \frac{E[(x-\mu)^4]}{\sigma^4} - 3$$

同方差情况下，超值峰度为正的概率密度函数的尾部较高斯概率密度函数的尾部厚。因此，γ_2 是峰度的一个有用测度：相对"平缓的"概率分布函数被称为低峰态；有峰值的概率分布函数被称为尖峰态。

限,其概率密度函数是尖峰态。为检验含 n 个元素的样本是否为正态分布,我们构造下面的统计量 L:

$$L = n\left(\frac{偏度^2}{6} + \frac{超值峰度^2}{24}\right) \tag{6.95}$$

如果样本服从正态分布,则统计量 L 服从自由度为 2 的 χ^2-分布,[①]5% 和 1% 的显著性水平对应的临界值分别是 5.99 与 9.21。我们选择到期期限在 3 年和 9 年之间的信用价差数据进行检验。根据表 6.11 给出的 L 的值和表 6.12 给出的 L 的值,我们可以在 1% 的显著性水平上拒绝信用价差样本的正态分布假设。总的来说,我们发现德国和意大利与德国和希腊的零息债券之间的信用价差的分布是完全不同的,而且对于它们我们都不能接受正态分布假设。

表 6.11　不同到期期限的德国和意大利的零息债券之间的信用价差统计结果

到期期限	均值(基点)	标准差(基点)	最大值(基点)	偏度	超值峰度	L
3 年	24.35	10.00	65.33	0.46	0.73	21.02
4 年	29.30	11.97	72.40	0.47	0.89	25.29
5 年	33.05	12.88	75.48	0.47	0.79	22.74
6 年	35.89	13.08	76.24	0.45	0.56	17.33
7 年	38.06	12.91	77.05	0.43	0.23	12.12
8 年	39.75	12.62	76.38	0.40	−0.14	10.01
9 年	41.06	12.39	74.73	0.36	−0.46	11.33

表 6.12　不同到期期限的德国和希腊的零息债券之间的信用价差统计结果

到期期限	均值(基点)	标准差(基点)	最大值(基点)	偏度	超值峰度	L
3 年	232.16	114.70	460.16	0.15	−1.40	31.28
4 年	188.20	90.12	378.75	0.19	−1.37	31.52
5 年	158.51	72.70	320.30	0.23	−1.36	31.53
6 年	138.80	60.29	278.31	0.26	−1.34	31.43
7 年	126.04	51.40	248.12	0.26	−1.32	31.26
8 年	118.10	45.02	226.41	0.26	−1.32	31.05
9 年	113.46	40.46	211.17	0.24	−1.33	30.92

除了分析信用价差水平,我们还计算了信用价差水平的一阶差分,结果见表 6.13 和表 6.14。可以看出,信用价差的变化偏离了正态分布的假设。正如 Duffie 和 Pan(1997)

① 见 Greene(2000,第 161 页)。

与 Pedrosa 和 Roll(1998)指出的,这给风险管理带来了问题。很大的超值峰度是由概率密度函数的厚尾特征造成的。相对于正态分布,极端事件出现的频率更高。对于所有到期期限偏度都是负的,除了 3 年期的德国和希腊的零息债券之间的信用价差的变化。

表 6.13　不同到期期限的德国和意大利的零息债券之间的信用价差变化的统计结果

到期期限	偏度	超值峰度
3 年	−0.60	16.17
4 年	−1.05	23.71
5 年	−0.93	11.14
6 年	−0.54	6.31
7 年	−0.35	4.08
8 年	−0.31	4.17
9 年	−0.26	8.18

表 6.14　不同到期期限的德国和希腊的零息债券之间的信用价差变化的统计结果

到期期限	偏度	超值峰度
3 年	0.69	11.74
4 年	−0.05	7.36
5 年	−0.26	6.89
6 年	−0.22	6.95
7 年	−0.21	8.07
8 年	−0.24	9.18
9 年	−0.26	9.21

产生可靠的统计结果的先决条件是,信用价差的时间序列数据是跨期静态的,即没有单位根。我们用增强的 Dickey-Fuller 回归(Dickey & Fuller,1981)来检验是否存在单位根:

$$\Delta S_t^j(\tau) = S_t^j(\tau) - S_{t-1}^j(\tau)$$

$$= a_0^j + \gamma^j S_{t-1}^j(\tau) + a_2^j t + \sum_{i=2}^p \beta_i^j \Delta S_{t-i+1}^j(\tau) + \varepsilon_t^j, \ j \in \{I, G\}$$

其中,$S_t^j(\tau) = S^j(t, t+\tau)$ 表示时刻 t τ 年期的意大利和德国的政府零息债券之间的信用价差。飘移项参数 a_0^j 以及线性时间趋势参数 a_2^j,γ^j 和 β_i^j 必须通过回归来估计。ε_t^j 是球形扰动项。我们选择 p 为 S^j 的自相关函数的最高显著滞后。利率的系数为 γ^j。如果 $\gamma^j = 0$,序列 $\{S_t^j(\tau)\}$ 含有一个单位根。表 6.15 和表 6.16 分别给出了德国和意大利与德国和希腊的政府零息债券之间的信用价差的 Dickey-Fuller t 检验结果,原假设为 H_0:

$\gamma^j = 0$。置信水平 95％ 和 99％ 对应的临界值分别是 -3.43 和 -3.99。一个更小的 t-统计量拒绝了 H_0。因此，根据表 6.15 和表 6.16，我们在 99％ 的置信水平上可以拒绝所有到期期限的德国和意大利与德国和希腊的政府零息债券之间的信用价差的时间序列数据存在单位根。

表 6.15　德国和意大利的政府零息债券之间的信用价差的单位根检验

到期期限	P	γ	标准误	检验统计量
3 年	5	$-0.283\,617$	0.056 163 8	$-5.049\,82$
4 年	5	$-0.211\,004$	0.048 394	$-4.360\,13$
5 年	5	$-0.187\,264$	0.045 099 6	$-4.152\,24$
6 年	5	$-0.187\,931$	0.044 355 5	$-4.236\,93$
7 年	5	$-0.212\,585$	0.046 190 3	$-4.602\,37$
8 年	4	-0.266	0.049 571	$-5.366\,03$
9 年	4	$-0.346\,507$	0.055 870 6	$-6.201\,96$

表 6.16　德国和希腊的政府零息债券之间的信用价差的单位根检验

到期期限	P	γ	标准误	检验统计量
3 年	1	$-0.461\,46$	0.047 945 2	$-9.624\,74$
4 年	1	$-0.483\,547$	0.047 900 9	$-10.094\,8$
5 年	1	$-0.490\,87$	0.048 006 9	-10.225
6 年	1	$-0.484\,757$	0.048 126 8	$-10.072\,5$
7 年	1	$-0.473\,419$	0.048 157 4	$-9.830\,66$
8 年	1	$-0.463\,07$	0.048 143 4	$-9.618\,56$
9 年	1	$-0.455\,755$	0.048 192 1	$-9.457\,06$

　　非违约短期利率的卡尔曼滤波方法参数估计。 应用卡尔曼滤波方法对期限结构模型进行参数估计具有很大的优势，它允许要处理的标的状态变量是完全不可观察的，而其他的方法通常必须使用某些短期利率作为代理变量，这会带来额外的噪声。下面我们就 6.6.3 小节中给出的德国零息债券数据采用卡尔曼滤波方法来估计 6.2 节中定义的 Hull-White 期限结构模型的参数。首先，我们得到由式 (6.1) 定义的非违约期限结构模型的状态空间模型①，然后给出卡尔曼滤波算法。这被用于计算可观察的零息利率的似然函数与不可观察的状态变量和模型的参数。因为卡尔曼滤波方法用到的是真实的零息利率的观察值，所以我们必须在"真实世界"的概率测度 **P** 下描述零息利率过程。我们

① 状态空间模型的一般定义见 Harvey(1989，第 3 章)。

采用 6.2 节中的假设，同时假设 $\beta = 0$，在概率测度 $\mathbf{P}$ 下，将 r_t 的动态过程模型化为

$$dr_t = [\theta_r(t) - a_r r_t]dt + \sigma_r dW_r(t), \quad 0 \leqslant t \leqslant T^*$$

此外，对于某个常数 λ_r，有

$$a_r = \hat{a}_r - \lambda_r \sigma_r^2, \quad \hat{W}_r(t) = W_r(t) + \int_0^t \gamma_r(l)dl$$

及

$$\gamma_t(t) = \lambda_r \sigma_r r_t$$

我们将由未知的非违约短期利率过程参数组成的参数向量记为 $\Phi_r = (a_r, \sigma_r, \lambda_r)$。德国的零息债券价格服从非违约 Hull-White 模型，见式（6.15）、式（6.16）和式（6.17）。非违约贴现债券的连续零息利率为

$$R(t, T) = -\frac{1}{T-t}\ln P(t, T)$$

$$= a_1(t, \tau) + b_1(\tau)r_t$$

其中，$\tau = T - t$，$a_1(t, \tau) = -\dfrac{\ln A(t, t+\tau)}{\tau}$，$b_1(\tau) = \dfrac{B(t, t+\tau)}{\tau}$。注意，$B(t, T)$ 仅取决于到期期限 τ。我们固定 N 个不同的到期期限 $\tau_1, \cdots, \tau_N$，将相应的 N 个不同的债券的零息利率向量表示为 $RV(t)$：

$$RV(t) = \begin{bmatrix} R(t, t+\tau_1) \\ R(t, t+\tau_2) \\ \vdots \\ R(t, t+\tau_N) \end{bmatrix}$$

令

$$A_1 = A_1(t, \Phi_r) = \begin{bmatrix} a_1(t, \tau_1) \\ a_1(t, \tau_2) \\ \vdots \\ a_1(t, \tau_N) \end{bmatrix}, \quad B_1 = B_1(\Phi_r) = \begin{bmatrix} b_1(\tau_1) \\ b_1(\tau_2) \\ \vdots \\ b_1(\tau_N) \end{bmatrix}$$

这样，零息利率可观察的向量 $RV(t)$ 和不可观察的非违约短期利率通过测度方程建立了如下联系：

$$RV(t) = A_1(t) + B_1 r_t$$

我们考虑时间区间 $(t, T]$ 上的 n 个时点 $t_1, \cdots, t_n, t_0 = t, t_n = T$，将时间增量记为 $\Delta t_k = t_k - t_{k-1}, k = 1, \cdots, n$。在每个时间段 t_k，我们观察到由 N 个不同的零息利率（具

有 N 个不同的到期期限)构成的一个向量:

$$RV_k = RV(t_k) = \begin{pmatrix} R(t_k, t_k + \tau_1) \\ R(t_k, t_k + \tau_2) \\ \vdots \\ R(t_k, t_k + \tau_N) \end{pmatrix}$$

我们考虑数据的取样过程中存在噪声。因此,我们假设零息利率是可观察的,测度误差为 ε_k,这些测度误差服从均值为零的联合正态分布,且具有 $(N \times N)$ 维的协方差矩阵 H。我们选择协方差矩阵为对角矩阵,其对角线上的元素对应具体的到期期限,即:

$$H = \begin{pmatrix} h_1^2 & 0 & \cdots & 0 \\ 0 & h_2^2 & \cdots & 0 \\ \vdots & \vdots & \ddots & \vdots \\ 0 & 0 & \cdots & h_N^2 \end{pmatrix}$$

对角线上的元素 h_i 必须和 Φ_r 一起估计,$1 \leqslant i \leqslant N$,这些对角线上的元素构成的向量用 $\Psi_r = (h_1, \cdots, h_N)$ 表示。令 $r_k = r_{t_k}$,$A_{1,k} = A_1(t_k)$,这样测度方程为

$$RV_k = A_{1,k} + B_1 r_k + \varepsilon_k, \quad \varepsilon_k \sim N(0, H) \tag{6.96}$$

我们对 $v_t = e^{a_r t} r_t$ 运用 Itó 公式,有

$$dv_t = e^{a_r t} \theta_r(t) dt + \sigma_r e^{a_r t} dW_r(t)$$

该随机微分方程的解为

$$v_t = v_0 + \int_0^t e^{a_r x} \theta_r(x) dx + \sigma_r \int_0^t e^{a_r x} dW_r(x)$$

因此,r_t 可以写成如下形式:

$$r_t = r_0 e^{-a_r t} + \int_0^t e^{a_r(x-t)} \theta_r(x) dx + \sigma_r \int_0^t e^{a_r(x-t)} dW_r(x)$$

也可以写成

$$r_t = r_s e^{-a_r(t-s)} + \int_s^t e^{a_r(x-t)} \theta_r(x) dx + \sigma_r \int_s^t e^{a_r(x-t)} dW_r(x)$$

$$= r_s e^{-a_r(t-s)} + \int_0^{t-s} e^{a_r(x-(t-s))} \theta_r(x+s) dx$$

$$+ \sigma_r \int_0^{t-s} e^{a_r(x-(t-s))} dW_r(x)$$

因此，对于时间增量，有

$$r_{k+1} = r_k e^{-a_r \Delta t_{k+1}} + \int_0^{\Delta t_{k+1}} e^{-a_r(\Delta t_{k+1} - x)} \theta_r(x + t_k) dx$$

$$+ \sigma_r \int_0^{\Delta t_{k+1}} e^{-a_r(\Delta t_{k+1} - x)} dW_r(x)$$

可以写成下面的近似形式：

$$r_{k+1} = r_k e^{-a_r \Delta t_{k+1}} + \int_0^{\Delta t_{k+1}} e^{-a_r(\Delta t_{k+1} - x)} \theta_r(t_k) dx$$

$$+ \sigma_r \int_0^{\Delta t_{k+1}} e^{-a_r(\Delta t_{k+1} - x)} dW_r(x)$$

令 $\tilde{r}_{k|k-1}$ 和 $\tilde{r}_k$ 表示未知短期利率 r_k 基于时刻 t_{k-1} 和 t_k 的观察值的最优估计值[1]，即分别给定观察值 $RV_1, \cdots, RV_{k-1}$ 与 $RV_1, \cdots, RV_k$，有，

$$\tilde{r}_{k+1|k} = E_k[r_{k+1}] = \tilde{r}_k e^{-a_r \Delta t_{k+1}} + \int_0^{\Delta t_{k+1}} e^{-a_r(\Delta t_{k+1} - x)} \theta_r(t_k) dx \qquad (6.97)$$

其中，$E_k[\cdot]$ 表示基于时刻 t_k 的所有信息即给定观察值 $RV_1, \cdots, RV_k$ 的期望值算子。基于时刻 t_k 的所有观察值，最优估计值 $\tilde{r}_{k|k-1}$ 和观察值 r_{k+1} 之间的均方误差 $Var_{k+1|k}$ 为[2]

$$Var_{k+1|k} = E_k[r_{k+1} - \tilde{r}_{k+1|k}]^2$$

$$= E_k\left[r_k e^{-a_r \Delta t_{k+1}} + \sigma_r \int_0^{\Delta t_{k+1}} e^{-a_r(\Delta t_{k+1} - x)} dW_r(x) - \tilde{r}_k e^{-a_r \Delta t_{k+1}}\right]^2$$

$$= e^{-2a_r \Delta t_{k+1}} E_k[r_k - \tilde{r}_k]^2 + \sigma_r^2 \int_0^{\Delta t_{k+1}} e^{-2a_r x} dx$$

如果我们用 Var_k 表示 $E_k[r_k - \tilde{r}_k]^2$，那么

$$Var_{k+1|k} = e^{-2a_r \Delta t_{k+1}} Var_k + \sigma_r^2 \int_0^{\Delta t_{k+1}} e^{-2a_r x} dx \qquad (6.98)$$

现在我们重新将测度方程 (6.96) 写成如下形式：

$$RV_{k+1} = A_{1, k+1} + B_1(r_{k+1} - \tilde{r}_{k+1|k}) + B_1 \tilde{r}_{k+1|k} + \varepsilon_{k+1}$$

那么，

$$\widetilde{RV}_{k+1|k} = A_{1, k+1} + B_1 \tilde{r}_{k+1|k}$$

---

[1] 最优估计值是指均方误差意义上的最优。

[2] 注意，对于 $t \geqslant t_k$，r_k 和标准布朗运动 W 的时间增量是相互独立的。

令

$$v_{k+1} = RV_{k+1} - \widetilde{RV}_{k+1|k} = RV_{k+1} - A_{1,k+1} - B_1 \tilde{r}_{k+1|k} \qquad (6.99)$$

并考虑在 $RV_1, \cdots, RV_k$ 上正态分布的向量 $\begin{bmatrix} r_{k+1} \\ RV_{k+1} \end{bmatrix}$，条件均值为

$$E_k \begin{bmatrix} r_{k+1} \\ RV_{k+1} \end{bmatrix} = \begin{bmatrix} \tilde{r}_{k+1|k} \\ \tilde{Y}_{k+1|k} \end{bmatrix}$$

条件协方差矩阵为

$$Cov_k \begin{bmatrix} r_{k+1} \\ RV_{k+1} \end{bmatrix} = \begin{bmatrix} Var_{k+1|k} & Cov_k(r_{k+1}, A_{1,k+1}+B_1 r_{k+1}) \\ Cov_k(A_{1,k+1}+B_1 r_{k+1}, r_{k+1}) & Cov_k(RV_{k+1}, RV_{k+1}) \end{bmatrix}$$

$$= \begin{bmatrix} Var_{k+1|k} & Var_{k+1|k}B_1' \\ B_1 Var_{k+1|k} & F_{k+1} \end{bmatrix}$$

其中，

$$F_{k+1} = E_k(v_{k+1}v_{k+1}') \qquad (6.100)$$
$$= E_k\left[(B_1(r_{k+1}-\tilde{r}_{k+1|k})+\varepsilon_{k+1})(B_1(r_{k+1}-\tilde{r}_{k+1|k})+\varepsilon_{k+1})' \right]$$
$$= B_1 Var_{k+1|k}B_1' + H$$

如果我们运用 Harvey(1989,第3章)的结论，我们得到如下更新：

$$\tilde{r}_{k+1} = \tilde{r}_{k+1|k} + K_{k+1}v_{k+1} \qquad (6.101)$$

及

$$Var_{k+1} = Var_{k+1|k} - K_{k+1}B_1 Var_{k+1|k} \qquad (6.102)$$

其中，

$$K_{k+1} = Var_{k+1|k}B_1^T F_{k+1}^{-1} \qquad (6.103)$$

这是卡尔曼增益向量。式(6.97)和式(6.98)分别是 r_{k+1} 和 Var_{k+1} 的预测方程。当我们得到新观察值 Y_{k+1} 时，我们使用更新后的式(6.101)和式(6.102)可以得到更精确的估计值。由式(6.96)—式(6.103)确定的卡尔曼滤波使我们可以估计参数集 Φ_r 和 Ψ_r 的似然函数 L。

$$L(\Phi_r, \Psi_r \mid Y_1, \cdots, Y_n) = \prod_{k=1}^n f_{Y_k|Y_1,\cdots,Y_{k-1}}$$

$$= \prod_{k=1}^n \frac{1}{(\sqrt{2\pi})^N} \frac{1}{\sqrt{\det F_k}}$$

$$\cdot \exp\left\{ -\frac{1}{2}(Y_k-\tilde{Y}_{k|k-1})'F_k^{-1}(Y_k-\tilde{Y}_{k|k-1}) \right\}$$

其中，$f_{Y_k|Y_1, \cdots, Y_{k-1}}$ 是给定观察值 $Y_1, \cdots, Y_{k-1}$ 时 Y_k 的概率密度函数。这样，除了相差一个常数外，对数似然函数为

$$\ln L(\Phi_r, \Psi_r \mid Y_1, \cdots, Y_n) = -\frac{1}{2}\sum_{k=1}^{n}\ln(\det F_k) - \frac{1}{2}\sum_{k=1}^{n} v_k' F_k^{-1} v_k \quad (6.104)$$

$r(t)$ 的参数估计结果。 我们采用两个不同长度的时间序列对非违约短期利率模型进行参数估计。

(1) 估计 1：我们采用 7 个数据样本，每个样本的长度为 150，即在卡尔曼滤波算法中，我们令 $N=7$, $n=150$。我们使用从 1999 年 9 月 30 日至 2000 年 5 月 30 日的德国零息利率日数据的时间序列，排除缺失债券数据，信用价差的 Nelson-Siegel 估计值为负，或者债券数据被视为异常值的那几天。我们考虑离到期日的时间为 $\tau_i = i + 2$, $i = 1, \cdots, 7$（单位为年）。这样，投入数据包含 150 个观察到的零息利率向量：

$$RV_k = \begin{pmatrix} R(t_k, t_k + \tau_1) \\ R(t_k, t_k + \tau_2) \\ \vdots \\ R(t_k, t_k + \tau_7) \end{pmatrix}, 1 \leqslant k \leqslant 150$$

(2) 估计 2：我们使用从 1999 年 1 月 1 日至 2000 年 5 月 30 日的德国零息利率日数据的时间序列，即 $N=7$, $n=300$。

我们对时间序列数据用卡尔曼滤波方法进行 150(300) 次迭代求解对数似然函数 (6.104)。最后，我们对于两个参数向量 $\Phi_r = (a_r, \sigma_r, \lambda_r)$ 和 $\Psi_r = (h_1, \cdots, h_7)$ 最大化该函数。因此，我们可以运用 Nelder 和 Mead(1965) 的多维下山单纯形法。表 6.17 和表 6.18 给出了参数估计值。由此可得出估计 1 与估计 2 的非违约短期利率过程的平均均值回归水平分别为 4.46% 和 4.41%，图 6.31 和图 6.32 可以看出拟合的结果非常好。

表 6.17 运用卡尔曼滤波方法对德国的非违约短期利率的极大似然函数进行的参数估计

参　数	h_1	h_2	h_3	h_4	h_5	h_6	h_7
估计 1	0.002 27	0.001 19	0.000 59	0.000 25	0	0.000 23	0.000 46
估计 2	0.002 46	0.001 39	0.000 73	0.000 31	0	0.000 27	0.000 53

表 6.18 运用卡尔曼滤波方法对德国的非违约短期利率的极大似然函数进行的参数估计

参　数	估计 1	估计 2
a_r	0.044 810 38	0.033 981 97
σ_r	0.009 977 27	0.010 309 43
λ_r	$-3.616\ 773\ 5$	$-2.950\ 278\ 5$
对数极大似然估计	7 280.2	14 219.4

短期利率（%）

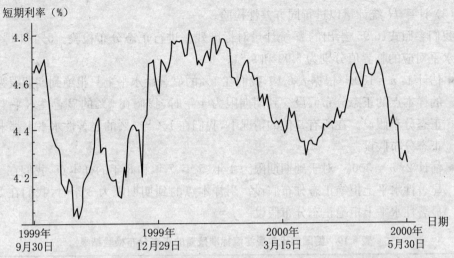

图 6.31 运用卡尔曼滤波方法得出的德国的非违约短期利率过程
（时间区间：150 天，从 1999 年 9 月 30 日至 2000 年 5 月 30 日）

短期利率（%）

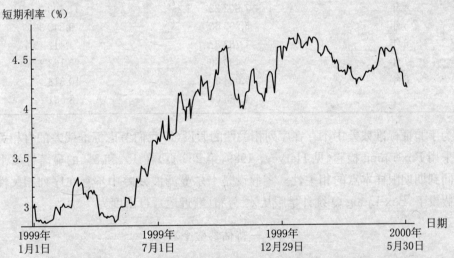

图 6.32 运用卡尔曼滤波方法得出的德国的非违约短期利率过程
（时间区间：300 天，从 1999 年 1 月 1 日至 2000 年 5 月 30 日）

检验残差估计。 对于卡尔曼滤波算法而言，我们假设标准残差（即新息）$\dfrac{v_k}{\sqrt{F_k}}$ 是独立同分布的随机变量，这样的假设非常重要。为了验证该假设，我们需要：

（1）对正态分布进行稳健性检验。

（2）计算 Box-Ljung 统计量（Q 统计量）以进行序列相关性检验。

（3）计算 H 统计量以进行同方差性检验。

我们参照式（6.95）给出的 L 统计量对标准残差进行正态分布检验。5%和1%的显著性水平对应的临界值分别为 5.99 和 9.21。

- 估计1：$n=150$。 根据表 6.19，我们在1%的显著性水平上只拒绝到期期限为3年的样本点的正态分布假设。到期期限为4年时，我们在5%的显著性水平上拒绝正态分布假设。在所有其他的情况下，我们在1%与5%的显著性水平上都未拒绝正态分布假设。

- 估计2：$n=300$。 对于到期期限为4年、5年、7年和8年的样本点，我们在1%的显著性水平上拒绝正态分布假设。当样本点的到期期限为3年时，我们在5%的显著性水平上拒绝正态分布假设。

表 6.19　德国的卡尔曼滤波标准残差的正态分布检验结果

到期期限	L（估计1）	L（估计2）
3 年	9.532 94	7.512 21
4 年	7.902 22	11.198
5 年	5.203 66	9.842 3
6 年	1.783 87	4.412 43
7 年	2.430 89	26.163 2
8 年	5.003 3	10.313 4
9 年	4.165 06	8.581 7

为了验证标准残差中不存在序列相关性的假设（即我们考虑标准残差的自相关性），我们采用 Box-Ljung 检验（见 Harvey，1989，第 259 页）在1%和5%的显著性水平上检验不同到期期限样本点的相关性。零假设是卡尔曼滤波残差中不存在序列相关性。在该零假设下，Box-Ljung Q 统计量服从 χ^2 分布（渐近地），自由度为

$$\sqrt{n} - \text{待估参数个数}$$

对于估计1与估计2，自由度分别为 2 和 7。只有在检验统计量的值大于 $\chi^2(\sqrt{n}-10)$ 分布的 $(1-\alpha)\%$ 分位数时，我们在显著性水平 α 上拒绝零假设。表 6.20 给出了不同情况下的临界值。

表 6.20　Box-Ljung 检验的临界值（样本数分别为 150 和 300，待估参数为 10 个）

	$\chi^2(2)$	$\chi^2(7)$
95%分位数	5.99	14.07
99%分位数	9.21	18.48

表 6.21 给出了不同到期期限的 Q 统计量的检验结果。

- 估计 1：$n = 150$。当到期期限为 3 年时，我们在 1% 的显著性水平上拒绝零假设。当到期期限为 3 年、4 年、5 年和 8 年时，我们在 5% 的显著性水平上拒绝零假设。
- 估计 2：$n = 300$。对于所有到期期限，我们在 1% 的显著性水平上不拒绝零假设。当到期期限为 4 年、5 年、8 年和 9 年时，我们在 5% 的水平上拒绝零假设。

表 6.21 德国的卡尔曼滤波标准残差的 Box-Ljung 检验

到期期限	Q 统计量（估计 1）	Q 统计量（估计 2）
3 年	10.13	10.40
4 年	9.20	18.40
5 年	7.57	15.53
6 年	4.93	6.10
7 年	0.40	4.57
8 年	6.09	16.14
9 年	5.85	17.39

最后，我们来检验 Harvey（1981，第 157 页）中描述的同方差性。如果存在同方差性，那么 H 统计量服从 F 分布，自由度为 n_1（分子）和 n_2（分母），其中，$n_1 = n_2$ 是最接近于 $\frac{n}{3}$ 的整数。临界值如表 6.22 所示。如果检验统计量（H 统计量）的值大于 $F(n_1, n_2)$ 分布的 $\left(1 - \frac{\alpha}{2}\right)$ 分位数，或者小于 $F(n_1, n_2)$ 分布的 $\frac{\alpha}{2}$ 分位数，我们就拒绝零假设。如果检验统计量的值小于 $F(n_1, n_2)$ 分布的 $\left(1 - \frac{\alpha}{2}\right)$ 分位数且大于 $F(n_1, n_2)$ 分布的 $\frac{\alpha}{2}$ 分位数，我们就不能拒绝零假设。

表 6.22 同方差性检验的临界值

	$F(50, 50)$	$F(100, 100)$
0.5% 分位数	0.476 938	0.594 923
2.5% 分位数	0.570 791	0.674 195
97.5% 分位数	1.751 95	1.483 25
99.5% 分位数	2.096 71	1.680 89

- 估计 1：$n_1 = n_2 = 50$。根据表 6.23，当到期期限分别为 4 年、5 年和 7 年时，我们在

5%的显著性水平上不拒绝同方差性假设,当到期期限分别为 3 年、4 年、5 年和 7 年时,我们在 1%的显著性水平上不拒绝同方差性假设。

- 估计 2:$n_1=n_2=100$。除了到期期限分别为 4 年和 9 年外,我们在 5%的显著性水平上不拒绝同方差性假设,但对于所有到期期限,我们在 1%的显著性水平上不拒绝同方差性假设。

表 6.23　德国的卡尔曼滤波标准残差的同方差性检验

到期期限	H 统计量:$H(50)$(估计 1)	H 统计量:$H(100)$(估计 2)
3 年	0.548 653	0.730 148
4 年	0.743 375	0.605 777
5 年	1.519 61	0.741 434
6 年	2.456 01	1.248 44
7 年	0.600 204	1.329 04
8 年	3.117 34	1.197 96
9 年	3.307 2	1.643 4

结论 6.6.1

总的来讲,基于上述各种检验,我们可以得出如下结论,即德国的数据充分满足卡尔曼滤波算法的假设。

检验非违约短期利率模型的效果。 下面我们运用 Titman 和 Torous(1989)中所用的检验方法[1]来检验非违约短期利率模型的效果,目的是检验该模型解释德国的零息利率观察值变化的能力。如果检验结果是理想的,则我们可以认为该模型能准确地为非违约债券定价。令 $\Delta R_k(\tau)=R(t_k,t_k+\tau)-R(t_{k-1},t_{k-1}+\tau)$ 表示到期期限为 τ 时零息利率观察值的变化,令 $\Delta \hat{R}_k(\tau)$ 表示拟合的相应德国零息利率的变化,$2 \leqslant k \leqslant 150(300)$。检验方程由下面的线性回归给出:

$$\Delta R_k(\tau)=a+b\Delta \hat{R}_k(\tau)+\varepsilon_k^*,\ \varepsilon_k^* \sim N(0,h^2) \tag{6.105}$$

我们检验的到期期限为 $\tau_i=i+2$,$i=1,\cdots,7$(单位为年)。如果 $\Delta \hat{R}_k(\tau)$ 是 $\Delta R_k(\tau)$ 的无偏估计,则 a 与 b 接近于 0 和 1。调整后的 $\overline{R}^2$ 统计量是对模型效果的额外测度。表 6.24 和表 6.25 分别给出了估计 1 和估计 2 的回归结果。

---

[1] 因为这个检验众所周知且被广泛应用,具体见 Titman 和 Torous(1989)。比如,检验 $a=0$ 使用标准的 t 统计量,将该 t 统计量与自由度为 $n-p$ 的 t 分布相比较可以算出 p 值,其中,n 是样本数,p 是待估参数个数。

表 6.24   模型对于德国的解释力检验:估计 1 的线性回归结果

到期期限	a	b	$\overline{R}^2$	p 值 ($a=0$)	p 值 ($a=0, b=1$)
3 年	$-0.000\,013\,024\,5$	0.710 69	0.677 014	0.599 483	0
4 年	$-7.532\,39 \cdot 10^{-6}$	0.835 213	0.777 075	0.736 346	0.000 073 95
5 年	$-6.100\,68 \cdot 10^{-6}$	0.920 887	0.872 794	0.722 183	0.024 276 4
6 年	$-5.715\,93 \cdot 10^{-6}$	0.969 17	0.960 037	0.544 857	0.143 196
7 年	$-5.550\,63 \cdot 10^{-6}$	0.991 991	0.999 794	0.577 653	0.142 372
8 年	$-5.346\,73 \cdot 10^{-6}$	0.997 844	0.954 494	0.591 318	0.139 627
9 年	$-5.044\,53 \cdot 10^{-6}$	0.992 707	0.828 923	0.802 432	0.048 250 9

表 6.25   模型对于德国的解释力检验:估计 2 的线性回归结果

到期期限	a	b	$\overline{R}^2$	p 值 ($a=0$)	p 值 ($a=0, b=1$)
3 年	$-0.000\,055\,197\,2$	0.724 096	0.757 25	0.001 371	0
4 年	$-0.000\,028\,677\,6$	0.885 319	0.854 26	0.049 230	0
5 年	$-0.000\,016\,886\,5$	0.965 857	0.918 86	0.129 549	0.027 711
6 年	$-0.000\,010\,383\,3$	0.993 544	0.974 15	0.091 742	0.168 942
7 年	$-6.221\,98 \cdot 10^{-6}$	0.986 557	0.999 88	0.734 251	0.145 742
8 年	$-3.250\,04 \cdot 10^{-6}$	0.965 154	0.965 15	0.625 646	0.000 266
9 年	$-9.529\,78 \cdot 10^{-6}$	0.914 719	0.855 60	0.943 822	0.000 540

● 估计 1:

　　样本的时间区间为 150 天。

——零假设:$a=0$。对于样本中的所有到期期限,在 5% 的显著性水平上不拒绝该零假设。

——除了到期期限分别为 3 年和 4 年外,参数 b 的值接近于 1。

——联合假设:$a=0$,$b=1$。除了到期期限分别为 3 年和 4 年外,在 1% 的显著性水平上不拒绝该联合假设,当到期期限为 6 年、7 年和 8 年时,在 5% 的显著性水平上不拒绝该联合假设。因此,模型对零息债券定价的精确度是可以接受的。

——调整后的 $\overline{R}^2$ 的值在 67.70% 与 99.98% 之间变化。

● 估计 2:

　　当样本的时间区间为 300 天时,回归结果不如估计 1 的回归结果理想。

——零假设:$a=0$。在 1% 的显著性水平上只在到期期限为 3 年时拒绝该零假设,另外,在 5% 的显著性水平上只在到期期限为 4 年时拒绝该假设。

——除了到期期限分别为 3 年和 4 年外,参数 b 的值接近于 1。

——联合假设:$a=0$,$b=1$。当到期期限分别为 5 年、6 年和 7 年时,在 1% 的显著性水平上不拒绝该联合假设。当到期期限分别为 6 年和 7 年时,在 5% 的显著性水平上不拒绝该联合假设。因此,我们可以假设,模型对到期期限为 5—7 年的零息债券定价的精确度是可以接受的。

结论 6.6.2

总的来讲,估计 1 的结果优于估计 2。这并不会让人感到奇怪,正如图 6.32 所示,卡尔曼滤波方法计算的德国非违约短期利率的水平在 1999 年 7 月至 9 月期间变化非常大。但即使对于估计 1 而言,模型对 3 年期的零息利率的解释力并不理想。因此,我们可以推断,3 年期的零息利率与 3 年期以上的零息利率之间也许存在结构性差异。

基于德国数据的样本外检验。到目前为止,我们都是用样本内检验来检查单因子非违约期限结构模型的效果。为了使对模型的分析更加完善,下面我们对估计 1 与估计 2 进行样本外检验。我们可以根据表 6.17 和表 6.18 中的参数,运用卡尔曼滤波方法来为 2000 年 5 月 30 日后的零息债券定价。因此,我们另外考虑了从 2000 年 5 月 30 日到 2000 年 10 月 23 日的 70 个时刻 $t_k^* = 1,\cdots,70$,$k = 1,\cdots,70$,并将卡尔曼滤波方法应用于该时间区间观察到的零息利率。注意,我们保持表 6.17 和表 6.18 中的参数值不变,即滤波出 r_t 的值的同时根据向量 Φ_r 和 Ψ_r 的给定值来预测非违约短期利率。为了检验样本外模型的效果,我们对新数据应用线性回归方程(6.105)。检验的到期期限为 $\tau_i = i + 2$,$i = 1,\cdots,7$(单位为年)。表 6.26 与表 6.27 给出了回归结果。

表 6.26　样本外模型对于德国的解释力检验:估计 1 的线性回归结果

到期期限	a	b	$\overline{R}^2$	p 值 $(a = 0)$	p 值 $(a = 0, b = 1)$
3 年	$-0.000\,055\,041\,8$	$0.864\,412$	$0.446\,28$	$0.301\,913$	$0.245\,901$
4 年	$-0.000\,031\,457\,1$	$0.938\,133$	$0.535\,81$	$0.484\,341$	$0.360\,516$
5 年	$-0.000\,019\,726\,9$	$0.970\,996$	$0.684\,72$	$0.551\,017$	$0.221\,816$
6 年	$-0.000\,012\,698\,4$	$0.985\,759$	$0.881\,39$	$0.471\,629$	$0.270\,834$
7 年	$-7.739\,87 \cdot 10^{-6}$	$0.990\,779$	$0.999\,31$	$0.567\,842$	$0.154\,642$
8 年	$-3.822\,99 \cdot 10^{-6}$	$0.990\,284$	$0.854\,59$	$0.838\,539$	$0.039\,232$
9 年	$-5.153\,15 \cdot 10^{-7}$	$0.986\,782$	$0.581\,80$	$0.989\,008$	$0.008\,135$

表 6.27 样本外模型对于德国的解释力检验:估计 2 的线性回归结果

到期期限	a	b	$\overline{R}^2$	p 值 ($a=0$)	p 值 ($a=0, b=1$)
3 年	$-0.000\,056\,188\,1$	0.881 174	0.446 18	0.292 339	0.290 2
4 年	$-0.000\,031\,816\,8$	0.952 851	0.535 89	0.479 379	0.311 749
5 年	$-0.000\,019\,698\,9$	0.981 572	0.679 75	0.551 555	0.189 156
6 年	$-0.000\,012\,483\,8$	0.991 632	0.881 41	0.479 081	0.238 614
7 年	$-7.438\,32 \cdot 10^{-6}$	0.991 836	0.999 37	0.653 212	0.183 240
8 年	$-3.486\,93 \cdot 10^{-6}$	0.986 573	0.856 99	0.852 494	0.051 134
9 年	$-1.737\,26 \cdot 10^{-7}$	0.978 417	0.581 97	0.996 293	0.021 683

- 估计 1：
  - ——零假设：$a=0$。在 5% 的显著性水平上对于所有到期期限不拒绝该零假设。
  - ——联合假设：$a=0$，$b=1$。在 5% 的显著性水平上只在到期期限为 8 年和 9 年时拒绝该联合假设,在 1% 的显著性水平上只在到期期限为 9 年时拒绝该联合假设。因此,模型对零息债券定价的精确度是可以接受的。
  - ——调整后的 $\overline{R}^2$ 的值在 44.6% 与 99.9% 之间变化。
  - 总的来讲,检验表明,模型的样本外行为也是令人满意的。
- 估计 2：
  - ——零假设：$a=0$。在 5% 的显著性水平上对于所有到期期限不拒绝该零假设。
  - ——联合假设：$a=0$，$b=1$。在 5% 的显著性水平上只在到期期限为 9 年时拒绝该联合假设。在 1% 的显著性水平上对于所有到期期限不拒绝该联合假设。因此,模型对零息债券定价的精确度是可以接受的。
  - ——调整后的 $\overline{R}^2$ 的值在 44.6% 与 99.9% 之间。
  - 总的来讲,检验表明,模型的样本外行为也是令人满意的。

结论 6.6.3

对于两个时间序列,样本外检验的结果都很理想。只是对于估计 1 中到期期限为 9 年的零息利率,p 值($a=0$, $b=1$) 小于 0.01,其他情况下的 p 值均比 0.01 大得多。样本外检验结果甚至比样本内检验结果还好,尽管样本外检验中我们考虑的时间长度小于样本内检验的时间长度。

使用卡尔曼滤波方法估计信用价差参数。 下面根据 6.6.3 小节给出的德国、意大利和希腊的债券数据,我们应用卡尔曼滤波方法估计 6.2 节中描述的三因子可违约期限结构模型的参数。首先,我们得出状态空间模型公式,然后采用卡尔曼滤波算法,对信用价差观察值使用似然函数进行估计,并估计模型的不可观察的状态变量及参数。前面我们给出了单因子非违约债券模型的参数估计方法，即如何找到利率过程 r_t 的好的估计值，因此我们依据该方法确定意大利和希腊的短期利率信用价差及不确定指数过程的其余参数就够了。由于我们使用的是真实世界的信用价差观察值，我们必须在"真实世界"的概率测度 $\mathbf{P}$ 下给出信用价差动态过程。我们根据 6.6.3 小节的假设，在测度 $\mathbf{P}$ 下将 s_t^j 和 u_t^j 的动态过程按如下方式模型化，$j \in \{I, G\}$：

$$du_t^j = [\theta_u^j - a_u^j u_t^j]dt + \sigma_u^j \sqrt{u_t^j} dW_u^j(t)$$

$$ds_t^j = [b_s^j u_t^j - a_s^j s_t^j]dt + \sigma_s^j \sqrt{s_t^j} dW_s^j(t)$$

其中，对于常数 λ_s^j 和 λ_u^j，

$$a_i^j = \hat{a}_i^j - \lambda_i^j (\sigma_i^j)^2, \quad \hat{W}_i^j(t) = W_i^j(t) + \int_0^t \gamma_i^j(l)dl, \quad i = s, u$$

且

$$\gamma_s^j(t) = \lambda_s^j \sigma_s^j \sqrt{s_t^j}, \quad \gamma_u^j(t) = \lambda_u^j \sigma_u^j \sqrt{u_t^j}$$

注意，我们假定 $dW_s^I(t)$，$dW_s^G(t)$，$dW_u^I(t)$，$dW_u^G(t)$ 和 $dW_r(t)$ 互不相关。我们将由待估参数构成的参数向量表示为

$$\Phi_{s,u}^j = (a_s^j, a_u^j, \sigma_s^j, \sigma_u^j, b_s^j, \theta_u^j, \lambda_s^j, \lambda_u^j), \quad j \in \{I, G\}$$

观察到的信用价差 $S^j(t, t+\tau)$ 的理论公式——与式(6.94)对比——是可违约连续零息利率与非违约连续零息利率之差，其中，$j \in \{I, G\}$。假设到期期限 $T \in [t, T^*]$，对于国家 $j \in \{I, G\}$，时刻 $t \in [0, T]$ 价格为 $P^{d,j}$ 的可违约债券的零息利率为

$$R^{d,j}(t, T) = -\frac{1}{T-t} \ln P^{d,j}(t, T)$$

$$= -\frac{\ln A^{d,j}(t, T)}{T-t} + \frac{B(t, T)}{T-t} r_t + \frac{C^{d,j}(t, T)}{T-t} s_t^j + \frac{D^{d,j}(t, T)}{T-t} u_t^j$$

$$= -\frac{\ln A(t, T)}{T-t} - \frac{2\theta_u^j}{(\sigma_u^j)^2(T-t)} \ln \left| \frac{v^j(T, T)}{v^j(t, T)} \right| + \frac{B(t, T)}{T-t} r_t$$

$$+ \frac{C^{d,j}(t, T)}{T-t} s_t^j + \frac{D^{d,j}(t, T)}{T-t} u_t^j$$

因此，

$$S^j(t, t+\tau) = R^{d,j}(t, T) - R(t, T)$$

$$= a^j(\tau) + c^j(\tau)s_t^j + d^j(\tau)u_t^j, \quad \tau \geqslant 0$$

且

$$a^j(\tau) = -\frac{2\theta_u^j}{(\sigma_u^j)^2 \tau} \ln \left| \frac{v^j(T,T)}{v^j(\tau)} \right|, \quad c^j(\tau) = \frac{C^{d,j}(\tau)}{\tau}, \quad d^j(\tau) = \frac{D^{d,j}(\tau)}{\tau}$$

其中，$v^j(\tau) = v^j(t, t+\tau)$，$C^{d,j}(\tau) = C^{d,j}(t, t+\tau)$，$D^{d,j}(\tau) = D^{d,j}(t, t+\tau)$。注意，$a^j$，$c^j$ 和 d^j 并不明确地依赖于时刻 t，而是依赖于可违约债券的到期期限 τ，我们考虑在不同时刻 $t_1 < t_2 < \cdots < t_n$ 具有不同到期期限 $\tau_1, \cdots, \tau_N \geqslant 0$ 的信用价差的 N 维向量：

$$SV^j(t_k) = SV_k^j = \begin{pmatrix} S^j(t_k, t_k + \tau_1) \\ S^j(t_k, t_k + \tau_2) \\ \vdots \\ S^j(t_k, t_k + \tau_N) \end{pmatrix}, \quad 1 \leqslant k \leqslant n, \ j \in \{I, G\}$$

如果我们定义

$$A^j = A^j(\Phi_{s,u}^j) = \begin{pmatrix} a^j(\tau_1) \\ a^j(\tau_2) \\ \vdots \\ a^j(\tau_N) \end{pmatrix}, \quad C^j = C^j(\Phi_{s,u}^j) = \begin{pmatrix} c^j(\tau_1) & d^j(\tau_1) \\ c^j(\tau_2) & d^j(\tau_2) \\ \vdots & \vdots \\ c^j(\tau_N) & d^j(\tau_N) \end{pmatrix}$$

$$X_t^j = X^j(t, \Phi_{s,u}^j) = \begin{pmatrix} s_t^j \\ u_t^j \end{pmatrix}$$

其中，$\Phi_{s,u}^j$ 是我们想要估计的参数集的子集，我们可以将测度方程定义为

$$SV^j(t) = A^j + C^j X_t^j, \quad t \geqslant 0$$

由随机微分方程(6.2)和(6.3)构成的方程组，及 $X_t^j = (s_t^j, u_t^j)'$ 可以写为如下矩阵形式：

$$dX_t^j = [H^j X_t^j + J^j] dt + V^j(X_t^j) dW_t^j \tag{6.106}$$

其中，

$$H^j = H^j(\Phi_{s,u}^j) = \begin{pmatrix} -a_s^j & b_s^j \\ 0 & -a_u^j \end{pmatrix}, \quad J^j = J^j(\Phi_{s,u}^j) = \begin{pmatrix} 0 \\ \theta_u^j \end{pmatrix}$$

$$V^j(X_t^j) = V^j(X_t^j, \Phi_{s,u}^j) = \begin{pmatrix} \sigma_s^j \sqrt{s_t^j} & 0 \\ 0 & \sigma_u^j \sqrt{u_t^j} \end{pmatrix}$$

$$dW^j = \begin{pmatrix} dW_s^j \\ dW_u^j \end{pmatrix}$$

我们考虑数据的取样过程中存在噪声。因此,我们假设对于 $j \in \{I, G\}$,信用价差 SV_k^j 是可以观察的,测度误差 ε_k^j 服从均值为 0 的联合正态分布,且具有 $(N \times N)$ 维的协方差矩阵 G^j。理论上看,矩阵 G^j 具有多种形式,但为了简化卡尔曼滤波的计算,我们选择协方差矩阵是对角矩阵。由于交易活动及买家价差在整个到期日之前都不断变化(见 Geyer & Pichler, 1996),我们考虑 G^j 的对应特定到期期限的对角线上的元素,即

$$G^j = \begin{pmatrix} (g_1^j)^2 & 0 & \cdots & 0 \\ 0 & (g_2^j)^2 & \cdots & 0 \\ \vdots & \vdots & \ddots & \vdots \\ 0 & 0 & \cdots & (g_N^j)^2 \end{pmatrix}$$

对角线上的元素 g_i^j 必须与 $\Phi_{s, u}^j$ 一起估计由这些对角线上的元素构成的向量,其中 $1 \leqslant i \leqslant N$。表示为

$$\Psi_{s, u}^j = (g_1^j, \cdots, g_N^j)$$

因此,测度方程为

$$SV_k^j = A^j + C^j X_k^j + \varepsilon_k^j \tag{6.107}$$

其中,

$$X_k^j = X_{t_k}^j, \ \varepsilon_k^j \sim N(0, G^j)$$

ε_k^j 被假定是一系列独立同分布的随机向量。下面令

$$\Delta t_{k+1} = t_{k+1} - t_k, \ k = 1, \cdots, n-1$$

子时间区间 (t_k, t_{k+1}) 上的方差向量 $V^j(X_t^j, \Phi_{s, u}^j)$ 用其在该子时间区间起始时的值即 $V_k^j = V^j(X_k^j, \Phi_{s, u}^j)$ 来近似。这样转移方程(6.106)可以写成如下近似形式:

$$dX^j(t) = (H^j X^j(t) + J^j)dt + V_k^j dW_t^j, \ t \in (t_k, t_{k+1}] \tag{6.108}$$

对于 $t \in (t_k, t_{k+1}]$,我们将式(6.108)改写为

$$e^{(-H^j t)} dX_t^j - e^{(-H^j t)} H^j X_t^j dt = e^{(-H^j t)} [J^j dt + V_k^j dW_t^j] \tag{6.109}$$

对 $e^{(-H^j t)} X_t^j$ 运用二维 Itô 公式[①],我们可得

$$d(e^{(-H^j t)} X_t^j) = e^{(-H^j t)} dX_t^j - e^{(-H^j t)} H^j X_t^j dt \tag{6.110}$$

---

① 见 Oksendal(1998,第 48 页)。

将式(6.110)代入式(6.109),得到

$$e^{(-H^j t_k)} X_k^j - e^{(-H^j t_{k+1})} X_{k+1}^j$$

$$= \int_{t_{k+1}}^{t_k} e^{(-H^j l)} J^j dl + \int_{t_{k+1}}^{t_k} e^{(-H^j l)} V_k^j dW_l^j$$

其等价于

$$X_{k+1}^j = e^{H^j \Delta t_{k+1}} X_k^j - \int_{t_{k+1}}^{t_k} e^{H^j (t_{k+1}-l)} J^j dl - \int_{t_{k+1}}^{t_k} e^{H^j (t_{k+1}-l)} V_k^j dW_l^j$$

简单的计算得出了我们最终的转移方程

$$X_{k+1}^j = e^{H^j \Delta t_{k+1}} X_k^j + \int_0^{\Delta t_{k+1}} e^{H^j l} J^j dl + \int_0^{\Delta t_{k+1}} e^{H^j (\Delta t_{k+1}-l)} V_k^j dW_l^j \quad (6.111)$$

测度方程(6.107)和转移方程(6.111)代表我们模型中的状态空间。令 $\widetilde{X}_{k+1|k}^j$ 和 $\widetilde{X}_{k+1}^j$ 分别为基于直到(且包括)时刻 t_k 与 t_{k+1} 可获得的信息(即观察到的信用价差)对未知状态向量 X_{k+1}^j 的最优估计值[①]。这些最优估计值是 X_{k+1}^j 的条件均值,分别表示为 $E_k[X_{k+1}^j]$ 与 $E_{k+1}[X_{k+1}^j]$。令 Cov_k^j 表示估计误差的协方差矩阵,那么

$$Cov_k^j = E_k[(X_k^j - \widetilde{X}_k^j)(X_k^j - \widetilde{X}_k^j)']$$

预测方程为

$$\widetilde{X}_{k+1|k}^j = e^{H^j \Delta t_{k+1}} \widetilde{X}_k^j + \int_0^{\Delta t_{k+1}} e^{H^j l} J^j dl \quad (6.112)$$

及

$$Cov_{k+1|k}^j = E_k[(X_{k+1}^j - \widetilde{X}_{k+1|k}^j)(X_{k+1}^j - \widetilde{X}_{k+1|k}^j)']$$

$$= E_k\Big[(e^{H^j \Delta t_{k+1}}(X_k^j - \widetilde{X}_k^j) + \int_0^{\Delta t_{k+1}} e^{H^j (\Delta t_{k+1}-l)} V_k^j dW_l^j)$$

$$\cdot (e^{H^j \Delta t_{k+1}}(X_k^j - \widetilde{X}_k^j) + \int_0^{\Delta t_{k+1}} e^{H^j (\Delta t_{k+1}-l)} V_k^j dW_l^j)'\Big]$$

$$= e^{H^j \Delta t_{k+1}} \cdot Cov_k^j \cdot e^{(H^j)' \Delta t_{k+1}} + \int_0^{\Delta t_{k+1}} e^{H^j l} \widetilde{V}_k^j \widetilde{V}_k^{j'} e^{(H^j)' l} dl \quad (6.113)$$

其中,

$$\widetilde{V}_k^j = E_k[V_k^j] = \begin{bmatrix} \sigma_s^j \sqrt{\widetilde{s}_k^j} & 0 \\ 0 & \sigma_u^j \sqrt{\widetilde{u}_k^j} \end{bmatrix}$$

---

① 这里的最优是指均方误差意义上的最优。

注意,对于 $t \geqslant t_k$,X_k^j 与标准布朗运动的时间增量是相互独立的。如果我们将信用价差向量改写为下面的形式：

$$SV_{k+1}^j = A^j + C^j(X_{k+1}^j - \widetilde{X}_{k+1|k}^j) + C^j\widetilde{X}_{k+1|k}^j + \varepsilon_{k+1}^j$$

那么,给定直到时刻 t_k 的所有信用价差,时刻 t_{k+1} 的信用价差向量的最优估计值为

$$\widetilde{SV}_{k+1|k}^j = E_k[SV_{k+1}^j] = A^j + C^j\widetilde{X}_{k+1|k}^j$$

如果我们将信用价差的预测误差向量表示为 v_{k+1}^j,那么

$$v_{k+1}^j = SV_{k+1}^j - \widetilde{SV}_{k+1|k}^j = SV_{k+1}^j - A^j - C^j\widetilde{X}_{k+1|k}^j \tag{6.114}$$

显然,当 SV_1^j,SV_2^j,$\cdots$,SV_k^j 给定时,向量 $\begin{bmatrix} X_{k+1}^j \\ SV_{k+1}^j \end{bmatrix}$ 服从条件正态分布,其条件均值为

$$E_k\left[\begin{bmatrix} X_{k+1}^j \\ SV_{k+1}^j \end{bmatrix}\right] = \begin{bmatrix} \widetilde{X}_{k+1|k}^j \\ \widetilde{SV}_{k+1|k}^j \end{bmatrix}$$

条件协方差矩阵为

$$Cov_k\left[\begin{bmatrix} X_{k+1}^j \\ SV_{k+1}^j \end{bmatrix}, \begin{bmatrix} X_{k+1}^j \\ SV_{k+1}^j \end{bmatrix}\right] = \begin{bmatrix} Cov_{k+1|k}^j & Cov_k[X_{k+1}^j, A^j+C^jX_{k+1}^j] \\ Cov_k[A^j+C^jX_{k+1}^j, X_{k+1}^j] & Cov_k[SV_{k+1}^j, SV_{k+1}^j] \end{bmatrix}$$

$$= \begin{bmatrix} Cov_{k+1|k}^j & Cov_{k+1|k}^j(C^j)' \\ C^jCov_{k+1|k}^j & F_{k+1}^j \end{bmatrix}$$

其中,根据方程(6.114),

$$F_{k+1}^j = E_k[v_{k+1}^j(v_{k+1}^j)']$$

$$= E_k[C^j(X_{k+1}^j - \widetilde{X}_{k+1|k}^j)(X_{k+1}^j - \widetilde{X}_{k+1|k}^j)'(C^j)'] + G^j$$

$$= C^jCov_{k+1|k}^j(C^j)' + G^j$$

如果我们应用 Harvey(1989,第 3 章)的结论,我们得到如下更新方程：

$$\widetilde{X}_{k+1}^j = \widetilde{X}_{k+1|k}^j + K_{k+1}^j v_{k+1}^j \tag{6.115}$$

及

$$Cov_{k+1}^j = Cov_{k+1|k}^j - K_{k+1}^j C^j Cov_{k+1|k}^j \tag{6.116}$$

其中的所谓卡尔曼增益矩阵为

$$K_{k+1}^j = Cov_{k+1|k}^j(C^j)'(F_{k+1}^j)^{-1} \tag{6.117}$$

在这一步中，由 SV_{k+1}^j 给出的额外信息被用来更好地估计 X_{k+1}^j，这被称为滤波估计。因此，卡尔曼滤波能够从可观察的信用价差中估计不可观察的短期利率 s^j 和 u^j。此外，对于参数估计而言，我们可以定义用卡尔曼滤波方程(6.112)—(6.117)估计的似然函数 L^j 为

$$L^j(\Phi_{s,u}^j, \Psi_{s,u}^j \mid SV_1^j, \cdots, SV_n^j) = \prod_{k=1}^n f_{SV_k^j \mid SV_1^j, \cdots, SV_{k-1}^j}^j (\Phi_{s,u}^j, \Psi_{s,u}^j)$$

$$= \prod_{k=1}^n \frac{1}{(\sqrt{2\pi})^N} \frac{1}{\sqrt{\det F_k^j}}$$

$$\cdot \exp\left\{ -\frac{1}{2} (SV_k^j - \widetilde{SV}_{k|k-1}^j)' (F_k^j)^{-1} (SV_k^j - \widetilde{SV}_{k|k-1}^j) \right\}$$

其中，$f_{SV_k^j \mid SV_1^j, \cdots, SV_{k-1}^j}^j (\Phi_{s,u}^j, \Psi_{s,u}^j)$ 表示给定直到（且包括）时刻 t_{k-1} 的所有信息，SV_k^j 的条件概率密度函数。对数似然函数可以写成如下形式：

$$\ln L^j(\Phi_{s,u}^j, \Psi_{s,u}^j \mid SV_1^j, \cdots, SV_n^j) = -\frac{1}{2} \sum_{k=1}^n \ln(\det F_k^j) - \frac{1}{2} \sum_{k=1}^n (v_k^j)' (F_k^j)^{-1} v_k^j$$

$$(6.118)$$

参数向量 $\Phi_{s,u}^j$ 和 $\Psi_{s,u}^j$ 可以通过对数似然函数(6.118)关于 $\Phi_{s,u}^j$ 和 $\Psi_{s,u}^j$ 求最大值而被估计得到。

s^j 和 u^j 的参数估计结果 $j \in \{I, G\}$。 对于二因子信用价差模型的参数估计，我们采用 7 个数据样本，每个国家每个样本的长度为 150，即在卡尔曼滤波算法中我们令 $N = 7$，$n = 150$。我们并不像在非违约参数估计情况下那样考虑长度为 300 的时间序列，因为信用价差参数估计所涉及的函数要复杂得多。我们使用从 1999 年 9 月 30 日至 2000 年 5 月 30 日的日数据的时间序列，排除缺失债券数据，信用价差的 Nelson-Siegel 估计值为负，或者债券数据被视为异常值的那几天。我们考虑到期期限为 $\tau_i = i + 2$，$i = 1, \cdots, 7$（单位为年）。这样，对于每个 $j \in \{I, G\}$，输入数据包含 150 个观察到的信用价差向量：

$$SV_k^j = \begin{pmatrix} S^j(t_k, t_k + \tau_1) \\ S^j(t_k, t_k + \tau_2) \\ \vdots \\ S^j(t_k, t_k + \tau_7) \end{pmatrix}, 1 \leqslant k \leqslant 150$$

对于对数似然函数(6.118)的迭代计算，我们必须首先初始化卡尔曼滤波，即，我们必须为 $\tilde{X}^j$ 和 Cov_0^j 猜测一些好的初始值，这些初始值通常被设定为其无条件期望值与无条件协方差矩阵。在本例中，由于状态向量包含短期利率价差以及不确定性指数是不可观察的，我们使用得自观察值的初始值。求解由下面两个方程组成的方程组：

$$S^j(t_0, t_0 + \tau_1) = a^j(\tau_1) + c^j(\tau_1)\tilde{s}_0^j + d^j(\tau_1)\tilde{u}_0^j$$

$$S^j(t_0, t_0 + \tau_2) = a^j(\tau_2) + c^j(\tau_2)\tilde{s}_0^j + d^j(\tau_2)\tilde{u}_0^j$$

从中解出 $\tilde{X}_0^j = \begin{bmatrix} \tilde{s}_0^j \\ \tilde{u}_0^j \end{bmatrix}$。我们简单地令协方差矩阵 Cov_0^j 的初始值为 $\begin{bmatrix} \frac{1}{2} & \frac{1}{2} \\ \frac{1}{2} & \frac{1}{2} \end{bmatrix}$ 来对其进

行初始化。初始化后,我们进行 150 次卡尔曼滤波迭代来计算对数似然函数(6.118)。最后,我们对两个参数向量 $\Phi_{s,u} = (a_s^j, a_u^j, \sigma_s^j, \sigma_u^j, b_s^j, \theta_u^j, \lambda_s^j, \lambda_u^j)$ 和 $\Psi_{s,u} = (g_1^j, \cdots, g_7^j)$ 求式(6.118)的最大值。我们使用 Nelder 和 Mead(1965)的多元下山单纯形法来求解最大值。表 6.28—表 6.31 给出了我们的模型基于德国和意大利之间观察到的信用价差的参数估计值。基于我们的参数估计值,意大利的短期利率信用价差的平均均值回归水平与意大利的不确定性指数的均值回归水平分别是 25 个基点与 0.049%,这与图 6.33 和图 6.34 非常吻合。对于希腊而言,希腊的短期利率信用价差的平均均值回归水平和希腊的不确定性指数的均值回归水平分别为 164 个基点与 0.65%(见图 6.35 和图 6.36)。

表 6.28 对意大利运用卡尔曼滤波方法最大化似然函数得出的参数估计值:部分 I
(样本期间:150 天,从 1999 年 9 月 30 日至 2000 年 5 月 30 日)

参 数	g_1^I	g_2^I	g_3^I	g_4^I
估计值	0.000 418 245	0.000 289 569	0.000 236 120	0.000 225 986

参 数	g_5^I		g_6^I		g_7^I
估计值	0.000 057 738		0.000 143 889		0.000 241 359

表 6.29 对意大利运用卡尔曼滤波方法最大化似然函数得出的参数估计值:部分 II——短期利率信用价差和不确定性指数过程(样本期间:150 天,从 1999 年 9 月 30 日至 2000 年 5 月 30 日)

参数	估计值	参数	估计值
b_s^I	0.273 903 738	θ_u^I	0.000 033 835
a_s^I	0.053 199 919	a_u^I	0.068 884 441
σ_s^I	0.158 772 058	σ_u^I	0.030 100 786
λ_s^I	−1.868 477 669	λ_u^I	−1.190 989 999

表 6.30 对希腊运用卡尔曼滤波方法最大化似然函数得出的参数估计值:部分 I
（样本期间:150 天,从 1999 年 9 月 30 日至 2000 年 5 月 30 日）

参 数	g_1^I	g_2^I	g_3^I	g_4^I
估计值	0.000 889 889	0.000 557 789	0.000 302 059	0.000 240 028

参 数	g_5^I		g_6^I		g_7^I
估计值	0.000 374 741		0.000 452 236		0.000 513 706

表 6.31 对希腊运用卡尔曼滤波方法最大化似然函数得出的参数估计值:部分 II——短期利率信用
价差和不确定性指数过程的参数(样本期间:150 天,从 1999 年 9 月 30 日至 2000 年 5 月 30 日)

参数	估计值	参数	估计值
b_s^G	0.373 241 211	θ_u^G	0.000 412 34
a_s^G	0.147 542 315	a_u^G	0.063 421 36
σ_s^G	0.456 662 213	σ_u^G	0.071 211 65
λ_s^G	$-0.232\ 111\ 12$	λ_u^G	$-1.123\ 512\ 1$

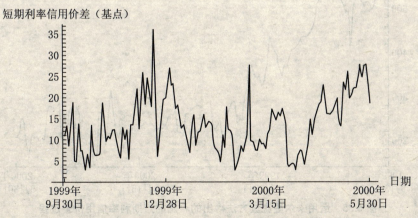

图 6.33 运用卡尔曼滤波方法得出的意大利的短期利率信用价差过程
（时间区间:150 天,从 1999 年 9 月 30 日至 2000 年 5 月 30 日）

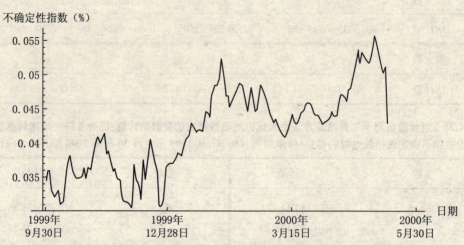

图 6.34　运用卡尔曼滤波方法得出的意大利的不确定性指数过程
（时间区间：150 天，从 1999 年 9 月 30 日至 2000 年 5 月 30 日）

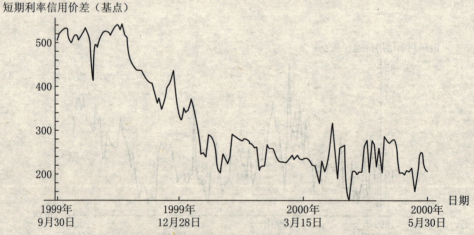

图 6.35　运用卡尔曼滤波方法得出的希腊的短期利率信用价差过程
（时间区间：150 天，从 1999 年 9 月 30 日至 2000 年 5 月 30 日）

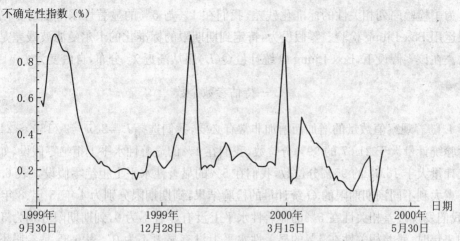

图 6.36　运用卡尔曼滤波方法得出的希腊的不确定性指数过程
（时间区间：150 天，从 1999 年 9 月 30 日至 2000 年 5 月 30 日）

　　关于意大利与希腊的卡尔曼滤波残差假设的检验。首先我们来检验标准化的卡尔曼滤波残差为正态分布的假设。我们用式(6.95)对残差进行检验，临界值如表 6.20 所示（$\chi^2(2)$列），这时有：

- 对于意大利：根据表 6.32，对于到期期限分别为 3 年、4 年、5 年、6 年，我们在 5％的显著性水平上不拒绝正态分布假设。此外，对于到期期限分别为 7 年，我们在 1％的显著性水平上也不拒绝正态分布假设。当到期期限分别为 8 年、9 年，我们在 1％的显著性水平上拒绝正态分布假设。
- 对于希腊：根据表 6.33，对于样本中的各个不同到期期限，我们在 5％的显著性水平上不拒绝正态分布假设。

表 6.32　意大利标准化的卡尔曼滤波残差的正态分布检验
（样本期间：150 天，从 1999 年 9 月 30 日至 2000 年 5 月 30 日）

到期期限	3 年	4 年	5 年	6 年	7 年	8 年	9 年
L 统计量	1.796 04	1.934 2	1.027 3	0.865 06	7.901 3	12.113	10.911

表 6.33　希腊标准化的卡尔曼滤波残差的正态分布检验
（样本期间：150 天，从 1999 年 9 月 30 日至 2000 年 5 月 30 日）

到期期限	3 年	4 年	5 年	6 年	7 年	8 年	9 年
L 统计量	5.889 17	3.166 18	0.187 345	4.912 19	4.94	2.714 3	1.026 6

为了检验序列相关性的标准化残差，我们在 1％与 5％的显著性水平上对不同到期期限运用 Box-Ljung 检验。零假设为：特定到期期限的标准化的卡尔曼滤波残差是不相关的。在该零假设下，Box-Ljung Q 统计量 $Q(L)$ 服从渐近 χ^2 分布，自由度为

$$L - \text{待估参数个数}$$

由于 L 随着观察值数量的增加而增加非常有必要，我们选择 $L = 2\sqrt{n} = 2\sqrt{150} \approx 24$。如果检验统计量大于 21.67 的 99％分位数，我们在 1％的显著性水平上拒绝零假设，如果检验统计量大于 16.92 的 95％分位数，我们在 5％的显著性水平上拒绝零假设。表 6.34 给出了意大利不同到期期限的 Q 统计量的检验结果：到期期限分别为 4 年、5 年、8 年、9 年时，我们发现残差相关性在 5％的显著性水平上没有显著不为 0，到期期限分别为 3 年、6 年和 7 年时，残差相关性在 1％的显著性水平上没有显著不为 0。表 6.35 是希腊不同到期期限的 Q 统计量的检验结果：到期期限分别为 4 年、5 年、8 年和 9 年时，我们发现残差相关性在 1％的显著性水平上没有显著不为 0。

最后，我们根据 Harvey（1981，第 157 页）所述进行同方差性检验。1％与 5％的显著性水平的临界值见表 6.22。根据表 6.36，对于意大利，到期期限分别为 3 年、6 年、7 年、8 年和 9 年时，我们在 5％的显著性水平上不拒绝同方差性假设。此外，对于到期期限为 5 年，我们在 1％的显著性水平上不拒绝同方差性假设。根据表 6.37，对于希腊，到期期限分别为 3 年、6 年、7 年、8 年和 9 年时，我们在 5％的显著性水平上不拒绝同方差性假设。此外，到期期限分别为 4 年和 5 年时，我们在 1％的显著性水平上不拒绝同方差性假设。

表 6.34　意大利标准化的卡尔曼滤波残差的 Box-Ljung 检验
（样本期间：150 天，从 1999 年 9 月 30 日至 2000 年 5 月 30 日）

到期期限	3 年	4 年	5 年	6 年	7 年	8 年	9 年
Q 统计量（Box-Ljung）	21.52	14.95	15.96	18.38	21.16	14.24	13.88

表 6.35　希腊标准化的卡尔曼滤波残差的 Box-Ljung 检验
（样本期间：150 天，从 1999 年 9 月 30 日至 2000 年 5 月 30 日）

到期期限	3 年	4 年	5 年	6 年	7 年	8 年	9 年
Q 统计量（Box-Ljung）	26.93	20.79	18.96	29.95	21.87	18.12	18.95

表 6.36　意大利标准化的卡尔曼滤波残差的同方差性检验

（样本期间：150 天，从 1999 年 9 月 30 日至 2000 年 5 月 30 日）

到期期限	H 统计量：$H(50)$	到期期限	H 统计量：$H(50)$
3 年	0.819 34	7 年	0.700 424
4 年	0.459 982	8 年	0.791 193
5 年	0.526 177	9 年	0.846 494
6 年	0.611 612		

表 6.37　希腊标准化的卡尔曼滤波残差的同方差性检验

（样本期间：150 天，从 1999 年 9 月 30 日至 2000 年 5 月 30 日）

到期期限	H 统计量：$H(50)$	到期期限	H 统计量：$H(50)$
3 年	0.923 415	7 年	0.887 592
4 年	0.489 632	8 年	1.191 873
5 年	0.538 179	9 年	0.976 572
6 年	0.937 615		

结论 6.6.4

总的来讲，通过各种检验，我们能够得出结论：我们的意大利与希腊的数据集充分满足了卡尔曼滤波算法的假设。

基于意大利与希腊的信用价差数据对模型效果的检验。下面我们应用 Titman 和 Torous(1989)中所用的检验方法来检验模型的效果，目的是检验模型解释观察到的信用价差变化的能力。如果检验结果是理想的，则我们可以认为该模型能准确地为可违约债券及信用价差定价。

令 $\Delta S_k^j(\tau) = S^j(t_k, t_k+\tau) - S^j(t_{k-1}, t_{k-1}+\tau)$ 表示到期期限为 τ 时观察到的信用价差的变化，令 $\Delta S_k^j(\tau)$ 表示拟合的相应信用价差的变化，$2 \leqslant k \leqslant 150$，$j \in \{I, G\}$。检验方程由下面的线性回归给出：

$$\Delta S_k^j(\tau) = a^j + b^j \Delta \hat{S}_k^j(\tau) + \varepsilon_k^{j,*}, \ \varepsilon_k^{j,*} \sim N(0, (h^{j,*})^2), j \in \{I, G\}$$

$$(6.119)$$

我们运用该检验公式对到期期限 $\tau = 3, \cdots, 9$（单位为年）进行检验。如果 $\Delta \hat{S}_k^j(\tau)$ 是 $\Delta S_k^j(\tau)$ 的无偏估计，则 a^j 与 b^j 应分别接近于 0 与 1。此外，调整后的 $\bar{R}^2$ 统计量是对模型效果的测度。表 6.38 显示了对意大利数据的回归结果：

- 零假设：$a^I = 0$。对于样本中的所有到期期限，在 5% 的显著性水平上不拒绝该零假设。

- 参数 b^I 的值总是近似等于 1。
- 联合假设：$a^I = 0$，$b^I = 1$。除了到期期限为 6 年外，对于其他到期期限在 5% 的显著性水平上不拒绝该联合假设。因此，模型对零息债券定价的精确度是可以接受的。
- 调整后的 $\bar{R}^2$ 的值在 71.7% 与 97.3% 之间。

表 6.38　样本内模型对于意大利的解释力检验：线性回归结果

到期期限	a^I	b^I	$\bar{R}^2$	p 值 $(a^I = 0)$	p 值 $(a^I = 0, b^I = 1)$
3 年	$6.113\,33 \cdot 10^{-6}$	0.938 757	0.717 06	0.814 845	0.440 907
4 年	$7.630\,96 \cdot 10^{-6}$	1.039 16	0.831 12	0.713 915	0.452 307
5 年	$7.733\,56 \cdot 10^{-6}$	1.065 41	0.907 44	0.610 017	0.055 909
6 年	$6.962\,32 \cdot 10^{-6}$	1.050 84	0.967 96	0.414 893	0.004 006
7 年	$5.641\,42 \cdot 10^{-6}$	1.016 43	0.973 38	0.452 594	0.355 994
8 年	$3.965\,3 \cdot 10^{-6}$	0.975 102	0.882 81	0.802 51	0.320 922
9 年	$2.051\,74 \cdot 10^{-6}$	0.934 458	0.717 20	0.937 439	0.396 085

表 6.39 给出了对希腊数据的回归结果。

- 零假设：$a^G = 0$。对于样本中的所有到期期限，在 5% 的显著性水平上不拒绝该零假设。
- 参数 b^G 的值与 1 并不是非常接近。除了到期期限为 7 年的信用价差外，所有 b^G 的值与 1 的距离都大于 0.1。
- 联合假设：$a^G = 0$，$b^G = 1$。除了到期期限为 7 年外，对于其他到期期限，在 5% 的显著性水平上不拒绝该联合假设。因此，模型对零息债券定价的精确度是可以接受的。

表 6.39　样本内模型对于希腊的解释力检验：线性回归结果

到期期限	a^G	b^G	$\bar{R}^2$	p 值 $(a^G = 0)$	p 值 $(a^G = 0, b^G = 1)$
3 年	$2.484\,2 \cdot 10^{-6}$	0.735 53	0.823 81	0.980 181	0
4 年	$2.124\,8 \cdot 10^{-6}$	0.891 99	0.944 41	0.960 677	0.012 73
5 年	$3.122\,3 \cdot 10^{-6}$	0.866 53	0.992 82	0.807 109	0.011 96
6 年	$4.897\,6 \cdot 10^{-6}$	0.894 71	0.977 68	0.805 628	0.034 53
7 年	$7.063\,6 \cdot 10^{-6}$	0.903 89	0.931 28	0.825 408	0.053 42
8 年	$9.365\,1 \cdot 10^{-6}$	0.862 07	0.875 87	0.818 706	0.016 27
9 年	0.000 011 637 9	0.877 6	0.817 65	0.809 207	0.024 81

结论 6.6.5

对于模型的样本外行为,希腊与意大利存在很大不同。对于意大利而言,模型效果非常好。对于希腊而言,只对到期期限为 7 年的信用价差,在 5% 的显著性水平上不拒绝联合假设 $a^G=0$, $b^G=1$。原因非常明显:对于意大利,我们用的是零息债券数据,而对于希腊,我们只有产生了额外噪声的附息债券数据。此外,希腊债券的流动性较意大利债券差很多。

基于意大利和希腊的信用价差数据的样本外检验。前面我们都是用样本内检验来检查可违约期限结构模型的解释力。为了使对模型的分析更加完善,下面我们考虑模型的样本外检验。我们分析是否能运用带有估计的参数的模型来为 2000 年 5 月 30 日以后的信用价差定价。因此,我们另外考虑从 2000 年 5 月 30 日至 2000 年 10 月 23 日的 70 个时刻 $t_k^* = 1, \cdots, 70$, $k = 1, \cdots, 70$,并将卡尔曼滤波方法应用于该时间区间观察到的信用价差。注意,我们保持表 6.28—表 6.31 中的参数不变,即我们滤波出 $s^j(t)$ 和 $u^j(t)$ 的值,$j \in \{I, G\}$,并根据向量 $\Phi_{s,u}^j$ 与 $\Psi_{s,u}^j$ 的给定值来得出信用价差的预测值,$j \in \{I, G\}$。为了检验样本外模型的效果,我们仍用式(6.19)所示的线性回归方程对新数据进行检验,检验的到期期限为 $\tau_i = i + 2$, $i = 1, \cdots, 7$(单位为年)。表 6.40 给出了对意大利数据的回归结果。

- 零假设:$a^I = 0$。对于样本中的所有到期期限,在 5% 的显著性水平上不拒绝该零假设。
- 联合假设:$a^I = 0$, $b^I = 1$。对于样本中的所有到期期限,在 1% 的显著性水平上不拒绝该联合假设,除了到期期限为 6 年、9 年外,对于其他到期期限,在 5% 的显著性水平上不拒绝该联合假设。因此,模型对零息债券定价的精确度是可以接受的。
- 调整后的 $\overline{R}^2$ 的值在 68.9% 和 95.2% 之间。

表 6.40 样本外模型对于意大利的解释力检验:线性回归结果

到期期限	a^I	b^I	$\overline{R}^2$	p 值 $(a^I = 0)$	p 值 $(a^I = 0, b^I = 1)$
3 年	0.000 015 007 1	0.907 96	0.689 351	0.828 829	0.471 914
4 年	0.000 010 993 3	1.031 44	0.802 159	0.852 410	0.134 735
5 年	0.000 010 482 6	1.076 02	0.888 956	0.813 476	0.265 945
6 年	0.000 012 254 6	1.076 74	0.952 238	0.667 574	0.037 469
7 年	0.000 015 341 9	1.055 66	0.951 507	0.590 850	0.145 532
8 年	0.000 019 027 6	1.026 15	0.862 036	0.701 499	0.219 308
9 年	0.000 022 813	0.995 921	0.714 741	0.766 278	0.044 077

表 6.41 给出了对希腊数据的回归结果：

- 零假设：$a^G = 0$。除了到期期限为 5 年外，对于样本中的所有到期期限，在 5% 的显著性水平上不拒绝该零假设。
- 联合假设：$a^G = 0$，$b^G = 1$。除了到期期限为 5 年外，对于其他到期期限，在 1% 的显著性水平上不拒绝该联合假设，除了到期期限为 3 年、4 年、5 年外，对于其他到期期限，在 5% 的显著性水平上不拒绝该联合假设。因此，模型对零息债券定价的精确度是可以接受的。
- 调整后的 $\overline{R}^2$ 的值在 78.4% 与 99.3% 之间。

表 6.41　样本外模型对于希腊的解释力检验：线性回归结果

到期期限	a^G	b^G	$\overline{R}^2$	p 值 $(a^G = 0)$	p 值 $(a^G = 0，b^G = 1)$
3 年	0.000 038 583	0.899 47	0.899 371	0.546 014	0.028 564
4 年	0.000 031 957	0.898 33	0.969 776	0.283 150	0.015 647
5 年	0.000 029 042	0.902 45	0.992 684	0.027 074	0.009 645
6 年	0.000 028 369	0.910 61	0.987 908	0.064 070	0.054 732
7 年	0.000 028 880	0.923 03	0.953 614	0.303 275	0.214 875
8 年	0.000 029 837	0.940 31	0.883 109	0.493 757	0.382 732
9 年	0.000 030 760	0.962 79	0.783 838	0.610 533	0.198 473

结论 6.6.6

和样本内数据一样，模型对意大利的解释力优于希腊。但总的来讲，我们发现三因子违约期限结构模型能够解释实际的信用价差。

6.7　信用风险下的最优投资组合

6.7.1　基本知识

进行最优资产配置的过程主要归结为如何寻找最大化投资组合经理期望效用的资产组合。只要我们假设投资组合中资产的收益服从正态分布，那么投资组合的收益也服从正态分布。这样，根据 Markowitz(1952) 与 Sharpe(1964) 提出的传统投资组合理论，寻找使得风险厌恶(用凹效用函数表示的)投资组合经理的期望效用最大化的投资组合的问题就归结为寻找均值与方差这两个参数的最优组合。这种方法就是所谓的均值方差分析,它极大地简化了整个资产配置过程。投资组合经理的目标是,给定一个具体的风险水平,寻找最大化期望收益的投资组合,或者给定一个具体的收益水平,寻找最小化风险的投资组合。这里用投资组合收益的方差来测度风险。遗憾的是,选择最优的均值和方差这两个参数有失一般性,最优只在效用函数是二次函数或者收益服从正态分布时才存在。此外,Markowitz(1991,第 188—201 页)已经对在收益分布不对称的情况下用方差来测度风险进行了质疑。他指出,投资组合分析基于半方差比基于方差易于产生更好的投资组合。遗憾的是,基于半方差的计算成本比基于方差高出许多,因为基于方差我们需要整个的联合分布,而基于半方差我们只需要协方差矩阵即可。

已经有广泛的研究得出了安排不确定前景的概念,并由此给出了一阶、二阶、三阶随机占优等原理(见 Bawa,1975 或 Martin et al.,1988)。Bawa 认为,假定一般投资者的决策中采用的效用函数是具有递减的绝对风险规避的有界递增凹函数是相当合理的,而且完全有理由使用均值—下半方差法则来近似这类投资者的投资组合选择。在该法则下,一种投资组合在各种基准上优于另一种投资组合,只要其均值不低于另一种投资组合的均值,同时其下半方差不高于另一种投资组合的下半方差。由于下半方差是半方差的推广,该法则符合 Markwitz 的观点,计算仍然是个问题,因为我们需要在各种基准上计算每种分布的下半方差。如果我们不能假定特定的分布来简化此问题,其解通常由在几种代表性基准上优化来近似求得。所谓的下半方矩可被视为下半方差的推广(见 Harlow & Rao,1989 或者 Harlow,1991),所以这些概念都是一致的。由于它们测度的是低于某一给定基准的风险,因此,它们已成为投资组合风险的常用测度,特别是当收益分布不对称的时候。下面我们使用下半矩(lower partial moments,LPM)来控制投资组合敞口的下跌风险。由于我们并不知道各投资组合的分布情况,我们用模拟模型来近似分布函数。我们样本中的资产是具有不同到期期限和不同发行人质量的主权债,其中有些债券也许会违约,从而停止支付利息,有些债券的价值也许会下跌,因为其发行国的信用评级下调。

我们运用 6.2 节中参数 $\beta = 0$ 的三因子可违约期限结构模型来为主权债券定价。我们先用卡尔曼滤波方法估计出参数,然后用模型模拟债券未来的价格走势。对于未来的每一个时刻和每一个给定的投资组合的构成,这两个步骤可以得出未来现金流和投资组合价值的分布情况。在 6.7.2 节中,我们通过在一组约束条件下最大化投资组合的期望最终价值或期望收益来构造最优资产组合。约束条件首先是每一期用来偿还公司债务所需的最小现金流,其次是对可忍受的风险的限制。如前面所讨论的,我们用下半矩来测度风险,以说明我们必须考虑的下行趋势。为了使我们的方法更形象,6.7.3 节中,我们给出了一个由德国、意大利、希腊的主权债构成的投资组合的实例研究。

6.7.2　最优化

本节我们研究在限定的风险下最大化投资组合的最终价值的问题。我们假设有一个计划的时刻 $T \in [0, T^*]$，可投资的资产是德国、意大利 (I) 和希腊 (G) 的 n 种不同类型的主权债，$i \in \{1, \cdots, n\}$ 到期期限为 $0 \leqslant T_1, \cdots, T_n \leqslant T^*$。债券在时刻 $t \in [0, T]$ 的价格分别为 $P_1(t), \cdots, P_n(t)$。注意，这里 $P_i(t)$ 是对 t 时刻债券价格的一般表示，在可违约债券与非违约债券之间并无差别，在零息债券与附息债券之间也无差别，即 $P_i(t) \in \{P(t, T_i), P^{d, I}(t, T_i), P^{d, G}(t, T_i), P_c(t, T_i), P_c^{d, I}(t, T_i), P_c^{d, G}(t, T_i)\}$。$\varphi = (\varphi_1, \cdots, \varphi_n)$ 表示投资组合中的权重向量。此外，除了债券头寸外，还有一个现金账户，其在时刻 $t \in [0, T]$ 的价值用 $C_0(\varphi, t)$ 表示。

我们考虑下面三个风险来源：

- 德国利率随时间变化带来的市场风险。
- 希腊和意大利的主权债券的质量可能变化所带来的价差风险。
- 违约可能性带来的违约风险。同前面一样，我们假设德国没有违约风险。如果我们决定投资于有违约风险的主权债，发生违约[1]时我们不再收到票息。

我们试图发现满足约束条件的投资组合，更准确地讲，我们对投资组合施加下列约束：

- 投资组合价值约束：我们不希望投资组合的价值在时刻 $t \in T_B = \{T_1^B, \cdots, T_{m_B}^B\} \subset [0, T] (m_B \in \mathbb{N})$ 低于某个给定的基准 **B**。

- 现金流约束：我们假设在时刻 $t \in T_L = \{T_1^L, \cdots, T_{m_L}^L\} \subset [0, T] (m_L \in \mathbb{N})$ 存在负债流 $\mathbf{L}_t$，其必须用债券投资组合支付的票息来偿还。由于这些票息支付存在违约风险，因此我们也有现金流约束。我们并不希望现金流不能满足负债的支付。

此外，为定义风险来源和约束，我们进行下面的假设：

假设 6.7.1

（1）票息支付日之间收到的所有票息存入现金账户，获得连续利息 R_{ca}，即债券 i 在时刻 t 收到的现金流 $C_i(t)$ 在现金账户上到时刻 T_l^L 的现金价值为

$$C_i(t, T_l^L) = C_i(t) e^{R_{ca}(t, T_l^L)(T_l^L - t)}, \ i \in \{1, \cdots, n\},$$
$$t \in (T_{l-1}^L, T_l^L], l \in \{1, \cdots, m_L\}, T_0^L = 0$$

（2）一旦相应的不确定性过程 u^j 高于违约临界值 $\xi^{d, j}$，国家 j 就会违约，$j \in \{I, G\}$。违约临界值是隐含的，可以从国家 j 的违约概率中估计出来。违约事件发生的时间记为

---

[1]　不过我们必须承认在实践中意大利和希腊的违约风险几乎为 0。

$T^{d,j} = \inf\{t \in [0, T] : u_t^j > \xi^{d,j}\}$。和通常一样,我们将国家 $j \in \{I, G\}$ 的违约示性函数记为 H^j。

(3) 如果价格为 $P_i(t) = P_c^{d,j}(t, T_i)$,到期期限为 $T_i \in [T^{d,j}, T^*]$ 的附息债券 i 在时刻 T 之前违约,就不再有票息支付,但在时刻 $T^{d,j}$ 有固定的回收价值 $w P_c^{d,j}(T^{d,j}-, T_i)$,其中 $w \in [0, 1]$ 为回收率, $P_c^{d,j}(T^{d,j}-, T_i)$ 为债券刚刚违约前的价格。

(4) 在违约的债券最初的到期日 T_i 之前不能获得回收价值,那么回收价值给现金账户带来的现金流为

$$Z(T^{d,j}, T_i) = e^{R_{ca}^{d,j}(T^{d,j}, T_i)(T_i - T^{d,j})} w P_c^{d,j}(T^{d,j}-, T_i)$$

其中, $R_{ca}^{d,j}(T^{d,j}, T_i)$ 表示回收价值在时间区间 $[T^{d,j}, T_i]$ 上获得的利息。

因此,在每个票息支付日 $0 \leqslant t_{i1} < \cdots < t_{in_i} = T_i$,可违约债券的现金流为

$$C_i^d(t_{ij}) = C_i(t_{ij}) \cdot (1 - H_{t_{ij}}^j), \quad j \in \{1, \cdots, n_i - 1\}$$

且

$$C_i^d(T_i) = C_i(T_i)(1 - H_{T_i}) + H_{T_i} Z(T^{d,j}, T_i)$$

每个负债期间 $(T_{l-1}^L, T_l^L]$ 的现金流被存入现金账户,在票息支付日 $T_l^L \in \mathcal{T}_L$ 的增值后现金价值为

$$C_{i0}(T_{l-1}^L, T_l^L) = \sum_{\substack{j \in \{1, \cdots, n_i\} \\ t_{ij} \in (T_{l-1}^L, T_l^L)}} C_i^d(t_{ij}) e^{R_{ca}(t_{ij}, T_l^L)(T_l^L - t_{ij})}, \quad l \in \{1, \cdots, m_L\}$$

如果是非违约债券,则该现金价值为

$$C_{i0}(T_{l-1}^L, T_l^L) = \sum_{\substack{j \in \{1, \cdots, n_i\} \\ t_{ij} \in (T_{l-1}^L, T_l^L)}} C_i(t_{ij}) e^{R_{ca}(t_{ij}, T_l^L)(T_l^L - t_{ij})}$$

因此,投资组合在负债期间 $(T_{l-1}^L, T_l^L]$ 的现金流在时刻 $T_l^L \in \mathcal{T}_L$ 的现金价值为

$$C_0(\varphi, T_{l-1}^L, T_l^L) = \sum_{i=1}^n \varphi_i C_{i0}(T_{l-1}^L, T_l^L), \quad l \in \{1, \cdots, m_L\}$$

使得现金账户在时刻 T_l^L 的总价值为

$$\begin{aligned} C_0(\varphi, T_l^L) = C_0(\varphi, T_{l-1}^L) e^{R_{ca}(T_{l-1}^L, T_l^L)(T_l^L - T_{l-1}^L)} \\ + C_0(\varphi, T_{l-1}^L, T_l^L) - L(T_l^L), \quad l \in \{1, \cdots, m_L\} \end{aligned}$$

我们令

$$C_0(\varphi,0) = \varphi_0(0) = C_0 - \sum_{i=1}^{n} \varphi_i p_i(0)$$

其中，C_0 是时刻 $t=0$ 要投资的初始预算。

在估计了随机过程 r，s^I，u^I，s^G 和 u^G 的参数后，我们现在考虑下面的风险因子向量：

$$\mathbf{F} = (\mathbf{F}_1, \cdots, \mathbf{F}_5) = (r, s^I, u^I, s^G, u^G)$$

最优化问题基于在时间上对向量 $\mathbf{F}$ 的模拟。在模拟中，令 $V_i(0)$ 和 $V_i(t)$ 分别表示给定的随机变量 V_i 在时刻 0 与时刻 t 的值。在这里，该值要么是现金账户（$i=0$），要么是债券 $i(i=1, \cdots, n)$ 的全价加上时刻 0 与时刻 t 之间支付的票息。从模型中可以知道 $V_i(t)$ 的值取决于风险因子向量 $\mathbf{F}$，且风险因子和 V_i 的未来值之间的函数关系为

$$V_i(t) = V_i(\mathbf{F}, t),\ i = 1, \cdots, n$$

我们模拟风险因子向量 $\mathbf{F}$，有

$$\mathbf{F}^k = (\mathbf{F}_1^k, \cdots, \mathbf{F}_5^k)$$

概率 $p_k > 0$，$k = 1, \cdots, K$。根据风险因子的这些模拟值，有

$$V_i^k(t) = V_i(\mathbf{F}^k, t),\ k = 1, \cdots, K,\ i = 1, \cdots, n$$

每个债券投资组合 $\varphi = (\varphi_1, \cdots, \varphi_n)$ 在时刻 0 到时刻 T 内是稳定的，其在时刻 t 的价值 $V(\varphi, t)$ 为

$$V(\varphi, t) = \sum_{i=1}^{n} \varphi_i V_i(t)$$

$V(\varphi, 0)$ 表示投资组合在时刻 0 的价值。我们用 $V_i^k(t)$ 的值模拟的投资组合的价值 $V^k(\varphi, t)$ 为

$$V^k(\varphi, t) = \sum_{i=1}^{n} \varphi_i V_i^k(t),\ k = 1, \cdots, K$$

为了限制投资组合在未来时刻 $t \in \mathcal{T}_{\mathbf{B}}$ 的价值下降的风险，我们考虑阶数为 $l \in \mathbb{N}$ 的离散形式的下半矩。因此，基准 $\mathbf{B}_t \in \mathbb{R}$ 由下式定义：

$$LPM_l(\varphi, V, \mathbf{B}, t) = \sum_{\substack{k=1, \cdots, K \\ V^k(\varphi, t) < \mathbf{B}_t}} p_k \cdot (\mathbf{B}_t - V^k(\varphi, t))^l \tag{6.120}$$

下半矩只考虑 V 的未来值低于基准的差额的 l 次幂。当 $l=0$ 时，下半矩就是随机未来值

下跌至低于给定基准的概率,这被称为不足概率。设定基准为 0,不足概率就是损失概率。当 $l=1$ 时,下半矩就是未来值低于基准的期望偏差,有时被称为(期望)遗憾值。当 $l=2$ 时,下半矩是未来值低于基准的离差平方加权和,如果设定基准是期望未来值,下半矩就是半方差。为了简单起见,我们假设模拟的下半矩和实际的下半矩相等,如果不相等就可以认为是近似,只要我们模拟的次数足够多,模拟的效果足够好。有关下半矩的详细讨论,见 Harlow(1991)或 Zagst(2001)。

投资组合经理通常会受到具体的交易限制。因此,对于投资组合中证券 i 的数量 φ_i,我们假设其绝对的下限为 s_i,上限为 S_i,即有

$$s_i \leqslant \varphi_i \leqslant S_i, \ i=1, \cdots, n$$

对于 $A_{\mathbf{B}}^l(t), A_L^l(t) \in \mathbb{R}, l \in \{0, 1, 2\}$,我们考虑下面的最优化问题:

$$(P)\begin{cases} \sum_{i=1}^n \varphi_i \cdot E^{\mathbf{P}}[V_i(T)] \to \max \\ LPM_l(\varphi, V, \mathbf{B}, t) \leqslant A_{\mathbf{B}}^l(t), l \in \{0, 1, 2\}, t \in T_{\mathbf{B}} \\ LPM_l(\varphi, C_0, 0, t) \leqslant A_L^l(t), l \in \{0, 1, 2\}, t \in T_{\mathbf{L}} \\ s_i \leqslant \varphi_i \leqslant S_i, i=0, \cdots, n \\ C_0(\varphi, T_l^{\mathbf{L}}) = C_0(\varphi, T_{l-1}^{\mathbf{L}})e^{R_{ca}(T_l^{\mathbf{L}}-T_{l-1}^{\mathbf{L}})} + C_0(\varphi, T_{l-1}^{\mathbf{L}}, T_l^{\mathbf{L}}) - L(T_l^{\mathbf{L}}), l=1, \cdots, m_{\mathbf{L}} \\ C_0(\varphi, 0) = \varphi_0 = C_0 - \sum_{i=1}^n \varphi_i \cdot V_i(0) \end{cases}$$

注意,为了简化,我们已经令 $R_{ca}(T_{l-1}^{\mathbf{L}}, T_l^{\mathbf{L}}) \equiv R_{ca}$。为了求解该最优化问题,我们来研究一般的 LPM 约束条件,即对于 V 的未来值的 LPM 约束。我们选择 $m_k < 0$ 充分小,而 $M_k > 0, m_k^l > 0, M_k^l > 0$ 充分大,定义下面的约束:

$$M_k y_k + V^k(\varphi, t) \geqslant \mathbf{B}_t \tag{A}$$

$$m_k(1-y_k) + V^k(\varphi, t) < \mathbf{B}_t \tag{B}$$

$$0 \leqslant (V^k(\varphi, t) - \mathbf{B}_t)^l + (-1)^{l-1}w_k^l \leqslant M_k^l(1-y_k) \tag{C}$$

$$0 \leqslant w_k^l \leqslant m_k^l y_k \tag{D}$$

其中,$w_k^l \in \mathbb{R}, y_k \in \{0, 1\}, k=1, \cdots, K$。我们考虑 $l \in \{0, 1, 2\}, t \in (0, T]$,我们有下面的定理,其证明见 Zagst(2001)。

定理 6.7.1

令 $t \in (0, T], l \in \{0, 1, 2\}$ 是任意而固定的,且 $y_k \in \{0, 1\}, k=1, \cdots, K$。

a) 假设条件(A)满足，如果 $V^k(\varphi, t) < \mathbf{B}_t$，则对于 $k = 1, \cdots, K$，有 $y_k = 1$。

b) 假设条件(B)满足，如果 $V^k(\varphi, t) \geqslant \mathbf{B}_t$，则对于 $k = 1, \cdots, K$，有 $y_k = 0$。

c) 假设条件(A)、(B)满足，则对于 $k = 1, \cdots, K$，

$$V^k(\varphi, t) < \mathbf{B}_t, \text{当且仅当 } y_k = 1$$

d) 令 $l \in \{0, 2\}$。假设条件(A)、(C)和(D)满足，有

$$LPM_l(\varphi, V, \mathbf{B}, t) \leqslant \sum_{k=1}^{K} p_k w_k^l$$

e) 假设条件(A)、(B)、(C)和(D)满足，我们有

$$LPM_l(\varphi, V, \mathbf{B}, t) = \sum_{k=1}^{K} p_k w_k^l$$

注意，对于 $l = 0$ 的特别情况，我们得出结论：假设条件(C)、(D)满足，如果 $y_k = 1$ 有 $w_k^l = 1$，如果 $y_k = 0$ 有 $w_k^l = 0$。因此，假设附加条件(A)和(B)都满足，

$$LPM_0(\varphi, V, \mathbf{B}, t) = \sum_{k=1}^{K} p_k y_k \tag{6.121}$$

只有当条件(C)、(D)满足时条件(A)也满足，"$\leqslant$"取代"$=$"。根据定理 6.7.1，假设条件(A)、(B)、(C)和(D)都满足，对于 $A^l \in \mathbb{R}$，$l \in \{0, 1, 2\}$，我们可以将下半矩约束

$$LPM_l(\varphi, V, \mathbf{B}, t) \leqslant A^l \tag{LPM}$$

换成如下约束：

$$\sum_{k=1}^{K} p_k w_k^l \leqslant A^l \tag{E}$$

因此，如果我们在该最优化问题中增加条件(A)、(B)、(C)和(D)，我们就可以用不等式(E)替换约束条件(LPM)。更进一步，如果 $l \in \{0, 2\}$，我们可以去掉条件(B)。对于 $l = 0$，约束条件(LPM)被称为不足约束，此时选择相应的 A^0 在区间 $(0, 1)$ 上，A^0 被称为不足概率。通常所有的商业优化软件工具都采用"$\leqslant$"或"$\geqslant$"形式的不等式和能用该工具数字化识别的最小绝对数所表示的精度，这里将此精度记为 $\varepsilon > 0$。所以我们将条件(B)改写成如下形式：

$$m_k(1 - y_k) + V^k(\varphi, t) \leqslant \mathbf{B}_t - \varepsilon \tag{B'}$$

对于 $l \in \{0, 1, 2\}$，$t \in (0, T]$，我们将约束条件(A)、(B')、(C)和(D)表示为

$$MIP_l(\varphi, y^k, w_k^l, V^k, \mathbf{B}, t), k = 1, \cdots, K$$

这样可以生成下面的最优化问题(P_1),其(近似)等价于最优化问题(P):

$$
(P_1)\begin{cases}
\displaystyle\sum_{k=1}^{K} p_k V^k(\varphi, T) \to \max \\[2mm]
MIP_l(\varphi, y^k, w_k^l, V^k, \mathbf{B}, t), k=1, 2, \cdots, K, t \in T_{\mathbf{B}} \\[2mm]
MIP_l(\varphi, y_0^k, w_{0k}^l, C_0, 0, t), k=1, 2, \cdots, K, t \in T_{\mathbf{L}} \\[2mm]
y_k, y_0^k \in \{0, 1\}, k=1, \cdots, K \\[2mm]
w_k^l, w_{0k}^l \in \mathbb{R} \\[2mm]
\displaystyle\sum_{k=1}^{K} p_k w_k^l \leqslant A_{\mathbf{B}}^l, l \in \{0, 1, 2\} \\[2mm]
\displaystyle\sum_{k=1}^{K} p_k w_{0k}^l \leqslant A_{\mathbf{L}}^l, l \in \{0, 1, 2\} \\[2mm]
s_i \leqslant \varphi_i \leqslant S_i, i=1, \cdots, n \\[2mm]
C_0(\varphi, T_l^{\mathbf{L}}) = C_0(\varphi, T_{l-1}^{\mathbf{L}}) e^{R_{ca}(T_l^{\mathbf{L}}-T_{l-1}^{\mathbf{L}})} + C_0(\varphi, T_{l-1}^{\mathbf{L}}, T_l^{\mathbf{L}}) - L(T_l^{\mathbf{L}}), l=1, \cdots, m_{\mathbf{L}} \\[2mm]
C_0(\varphi, 0) = \varphi_0 = C_0 - \displaystyle\sum_{i=1}^{n} \varphi_i V_i(0)
\end{cases}
$$

(P_1)中的变量是$\varphi_0, \cdots, \varphi_n, y_k, y_0^k \in \{0, 1\}, w_k^l, w_{0k}^l \in \mathbb{R}, k=1, \cdots, K$。因此,我们必须求解混合整数线性规划,这可以通过商业优化软件工具很容易地完成。[①]

6.7.3 实例:主权债券最优投资组合

数据及参数估计。 下面我们用实例说明参数估计过程,数据为德国的零息利率数据以及信用等级为 AAA 的德国政府债券与信用等级为 AA 的意大利主权债券之间的信用价差和信用等级为 AAA 的德国主权债券与信用等级为 A- 的希腊主权债券之间的信用

---

① 如果我们定义

$$
a_{ik} = \begin{cases} S_i, V_i^k(t) < 0 \\ s_i, V_i^k(t) \geqslant 0 \end{cases}, \quad b_{ik} = \begin{cases} s_i, V_i^k(t) < 0 \\ S_i, V_i^k(t) \geqslant 0 \end{cases}
$$

对于 $i=1, \cdots, n$ 和 $k=1, \cdots, K$,我们可以选择

$$
M_k = \mathbf{B} - \sum_{i=1}^{n} a_{ik} V_i^k(t), \quad m_k = \mathbf{B} - \varepsilon - \sum_{i=1}^{n} b_{ik} V_i^k(t)
$$

$$
M_k^l = \left[\sum_{i=1}^{n} b_{ik} V_i^k(t) - \mathbf{B} \right]^l, \quad m_k^l = \left[\mathbf{B} - \sum_{i=1}^{n} a_{ik} V_i^k(t) \right]^l
$$

$k=1, \cdots, K, l \in \{0, 1, 2\}$。

价差。同 6.6.3 小节一样，我们假设德国主权债券是非违约的，而意大利与希腊的主权债券是可违约的。我们使用 1999 年 11 月 1 日至 2000 年 10 月 23 日的债券价格日数据的 12 个月的时间序列，数据来源于路透信息服务机构。本小节数据是 6.6.3 小节中所用数据的子集。在 6.6.3 小节中，我们希望展示我们模型的样本内行为与样本外行为，即我们使用一部分数据估计模型中的参数，使用另一部分数据对模型进行样本外检验，而在本小节的实例中我们用最近的数据来进行参数估计。另外，本小节对时间构架的选择保证我们不会因欧洲货币联盟成员国收益率的收敛效应而在数据中产生太多噪声。所以我们对所选数据用卡尔曼滤波方法多次进行估计。卡尔曼滤波方法的估计结果见表 6.42—表 6.44。注意，我们对于模型的理论假设同 6.6.3 小节中完全一样，我们特别考虑了随机过程 r，s^I，s^G，u^I，u^G，但为简单起见，我们假设解析函数 $\theta_r(t)$ 为常数，即 $\theta_r(t) = \theta_r$，$t \geqslant 0$。因此，我们必须再估计一个参数。

表 6.42 德国债券市场的参数估计

参数	估计值
θ_r	0.014 413
a_r	0.238 205
σ_r	0.015 581
λ_r	$-0.086\ 076$
r_0	0.042 434

表 6.43 意大利债券市场的参数估计

参数	估计值	参数	估计值
b_s^I	0.274 800	θ_u^I	0.000 031
a_s^I	0.047 687	a_u^I	0.068 696
σ_s^I	0.158 324	σ_u^I	0.030 482
λ_s^I	$-1.898\ 668$	λ_u^I	$-1.228\ 143$
s_0^I	0.001 296	u_0^I	0.005 112

表 6.44 希腊债券市场的参数估计

参数	估计值	参数	估计值
b_s^G	0.343 225	θ_u^G	0.000 392
a_s^G	0.167 814	a_u^G	0.074 952
σ_s^G	0.446 885	σ_u^G	0.067 231
λ_s^G	$-0.215\ 937$	λ_u^G	$-1.109\ 091$
s_0^G	0.002 325	u_0^G	0.012 704

如果运用卡尔曼滤波方法设定的模型是正确的，而且基于估计出的参数的理论公式可以很好地解释观察到的数据，那么标准化的卡尔曼滤波残差，即新观察值和相应的卡尔曼滤波预测值之间的标准化差异应该服从标准正态分布。我们在 6.6.3 小节中采用的方法构造了如下检验统计量：

$$L = n\left(\frac{偏度^2}{6} + \frac{超值峰度^2}{24}\right)$$

L 服从自由度为 2 的 χ^2 分布（类似的检验见 Harvey, 1989, 第 260 页）。5% 与 1% 的显著性水平对应的临界值分别为 5.99 与 9.21。如果 L 大于相应的临界值则拒绝标准正态分布假设。根据表 6.45，我们有下面的结论：

- 德国：对于到期期限分别为 5 年、8 年、9 年，在 5% 的显著性水平上不拒绝标准正态分布假设，对于到期期限分别为 4 年、5 年、7 年、8 年、9 年，在 1% 的显著性水平上不拒绝正态分布假设。对于到期期限分别为 3 年、6 年，在 5% 和 1% 的显著性水平上均拒绝标准正态分布假设。

- 意大利：对于到期期限分别为 3 年、4 年、5 年、6 年、7 年，在 5% 的显著性水平上不拒绝标准正态分布假设，在 1% 的显著性水平上对于样本中的所有到期期限不拒绝标准正态分布假设。

- 希腊：对于到期期限分别为 4 年、5 年、8 年、9 年，在 5% 和 1% 的显著性水平上均不拒绝标准正态分布假设，对于到期期限分别为 3 年、6 年、7 年，在 5% 与 1% 的显著性水平上均拒绝标准正态分布假设。

表 6.45   对于不同到期期限卡尔曼滤波方法估计质量的检验统计结果

到期期限	L（德国）	L（意大利）	L（希腊）
3 年	11.593	0.598	12.161
4 年	9.201	4.134	5.973
5 年	5.202	0.940	2.076
6 年	12.850	0.223	11.662
7 年	6.234	0.982	10.513
8 年	3.985	9.048	5.812
9 年	1.729	8.619	2.945

一个关键的模型假设是，驱动标的资产过程的任意标准布朗运动之间不存在相关性。基于估计出的参数，我们下面采用 r、s^j 和 u^j 滤波出的值来检验该假设。因此我们应用下面的检验统计量：

$$T_{n-2} = \frac{R\sqrt{n-2}}{\sqrt{1-R^2}}$$

其中，R 表示相应的 dW_r，dW_s^j 和 dW_u^j 滤波出的值的样本相关系数，$j \in \{I, G\}$。(Larsen 和 Marx(2001，第 626 页)证明，在残差之间不相关的零假设下，该检验统计量服从自由度为 $n-2$ 的学生 t 分布。5% 与 1% 的显著性水平对应的临界值分别为 1.97 与 2.60。如果 $|T_{n-2}|$ 大于相应的临界值则拒绝零假设。根据表 6.46，我们只在 5% 的显著性水平上对残差 dW_u^I 与 dW_u^G 拒绝零假设，在 1% 的显著性水平上对所有残差不拒绝零假设。在我们的模拟中，我们因此假设 dW_r，dW_s^j 与 dW_u^j 互不相关，$j \in \{I, G\}$。

表 6.46 残差 dW_r、dW_s^j 和 dW_u^j 滤波出的值的相关性检验的统计结果，$j \in \{I, G\}$

	dW_s^I	dW_s^G	dW_u^I	dW_u^G	dW_r
dW_s^I	1				
dW_s^G	1.279	1			
dW_u^I	−0.819	−1.122	1		
dW_u^G	0.501	−1.684	1.974	1	
dW_r	−0.945	−1.702	−0.114	0.472	1

蒙特卡罗模拟与最优化运用。 在实例研究中，我们选择 $T = 2$ 年，并且德国、意大利和希腊这三个国家中每个国家都有 5 种每年支付一次票息的主权债券，即 $n = 15$。时刻 $t = 0$ 面值为 100 欧元的 15 种主权债券及其全价见表 6.47。

表 6.47 具体的投资组合

i	国　家	到期期限	票息率	全　价
1	德　国	1.0Y	6%	101.40
2	德　国	1.5Y	6%	104.92
3	德　国	2.0Y	6%	102.42
4	德　国	2.5Y	6%	104.92
5	德　国	3.0Y	6%	103.17
6	意大利	1.0Y	7%	100.94
7	意大利	1.5Y	7%	104.88
8	意大利	2.0Y	7%	101.91
9	意大利	2.5Y	7%	104.80
10	意大利	3.0Y	7%	102.79
11	希　腊	1.0Y	8%	101.96
12	希　腊	1.5Y	8%	106.74
13	希　腊	2.0Y	8%	103.54
14	希　腊	2.5Y	8%	107.02
15	希　腊	3.0Y	8%	104.79

注：Y 表示年。

更进一步地，我们设 $T_B = T_L = \{0.5$ 年，1 年，1.5 年，2 年$\}$，稳定现金流为（50 000；

100 000；200 000；400 000），单位为欧元，$R_{ca} = R_{ca}^{d,I} = R_{ca}^{d,G} = 0$，预算为 $C_0 = 100$ 万欧元。同上面提到的，$V_i(t)$ 是债券 i 的全价加上按照利率 R_{ca} 应计的利息，$i \in \{1, \cdots, n\}$。对于最优化，我们选择模拟次数 $K = 100$，i 的投资数量的绝对的下限为 $s_i = 0$，上限为 $S_i = +\infty$，$i \in \{1, \cdots, n\}$，对于 $t \in \mathcal{T}_L$，$l = 0$，基准 $\mathbf{B}_t = C_0$，即我们面临的是不足约束，且 $A_{\mathbf{B}}^0(t) = 1\% = A_L^0(t)$。违约概率与违约边界 $\xi^{d,I}$ 和 $\xi^{d,G}$ 如表 6.48 所示。

表 6.48　意大利和希腊的违约概率与违约边界

	违约概率	违约边界
意大利	0.02%	0.014 659
希　腊	0.04%	0.047 047

由于违约概率非常低，模拟中没有考虑违约情况。因此，偿还负债的不足约束就是刚好能满足所有限制的现金流，具体见 Elton 和 Gruber(1991，第 565—566 页)。

例 6.7.1

在这第一个例子中，我们不考虑任何不足约束或负债约束。我们的目标仅仅是最大化最终的投资组合的期望价值，即投资组合的全价加上现金账户在时刻 T 的价值，预算为 C_0。最优投资组合包含 9 658 份 2 年期利率为 8% 的希腊主权债券，即现金价值为 100 万欧元。该投资组合未来的期望价值（含前期支付的票息）为 1 120 337 欧元，相应的期望回报率为 5.68%。在时刻 $t \in \mathcal{T}_L$ 投资组合的期望价值位于基准 C_0 之下的概率为向量(5%，2%，1%，0%)。该投资组合产生的现金流不足以偿还债务的支付。现金账户的价值与债务支付的对照如图 6.37 所示：

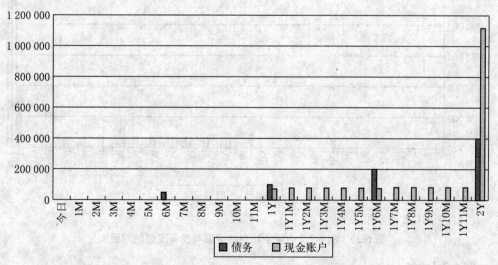

注：M 表示月，Y 表示年。

图 6.37　例 6.7.1 中现金账户的价值与债务支付的对照

例 6.7.2

对于这第二个例子,我们为时刻 $t \in T_L$ 投资组合的价值增加不足约束,预算约束同例 6.7.1,我们得到如下最优投资组合:

3 008 份(311 428 欧元)2 年期利率为 8% 的希腊主权债券;

2 485 份(253 287 欧元)2 年期利率为 7% 的意大利主权债券;

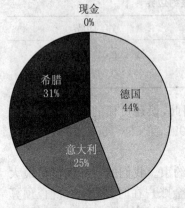

图 6.38　例 6.7.2 中的最优国家配置

3 604 份(369 108 欧元)2 年期利率为 6% 的德国主权债券;

641 份(66 177 欧元)3 年期利率为 6% 的德国主权债券。

该投资组合未来的期望价值(含前期支付的票息)为 1 105 841 欧元,相应的期望回报率为 5.03%。在时刻 $t \in T_L$ 投资组合的期望价值位于基准 C_0 之下的概率为向量(1%,1%,0%,1%)。为满足不足约束,对希腊主权债券的投资减少,转向投资于风险较低的意大利和德国的主权债券。遗憾的是,该投资组合产生的现金流不足于偿还债务的支付。最优国家配置以及现金账户的价值与债务支付的对照如图 6.38 和图 6.39 所示。

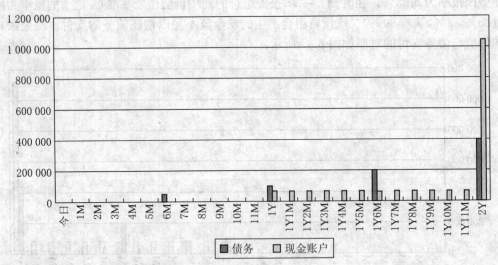

注:M 表示月,Y 表示年。

图 6.39　例 6.7.2 中现金账户的价值与债务支付的对照

例 6.7.3

在该例中,我们在时刻 $t \in T_L$ 增加了负债约束(并不是例 6.7.2 中的不足约束),预算约束同例 6.7.1，得到如下最优投资组合：

　　7 009 份（725 703 欧元）2 年期利率为 8％的希腊主权债券；

　　1 852 份（197 672 欧元）1.5 年期利率为 8％的希腊主权债券；

　　411 份（41 440 欧元）1 年期利率为 7％的意大利主权债券；

　　35 185 欧元现金。

　　该投资组合未来的期望价值（含前期支付的票息）为 1 106 961 欧元，相应的期望回报率为 5.08％。根据债务支付时刻 $t \in \mathcal{T}_{\mathrm{L}}$ 来选择债券的到期期限。在时刻 $t \in \mathcal{T}_{\mathrm{L}}$ 投资组合的期望价值位于基准 C_0 之下的概率为向量（5％，2％，0％，0％）。遗憾的是，该投资组合不满足不足约束。最优国家配置以及现金账户的价值与债务支付的对照如图 6.40 和图 6.41。

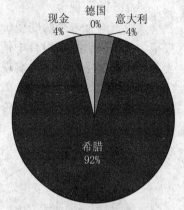

图 6.40　例 6.7.3 中的最优国家配置

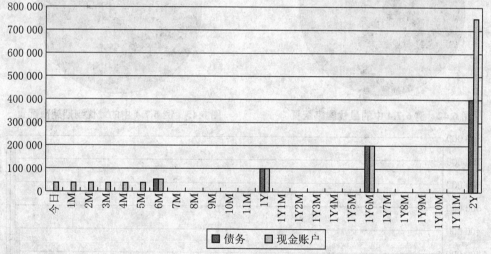

注：M 表示月，Y 表示年。

图 6.41　例 6.7.3 中现金账户的价值与债务支付的对照

例 6.7.4

　　在时刻 $t \in \mathcal{T}_{\mathrm{L}}$ 我们增加不足约束和债务约束，预算约束同例 6.7.1，我们得到如下最优投资组合：

　　3 050 份（315 815 欧元）2 年期利率为 8％的希腊主权债券；

　　2 133 份（217 370 欧元）2 年期利率为 7％的意大利主权债券；

1 869 份(196 040 欧元)1.5 年期利率为 7％的意大利主权债券；

465 份(46 900 欧元)1 年期利率为 7％的意大利主权债券；

1 825 份(186 959 欧元)2 年期利率为 6％的德国主权债券；

36 916 欧元现金。

该投资组合未来的期望价值(含前期支付的票息)为 1 099 185 欧元，相应的期望回报率为 4.73％。投资组合中债券的到期期限与债务支付时刻 $t \in \mathcal{T}_L$ 相对应，并且包含意大利与德国的主权债券以实现国家的多样化，即减少投资组合的期望价值位于给定基准 C_0 之下的概率，在时刻 $t \in \mathcal{T}_L$ 此概率为向量(1％，1％，0％，0％)。最优国家配置和到期期限配置以及现金账户的价值与债务支付的对照如图 6.42—图 6.44 所示。

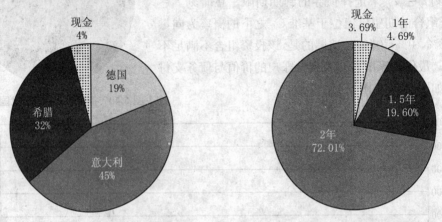

图 6.42 例 6.7.4 中的最优国家配置   图 6.43 例 6.7.4 中的最优到期期限配置

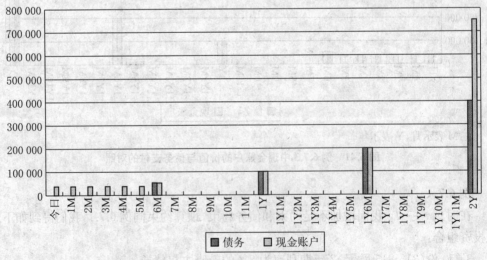

注:M 表示月，Y 表示年。

图 6.44 例 6.7.4 中现金账户的价值与债务支付的对照

附录 A 标准普尔的一些定义

A.1 信用评级的定义

A.1.1 发行信用评级

标准普尔的发行信用评级是标准普尔公司就某项债务、某类债务或者某个财务项目对债务人的资信的当前意见,需要考虑担保人、发行人的资信或者债务其他形式的信用增级,也要考虑表示债务金额的货币。发行信用评级基于债务人提供的或者标准普尔从其认为可靠的其他渠道中得来的当前信息。标准普尔并不进行与任何信用评级有关的审计,偶尔也参考未经审计的财务信息。当信息发生变化或不可获得或者出现其他情况时,信用评级的结果可以被更改、暂停或者撤销。发行信用评级可以是长期,也可以是短期。短期评级的对象一般是在相关市场上被认为是短期的债务。例如在美国,短期债务是指初始到期期限不超过 365 天的债务(含商业票据)。至于长期债务的回售条款(put feature),短期评级也可以用来表明债务人的资信。其结果是双重评级,除了通常的长期评级外,短期评级说明了回售条款。对中期票据进行的是长期评级。[①]

---

① Standard & Poor's, *Ratings Performance 1996*:*Stability & Transition*, 1997,第 56 页。

A.1.2 发行人信用评级

标准普尔的发行人信用评级是对债务人偿还其债务的总体财务能力(资信)的当前意见。该意见集中于债务人在其债务到期时的偿债能力和意愿。发行人信用评级不适用于某项具体的债务,因为没有考虑债务的品质和条款,债务人是破产还是清算,以及债务的合法性和可实施性。此外,发行人信用评级也没有考虑担保人、发行人的资信,或者债务其他形式的信用增级。发行人信用评级分为交易对手信用评级(属于公司信用评级服务,以前被称为信用评估服务)和主权信用评级两种形式。发行人信用评级基于债务人提供的或者标准普尔从其认为可靠的其他渠道中得来的当前信息。标准普尔并不进行与任何信用评级有关的审计,偶尔也参考未经审计的财务信息。当信息发生变化或不可获得或者出现其他情况时,信用评级的结果可以被更改、暂停或者撤销。发行人信用评级可以是长期的,也可以是短期的。短期发行人信用评级反映的是短期内债务人的资信。[①]

标准普尔长期发行人信用评级。 标准普尔给出的长期发行人信用评级的定义如下:[②]

- 信用等级为"AAA"的债务人具有极强的偿债能力。标准普尔规定"AAA"是最高的发行人信用等级。
- 信用等级为"AA"的债务人具有非常强的偿债能力,与"AAA"最高信用等级的债务人的差别程度非常微小。
- 信用等级为"A"的债务人具有很强的偿债能力,但比信用等级更高的债务人多多少少更易受到环境和经济条件发生变化的不利影响。
- 信用等级为"BBB"的债务人具有充足的偿债能力。但是不利的经济条件或者变化的环境更可能导致债务人偿债能力减弱。
- 信用等级为"BB"、"B"、"CCC"和"C"的债务人被视为具有明显的投机特征。"BB"的投机程度最低,而"CC"的投机程度最高。这样的债务人可能具有某种特质和保护性的特征,但这些会被大的不确定性或者不利条件下面临的很大的风险而超越。
- 信用等级为"BB"的债务人在短期内和其他信用等级较低的债务人相比不太容易受到不利情况的影响。但是遭遇不利的商业、金融或者经济条件的影响和持续的大的不确定性,会导致债务人偿债能力的不足。信用等级为"B"的债务人较信用等级为"BB"的债务人更易受到不利情况的影响,但是当前的偿债能力没有问题。不利的商业、金融或者经济条件可能会损害债务人的偿债能力或意愿。

---

① Standard & Poor's, *Ratings Performance 1996*：*Stability & Transition*, 1997,第 57 页。
② 来自 www.standardandpoors.com。

- 信用等级为"B"的债务较信用等级为"BB"的债务更易于不偿付,但债务人当前对该债务具有偿债能力。不利的商业、金融或者经济条件可能会损害债务人对此债务的偿债能力或意愿。
- 债务人信用等级为"CCC"表明债务人当前的财务能力很差,完全依赖于有利的商业、金融以及经济条件来偿债。
- 债务人信用等级为"CC"表明债务人当前的财务能力相当差。
- 从"AA"至"CCC"的信用等级可以增加一个"+"或"−"进行修正,用以标示主要信用级别的相对微调。
- 信用等级为"C"的次级债或者优先股当前相当易于不偿付。信用等级为"C"可用于表明已经提出破产请求或者采取类似行动的情况,但对该债务的偿付仍在继续进行。当优先股拖欠股利或者偿债基金但当前正在进行支付时,其信用等级也为"C"。
- 信用等级为"R"表明债务人因其财务状况处在规制监管之下。在规制监管期间,规制部门有权偏向于某一类债务,即偿付一些债务,而其他债务不予偿付。关于规制监管对具体债务或债务类别的影响的项目更加详细的描述,见标准普尔的发行信用评级。
- 信用等级为"SD"(selective default,选择性违约)或者"D"表明债务人无法如期偿付一项或者多项债务(无论对这些债务进行了信用评级与否)。当标准普尔认为违约将是全面违约,且债务人将无法如期偿付所有或者大部分债务时,便会对该债务人授予信用等级"D"。当标准普尔认为债务人对某项债务或某类债务进行了选择性违约,但仍会继续如期偿付其他债务项目或债务类别时,便会对该债务人授予信用等级"SD"。关于违约对具体债务项目或债务类别的影响的更加详细的描述,见标准普尔的发行信用评级。
- N.R.表示未对发行人进行信用评级。
- 公开信息评级:债务人的信用等级带有下标"pi",表明信用评级是基于对发行人公开的财务信息或者公开的附加信息的分析,但并不代表与发行人的高管进行过深层次的交流,因此没有下标"pi"的信用等级所依据的信息更加综合。带有下标"pi"的信用等级每年根据新的年度财务报告重新进行审定,但如果发生可能影响发行人资信的重大事件也会临时重新进行审定。带有下标"pi"的信用等级没有什么前景,也不会被列入信贷监察名单,一般不通过添加符号"+"或者"−"进行微调。但当发行人信用评级受到主权风险或者母公司、关联方的资信的影响时,可以对信用等级添加这些符号进行微调。

标准普尔短期发行人信用评级。 标准普尔给出的短期发行人信用等级的定义如下:[1]

---

[1] 来自 www.standardandpoors.com。

- 信用等级为"A-1"的债务人有很强的偿债能力，"A-1"是标准普尔的最高信用级别，在该类别内，还可以在信用等级后面添加一个加号（＋），以表示债务人的偿债能力极强。

- 信用等级为"A-2"的债务人具有令人满意的偿债能力，但比最高信用级别的债务人多多少少更易受到环境和经济条件的变化的不利影响。

- 信用等级为"A-3"的债务人具有充足的偿债能力，但是不利的经济条件或者变化的环境更可能导致债务人的偿债能力变弱。

- 信用等级为"B"的债务较信用等级为"BB"的债务更加易于不偿付，但是债务人当前对该债务具有偿债能力。不利的商业、金融或者经济条件可能会损害债务人对此债务的偿债能力或意愿。

- 信用等级为"C"的次级债或者优先股当前相当易于不偿付。信用等级为"C"可用于表明已经提出破产请求或者采取类似行动的情况，但对该债务的偿付仍在继续进行。当优先股拖欠股利或者偿债基金但当前正在进行支付时，其信用等级也为"C"。

- 信用等级为"R"表明债务人因其财务状况处在规制监管之下。在规制监管期间，规制部门有权偏向于某一类债务，即偿付一些债务，而其他债务不予偿付。关于规制监管对具体债务项目或债务类别的影响的更加详细的描述，见标准普尔的发行信用评级。

- 信用等级为"SD"或者"D"表明债务人无法如期偿付一项或者多项债务（无论对这些债务进行了信用评级与否）。当标准普尔认为违约将是全面违约，且债务人将无法如期偿付所有或者大部分债务时，便会对该债务人授予信用等级"D"。当标准普尔认为债务人对某项债务或某类债务进行了选择性违约，但仍会继续如期偿付其他债务项目或债务类别时，便会对该债务人授予信用等级"SD"。关于违约对具体债务项目或债务类别的影响的更加详细的描述，见标准普尔的发行信用评级。

- N.R.表示未对发行人进行信用评级。

A.2　违约的定义

A.2.1　标准普尔对公司违约的定义

违约是指债务人首次出现支付违约，不管债务是经过信用评级还是没有经过信用评级，但陷入真实商业纠纷的债务除外，到期日因失误而没有支付的利息在宽限期之内支付了，这种情况不是违约。优先股不被视作债务，因此优先股错过了支付红利通常不等于违约。另一方面，不平等交换被视作违约，只要债券持有人被要求将持有的债券替换成别的票息率更低、到期期限更长或者具有任何其他更差条款的金融工具（*Ratings Performance 1999：Stability & Transition*，2000）。

A.2.2　标准普尔对主权违约的定义

主权债发生下列任一种情况都被视为违约：

- 对于本币或者外币的债券、票据、国库券，到期日没有按照预先约定进行支付或者新债券的交换要约所含的条款没有最初的债券优惠。
- 对于中央银行货币，票据换成新货币，但是折算后的面值少于最初的面值。
- 对于银行贷款，到期日没有按照预先约定进行支付，或者对本金及利息的重新安排尽管得到了债权人的同意，但是没有最初的贷款优惠。（对短期和长期银行贷款都可以进行这样的重新安排，即使债权人出于法律或规制的原因认为对本金的强迫展期是自己自愿的，也视作违约。）

此外，很多重新安排后的主权银行贷款最终偿还时在最初的面值上打了折。常见的是交换要约（例如与布雷迪债券的发行相关的交换要约）、与政府的私有化项目相关的债权/股权互换、现金回购。标准普尔将这些情况视为违约，因为其中包含的条款对债权人而言不及先前的优惠（*Ratings Performance 2000：Default，Transition，Recovery，and Spreads*，2001）。

附录 B　证明

B.1　引理 6.2.1 的证明

证明: 我们来求随机微分方程(6.4)的解。首先我们证明存在一个弱解: $\theta_r(t)$ 是定义在区间 $[0, T^*]$ 上的有界函数,即存在一个 $\theta_r \geqslant 0$,使得 $|\theta_r(t)| \leqslant \theta_r$, $t \in [0, T^*]$。因为 $b(\cdot)$ 与 $\sigma(\cdot)$ 都是连续函数,我们知道,对于具有紧支集的 (r_0, u_0, s_0) 的每个给定的初始分布,存在一个解 $X = (X_t)_{0 \leqslant t \leqslant T^*}$,该解可能在有限的时间内爆破。[①]但是由于存在一个正常数 K,

$$K = \max(a_r^2 + \sigma_r^2 + 2\theta_r a_r, \ a_u^2 + b_s^2 + \sigma_u^2 + 2(\theta_u a_u + b_s a_s),$$
$$a_s^2 + \sigma_s^2 + 2b_s a_s, \ \theta_r^2 + \theta_u^2 + \sigma_r^2 + \sigma_u^2 + \sigma_s^2 + 2(\theta_u a_u + \theta_r a_r))$$

使得($\|\cdot\|$ 表示欧几里得范数)

$$\|\sigma(r_t, u_t, s_t)\|^2 + \|b(r_t, u_t, s_t)\|^2$$
$$= \sum_{j=1}^{3} \sum_{i=1}^{3} |\sigma_{ij}(r_t, u_t, s_t)|^2 + \sum_{i=1}^{3} |b_i(r_t, u_t, s_t)|^2$$

---

① 根据 Ikeda 和 Watanabe(1989b,第 173 页定理 2.3):给定连续函数 $\sigma: \mathbb{R}^d \to \mathbb{R}^d \times \mathbb{R}^r$ 和 $b: \mathbb{R}^d \to \mathbb{R}^d$,考虑下面的随机微分方程:

$$dX(t) = \sigma(X(t))dW(t) + b(X(t))dt$$

对于具有紧支集的 $(\mathbb{R}^d, \mathcal{B}(\mathbb{R}^d))$ 上的任意概率 μ,存在一个解 $X = (X(t))$,使得 $X(0)$ 的概率和 μ 相一致,即局部确实存在一个解,但一般来说这个解在有限的时间内会爆破。和通常一样,$\mathcal{B}$ 表示波雷尔(Borel)σ-代数。

$$=\sigma_r^2\mid r_t\mid^{2\beta}+\sigma_u^2\mid u_t\mid+\sigma_s^2\mid s_t\mid+\mid\theta_r(t)-a_r r_t\mid^2+\mid\theta_u-a_u u_t\mid^2+\mid b_s u_t-a_s s_t\mid^2$$

$$\leqslant(a_r^2+\sigma_r^2+2\theta_r a_r)r_t^2+(a_u^2+b_s^2+\sigma_u^2+2(\theta_u a_u+b_s a_s))u_t^2$$

$$+(a_s^2+\sigma_s^2+2b_s a_s)s_t^2+(\theta_r^2+\theta_u^2+\sigma_r^2+\sigma_u^2+\sigma_s^2+2(\theta_u a_u+\theta_r a_r))$$

$$\leqslant K(1+r_t^2+u_t^2+s_t^2)=K(1+\parallel(r_t,s_t,u_t)\parallel^2)$$

我们可以看出解并没有爆破,因此必定等同于通常的弱解。[①]

证明的第二部分我们来证明弱解具有顺向唯一性。[②]

让我们假设有两个弱解 X 和 $\widetilde{X}$,且 $X_0=\widetilde{X}_0\ a.s.$。 我们定义其差分为

$$\Delta X_t=(\Delta X_t^1,\Delta X_t^2,\Delta X_t^3)'=X_t-\widetilde{X}_t$$

$$=\int_0^t\{b(X_l)-b(\widetilde{X}_l)\}dl+\int_0^t\{\sigma(X_l)-\sigma(\widetilde{X}_l)\}dW_l$$

对于 $x_j,y_j\in\mathbb{R}$,$j=1,2,3$,和 $i=1,2,3$,有

$$\mid\sigma_{ii}(x_1,x_2,x_3)-\sigma_{ii}(y_1,y_2,y_3)\mid\leqslant\max(\sigma_r,\sigma_u,\sigma_s)\sqrt{\mid x_i-y_i\mid}\quad\text{(B.1)}$$

$$\mid b_i(x_1,x_2,x_3)-b_i(y_1,y_2,y_3)\mid\leqslant\max(a_r,a_u,a_s,b_s)\sum_{i=1}^3\mid x_i-y_i\mid$$

$$\text{(B.2)}$$

令 $h:[0,\infty)\to[0,\infty)$,$h(x)=\max(\sigma_r,\sigma_u,\sigma_s)\sqrt{x}$,那么 h 具有下面的性质:

（1）$h(0)=0$。

（2）h 是严格递增函数。

（3）$\int_{(0,\varepsilon)}h^{-2}(x)dx=\infty$,$\forall\varepsilon>0$。

---

① 根据 Ikeda 和 Watanabe(1989b,第 177 页定理 2.4):给定满足下面条件的连续函数 $\sigma:\mathbb{R}^d\to\mathbb{R}^d\times\mathbb{R}^r$ 和 $b:$ $\mathbb{R}^d\to\mathbb{R}^d:$

$$\parallel\sigma(X)\parallel^2+\parallel b(X)\parallel^2\leqslant K(1+\parallel X\parallel^2)$$

K 为正的常数,那么对于方程(6.4)的满足 $E(\parallel X(0)\parallel^2)<\infty$ 的解,有 $E(\parallel X(t)\parallel^2)<\infty$ 对任意 $t>0$ 成立。

② 关于弱解有两种唯一性:

（1）假设只要 (X,W), $(\Omega,\mathcal{F},\mathbf{P})$, $(\mathcal{F}_t)$ 和 $(\widetilde{X},W)$, $(\Omega,\mathcal{F},\mathbf{P})$, $(\widetilde{\mathcal{F}}_t)$ 是共同概率空间 $(\Omega,\mathcal{F},\mathbf{P})$ 上具有共同布朗运动 W(相对于可能不同的滤子)和共同初始值方程(6.4)的弱解,即 $\mathbf{P}[X_0=\widetilde{X}_0]=1$,过程 X 与过程 $\widetilde{X}$ 没有差别: $\mathbf{P}[X_t=\widetilde{X}_t;\forall 0\leqslant t<\infty]=1$,那么我们说方程(6.4)具有顺向唯一性。

（2）如果对于方程(6.4)的任意两个具有相同初始分布的弱解 (X,W), $(\Omega,\mathcal{F},\mathbf{P})$, $(\mathcal{F}_t)$ 和 $(\widetilde{X},\widetilde{W})$, $(\widetilde{\Omega},\widetilde{\mathcal{F}},\widetilde{\mathbf{P}})$, $(\widetilde{\mathcal{F}}_t)$,即 $\mathbf{P}[X_0\in\Gamma]=\widetilde{\mathbf{P}}[\widetilde{X}_0\in\Gamma]$,$\forall\Gamma\in\mathcal{B}(\mathbb{R}^d)$,过程 X 与过程 $\widetilde{X}$ 具有相同的概率,那么我们说方程(6.4)具有概率上的唯一性。具有概率上的唯一性并不意味着具有顺向唯一性,但具有顺向唯一性确实意味着具有概率上的唯一性。

定义一个序列 $(a_n)_{n=0}^{\infty}$，使得

$$a_0 = 1, \quad a_n = a_{n-1} \cdot \exp[-n \max^2(\sigma_r, \sigma_u, \sigma_s)], \quad n \geqslant 1$$

则下列论述成立:

(1) $(a_n)_{n=0}^{\infty} \subseteq (0, 1]$。

(2) 随着 $\lim_{n \to \infty} a_n = 0$，$(a_n)_{n=0}^{\infty}$ 是严格递减的。

(3) $\int_{a_n}^{a_{n-1}} h^{-2}(x) dx = \int_{a_n}^{a_{n-1}} \frac{1}{x \max^2(\sigma_r, \sigma_u, \sigma_s)} dx = \frac{1}{\max^2(\sigma_r, \sigma_u, \sigma_s)} \ln\left(\frac{a_{n-1}}{a_n}\right) = n$

定义一个函数 $\rho_n: \mathbb{R} \times [0, 1] \times \left(0, \frac{a_{n-1} - a_n}{2}\right] \to \mathbb{R}$，使得

$$\rho_n(x, \delta, \varepsilon) = \begin{cases} \dfrac{1+\delta}{nh^2(a_n+\varepsilon)\varepsilon}(x - a_n), & x \in (a_n, a_n+\varepsilon] \\[2mm] \dfrac{1+\delta}{nh^2(x)}, & x \in (a_n+\varepsilon, a_{n-1}-\varepsilon) \\[2mm] \dfrac{1+\delta}{nh^2(a_{n-1}-\varepsilon)\varepsilon}(a_{n-1} - x), & x \in [a_{n-1}-\varepsilon, a_{n-1}) \\[2mm] 0, & x \notin (a_n, a_{n-1}) \end{cases}$$

则下列论述成立:

(1) ρ_n 是 $\mathbb{R} \times [0, 1] \times \left(0, \frac{a_{n-1} - a_n}{2}\right]$ 的每个三维紧子区间上的连续函数。

(2) 在 $\mathbb{R} \times [0, 1] \times \left(0, \frac{a_{n-1} - a_n}{2}\right]$ 上有

$$0 \leqslant \rho_n(x, \delta, \varepsilon) \leqslant \frac{2}{nh^2(x)} \tag{B.3}$$

(3) $\int_{a_n}^{a_{n-1}} \rho_n(x, \delta, \varepsilon) dx$ 在 $[0, 1] \times \left(0, \frac{a_{n-1} - a_n}{2}\right]$ 的每个二维紧子区间上是连续的。

(4) 存在一个点 $(\delta^*, \varepsilon^*) \in [0, 1] \times \left(0, \frac{a_{n-1} - a_n}{2}\right]$，使得

$$\int_{a_n}^{a_{n-1}} \rho_n(x, \delta^*, \varepsilon^*) dx = 1; \quad \lim_{\varepsilon \to 0, \varepsilon > 0} \int_{a_n}^{a_{n-1}} \rho_n(x, 1, \varepsilon) dx = \int_{a_n}^{a_{n-1}} \frac{2}{nh^2(x)} dx = 2$$

因此,存在一个 $\varepsilon^* \in \left(0, \frac{a_{n-1} - a_n}{2}\right)$，使得 $\int_{a_n}^{a_{n-1}} \rho_n(x, 1, \varepsilon^*) dx > 1$ 与 $\int_{a_n}^{a_{n-1}} \rho_n(x, 0,$ $\varepsilon^*) dx < 1$ 同时成立。因为 $\int_{a_n}^{a_{n-1}} \rho_n(x, \delta, \varepsilon^*) dx$ 在 δ 上的连续性,所以存在一个 $\delta^* \in$

$[0, 1]$，使得 $\int_{a_n}^{a_{n-1}} \rho_n(x, \delta^*, \varepsilon^*)dx = 1$。我们定义 $\rho_n^*(x) = \rho_n(x, \delta^*, \varepsilon^*)$。

对于 $k = 1, 2, 3$，我们定义近列序列 $\Psi_n^{(k)}: \mathbb{R}^3 \to \mathbb{R}$，使得

$$\Psi_n^{(k)}(x_1, x_2, x_3) = \int_0^{|x_k|} \int_0^y \rho_n^*(u)dudy$$

则下列论述成立：

(1) $\Psi_n^{(k)}$ 是二阶连续可微。

(2) $\dfrac{\partial \Psi_n^{(k)}}{\partial x_j} = 0$，$\forall j \neq k$，$\forall n$

(3) $\left| \dfrac{\partial \Psi_n^{(k)}}{\partial x_j} \right| \leqslant 1$，$\forall j$，$\forall n$: $\left| \dfrac{\partial \Psi_n^{(k)}}{\partial x_k} \right| = \left| \int_0^{|x_k|} \rho_n^*(u)du \right| \leqslant \int_{a_n}^{a_{n-1}} \rho_n^*(u)du = 1$

(4) 对于所有 k，有

$$\Psi_n^{(k)}(x_1, x_2, x_3) \to |x_k| \tag{B.4}$$

对于 $n \to \infty$ 以及所有 $x \in \mathbb{R}^3$，有

$$\lim_{n \to \infty} \Psi_n^{(k)}(x_1, x_2, x_3) = \lim_{n \to \infty} \int_0^{|x_k|} \int_0^y \rho_n^*(u)dudy$$
$$= \int_0^{|x_k|} \lim_{n \to \infty} \int_{a_n}^{a_{n-1}} \rho_n^*(u)dudy = |x_k|$$

(5) $|\Psi_n^{(k)}(x_1, x_2, x_3)| \leqslant \int_0^{|x_k|} \int_0^y |\rho_n^*(u)|dudy \leqslant \int_0^{|x_k|} \int_{a_n}^{a_{n-1}} \rho_n^*(u)dudy \leqslant |x_k|$，

那么，根据前一页脚注①，当 $E[|x_k|^2] < \infty$ 时，

$$E[|\Psi_n^{(k)}(x_1, x_2, x_3)|] \leqslant E[|x_k|] < \infty \tag{B.5}$$

如果我们对 $\Psi_n^{(k)}$ 和 ΔX_t 运用 Itô 公式，可得到

$$\Psi_n^{(k)}(\Delta X_t)$$
$$= \sum_{i=1}^{3} \int_0^t \frac{\partial \Psi_n^{(k)}}{\partial x_i}(\Delta X_l)d\Delta X_i(l) + \frac{1}{2} \sum_{1 \leqslant i, j \leqslant 3} \int_0^t \frac{\partial \Psi_n^{(k)}}{\partial x_i \partial x_j}(\Delta X_l)d[\Delta X_i, \Delta X_j]_l$$
$$= \int_0^t \frac{\partial \Psi_n^{(k)}}{\partial x_k}(\Delta X_l)\{b_k(X_l) - b_k(\tilde{X}_l)\}dl$$
$$+ \frac{1}{2} \int_0^t \frac{\partial \Psi_n^{(k)}}{\partial^2 x_k}(\Delta X_l)\{\sigma_{kk}(X_l) - \sigma_{kk}(\tilde{X}_l)\}^2 dl$$
$$+ \int_0^t \frac{\partial \Psi_n^{(k)}}{\partial x_k}(\Delta X_l)\{\sigma_{kk}(X_l) - \sigma_{kk}(\tilde{X}_l)\}dW_l$$

因为对于 $x \in \mathbb{R}^3$ 有 $\left| \dfrac{\partial \Psi_n^{(k)}}{\partial x_k}(x) \right| \leqslant 1$，且式(B.1)成立，

$$E\left[\int_0^t \left| \frac{\partial \Psi_n^{(k)}}{\partial x_k}(\Delta X_l)\{\sigma_{kk}(X_l) - \sigma_{kk}(\widetilde{X}_l)\} \right|^2 dl \right]$$

$$\leqslant E\left[\int_0^t |\sigma_{kk}(X_l) - \sigma_{kk}(\widetilde{X}_l)|^2 dl \right]$$

$$\leqslant \max(\sigma_r, \sigma_u, \sigma_s)^2 E\left[\int_0^t |\Delta X_l^k| dl \right]$$

$$\leqslant t \cdot \max(\sigma_r, \sigma_u, \sigma_s)^2 \max_{0 \leqslant l \leqslant t} E|\Delta x_l^k|$$

$$< \infty, \ \forall 0 \leqslant t < \infty, \ \forall k$$

根据 Ikeda 和 Watanabe(1989b，第 177 页定理 2.4)[1]，最后一个不等式成立。这样，我们可以运用 Oksendal(1998，第 30 页定理 3.2.1(iii))[2]，有

$$E\left[\int_0^t \frac{\partial \Psi_n^{(k)}}{\partial x_k}(\Delta X_l)\{\sigma_{kk}(X_l) - \sigma_{kk}(\widetilde{X}_l)\}dW_l \right] = 0$$

根据不等式(B.1)和(B.3)，我们有

$$E\left[\frac{1}{2} \int_0^t \frac{\partial \Psi_n^{(k)}}{\partial^2 x_k}(\Delta X_l)\{\sigma_{kk}(X_l) - \sigma_{kk}(\widetilde{X}_l)\}^2 dl \right] \leqslant \frac{t}{n}$$

运用不等式(B.2)，有

$$E\left[\int_0^t \frac{\partial \Psi_n^{(k)}}{\partial x_k}(\Delta X_l)\{b_k(X_l) - b_k(\widetilde{X}_l)\}dl \right]$$

$$\leqslant \max(a_r, a_u, a_s, b_s) \sum_{k=1}^3 \int_0^t E|\Delta X_l^k| dl$$

因此，我们可以得出下面的式子：

$$E\Psi_n^{(i)}(\Delta X_t) \leqslant \frac{t}{n} + \max(a_r, a_u, a_s, b_s) \sum_{k=1}^3 \int_0^t E|\Delta X_l^k| dl, \ \forall 0 \leqslant t, \ \forall k$$

对于

$$\Psi_n = \sum_{k=1}^3 \Psi_n^{(k)}$$

我们有

$$E\Psi_n(\Delta X_t) \leqslant \frac{3t}{n} + 3 \cdot \max(a_r, a_u, a_s, b_s) \sum_{k=1}^{3} \int_0^t E \mid \Delta X_l^k \mid dl$$

因此,根据性质(B.4)和(B.5)以及占优收敛定理,当 $n \to \infty$ 时,我们最终得出

$$E\sum_{k=1}^{3} \mid \Delta X_t^k \mid \leqslant 3 \cdot \max(a_r, a_u, a_s, b_s) \int_0^t E\sum_{k=1}^{3} \mid \Delta X_l^k \mid dl, \ \forall 0 \leqslant t, \ \forall k$$

根据 Gronwall 引理[①]以及样本路径连续性,我们得出

$$E\sum_{k=1}^{3} \mid \Delta X_t^k \mid = 0, \ \forall 0 \leqslant t$$

因此,对于任意 k,有 $\mid \Delta X_t^k \mid = 0$ **P**-a.s.。

B.2 $\beta = \frac{1}{2}$ 时定理 6.3.1 的证明

证明:如果 $\beta = \frac{1}{2}$,插入 P^d 的偏导数,可得到下列常微分方程组:

$$\frac{1}{2}\sigma_r^2(B^d)^2 + \hat{a}_r B^d - B_t^d - 1 = 0 \tag{B.6}$$

$$\frac{1}{2}\sigma_s^2(C^d)^2 + \hat{a}_s C^d - C_t^d - 1 = 0$$

$$\frac{1}{2}\sigma_u^2(D^d)^2 + \hat{a}_u D^d - D_t^d - b_s C^d = 0$$

$$A^d(\theta_r B^d + \theta_u D^d) - A_t^d = 0 \tag{B.7}$$

这时 C^d 和 D^d 的解同 $\beta=0$ 时是一样的。同方程(6.27)一样,满足边界条件 $B^d(T, T) = 0$ 的方程(B.6)的解为

[①] 见 Karatzas 和 Shreve(1988,第 287—288 页):假设连续函数 $g(t)$ 满足

$$0 \leqslant g(t) \leqslant \alpha(t) + \beta\int_0^t g(s)ds, \ 0 \leqslant t \leqslant T$$

其中,$\beta \geqslant 0$,$\alpha: [0, 1] \to \mathbb{R}$ 可积,那么

$$g(t) \leqslant \alpha(t) + \beta\int_0^t \alpha(s)e^{\beta(t-s)}ds, \ 0 \leqslant t \leqslant T$$

$$B^d(t, T) = \frac{1 - e^{-\delta_r (T-t)}}{\kappa_1^{(r)} - \kappa_2^{(r)} e^{-\delta_r (T-t)}}$$

其中,$\kappa_{1/2}^{(r)}$ 的定义同方程(6.25),δ_r 的定义同方程(6.28)。通过直接进行替代,对于满足边界条件 $A^d(T, T) = 1$ 的 A^d,方程(B.7)的解为

$$A^d(t, T) = A^d(0, T) \exp\left[\int_0^t \theta_r(\tau) B^d(\tau, T) + \theta_u D^d(\tau, T) d\tau\right]$$

B.3 引理 6.3.1 和引理 6.4.2 的证明

证明:像通常一样,令 $y = (y_r, y_s, y_u)$, $z = (r, s, u)$, $x = (x_1, x_2, x_3)$,且令常数 $\alpha > 0$,$G^{(\alpha)}(y, \check{t}, z, t)$ 为如下偏微分方程的解:

$$\begin{aligned}
0 = &\frac{1}{2}\sigma_r^2 r^{2\beta} G_{rr}^{(\alpha)} + \frac{1}{2}\sigma_s^2 s G_{ss}^{(\alpha)} + \frac{1}{2}\sigma_u^2 u G_{uu}^{(\alpha)} \\
&+ [\theta_r(t) - \hat{a}_r r] G_r^{(\alpha)} + [b_s u - \hat{a}_s s] G_s^{(\alpha)} \\
&+ [\theta_u - \hat{a}_u u] G_u^{(\alpha)} + G_t^{(\alpha)} - (r + \alpha \cdot s) G^{(\alpha)}
\end{aligned}$$

边界条件为

$$G^{(\alpha)}(y, \check{t}, z, \check{t}) = \delta(r - y_r)\delta(s - y_s)\delta(u - y_u)$$

对 $G^{(\alpha)}(y, \check{t}, z, t)$ 进行傅里叶转换,有

$$\tilde{G}^{(\alpha)}(x, \check{t}, z, t) = \frac{1}{(2\pi)^{3/2}} \iiint_{\mathbb{R}^3} e^{ixy'} \tilde{G}^{(\alpha)}(y, \check{t}, z, t) dy$$

$\tilde{G}^{(\alpha)}(x, \check{t}, z, t)$ 是下面的偏微分方程的解:

$$\begin{aligned}
0 = &\frac{1}{2}\sigma_r^2 r^{2\beta} \tilde{G}_{rr}^{(\alpha)} + \frac{1}{2}\sigma_s^2 s \tilde{G}_{ss}^{(\alpha)} + \frac{1}{2}\sigma_u^2 u \tilde{G}_{uu}^{(\alpha)} \\
&+ [\theta_r(t) - \hat{a}_r r] \tilde{G}_r^{(\alpha)} + [b_s u - \hat{a}_s s] \tilde{G}_s^{(\alpha)} \\
&+ [\theta_u - \hat{a}_u u] \tilde{G}_u^{(\alpha)} + \tilde{G}_t^{(\alpha)} - (r + \alpha \cdot s) \tilde{G}^{(\alpha)}
\end{aligned} \tag{B.8}$$

边界条件为

$$\tilde{G}^{(\alpha)}(x, \check{t}, z, \check{t}) = e^{izx'}$$

假设 $\widetilde{G}^{(\alpha)}(x,\check{t},z,t)$ 为

$$\widetilde{G}^{(\alpha)}(x,\check{t},z,t)=A^{\widetilde{G}^{(\alpha)}}(x,\check{t},t)e^{-B^{\widetilde{G}^{(\alpha)}}(x,\check{t},t)r-C^{\widetilde{G}^{(\alpha)}}(x,\check{t},t)s-D^{\widetilde{G}^{(\alpha)}}(x,\check{t},t)u}$$

那么求解偏微分方程(B.8)相当于求解下面的常微分方程组：

如果 $\beta=0$,

$$\hat{a}_r B^{\widetilde{G}^{(\alpha)}}-B_t^{\widetilde{G}^{(\alpha)}}-1=0 \tag{B.9}$$

$$\frac{1}{2}\sigma^2(C^{\widetilde{G}^{(\alpha)}})^2+\hat{a}_s C^{\widetilde{G}^{(\alpha)}}-C_t^{\widetilde{G}^{(\alpha)}}-\alpha=0 \tag{B.10}$$

$$\frac{1}{2}\sigma_u^2(D^{\widetilde{G}^{(\alpha)}})^2+\hat{a}_u D^{\widetilde{G}^{(\alpha)}}-D_t^{\widetilde{G}^{(\alpha)}}-b_s C^{\widetilde{G}^{(\alpha)}}=0 \tag{B.11}$$

$$A^{\widetilde{G}^{(\alpha)}}\left(\theta_r B^{\widetilde{G}^{(\alpha)}}+\theta_u D^{\widetilde{G}^{(\alpha)}}-\frac{1}{2}\sigma_r^2(B^{\widetilde{G}^{(\alpha)}})^2\right)-A_t^{\widetilde{G}^{(\alpha)}}=0 \tag{B.12}$$

如果 $\beta=\frac{1}{2}$,

$$\frac{1}{2}\sigma_r^2(B^{\widetilde{G}^{(\alpha)}})^2+\hat{a}_r B^{\widetilde{G}^{(\alpha)}}-B_t^{\widetilde{G}^{(\alpha)}}-1=0 \tag{B.13}$$

$$\frac{1}{2}\sigma_s^2(C^{\widetilde{G}^{(\alpha)}})^2+\hat{a}_s C^{\widetilde{G}^{(\alpha)}}-C_t^{\widetilde{G}^{(\alpha)}}-\alpha=0$$

$$\frac{1}{2}\sigma_u^2(D^{\widetilde{G}^{(\alpha)}})^2+\hat{a}_u D^{\widetilde{G}^{(\alpha)}}-D_t^{\widetilde{G}^{(\alpha)}}-b_s C^{\widetilde{G}^{(\alpha)}}=0$$

$$A^{\widetilde{G}^{(\alpha)}}(\theta_r B^{\widetilde{G}^{(\alpha)}}+\theta_u D^{\widetilde{G}^{(\alpha)}})-A_t^{\widetilde{G}^{(\alpha)}}=0 \tag{B.14}$$

上面两种情况下边界条件均为

$$A^{\widetilde{G}^{(\alpha)}}(x,\check{t},\check{t})=1 \tag{B.15}$$

$$B^{\widetilde{G}^{(\alpha)}}(x,\check{t},\check{t})=-ix_1 \tag{B.16}$$

$$C^{\widetilde{G}^{(\alpha)}}(x,\check{t},\check{t})=-ix_2 \tag{B.17}$$

$$D^{\widetilde{G}^{(\alpha)}}(x,\check{t},\check{t})=-ix_3 \tag{B.18}$$

下面考虑 $\beta=0$ 的情况：

满足边界条件(B.16)的方程(B.9)的解为

$$B^{\widetilde{G}^{(\alpha)}}(x,t,\check{t})=-ix_1 e^{-\hat{a}_r(\check{t}-t)}+\frac{1}{\hat{a}_r}(1-e^{-\hat{a}_r(\check{t}-t)})$$

再考虑 $\beta = \dfrac{1}{2}$ 的情况：

方程(B.13)和方程(B.6)的债券定价部分相同，可以采用同样的方法求解，其解为

$$B^{\tilde{G}^{(a)}}(x,t,\check{t}) = -\frac{2}{\sigma_r^2} \frac{\alpha_1 \kappa_1^{(r)} e^{\kappa_1^{(r)} t} + \alpha_2 \kappa_2^{(r)} e^{\kappa_2^{(r)} t}}{\alpha_1 e^{\kappa_1^{(r)} t} + \alpha_2 e^{\kappa_2^{(r)} t}} \tag{B.19}$$

其中，α_1 和 α_2 是常数，$\kappa_{1/2}^{(r)}$ 的定义同方程(6.25)。为了满足边界条件(B.16)，有

$$\alpha_1 = \alpha_2 e^{(\kappa_2^{(r)} - \kappa_1^{(r)})\check{t}} \varpi(x_1) \tag{B.20}$$

且

$$\varpi(j) = \frac{ij\sigma_r^2 - 2\kappa_2^{(r)}}{2\kappa_1^{(r)} - ij\sigma_r^2} \tag{B.21}$$

这样，$B^{\tilde{G}^{(a)}}(x,t,\check{t})$ 由方程(B.19)和方程(B.20)决定。采用同定理 6.3.1 的证明中一样的方法，边界条件为(B.17)的方程(B.10)的解为

$$C^{\tilde{G}^{(a)}}(x,t,\check{t}) = \frac{\kappa_3^{(s,a)}(x) - e^{-\delta_s^{(a)}(\check{t}-t)}}{\kappa_4^{(s,a)}(x) - \kappa_5^{(s,a)}(x) e^{-\delta_s^{(a)}(\check{t}-t)}}$$

其中，

$$\delta_x^{(a)} = \sqrt{\hat{a}_x^2 + 2\alpha\sigma_x^2} \tag{B.22}$$

$$\kappa_3^{(s,a)}(x) = \frac{1 + ix_2\kappa_2^{(s,a)}}{1 + ix_2\kappa_1^{(s,a)}} \tag{B.23}$$

$$\kappa_4^{(s,a)}(x) = \frac{\kappa_1^{(s,a)} - \frac{1}{2} ix_2\sigma_s^2}{1 + ix_2\kappa_1^{(s,a)}} \tag{B.24}$$

$$\kappa_5^{(s,a)}(x) = \frac{\kappa_2^{(s,a)} - \frac{1}{2} ix_2\sigma_s^2}{1 + ix_2\kappa_1^{(s,a)}} \tag{B.25}$$

且

$$\kappa_{1/2}^{(x,a)} = \frac{\hat{a}_x}{2} \pm \frac{1}{2} \sqrt{\hat{a}_x^2 + 2\alpha\sigma_x^2}$$

边界条件为(B.18)的方程(B.11)的解为

$$D^{\widetilde{G}^{(\alpha)}}(x,\,t,\,\breve{t}) = \frac{-2(v^{\widetilde{G}^{(\alpha)}})'(x,\,t,\,\breve{t})}{\sigma_u^2 v^{\widetilde{G}^{(\alpha)}}(x,\,t,\,\breve{t})}$$

其中,

$$v^{\widetilde{G}^{(\alpha)}}(x,\,t,\,\breve{t}) \tag{B.26}$$

$$= \vartheta_1 (\sigma_u^2 e^{-\partial_s^{(\alpha)}(\breve{t}-t)})^{\frac{\hat{a}_u}{2\partial_s} - \phi(\kappa_4^{(s,\,\alpha)}(x),\,\kappa_3^{(s,\,\alpha)}(x))} F_1^{\widetilde{G}^{(\alpha)}}(x,\,t,\,\breve{t})$$

$$+ \vartheta_2 (\sigma_u^2 e^{-\partial_s^{(\alpha)}(\breve{t}-t)})^{\frac{\hat{a}_u}{2\partial_s} + \phi(\kappa_4^{(s,\,\alpha)}(x),\,\kappa_3^{(s,\,\alpha)}(x))} F_3^{\widetilde{G}^{(\alpha)}}(x,\,t,\,\breve{t})$$

其中的 ϑ_1 和 ϑ_2 是常数,且

$$F_1^{\widetilde{G}^{(\alpha)}}(x,\,t,\,\breve{t}) = F(-\phi^{(\alpha)}(\kappa_5^{(s,\,\alpha)}(x)) - \phi^{(\alpha)}(\kappa_4^{(s,\,\alpha)}(x),\,\kappa_3^{(s,\,\alpha)}(x)),$$

$$\phi^{(\alpha)}(\kappa_5^{(s,\,\alpha)}(x)) - \phi^{(\alpha)}(\kappa_4^{(s,\,\alpha)}(x),\,\kappa_3^{(s,\,\alpha)}(x)),$$

$$1 - 2\phi(\kappa_4^{(s,\,\alpha)}(x),\,\kappa_3^{(s,\,\alpha)}(x)),$$

$$\kappa_5^{(s,\,\alpha)}(x)/\kappa_4^{(s,\,\alpha)}(x)e^{-\partial_s^{(\alpha)}(\breve{t}-t)})$$

$$F_3^{\widetilde{G}^{(\alpha)}}(x,\,t,\,\breve{t}) = F(-\phi^{(\alpha)}(\kappa_5^{(s,\,\alpha)}(x)) + \phi^{(\alpha)}(\kappa_4^{(s,\,\alpha)}(x),\,\kappa_3^{(s,\,\alpha)}(x)),$$

$$\phi^{(\alpha)}(\kappa_5^{(s,\,\alpha)}(x)) + \phi^{(\alpha)}(\kappa_4^{(s,\,\alpha)}(x),\,\kappa_3^{(s,\,\alpha)}(x)),$$

$$1 + 2\phi(\kappa_4^{(s,\,\alpha)}(x),\,\kappa_3^{(s,\,\alpha)}(x)),$$

$$\kappa_5^{(s,\,\alpha)}(x)/\kappa_4^{(s,\,\alpha)}(x)e^{-\partial_s^{(\alpha)}(\breve{t}-t)})$$

$$\phi^{(\alpha)}(g,\,h) = \frac{1}{2\partial_s^{(\alpha)}}\sqrt{\frac{\hat{a}_u^2 g + 2b_s\sigma_u^2 h}{g}},\ \phi^{(\alpha)}(g) = \phi^{(\alpha)}(g,\,1)$$

像通常一样,$F(a,\,b,\,c,\,z)$ 是超几何函数,对 $v^{\widetilde{G}^{(\alpha)}}(x,\,t,\,\breve{t})$ 求微分,有

$$(v^{\widetilde{G}^{(\alpha)}})'(x,\,t,\,\breve{t}) = y_1^{\widetilde{G}^{(\alpha)}}(x,\,t,\,\breve{t}) + y_2^{\widetilde{G}^{(\alpha)}}(x,\,t,\,\breve{t}) \tag{B.27}$$

其中,

$$y_1^{\widetilde{G}^{(\alpha)}}(x,\,t,\,\breve{t}) = \vartheta_1 (\sigma_u^2 e^{-\partial_s^{(\alpha)}(\breve{t}-t)})^{\frac{\hat{a}_u}{2\partial_s} - \phi^{(\alpha)}(\kappa_4^{(s,\,\alpha)}(x),\,\kappa_3^{(s,\,\alpha)}(x))} \varphi_2^{(\alpha)}(x,\,t,\,\breve{t})$$

$$y_2^{\widetilde{G}^{(\alpha)}}(x,\,t,\,\breve{t}) = -\vartheta_2 (\sigma_u^2 e^{-\partial_s^{(\alpha)}(\Upsilon-t)})^{\frac{\hat{a}_u}{2\partial_s} + \phi^{(\alpha)}(\kappa_4^{(s,\,\alpha)}(x),\,\kappa_3^{(s,\,\alpha)}(x))} \varphi_1^{(\alpha)}(x,\,t,\,\breve{t})$$

且

$$\varphi_1^{(\alpha)}(x,\,t,\,\breve{t}) = \zeta_2^{(\alpha)}(x)e^{-\partial_s^{(\alpha)}(\breve{t}-t)} F_4^{\widetilde{G}^{(\alpha)}}(x,\,t,\,\breve{t}) - \xi_1^{(\alpha)}(x)F_3^{\widetilde{G}^{(\alpha)}}(x,\,t,\,\breve{t})$$

$$\varphi_2^{(\alpha)}(x,\,t,\,\breve{t}) = \xi_2^{(\alpha)}(x)F_1^{\widetilde{G}^{(\alpha)}}(x,\,t,\,\breve{t}) - \zeta_1^{(\alpha)}(x)e^{-\partial_s^{(\alpha)}(\breve{t}-t)} F_2^{\widetilde{G}^{(\alpha)}}(x,\,t,\,\breve{t})$$

其中，

$$F_2^{\tilde{G}^{(a)}}(x,t,\check{t}) = F(1-\phi^{(a)}(\kappa_5^{(s,a)}(x))-\phi^{(a)}(\kappa_4^{(s,a)}(x),\kappa_3^{(s,a)}(x)),$$
$$1+\phi^{(a)}(\kappa_5^{(s,a)}(x))-\phi^{(a)}(\kappa_4^{(s,a)}(x),\kappa_3^{(s,a)}(x)),$$
$$2-2\phi^{(a)}(\kappa_4^{(s,a)}(x),\kappa_3^{(s,a)}(x)),$$
$$\kappa_5^{(s,a)}(x)/\kappa_4^{(s,a)}(x)e^{-\delta_s^{(a)}(\check{t}-t)})$$

$$F_4^{\tilde{G}^{(a)}}(x,t,\check{t}) = F(1-\phi^{(a)}(\kappa_5^{(s,a)}(x))+\phi^{(a)}(\kappa_4^{(s,a)}(x),\kappa_3^{(s,a)}(x)),$$
$$1+\phi^{(a)}(\kappa_5^{(s,a)}(x))+\phi^{(a)}(\kappa_4^{(s,a)}(x),\kappa_3^{(s,a)}(x)),$$
$$2+2\phi^{(a)}(\kappa_4^{(s,a)}(x),\kappa_3^{(s,a)}(x)),$$
$$\kappa_5^{(s,a)}(x)/\kappa_4^{(s,a)}(x)e^{-\delta_s^{(a)}(\check{t}-t)})$$

$$\xi_{1/2}^{(a)}(x) = \frac{\hat{a}_u}{2} \pm \delta_s^{(a)}\phi^{(a)}(\kappa_4^{(s,a)}(x),\kappa_3^{(s,a)}(x))$$

$$\zeta_{1/2}^{(a)}(x) = \delta_s^{(a)}\frac{\kappa_5^{(s,a)}(x)}{\kappa_4^{(s,a)}(x)}\frac{(\phi^{(a)})^2(\kappa_5^{(s,a)}(x))-(\phi^{(a)})^2(\kappa_4^{(s,a)}(x),\kappa_3^{(s,a)}(x))}{1\mp2\phi^{(a)}(\kappa_4^{(s,a)}(x),\kappa_3^{(s,a)}(x))}$$

为了满足边界条件 $D^{\tilde{G}^{(a)}}(x,\check{t},\check{t})=-ix_3$，$\vartheta_1$ 须为

$$\vartheta_1 = \vartheta_2(\sigma_u^2)^{2\phi^{(a)}(\kappa_4^{(s,a)}(x),\kappa_3^{(s,a)}(x))}\frac{\pi_1^{(a)}(x)}{\pi_2^{(a)}(x)} \tag{B.28}$$

其中，

$$\pi_1^{(a)}(x) = 2\varphi_1^{(a)}(x,\check{t},\check{t})+ix_3\sigma_u^2 F_3^{\tilde{G}^{(a)}}(x,\check{t},\check{t})$$

$$\pi_2^{(a)}(x) = 2\varphi_2^{(a)}(x,\check{t},\check{t})-ix_3\sigma_u^2 F_1^{\tilde{G}^{(a)}}(x,\check{t},\check{t})$$

那么，容易得出 $D^{\tilde{G}^{(a)}}(x,t,\check{t})$ 为

$$D^{\tilde{G}^{(a)}}(x,t,\check{t})$$
$$= \frac{-\frac{2}{\sigma_u^2}(\pi_1^{(a)}(x)\varphi_2^{(a)}(x,t,\check{t})-e^{-2\delta_s^{(a)}\phi^{(a)}(\kappa_4^{(s,a)}(x),\kappa_3^{(s,a)}(x))(\check{t}-t)}\pi_2^{(a)}(x)\varphi_1^{(a)}(x,t,\check{t}))}{(\pi_1^{(a)}(x)F_1^{\tilde{G}^{(a)}}(x,t,\check{t})+e^{-2\delta_s^{(a)}\phi^{(a)}(\kappa_4^{(s,a)}(x),\kappa_3^{(s,a)}(x))(\check{t}-t)}\pi_2^{(a)}(x)F_3^{\tilde{G}^{(a)}}(x,t,\check{t}))}$$

$A^{\tilde{G}^{(a)}}(x,t,\check{t})$ 的方程直接从方程(B.12)、方程(B.14)和方程(B.15)中获得：

当 $\beta=0$ 时，通过直接替代，满足边界条件(B.15)的方程(B.12)的解 $A^{\tilde{G}^{(a)}}$ 为

$$A^{\tilde{G}^{(a)}}(x,t,\check{t}) = e^{-\int_{\check{t}}^{t}(\frac{1}{2}\sigma_r^2(B^{\tilde{G}^{(a)}}(x,\tau,\check{t}))^2-\theta_t(\tau)B^{\tilde{G}^{(a)}}(x,\tau,\check{t})-\theta_u D^{\tilde{G}^{(a)}}(x,\tau,\check{t}))\,d\tau}$$

当 $\beta = \dfrac{1}{2}$ 时,通过直接替代,满足边界条件(B.15)的方程(B.14)的解 $A^{\tilde{G}^{(\alpha)}}$ 为

$$A^{\tilde{G}^{(\alpha)}}(x, t, \check{t}) = \exp\left[\int_{\check{t}}^{t} (\theta_r(\tau) B^{\tilde{G}^{(\alpha)}}(x, \tau, \check{t}) + \theta_u D^{\tilde{G}^{(\alpha)}}(x, \tau, \check{t})) d\tau\right]$$

B.4 引理 6.4.3 的证明

证明: 我们进行如下替换:

$$\widetilde{y}_r = \frac{c_1 y_r}{c_0}, \quad \widetilde{y}_s = \frac{c_2 y_s}{c_0}, \quad \widetilde{y}_u = \frac{c_1 y_u}{c_0}$$

且

$$\widetilde{a}_i = \frac{c_0 a_i}{c_i}, \quad i = 1, 2, 3$$

这时我们得到

$\Lambda^C(a_1, a_2, a_3, c_0, c_1, c_2, c_3)$

$$= \frac{c_0^3}{c_1 c_2 c_3} \iiint_{\mathbb{R}^3} e^{-i\widetilde{a}_1 \widetilde{y}_r - i\widetilde{a}_2 \widetilde{y}_s - i\widetilde{a}_3 \widetilde{y}_u} 1_{\{\widetilde{y}_r + \widetilde{y}_s + \widetilde{y}_u \leqslant 1\}} d\widetilde{y}_r d\widetilde{y}_s d\widetilde{y}_u$$

$$= \frac{c_0^3}{c_1 c_2 c_3} \int_0^1 \int_0^{1 - \widetilde{y}_u} \int_0^{1 - \widetilde{y}_s - \widetilde{y}_u} e^{-i\widetilde{a}_1 \widetilde{y}_r - i\widetilde{a}_2 \widetilde{y}_s - i\widetilde{a}_3 \widetilde{y}_u} d\widetilde{y}_r d\widetilde{y}_s d\widetilde{y}_u$$

$$= \frac{ic_0^3}{c_1 c_2 c_3 \widetilde{a}_1} \left(e^{-i\widetilde{a}_1} \int_0^1 e^{-i(\widetilde{a}_3 - \widetilde{a}_1)\widetilde{y}_u} \int_0^{1 - \widetilde{y}_u} e^{-i(\widetilde{a}_2 - \widetilde{a}_1)\widetilde{y}_s} d\widetilde{y}_s d\widetilde{y}_u - \int_0^1 e^{-i\widetilde{a}_3 \widetilde{y}_u} \int_0^{1 - \widetilde{y}_u} e^{-i\widetilde{a}_2 \widetilde{y}_s} d\widetilde{y}_s d\widetilde{y}_u \right)$$

$$= -\frac{c_0^3}{c_1 c_2 c_3 \widetilde{a}_1} \cdot \left(\frac{e^{-i\widetilde{a}_1}}{\widetilde{a}_2 - \widetilde{a}_1} \left(e^{-i(\widetilde{a}_2 - \widetilde{a}_1)} \int_0^1 e^{-i(\widetilde{a}_3 - \widetilde{a}_2)\widetilde{y}_u} d\widetilde{y}_u - \int_0^1 e^{-i(\widetilde{a}_3 - \widetilde{a}_1)\widetilde{y}_u} d\widetilde{y}_u \right) \right.$$

$$\left. - \frac{1}{\widetilde{a}_2} \left(e^{-i\widetilde{a}_2} \int_0^1 e^{-i(\widetilde{a}_3 - \widetilde{a}_2)\widetilde{y}_u} d\widetilde{y}_u - \int_0^1 e^{-i\widetilde{a}_3 \widetilde{y}_u} d\widetilde{y}_u \right) \right)$$

$$= -\frac{ic_0^3}{c_1 c_2 c_3 \widetilde{a}_1} \cdot \left(\frac{e^{-i\widetilde{a}_3} - e^{-i\widetilde{a}_2}}{(\widetilde{a}_3 - \widetilde{a}_2)(\widetilde{a}_2 - \widetilde{a}_1)} - \frac{e^{-i\widetilde{a}_3} - e^{-i\widetilde{a}_1}}{(\widetilde{a}_3 - \widetilde{a}_1)(\widetilde{a}_2 - \widetilde{a}_1)} + \frac{e^{-i\widetilde{a}_3} - 1}{\widetilde{a}_2 \widetilde{a}_3} - \frac{e^{-i\widetilde{a}_3} - e^{-i\widetilde{a}_2}}{\widetilde{a}_2(\widetilde{a}_3 - \widetilde{a}_2)} \right)$$

Λ^P 的证明类似。

B.5 非违约或有求偿权的定价工具

引理 B.5.1

我们考虑下面的偏微分方程

$$
0 = \frac{1}{2}\sigma_r^2 r_{rr}^{2\beta}\overline{G} + \frac{1}{2}\sigma_s^2 s\overline{G}_{ss} + \frac{1}{2}\sigma_u^2 u\overline{G}_{uu}
$$
$$
+ [\theta_r(t) - \hat{a}_r r]\overline{G}_r + [b_s u - \hat{a}_s s]\overline{G}_s
$$
$$
+ [\theta_u(t) - \hat{a}_u u]\overline{G}_u + \overline{G}_t - r\overline{G}
$$

边界条件为

$$
\overline{G}(y, \check{t}, z, \check{t}) = \delta(r - y_r)\delta(s - y_s)\delta(u - y_u)
$$

偏微分方程的解为

$$
\overline{G}(y, \check{t}, z, t) = \frac{1}{(2\pi)^{3/2}} \iiint_{\mathbb{R}^3} e^{-ixy'} \underline{G}(x, \check{t}, z, t)dx \tag{B.29}
$$

其中,

$$
\underline{G}(x, \check{t}, z, t) = A^{\underline{G}}(x, t, \check{t})e^{-B^{\widetilde{G}}(x, t, \check{t})r - C^{\underline{G}}(x, t, \check{t})s - D^{\underline{G}}(x, t, \check{t})u}
$$

且

$$
C^{\underline{G}}(x, t, \check{t}) = \frac{2\hat{a}_s x_2}{(\sigma_s^2 x_2 + 2i\hat{a}_s)e^{-\hat{a}_s(t-\check{t})} - \sigma_s^2 x_2}
$$

$$
D^{\underline{G}}(x, t, \check{t}) = \frac{-2(v^{\underline{G}})'(x, t, \check{t})}{\sigma_u^2 v^{\underline{G}}(x, t, \check{t})}
$$

当 $\beta = 0$ 时,

$$
A^{\underline{G}}(x, t, \check{t}) = e^{-\int_t^{\check{t}} \left(-\frac{1}{2}\sigma_r^2(B^{\widetilde{G}})^2(x, \tau, \check{t}) + \theta_r(\tau)B^{\widetilde{G}}(x, \tau, \check{t}) + \theta_u D^{\underline{G}}(x, \tau, \check{t})\right)d\tau}
$$

当 $\beta = \frac{1}{2}$ 时,

$$
A^{\underline{G}}(x, t, \check{t}) = e^{-\int_t^{\check{t}} (\theta_r(\tau)B^{\widetilde{G}}(x, \tau, \check{t}) + \theta_u D^{\underline{G}}(x, \tau, \check{t}))d\tau}
$$

其中，$v^{\underline{G}}(x,t,\check{\iota})$ 和 $(v^{\underline{G}})'(x,t,\check{\iota})$ 的定义同式(B.44)和式(B.45)，$B^{\tilde{G}}(x,t,\check{\iota})$ 由式 (6.52)给出。

证明： $\overline{G}(y,\check{\iota},z,t)$ 的傅里叶转换

$$\underline{G}(x,\check{\iota},z,t)=\frac{1}{(2\pi)^{3/2}}\iiint_{\mathbb{R}^3} e^{ixy'}\overline{G}(y,\check{\iota},z,t)dy$$

是如下偏微分方程的解：

$$0=\frac{1}{2}\sigma_r^2 r_{rr}^{2\beta}\underline{G}_{rr}+\frac{1}{2}\sigma_s^2 s\,\underline{G}_{ss}+\frac{1}{2}\sigma_u^2 u\,\underline{G}_{uu}$$
$$+[\theta_r(t)-\hat{a}_r r]\underline{G}_r+[b_s u-\hat{a}_s s]\underline{G}_s$$
$$+[\theta_u(t)-\hat{a}_u u]\underline{G}_u+\underline{G}_t-r\underline{G} \tag{B.30}$$

边界条件为

$$\underline{G}(x,\check{\iota},z,\check{\iota})=e^{izx'}$$

假设 $\underline{G}(x,\check{\iota},z,t)$ 的形式为

$$\underline{G}(x,\check{\iota},z,t)=A^{\underline{G}}(x,t,\check{\iota})e^{-B^{\underline{G}}(x,t,\check{\iota})r-C^{\underline{G}}(x,t,\check{\iota})s-D^{\underline{G}}(x,t,\check{\iota})u}$$

那么求解偏微分方程(B.30)等价于求解下面的常微分方程组：

如果 $\beta=0$，

$$\hat{a}_r B^{\underline{G}}-B_t^{\underline{G}}-1=0 \tag{B.31}$$

$$\frac{1}{2}\sigma^2(C^{\underline{G}})^2+\hat{a}_s C^{\underline{G}}-C_t^{\underline{G}}=0 \tag{B.32}$$

$$\frac{1}{2}\sigma_u^2(D^{\underline{G}})^2+\hat{a}_u D^{\underline{G}}-D_t^{\underline{G}}-b_s C^{\underline{G}}=0 \tag{B.33}$$

$$A^{\underline{G}}\left(\theta_r B^{\underline{G}}+\theta_u D^{\underline{G}}-\frac{1}{2}\sigma_r^2(B^{\underline{G}})^2\right)-A_t^{\underline{G}}=0 \tag{B.34}$$

如果 $\beta=\frac{1}{2}$，

$$\frac{1}{2}\sigma_r^2(B^{\underline{G}})^2+\hat{a}_r B^{\underline{G}}-B_t^{\underline{G}}-1=0 \tag{B.35}$$

$$\frac{1}{2}\sigma_s^2(C^{\underline{G}})^2+\hat{a}_s C^{\underline{G}}-C_t^{\underline{G}}=0$$

$$\frac{1}{2}\sigma_u^2(D^G)^2 + \hat{a}_u D^G - D_t^G - b_s C^G = 0$$

$$A^G(\theta_r B^G + \theta_u D^G) - A_t^G = 0 \qquad (B.36)$$

上面两种情况下边界条件均为

$$A^G(x,\breve{t},\breve{t}) = 1 \qquad (B.37)$$

$$B^G(x,\breve{t},\breve{t}) = -ix_1 \qquad (B.38)$$

$$C^G(x,\breve{t},\breve{t}) = -ix_2 \qquad (B.39)$$

$$D^G(x,\breve{t},\breve{t}) = -ix_3 \qquad (B.40)$$

方程(B.31)、(B.35)和(B.38)与方程(B.9)、(B.13)和(B.16)相同,因此有

$$B^G(x,t,\breve{t}) = B^{\tilde{G}}(x,t,\breve{t})$$

其中,$B^{\tilde{G}}$ 的定义同方程(6.52)。式(B.32)具有如下贝努利(Bernoulli)形式:

$$C_t^G = \hat{a}_s C^G + \frac{1}{2}\sigma^2(C^G)^2$$

其解为

$$C^G(x,t,\breve{t}) = \frac{1}{w^G(x,t,\breve{t})}$$

其中,$w^G(t,\breve{t})$ 满足

$$(w^G)' = -\hat{a}_s w^G - \frac{1}{2}\sigma_s^2 \qquad (B.41)$$

常微分方程(B.41)的解为

$$w^G = -\frac{\sigma_s^2}{2\hat{a}_s} + \alpha e^{-\hat{a}_s t}$$

其中,α 是常数。方程(B.32)的解为

$$C^G(x,t,\breve{t}) = \frac{2\hat{a}_s}{2\hat{a}_s \alpha e^{-\hat{a}_s t} - \sigma_s^2}$$

为了满足边界条件(B.39),有

$$\alpha = \frac{x_2\sigma_s^2 + 2i\hat{a}_s}{2x_2\hat{a}_s} e^{\hat{a}_s \breve{t}}$$

因此，

$$C^G(x,t,\check{t})=\frac{2\hat{a}_s x_2}{(\sigma_s^2 x_2+2i\hat{a}_s)e^{-\hat{a}_s(t-\check{t})}-\sigma_s^2 x_2}$$

方程(B.33)具有如下 Ricatti 形式：

$$D_t^G=\frac{1}{2}\sigma_u^2(D^G)^2+\hat{a}_u D^G-b_s C^G$$

其解为

$$D^G(x,t,\check{t})=\frac{-2(v^G)'(x,t,\check{t})}{\sigma_u^2 v^G(x,t,\check{t})} \tag{B.42}$$

其中，$v^G(t,\check{t})$满足

$$(v^G)''-\hat{a}_u(v^G)'-\frac{1}{2}C^G b_s \sigma_u^2 v^G=0 \tag{B.43}$$

方程(B.43)的解为

$$v^G(x,t,\check{t})=\vartheta_1 F_1^G(x,t,\check{t})+\vartheta_2(e^{\hat{a}_s t}b_s\sigma_u^2 x_2)^{\frac{\hat{a}_u}{\hat{a}_s}}F_3^G(x,t,\check{t}) \tag{B.44}$$

其中，ϑ_1 和 ϑ_2 是常数，同时有

$$F_1^G(x,t,\check{t})=F\left(-\rho_1,-\rho_2,1-\frac{\hat{a}_u}{\hat{a}_s},e^{-\hat{a}_s(\check{t}-t)}\eta(x)\right)$$

$$F_3^G(x,t,\check{t})=F\left(\rho_2,\rho_1,1+\frac{\hat{a}_u}{\hat{a}_s},e^{-\hat{a}_s(\check{t}-t)}\eta(x)\right)$$

且

$$\rho_{1/2}=\frac{\hat{a}_u\sigma_s\pm\sqrt{-4b_s\hat{a}_s\sigma_u^2+\hat{a}_u^2\sigma_s^2}}{2\hat{a}_s\sigma_s},\ \eta(x)=\frac{x_2\sigma_s^2}{2i\hat{a}_s+x_2\sigma_s^2}$$

对 $v^G(x,t,\check{t})$ 求微分，有

$$(v^G)'(x,t,\check{t})=y_1^G(x,t,\check{t})+y_2^G(x,t,\check{t}) \tag{B.45}$$

其中，

$$y_1^G(x,t,\check{t})=\vartheta_1 e^{-\hat{a}_s(\check{t}-t)}\eta(x)\iota_2 F_2^G(x,t,\check{t})$$

$$y_2^G(x,t,\check{t})=\vartheta_2(e^{\hat{a}_s t}b_s\sigma_u^2 x_2)^{\frac{\hat{a}_u}{\hat{a}_s}}(\hat{a}_u F_3^G(x,t,\check{t})-e^{-\hat{a}_s(\check{t}-t)}\eta(x)\iota_1 F_4^G(x,t,\check{t}))$$

且

$$\iota_{1/2} = \frac{b_s \hat{a}_s \sigma_u^2}{\sigma_s^2 (\hat{a}_s \pm \hat{a}_u)}$$

$$F_2^{\frac{G}{2}}(x, t, \check{t}) = F\left(1-\rho_1, 1-\rho_2, 2-\frac{\hat{a}_u}{\hat{a}_s}, e^{-\hat{a}_s(\check{t}-t)} \eta(x)\right)$$

$$F_4^{\frac{G}{4}}(x, t, \check{t}) = F\left(1+\rho_2, 1+\rho_1, 2+\frac{\hat{a}_u}{\hat{a}_s}, e^{-\hat{a}_s(\check{t}-t)} \eta(x)\right)$$

为了满足边界条件(B.40)，有

$$\vartheta_1 = \vartheta_2 (e^{\hat{a}_s \check{t}} b_s \sigma_u^2 x_2)^{\frac{\hat{a}_u}{\hat{a}_s}} \mu(x) \tag{B.46}$$

且

$$\mu(x) = \frac{(2\hat{a}_u - ix_3 \sigma_u^2) F_3^G(x, t, \check{t}) - 2e^{-\hat{a}_s(\check{t}-t)} \eta(x) \iota_1 F_4^G(x, t, \check{t})}{ix_3 \sigma_u^2 F_1^G(x, t, \check{t}) - 2e^{-\hat{a}_s(\check{t}-t)} \eta(x) \iota_2 F_2^G(x, t, \check{t})}$$

这样，$D^G(x, t, \check{t})$ 由方程(B.42)、(B.44)、(B.45)和(B.46)确定。

当 $\beta = 0$ 时，满足边界条件(B.37)的方程(B.34)的解 A^G 为

$$A^G(x, t, \check{t})$$
$$= e^{-\int_t^{\check{t}} \left(-\frac{1}{2}\sigma_r^2 (B^{\widetilde{G}})^2 (x, \tau, \check{t}) + \theta_r(\tau) B^{\widetilde{G}}(x, \tau, \check{t}) + \theta_u D^G(x, \tau, \check{t})\right) d\tau}$$

当 $\beta = \frac{1}{2}$ 时，满足边界条件(B.37)的方程(B.36)的解 A^G 为

$$A^G(x, t, \check{t}) = e^{-\int_t^{\check{t}} \left(\theta_r(\tau) B^{\widetilde{G}}(x, \tau, \check{t}) + \theta_u D^G(x, \tau, \check{t})\right) d\tau}$$

附录 C 信用衍生产品定价:扩展

如果我们令 $\beta = 0$,这时就需要考虑 r 可能是负的情况,因此,我们先不考虑考虑集合 $\mathcal{B}_1$,$\mathcal{B}_2$,$\mathcal{B}_3$,$\mathcal{B}_4$,而是定义下面的集合:

$$\widetilde{\mathcal{B}}_1 = \{ r \in \mathbb{R}, (s, u) \in \mathbb{R}_+^2 \mid B(T_O, T)r + C^d(T_O, T)s + D^d(T_O, T)u \leqslant K^* \}$$

$$\widetilde{\mathcal{B}}_2 = \{ r \in \mathbb{R}, (s, u) \in \mathbb{R}_+^2 \mid K^* \leqslant B(T_O, T)r + C^d(T_O, T)s + D^d(T_O, T)u \}$$

以及

$$\widetilde{\mathcal{B}}_3 = \{ r \in \mathbb{R}, (s, u) \in \mathbb{R}_+^2 \mid C^d(T_O, T)s$$
$$+ D^d(T_O, T)u \leqslant (T - T_O)K + \ln(A^d(T_O, T)/A(T_O, T)) \}$$

$$\widetilde{\mathcal{B}}_4 = \{ r \in \mathbb{R}, (s, u) \in \mathbb{R}_+^2 \mid (T - T_O)K$$
$$+ \ln(A^d(T_O, T)/A(T_O, T)) \leqslant C^d(T_O, T)s + D^d(T_O, T)u \}$$

下面我们需要计算更加复杂的 Λ^C 和 Λ^P,其他的和我们在 6.4 节中给出的 $\beta = \dfrac{1}{2}$ 的情况一样。下面我们给出 Λ^C 的计算方法,Λ^P 的计算过程类似。

$$\Lambda^C(a_1, a_2, a_3, c_0, c_1, c_2, c_3)$$

$$= \frac{c_0^3}{c_1 c_2 c_3} \iiint_{\mathbb{R}^3} e^{-i\widetilde{a}_1 \widetilde{y}_r - i\widetilde{a}_2 \widetilde{y}_s - i\widetilde{a}_3 \widetilde{y}_u} 1_{\{\widetilde{y}_r + \widetilde{y}_s + \widetilde{y}_u \leqslant 1\}} d\widetilde{y}_r d\widetilde{y}_s d\widetilde{y}_u$$

$$= \frac{c_0^3}{c_1 c_2 c_3} \int_0^1 e^{-i\widetilde{a}_3 \widetilde{y}_u} \int_0^{1-\widetilde{y}_u} e^{-i\widetilde{a}_2 \widetilde{y}_s} \int_{-\infty}^{1-\widetilde{y}_s - \widetilde{y}_u} e^{-i\widetilde{a}_1 \widetilde{y}_r} d\widetilde{y}_r d\widetilde{y}_s d\widetilde{y}_u$$

其中,$\widetilde{y}_r$,$\widetilde{y}_s$,$\widetilde{y}_u$ 和 $\widetilde{a}_i$ 的定义同 B.4 节,$i = 1, 2, 3$。因为

$$\int_{-\infty}^{1-\tilde{y}_s-\tilde{y}_u} e^{-i\tilde{a}_1\tilde{y}_r}d\tilde{y}_r = \int_{-\infty}^{0} e^{-i\tilde{a}_1\tilde{y}_r}d\tilde{y}_r + \int_{0}^{1-\tilde{y}_s-\tilde{y}_u} e^{-i\tilde{a}_1\tilde{y}_r}d\tilde{y}_r$$

我们可以计算下面的积分：

$$\int_{-\infty}^{0} e^{-i\tilde{a}_1\tilde{y}_r}d\tilde{y}_r = \int_{0}^{\infty} e^{i\tilde{a}_1\tilde{y}_r}d\tilde{y}_r$$

$$= \int_{0}^{-\infty} H(\tilde{y}_r)e^{i\tilde{a}_1\tilde{y}_r}d\tilde{y}_r$$

其中，$H(\tilde{y}_r)$ 是 Heaviside 阶跃函数。[1]根据 Evans 等（2000，第 43 页），$H(\tilde{y}_r)$ 的傅里叶转换为

$$\frac{1}{\sqrt{2\pi}}\left(\pi\delta(\tilde{a}_1) - \frac{1}{i\tilde{a}_1}\right)$$

其中，δ 是 Dirac delta 函数。[2]所以，有

$$\int_{-\infty}^{0} e^{-i\tilde{a}_1\tilde{y}_r}d\tilde{y}_r = \pi\delta(\tilde{a}_1) - \frac{1}{i\tilde{a}_1}$$

因此，

$\Lambda^C(a_1, a_2, a_3, c_0, c_1, c_2, c_3)$

$$= -\frac{ic_0^3}{c_1c_2c_3\tilde{a}_1} \cdot$$

$$\left(\frac{e^{-i\tilde{a}_3} - e^{-i\tilde{a}_2}}{(\tilde{a}_3-\tilde{a}_2)(\tilde{a}_2-\tilde{a}_1)} - \frac{e^{-i\tilde{a}_3} - e^{-i\tilde{a}_1}}{(\tilde{a}_3-\tilde{a}_1)(\tilde{a}_2-\tilde{a}_1)} + \frac{e^{-i\tilde{a}_3}-1}{\tilde{a}_2\tilde{a}_3} - \frac{e^{-i\tilde{a}_3}}{\tilde{a}_2(\tilde{a}_3-\tilde{a}_2)}\right)$$

$$+ \frac{c_0^3}{c_1c_2c_3}\left(\pi\delta(\tilde{a}_1) + \frac{i}{\tilde{a}_1}\right)\int_{0}^{1} e^{-i\tilde{a}_3\tilde{y}_u}\int_{0}^{1-\tilde{y}_u} e^{-i\tilde{a}_2\tilde{y}_s}d\tilde{y}_s d\tilde{y}_u$$

$$= -\frac{ic_0^3}{c_1c_2c_3}\left(\frac{e^{-i\tilde{a}_3} - e^{-i\tilde{a}_2}}{\tilde{a}_1(\tilde{a}_3-\tilde{a}_2)(\tilde{a}_2-\tilde{a}_1)} - \frac{e^{-i\tilde{a}_3} - e^{-i\tilde{a}_1}}{\tilde{a}_1(\tilde{a}_3-\tilde{a}_1)(\tilde{a}_2-\tilde{a}_1)} + \frac{e^{-i\tilde{a}_3}-1}{\tilde{a}_1\tilde{a}_2\tilde{a}_3}\right.$$

$$\left. - \frac{e^{-i\tilde{a}_3} - e^{-i\tilde{a}_2}}{\tilde{a}_1\tilde{a}_2(\tilde{a}_3-\tilde{a}_2)} + \frac{e^{-i\tilde{a}_3} - e^{-i\tilde{a}_2}}{\tilde{a}_1\tilde{a}_2(\tilde{a}_3-\tilde{a}_2)} - \frac{e^{-i\tilde{a}_3}-1}{\tilde{a}_1\tilde{a}_2\tilde{a}_3}\right)$$

$$- \frac{c_0^3}{c_1c_2c_3}\pi\delta(\tilde{a}_1)\left(\frac{e^{-i\tilde{a}_3} - e^{-i\tilde{a}_2}}{\tilde{a}_2(\tilde{a}_3-\tilde{a}_2)} - \frac{e^{-i\tilde{a}_3}-1}{\tilde{a}_2\tilde{a}_3}\right)$$

$$= \frac{c_0^3}{c_1c_2c_3}\left(\frac{e^{-i\tilde{a}_3} - e^{-i\tilde{a}_2}}{i\tilde{a}_1(\tilde{a}_3-\tilde{a}_2)(\tilde{a}_2-\tilde{a}_1)} - \frac{e^{-i\tilde{a}_3} - e^{-i\tilde{a}_1}}{i\tilde{a}_1(\tilde{a}_3-\tilde{a}_1)(\tilde{a}_2-\tilde{a}_1)}\right.$$

$$\left. - \pi\delta(\tilde{a}_1)\left(\frac{e^{-i\tilde{a}_3} - e^{-i\tilde{a}_2}}{\tilde{a}_2(\tilde{a}_3-\tilde{a}_2)} - \frac{e^{-i\tilde{a}_3}-1}{\tilde{a}_2\tilde{a}_3}\right)\right)$$

---

[1] Heaviside 阶跃函数的定义见 6.3.5 节。

[2] Dirac delta 函数的定义见 6.3.5 节。

参考文献

Aalen, O. O. & Johansen, S. (1978). An empirical transition matrix for nonhomogeneous markov chains based on censored observations, *Scandinavian Journal of Statistics* **5**: 141–150.

Abrahams, J. (1986). *A Survey of Recent Progress on Level Crossing Problems*, Springer.

Altman, E. (2001). Defaults, recoveries, and returns in the US high yield bond market.

Altman, E. I. (1997). Rating migration of corporate bonds - comparative results and investor/lender implications. Mimeo, Salomon Brothers.

Altman, E. I. (1998). The importance and subtlety of credit rating migration, *Journal of Banking & Finance* **22**: 1231–1247.

Altman, E. I., Brady, B., Resti, A. & Sironi, A. (2003). The link between default and recovery rates: Theory, empirical evidence and implications. Working Paper.

Altman, E. I. & Eberhart, A. C. (1994). Do seniority provisions protect bondholders' investments, *Journal of Portfolio Management* **20**: 67–75.

Altman, E. I. & Kao, D. L. (1992a). The implications of corporate bond ratings drift, *Financial Analysts Journal* pp. 64–75.

Altman, E. I. & Kao, D. L. (1992b). The implications of corporate bond ratings drift, *Financial Analysts Journal* pp. 64–75.

Altman, E. I. & Kao, D. L. (1992c). Rating drift in high-yield bonds, *The Journal of Fixed Income* pp. 15–20.

Altman, E. I. & Kishore, V. M. (1996). Almost everything you wanted to know about recoveries on defaulted bonds, *Financial Analysts Journal* pp. 57–63.

Altman, E. & Kishore, V. M. (1997). Defaults and returns on high yield bonds: Analysis through 1996. Special Report, New York University Salomon Center, New York.

Amin, K. (1995). Option pricing trees, *The Journal of Derivatives* pp. 34–46.

A New Capital Adequacy Framework (1999). Consultative paper issued by the Basel Committee on Banking Supervision, Basel.

Artzner, P. & Delbaen, F. (1992). Credit risk and prepayment option, *ASTIN Bulletin* **22**: 81–96.

Arvanitis, A., Gregory, J. & Laurent, J.-P. (1999). Building models for credit spreads, *Journal of Derivatives* pp. 27–43.

Asarnow, E. & Edwards, D. (1995). Measuring loss on defaulted bank loans: A 24-year study, *The Journal of Commercial Lending* pp. 11–23.

Babbs, S. H. (1993). Generalised vasicek models of the term structure, *in* J. Janssen & C. H. Skiadas (eds), *Applied Stochastic Models of Data Analysis*, Vol. 1, pp. 49–62. 6th Annual Symposium Proceedings.

Babbs, S. H. & Nowman, K. B. (1999). Kalman filtering of generalized Vasicek term structure models, *Journal of Financial and Quantitative Analysis* **34**(1): 115–130.

Bakshi, G., Madan, D. & Zhang, F. (2001). Understanding the role of recovery in default risk models: Empirical comparisons and implied recovery rates.

Balduzzi, P., Das, S. R., Foresi, S. & Sundaram, R. (1996). A simple approach to three factor affine term structure models, *Journal of Fixed Income* **6**: 43–53.

Baldwin, D. (1999). Business is booming, *RISK: Credit Risk Special Report* p. 8.

Bangia, A., Diebold, F., Kronimus, A., Schagen, C. & Schuermann, T. (2002). Ratings migration and the business cycle, with applications to credit portfolio stress testing, *Journal of Banking and Finance* **26**(2/3): 445–474.

Barrett, B., Gosnell, T. & Heuson, A. (1995). Yield curve shifts and the selection of immunization strategies, *The Journal of Fixed Income* pp. 53–64.

Basin, V. (1996). On the credit risk of OTC derivative users. Discussion Paper, Board of Governors of the Federal Reserve System.

Bawa, V. (1975). Optimal rules for ordering uncertain prospects, *Journal of Financial Economics* **2**: 95–121.

BBA Credit Derivatives Report 1999/2000 (2000). British Bankers' Association.

Beaglehole, D. R. & Tenney, M. S. (1991). General solutions of some interest rate - contingent claim pricing equations, *Journal of Fixed Income* pp. 69–83.

Behar, R. & Nagpal, K. (1999). Dynamics of rating transition. Working Paper, Standard & Poor's.

Berhad, R. A. M. (2003). RAM's rating performance and default study 2002 a statistical review (1992 - 2002).

Best Practices for Credit Risk Disclosure (2000). Basel Committee on Banking Supervision, Basel.

Bicksler, J. & Chen, A. (1986). An economic analysis of interest rate swaps, *Journal of Finance* **41**: 645–656.

Bielecki, T. & Rutkowski, M. (2002). *Credit Risk: Modeling, Valuation and Hedging*, Springer Finance, Springer, Berlin.

Bingham, N. H. & Kiesel, R. (1998). *Risk-Neutral Valuation: Pricing and Hedging of Financial Derivatives*, first edn, Springer.

Bishop, Y., Fienberg, S. & Holland, P. (1975). *Discrete Multivariate Analysis: Theory and Practice*, MIT Press.

Black, F. & Cox, J. (1976). Valuing corporate securities: Some effects of bond indenture provisions, *Journal of Finance* **31**: 351–367.

Bluhm, C., Overbeck, L. & Wagner, C. (2003). *An Introduction to Credit Risk Modeling*, Financial Mathematics Series, Chapman & Hall, Boca Raton.

Bouye, E., Durrelmann, V., Nikeghbali, A., Riboulet, G. & Roncalli, T. (2000). Copulas for finance: A reading guide and some applications. Working Paper, Credit Lyonnais, Paris.

Boyle, P. P. (1988). A lattice framework for option pricing with two state variables, *Journal of Financial and Quantitative Analysis* **23**(1): 1–12.

Brémaud, P. (1981). *Point Processes and Queues*, Springer Series in Statistics, Springer, New York.

Brennan, M. & Schwartz, E. (1980). Analysing convertible bonds, *Journal of Financial and Quantitative Analysis* **15**: 907–929.

Brennan, W., McGirt, D., Roche, J. & Verde, M. (1998). *Bank Loans: Secondary Market and Portfolio Management*, Frank J. Fabozzi Associates, New Hope, PA, chapter Bank Loan Ratings, pp. 57–69.

Brigo, D. & Mercurio, F. (2001). *Interest Rate Models - Theory and Practice*, Springer Finance, Springer, Berlin.

Briys, E., Bellalah, M., Mai, H. & de Varenne, F. (1998). *Options, Futures and Exotic Derivatives*, Wiley Frontiers in Finance, John Wiley and Sons.

Briys, E. & de Varenne, F. (1997). Valuing risky fixed rate debt: An extension, *Journal of Financial and Quantitative Analysis* **32**(2): 239–248.

Bronstein, I. N. & Semendjajew, K. A. (1991). *Taschenbuch der Mathematik*, 25th edn, Verlag Nauka, Moskau.

Brooks, R. & Yan, D. Y. (1999). London inter-bank offer rate (LIBOR) versus treasury rate: Evidence from the parsimonious term structure model, *The Journal of Fixed Income* pp. 71–83.

Brown, R. H. & Schaefer, S. M. (1994). Interest rate volatility and the shape of the term structure, *Philosophical Transactions of the Royal Society of London* **347**: 563–576.

Burton, F. & Inoue, H. (1985). The influence of country factors on the interest differentials on international lendings to sovereign borrowers, *Applied Economics* **17**: 491–507.

Cantor, R. & Packer, F. (1996). Determinants and inputs of sovereign credit ratings, *FRBNY Economic Policy Review* **2**(2): 37–53.

Caouette, D. J., Altman, F. & Narayanan, V. (1998). *Managing Credit Risk: The Next Great Financial Challenge*, John Wiley & Sons, Inc., New York.

Carthy, L. & Fons, J. (1994). Measuring changes in corporate credit quality, *The Journal of Fixed Income* **4**: 27–41.

Carty, L. & Lieberman, D. (1996). Defaulted bank loan recoveries. Moody's Special Report.

Carty, L. V. (1997). Moody's rating migration and credit quality correlation, 1920 - 1996. Special Comment, Moody's Investors Service.

Carty, L. V. (1998). *Moody's Rating Migration and Credit Quality Correlation, 1920-1996*, John Wiley & Sons (Asia) Pte Ltd, Singapore, chapter 10, pp. 349–384.

Carty, L. V. & Fons, J. (1993). Measuring changes in credit quality. Moody's Special Report, Moody's Investors Service.

Carty, L. V. & Lieberman, D. (1998). *Historical Default Rates of Corporate Bond Issuers, 1920 - 1996*, John Wiley & Sons (Asia) Pte Ltd, Singapore, chapter 9, pp. 317–348.

Cathcart, L. & El-Jahel, L. (1998). Valuation of defaultable bonds, *The Journal of Fixed Income* pp. 65–78.

Chen, L. (1996). *Interest Rate Dynamics, Derivatives Pricing, and Risk Management*, number 435 in *Lecture Notes in Economics and Mathematical Systems*, first edn, Springer.

Chen, R.-R. & Yang, T. T. (1996). An integrated model for the term and volatility structures of interest rates.

Chen, R. & Scott, L. (1992). Pricing interest rate options in a two-factor cox-ingersoll-ross model of the term structure, *Review of Financial Studies* **5**: 613–636.

Chen, R. & Scott, L. (1995). Multi-factor Cox-Ingersoll-Ross models of the term structure: Estimates and tests from a Kalman filter model. Unpublished Paper, Rutgers University.

Christensen, J. & Lando, D. (2002). Confidence sets for continuous-time rating transition probabilities.

Cifuentes, A., Efrat, I., Gluck, J. & Murphy, E. (1998). *Buying and Selling Credit Risk: A Perspective on Credit Linked Obligations*, Risk Books.

Cooper, I. & Mello, A. (1991). The default risk of swaps, *Journal of Finance* **46**(2): 597–620.

Cox, D. & Miller, H. (1972). *The Theory of Stochastic Processes*, Chapman and Hall, London and New York.

Cox, J., Ingersoll, J. & Ross, S. (1980). An analysis of variable rate loan contracts, *Journal of Finance* **15**: 389–403.

Cox, J., Ingersoll, J. & Ross, S. (1985). A theory of the term structure of interest rates, *Econometrica* **36**(4): 385–407.

CreditMetrics - Technical Document (1997). J.P. Morgan, New York.

CreditRisk+ A Credit Risk Management Framework (1997). Credit Suisse Financial Products.

Crouhy, M. & Mark, R. (1998). A comparative analysis of current credit risk models. Working Paper, Canadian Imperial Bank of Commerce.

Dai, Q. & Singleton, K. J. (1998). Specification analysis of affine term structure models. Working Paper, Graduate School of Business, Stanford University.

Das, S. R. (1995). Credit risk derivatives, *The Journal of Derivatives* pp. 7–23.

Das, S. R. (1997). Pricing credit derivatives. Working Paper, Harvard Business School & NBER.

Das, S. R. & Tufano, P. (1996). Pricing credit-sensitive debt when interest rates, credit ratings and credit spreads are stochastic, *The Journal of Financial Engineering* **5**(2): 161–198.

Davis, M. & Lo, V. (1999). Infectious defaults. Working Paper, Imperial College, London.

Demchak, B. (2000). Modelling credit migration, *RISK* pp. 99–103.

Dickey, R. & Fuller, W. (1981). Likelihood ratio tests for autoregressive time series with a unit root, *Econometrica* **49**: 1057–1072.

Driessen, J. (2002). Is default event risk priced in corporate bonds ? Working Paper, University of Amsterdam.

Duffee, G. (1999). Estimating the price of default risk, *Review of Financial Studies* **12**: 197–226.

Duffee, G. R. (1996a). Estimating the price of default risk. Working Paper, Federal Reserve Board, Washington.

Duffee, G. R. (1996b). The relation between treasury yields and corporate bond yield spreads. Working Paper, Federal Reserve Board, Washington.

Duffie, D. (1992). *Dynamic Asset Pricing Theory*, Princeton University Press, Princeton.

Duffie, D. (1998a). Credit swap valuation. Working Paper, Graduate School of Business, Stanford University, Forthcoming: Financial Analyst's Journal.

Duffie, D. (1998b). Defaultable term structure models with fractional recovery of par. Working Paper, Graduate School of Business, Stanford University.

Duffie, D. (1998c). First-to-default valuation. Working Paper, Graduate School of Business, Stanford University.

Duffie, D. & Huang, M. (1996). Swap rates and credit quality, *The Journal of Finance* **51**(3): 921–949.

Duffie, D. & Kan, R. (1994). Multi-factor term structure models, *Philosophical Transactions of the Royal Society of London* **347**: 577–586.

Duffie, D. & Kan, R. (1996). A yield-factor model of interest rates, *Mathematical Finance* **6**(4): 379–406.

Duffie, D. & Lando, D. (1997). Term structures of credit spreads with incomplete accounting information. Working Paper, Graduate School of Business, Stanford University.

Duffie, D. & Pan, J. (1997). An overview of value at risk, *Journal of Derivatives* **4**(3): 7–49.

Duffie, D., Pan, J. & Singleton, K. (1998). Transform analysis and option pricing for affine jump-diffusions. Working Paper, Graduate School of Business, Stanford University.

Duffie, D., Schroder, M. & Skiadas, C. (1996). Recursive valuation of default-able securities and the timing of resolution of uncertainty, *The Annals of Applied Probability* **6**(4): 1075–1090.

Duffie, D. & Singleton, K. (1998a). Simulating correlated defaults. Working Paper, Stanford University.

Duffie, D. & Singleton, K. J. (1997). Modeling term structures of defaultable bonds. Working Paper, Graduate School of Business, Stanford University.

Duffie, D. & Singleton, K. J. (1998b). Credit risk for financial institutions: Management and pricing.

Duffie, D. & Singleton, K. J. (2003). *Credit Risk*, Princeton Series in Finance, Princeton University Press.

Duffy, D. & Santner, T. (1989). *The Statistical Analysis of Discrete Data*, Springer.

Düllmann, K. & Windfuhr, M. (2000). Credit spreads between German and Italian Sovereign bonds - do affine models work ?

Eberhart, A., Altman, E. & Aggarwal, R. (1998). The equity performance of firms emerging from bankruptcy, *Journal of Finance* **54**(5): 1855–1868.

Eberhart, A. & Sweeney, R. (1992). Does the bond market predict bankruptcy settlements, *Journal of Finance* **47**(3): 943–980.

Eberhart, A. & Weiss, L. (1998). The importance of deviations from the absolute priority rule in chapter 11 bankruptcy proceedings, *Financial Management* **27**(4): 106–110.

Edwards, S. (1984). LDC foreign borrowing and default risk: An empirical default risk, 1976-1980, *American Economic Review* **74**: 726–734.

Edwards, S. (1986). The pricing of bonds and bank loans in international markets, *European Economic Review* **30**: 565–589.

Eichengreen, B. & Mody, A. (1998). What explains changing spreads on emerging market debt? fundamentals or market sentiment? NBER Working Paper, No. 6408.

Elsas, R., Ewert, R., Krahnen, J., Rudolph, B. & Weber, M. (1999). Risikoori-entiertes Kreditmanagement Deutscher Banken, *Die Bank* **3**: 190–199.

Elton, E. J. & Gruber, M. J. (1991). *Modern Portfolio Theory and Investment Analysis*, John Wiley & Sons.

Embrechts, P., Lindskog, F. & McNeil, A. (2001). Modeling dependence with copulas and applications to risk management. Working Paper, ETH Zuerich.

Estimating the Term Structure of Interest Rates (1997). *Monthly report*, Bundesbank.

Evans, G., Blackledge, J. & Yardley, P. (2000). *Analytic Methods for Partial Differential Equations*, Springer Undergraduate Mathematics Series, Springer, London.

Fabozzi, F. & Goodman, L. (2001). *Investing in Collateralized Debt Obligations*, Frank J. Fabozzi Associates.

Fons, J. S. (1994). Using default rates to model the term structure of credit risk, *Financial Analysts Journal* **50**(5): 25–32.

Franks, J. & Torous, W. (1994). A comparison of financial recontracting in distressed exchanges and chapter 11 reorganizations, *Journal of Financial Economics* **35**: 349–370.

Frees, E. & Valdez, E. A. (1997). Understanding relationships using copulas. Working Paper.

Frey, R., McNeil, A. & Nyfeler, M. (2001). Copulas and credit models, *RISK* **14**(10): 111–114.

Frye, J. (2000a). Collateral damage, *RISK* pp. 91–94.

Frye, J. (2000b). Collateral damage detected. Working Paper, Federal Reserve Bank of Chicago, Emerging Issues Series.

Garbade, K. (2001). *Pricing Corporate Securities as Contingent Claims*, MIT Press, Cambridge, MA.

Gastineau, G. (1996). *Dictionary of Financial Risk Management*, Frank J. Fabozzi Associates, New York.

Geske, R. (1977). The valuation of corporate liabilities as compound options, *Journal of Financial and Quantitative Analysis* pp. 541–552.

Geweke, J., Marshall, R. C. & Zarkin, G. A. (1986). Mobility indices in continuous time markov chains, *Econometrica* **54**(6): 1407–1423.

Geyer, A. L. J. & Pichler, S. (1996). A state-space approach to estimate and test multi-factor Cox-Ingersoll-Ross models of the term structure.

Gihman, I. & Skorohod, A. (1980). *Introduction à la Théorie des Processus Aléatoires*, Mir.

Gluck, J. & Remeza, H. (2000). Moody's approach to rating multisector CDOs. Moody's Investor Service.

Gordy, M. B. (1998). A comparative anatomy of credit risk models. Working Paper, Board of Governors of the Federal Reserve System, Washington.

Green, J., Locke, J. & Paul-Choudhury, S. (1998). Strength through adversity, *CreditRisk - A Risk Special Report* pp. 6–9.

Greene, W. H. (2000). *Econometric Analysis*, fourth edn, Prentice Hall International, Inc., New Jersey.

Grossman, R., O'Shea, S. & Bonelli, S. (2001). Bank loan and bond recovery study: 1997-2000. Fitch Loan Products Special Report.

Gupton, G., Gates, D. & Carty, L. (Moody's Special Comment). Bank loan loss given default.

Gupton, G. M. & Stein, R. M. (2002). LossCalc: Moody's model for predicting LGD. Moody's Investors Service, Global Credit Research, Special Comment.

Hamilton, D. T., Cantor, R. & Ou, S. (2002). Default and recovery rates of corporate bond issuers. Moody's Investors Service, Global Credit Research, Special Comment.

Hamilton, D. T., Cantor, R., West, M. & Fowlie, K. (2002). Default and recovery rates of european corporate bond issuers 1985-2001. Moody's Investors Service, Global Credit Research, Special Comment.

Haque, N., Kumar, M. & Mathieson, D. (1996). The economic contents of indicators of developing country creditworthiness, *IMF Staff Papers* **43**(4): 688–724.

Hargreaves, T. (2000). Default swaps drive growth, *CreditRisk - A Risk Special Report* pp. 2–3.

Harlow, W. (1991). Asset allocation in a downside-risk framework, *Financial Analysts Journal* **47**(5): 28–40.

Harlow, W. & Rao, K. (1989). Asset pricing in a generalized mean-lower partial moment framework: Theory and evidence, *Journal of Financial and Quantitative Analysis* **24**: 285–311.

Harrison, J. M. (1990). *Brownian Motion and Stochastic Flow Systems*, Krieger Publishing Company, Florida.

Harrison, J. & Pliska, S. (1981). Martingales and stochastic integrals in the theory of continuous trading, *Stochastic Processes and Their Applications* **11**: 215–260.

Harvey, A. C. (1981). *The Econometric Analysis of Time Series*, Philip Allan Publishers Limited.

Harvey, A. C. (1989). *Forecasting, Structural Time Series Models and the Kalman Filter*, Cambridge University Press, Cambridge.

Heath, D., Jarrow, R. & Morton, A. (1992). Bond pricing and the term structure of interest rates: A new methodology for contingent claims valuation, *Econometrica* **60**: 77–105.

Helwege, J. (1999). How long do junk bonds spend in default, *Journal of Finance* **54**(1): 341–357.

Helwege, J. & Kleiman, P. (1996). Understanding aggregate default rates of high yield bonds, *Federal Reserve Bank of New York Current Issues in Economics and Finance* **2**(6): 1–6.

Historical Default Rates of Corporate Bond Issuers, 1920-1999 (2000a). Special Comment, Moody's Investors Services, Global Credit Research.

Historical Default Rates of Corporate Bond Issuers, 1920-1999 (2000b). Special Comment, Moody's Investors Service, Global Credit Research.

Ho, T. & Lee, S.-B. (1986). Term structure movements and the pricing of interest rate contingent claims, *The Journal of Finance* **41**: 1011–1029.

Ho, T. & Singer, R. (1982). Bond indenture provisions and the risk of corporate debt, *Journal of Financial Economics* (10): 375–406.

Hu, Y.-T., Kiesel, R. & Perraudin, W. (2001). The estimation of transition matrices for sovereign credit ratings.

Hu, Y.-T. & Perraudin, W. (2002). The dependence of recovery rates and defaults. Working Paper, Birkbeck College.

Hull, J. (1997). *Options, Futures, and Other Derivatives*, Prentice-Hall International, Inc., London.

Hull, J. C. & White, A. (2000). Valuing credit default swaps I: No counterparty default risk, *The Journal of Derivatives* pp. 29–40.

Hull, J. C. & White, A. D. (1993). One-factor interest-rate models and the valuation of interest-rate derivative securities, *Journal of Financial and Quantitative Analysis* **28**: 235–254.

Hull, J. & White, A. (1990). Pricing interest-rate-derivative securities, *The Review of Financial Studies* **3**(4): 573–592.

Hull, J. & White, A. (1994). Numerical procedures for implementing term structure models II: Two-factor models, *The Journal of Derivatives* pp. 37–48.

Hull, J. & White, A. (2001). Valuing credit default swaps II: Modeling default correlations, *Journal of Derivatives* **8**(3): 12–22.

Ikeda, N. & Watanabe, S. (1989a). *Stochastic Differential Equations and Diffusion Processes*, 1st edn, North-Holland.

Ikeda, N. & Watanabe, S. (1989b). *Stochastic Differential Equations and Diffusion Processes*, 2nd edn, North-Holland.

Ingersoll, J. E. (1987). *Theory of Financial Decision Making*, Studies in Financial Economics, Rowman & Littlefield Publishers.

Israel, R. B., Rosenthal, J. S. & Wei, J. Z. (2001). Finding generators for markov chains via empirical transition matrices, with applications to credit ratings, *Mathematical Finance* **11**(2): 245–265.

Jacod, J. & Shiryaev, A. (1987). *Limit Theorems for Stochastic Processes*, A Series of Comprehensive Studies in Mathematics, Springer, Berlin.

Jafry, Y. & Schuermann, T. (2003). Metrics for comparing credit migration matrices.

James, J. (1999). How much should they cost, *CreditRisk - A Risk Special Report* pp. 8–10.

James, J. & Webber, N. (2000). *Interest Rate Modelling*, Wiley Series in Financial Engineering, John Wiley & Sons, LTD.

Jamshidian, F. (1989). An exact bond option formula, *Journal of Finance* **44**: 205–209.

Jamshidian, F. (1995). A simple class of square root interest rate models, *Applied Mathematical Finance* **2**: 61–72.

Jamshidian, F. (1996). Bond, futures and option valuation in the quadratic interest rate model, *Applied Mathematical Finance* **3**: 93–115.

Jarrow, R. (2001). Default parameter estimation using market prices, *Financial Analysts Journal* **57**(5): 75–92.

Jarrow, R. A., Lando, D. & Turnbull, S. M. (1997). A markov model for the term structure of credit risk spreads, *The Review of Financial Studies* **10**(2): 481–523.

Jarrow, R. & Turnbull, S. (1995). Pricing options on financial securities subject to default risk, *Journal of Finance* **50**: 53–86.

Jarrow, R. & Turnbull, S. (1998). The intersection of market and credit risk. Working Paper.

Jarrow, R. & Yu, F. (2000). Counterparty risk and the pricing of defaultable securities. Working Paper, Johnson GSM, Cornell University.

Jokivuolle, E. & Peura, S. (2000). A model for estimating recovery rates and collateral haircuts for bank loans. Bank of Finland Discussion Papers.

Jones, E., Mason, S. & Rosenfeld, E. (1984). Contingent claim analysis of corporate capital structures: An empirical investigation, *Journal of Finance* **39**: 611–625.

Jones, F. (1991). Yield curve strategies, *Journal of Fixed Income* pp. 43–51.

Jonsson, J. & Fridson, M. (1996). Forecasting default rates on high-yield bonds, *The Journal of Fixed Income* pp. 69–77.

Jordan, J. & Mansi, S. (2000). Estimation of the term structure from on-the-run treasuries. Working Paper, National Economic Research Associates, and George Washington University.

Juttner, J. & McCarthy, J. (1998). Modelling a rating crisis.

Kalbfleisch, J. & Prentice, R. (1980). *The Statistical Analysis of Failure Time Data*, John Wiley and Sons, New York.

Kamin, S. & Kleist, K. (1999). The evolution and determinants of emerging market credit spreads in the 1990s. BIS Working Paper.

Karatzas, I. (1988). On the pricing of american options, *Applied Mathematics and Optimization* **17**: 37–60.

Karatzas, I. & Shreve, S. (1988). *Brownian Motion and Stochastic Calculus*, Springer.

Kavvathas, D. (2000). Estimating credit rating transition probabilities for corporate bonds. Working Paper, Department of Economics, University of Chicago.

Kealhofer, S. (1998). Portfolio management of default risk, *Net Exposure* **1**(2).

Keenan, S. & Sobehart, J. (2000). A credit risk catwalk, *RISK* pp. 84–88.

Kiesel, R. & Schmid, B. (2000). Aspekte der stochastischen Modellierung von Ausfallwahrscheinlichkeiten in Kreditportfoliomodellen, *in* A. Oehler (ed.), *Kreditrisikomanagement - Portfoliomodelle und Derivate*, Schäffer Poeschel, Stuttgart.

Kijima, M. (2000). Valuation of a credit swap of the basket type, *Review of Derivatives Research* **4**: 81–97.

Kim, J., Ramaswamy, K. & Sundaresan, S. (1992). The valuation of corporate fixed income securities.

Kim, J., Ramaswamy, K. & Sundaresan, S. (Autumn 1993). Does default risk in coupons affect the valuation of corporate bonds ? A contingent claims model, *Financial Management* pp. 117–131.

Klein, J. & Moeschberger, M. (1997). *Survival Analysis: Techniques for Censored and Truncated Data*, Springer, New York.

Korn, R. & Korn, E. (1999). *Optionsbewertung und Portfolio-Optimierung*, first edn, Vieweg, Braunschweig/Wiesbaden.

Koyluoglu, H. U. & Hickman, A. (1998). A generalized framework for credit risk portfolio models. Working Paper, Oliver Wyman and Company and CSFP Capital, Inc., New York.

Lamberton, D. & Lapeyre, B. (1996). *Introduction to Stochastic Calculus Applied to Finance*, Chapman & Hall.

Lancaster, T. (1990). *The Econometric Analysis of Econometric Data*, Cambridge University Press, UK.

Lando, D. (1994). *Three Essays on Contingent Claims Pricing*, PhD thesis, Cornell University.

Lando, D. (1995). On jump-diffusion option pricing from the viewpoint of semimartingale characteristics, *Surveys in Applied and Industrial Mathematics* **2**(4): 605–625.

Lando, D. (1996). Modelling bonds and derivatives with default risk. Working Paper, Department of Operations Research, University of Copenhagen.

Lando, D. (1998). On Cox processes and credit risky securities. Working Paper, Department of Operations Research, University of Copenhagen.

Lando, D. (1999). Some elements of rating-based credit risk modelling.

Lando, D. & Skodeberg, T. (2002). Analyzing rating transitions and rating drift with continuous observations, *Journal of Banking and Finance* **26**(2/3): 423–444.

Larsen, R. J. & Marx, M. L. (2001). *An Introduction to Mathematical Statistics and Its Applications*, third edn, Prentice Hall, New Jersey.

Leland, H. E. (1994). Corporate debt value, bond covenants, and optimal capital structure, *The Journal of Finance* **49**(4): 1213–1252.

Leland, H. E. & Toft, K. (1996). Optimal capital structure, endogenous bankruptcy, and the term structure of credit spreads., *Journal of Finance* **51**: 987–1019.

Li, D. (2000). On default correlation: A copula function approach, *Journal of Fixed Income* pp. 115–118.

Litterman, R. & Scheinkman, J. (1991). Common factors affecting bond returns, *The Journal of Fixed Income* pp. 54–61.

Longstaff, F. A. & Schwartz, E. S. (1992). Interest rate volatility and the term structure: A two-factor general equilibrium model, *Journal of Finance* **47**: 1259–1282.

Longstaff, F. A. & Schwartz, E. S. (1995a). Valuing credit derivatives, *The Journal of Fixed Income* pp. 6–12.

Longstaff, F. & Schwartz, E. (1995b). A simple approach to valuing risky fixed and floating rate debt, *The Journal of Finance* **50**(3): 789–819.

Lopez, J. A. & Saidenberg, M. R. (1998). Evaluating credit risk models. Working Paper, Federal Reserve Bank of San Francisco and Federal Reserve Bank of New York.

Lucas, D. J. & Lonski, J. G. (1992). Changes in corporate credit quality 1970 - 1990, *Journal of Fixed Income* pp. 7–14.

Madan, D. B. & Unal, H. (1994). Pricing the risks of default. The Wharton School, University of Pennsylvania.

Madan, D. & Unal, H. (1998). Pricing the risks of default, *Review of Derivatives Research* **2**(2/3): 121–160.

Mansi, J. V. J. A. S. A. (2000). How well do constant-maturity treasuries approximate the on-the-run term structure, *The Journal of Fixed Income* **10**(2): 35–62.

Markowitz, H. (1952). Portfolio selection, *Journal of Finance* **7**: 77–91.

Markowitz, H. (1991). *Portfolio Selection*, Blackwell.

Martin, J., Cox, S. & MacMinn, R. (1988). *The Theory of Finance, Evidence and Applications*, Dryden.

Mason, S. & Bhattacharya, S. (1981). Risky debt, jump processes, and safety covenants, *Journal of Financial Economics* **9**: 281–307.

Masters, B. (1998). Credit derivatives and the management of credit risk, *Net Exposure* **1**(2).

McLeish, N. (2000). European credit markets: The case for growth, *CreditRisk: A Risk Special Report* pp. 4–6.

Merton, R. (1974). On the pricing of corporate debt: The risk structure of interest rates, *Journal of Finance* **29**: 449–470.

Min, H. (1998). Determinants of emerging market bond spreads: Do economic fundamentals matter ? World Bank Working Paper.

Monfort, B. & Mulder, C. (2000). Using credit ratings for capital requirement on lending to emerging market economies: Possible impact of basel accord.

Musiela, M. & Rutkowski, M. (1997). *Martingale Methods in Financial Modelling*, Springer.

Nelder, J. A. & Mead, R. (1965). A simplex method for function minimization, *The Computer Journal* **7**: 308–313.

Nelsen, R. (1999). *An Introduction to Copulas*, Springer, New York.

Nelson, C. & Siegel, A. (1987). Parsimonious modeling of yield curves, *Journal of Business* **60**: 473–489.

Nickell, P., Perraudin, W. & Varotto, S. (1998). Stability of rating transitions. Working Paper, Bank of England.

Nickell, P., Perraudin, W. & Varotto, S. (2000). Stability of rating transitions, *Journal of Banking and Finance* **24**: 203–227.

Nielsen, L., Saà-Requejo, J. & Santa-Clara, P. (1993). Default risk and interest rate risk: The term structure of default spreads. Working Paper, INSEAD.

Nielsen, L. T. (1999). *Pricing and Hedging of Derivative Securities*, Oxford University Press.

Nunes, J. (1998). Interest rate derivatives in a duffie and kan model with stochastic volatility: Application of green's functions.

O'Kane, D. (2000). Introduction to asset swaps, *Technical report*, Lehman Brothers.

O'Kane, D. (2001). Credit derivatives explained. Lehman Brothers, Credit Derivatives Explained, Structured Credit Research.

Oksendal, B. (1998). *Stochastic Differential Equations - An Introduction with Applications*, Universitext, 5th edn, Springer.

Ong, M. K. (1999). *Internal Credit Risk Models: Capital Allocation and Performance Measurement*, Risk Books, London.

Overview of the New Basel Capital Accord (2001). Consultative Document, Basel Committee on Banking Supervision, Basel.

Overview of The New Basel Capital Accord (2003). Consultative Document, Basel Commitee on Banking Supervision, Basel.

Partnoy, F. (2002). The paradox of credit ratings. Law and Economics Research Working Paper No. 20.

Patel, N. (2001). Credit derivatives: Vanilla volumes challenged, *RISK* pp. 32–34.

Pedrosa, M. & Roll, R. (1998). Systematic risk in corporate bond credit spreads, *The Journal of Fixed Income* 8(3): 7–26.

Pelsser, A. (1996). Efficient methods for valuing and managing interest rate and other derivative securities. Pdh Thesis, Erasmus University, Rotterdam.

Perraudin, W. (2001). *Credit Explorer - Documentation for Analysts*, 1 edn, Risk Control Limited, London.

Protter, P. (1992). *Stochastic Integration and Differential Equations*, Springer, Berlin.

Ratings Performance 1996: Stability & Transition (1997). New York.

Ratings Performance 1997: Stability & Transition (1998). New York.

Ratings Performance 1998: Stability & Transition (1999). New York.

Ratings Performance 1999: Stability & Transition (2000). New York.

Ratings Performance 2000: Default, Transition, Recovery, and Spreads (2001). New York.

Rendleman, R. J. (1992). How risks are shared in interest rate swaps, *Journal of Financial Services Research* pp. 5–34.

Rhee, J. (1999). *Interest Rate Models*, PhD thesis, University of Warwick.

Richard, S. (1978). An arbitrage model of the term structure of interest rates, *Journal of Financial Economics* 6: 33–57.

Ross, S. M. (1996). *Stochastic Processes*, Wiley Series in Probability and Mathematical Statistics, second edn, John Wiley & Sons, Inc., New York.

Saá-Requejo, J. & Santa-Clara, P. (1997). Bond pricing with default risk.

Sandmann, K. & Sondermann, D. (1997). A note on the stability of lognormal interest rate models and pricing of eurodollar futures, *Mathematical Finance* **7**(2): 119–126.

Sarig, O. & Warga, A. (1989). Some empirical estimates of the term structure of interest rates, *Journal of Finance* **44**(5): 1351–1360.

Schmid, B. (1997). CreditMetrics - setting a benchmark, *Solutions* **1**(3-4): 35–53.

Schmid, B. (1998a). Credit Risk - Verschiedene Methoden zur Berechnung von Kreditrisiken. RiskLab Research Paper No. 9807.

Schmid, B. (1998b). Quantifizierung von Ausfallrisiken - Alternativen zu CreditMetrics, *Solutions* **2**(1).

Schmid, B. (2000). Das RiskLab Kreditrisiko Modell, *Solutions* **4**(3/4): 39–54.

Schmid, B. (2001). The pricing of defaultable fixed and floating rate debt, *The International Journal of Finance* **13**(2): 1871–1894.

Schmid, B. (2002). *Pricing Credit Linked Instruments - Theory and Empirical Evidence*, Vol. 516 of *Lecture Notes in Economics and Mathematical Systems*, Springer, Berlin.

Schmid, B. & Kalemanova, A. (2002a). Applying a three-factor defaultable term strucutre model to the pricing of credit default options, *International Review of Financial Analysis* **11**(2): 139–158.

Schmid, B. & Kalemanova, A. (2002b). Credit spreads between german and italian zero coupon government bonds, *Research in Interational Business and Finance* **16**: 497–533.

Schmid, B. & Zagst, R. (2000). A three-factor defaultable term structure model, *The Journal of Fixed Income* **10**(2): 63–79.

Schönbucher, P. J. (1996). The term structure of defaultable bond prices. Discussion Paper B-384, University of Bonn, Department of Statistics.

Schönbucher, P. J. (2000). *Credit Risk Modelling and Credit Derivatives*, PhD thesis, Rheinische Friedrich-Wilhelms-Universität Bonn.

Schönbucher, P. J. & Schubert, D. (2001). Copula-dependent default risk intensity models. Working Paper, Bonn University.

Schuermann, T. (2003). What do we know about loss-given-default. Working Paper, Federal Reserve Bank of New York.

Scott, L. (1995). The valuation of interest rate derivatives in a multifactor term structure model with deterministic components. Working Paper, University of Georgia.

Sharpe, W. (1964). Capital asset prices: A theory of market equilibrium under conditions of risk, *Journal of Finance* **29**: 425–442.

Shimko, D., Tejima, N. & Deventer, D. V. (1993). The pricing of risky debt when interest rates are stochastic, *The Journal of Fixed Income* pp. 58–65.

Shorrocks, A. F. (1978). The measurement of mobility, *Econometrica* **46**: 1013–1024.

Sklar, A. (1959). Fonction de repartition à n dimension et leur marges, *Publications de l'Institute Statistique l'Université de Paris* **8**: 229–231.

Skodeberg, T. (1998). Statistical analysis of rating transitions - a survival analytic approach. Master's thesis, University of Copenhagen.

Sorensen, E. & Bollier, T. (1994). Pricing swap default risk, *Financial Analysts Journal* **50**(3): 23–33.

S&P CDO Surveillance (2002). S&P Structured Finance Seminar, Florida.

Special Report: Ratings Performance 2001 (2002).

Special Report: Ratings Performance 2002 (2003).

Steeley, J. M. (1991). Estimating the gilt-edged term structure: Basis splines and confidence intervals, *Journal of Business Finance and Accounting* **18**: 513–530.

Structured Products/ ABS Market Monthly (1999). J. P. Morgan Securities Inc., SP/ABS Credit Research, New York.

Sundaresan, S. (1991). *Valuation of Swaps*, Elsevier (North-Holland), chapter 12.

Szatzschneider, W. (2000). CIR model in financial markets. Working Paper, Anahuac University.

Taurén, M. (1999). A comparison of bond pricing models in the pricing of credit risk. Working Paper, Indiana University, Bloomington.

The Internal Ratings-Based Approach (2001). Consultative Document, Supporting Document to the New Basel Capital Accord, Basel Committee on Banking Supervision, Basel.

The New Basel Capital Accord (2001). Consultative Document, Basel Committee on Banking Supervision, Basel.

The Standardised Approach to Credit Risk (2001). Consultative Document, Supporting Document to the New Basel Capital Accord, Basel Committee on Banking Supervision, Basel.

Thornburn, K. (2000). Bankruptcy auctions: Costs, debt recovery and firm survival, *Journal of Financial Economics* **58**: 337–368.

Titman, S. & Torous, W. (1989). Valuing commercial mortgages: An empirical investigation of the contingent-claim approach to pricing risky debt, *Journal of Finance* **44**: 345–373.

Treacy, W. & Carey, M. (2000). Credit risk rating systems at large u.s. banks, *Journal of Banking and Finance* **24**: 167–201.

Update on Work on a New Capital Adequacy Framework (1999). Basel Committee on Banking Supervision, Basel.

Van de Castle, K., Keisman, D. & Yang, R. (2000). Suddenly structure mattered: Insights into recoveries of defaulted debt.

Vasicek, O. (1977). An equilibrium characterization of the term structure, *Journal of Financial Economics* **7**: 117–161.

Vasicek, O. A. (1997). Credit valuation, *Net Exposure* **1**: 1–12.

Wagner, H. (1996). The pricing of bonds in bankruptcy and financial restructuring, *The Journal of Fixed Income* pp. 40–47.

Wang, D. (1999). Pricing defaultable debt: Some exact results, *International Journal of Theoretical and Applied Finance* **2**: 95–99.

Wang, S. S. (2000). Aggregation of correlated risk portfolios: Models and algorithms. Working Paper, CAS.

Wei, D. G. & Guo, D. (1997). Pricing risky debt: An empirical comparison of the Longstaff and Schwartz and Merton models, *The Journal of Fixed Income* pp. 8–28.

Willner, R. (1996). A new tool for portfolio managers: Level, slope, and curvature durations, *The Journal of Fixed Income* pp. 48–59.

Wilmott, P., Dewynne, J. & Howison, S. (1993). *Option Pricing - Mathematical Models and Computation*, first edn, Oxford Financial Press.

Wilson, T. (1997a). Measuring and managing credit portfolio risk: Part I: Modelling systematic default risk, *The Journal of Lending and Credit Risk Management* pp. 61–72.

Wilson, T. (1997b). Measuring and managing credit portfolio risk: Part II: Portfolio loss distributions, *The Journal of Lending and Credit Risk Management* pp. 67–78.

Wilson, T. (1997c). Portfolio credit risk (I), *RISK* **10**(9).

Wilson, T. (1997d). Portfolio credit risk (II), *RISK* **10**(10).

Wilson, T. (1998). Trends in credit risk management, *The Journal of Financial Engineering* **7**(3/4): 217–240.

Young, G. & Bhagat, C. (2000). Credit risk's softer side, *Asia Risk* pp. 30–32.

Yu, F. (2003). Default correlation in reduced-form models. Working Paper, University of California, Irvine.

Zagst, R. (2001). *Interest Rate Management*, Springer.

Zagst, R., Kehrbaum, J. & Schmid, B. (2003). Portfolio optimization under credit risk, *Computational Statistics* **18**(3): 317–338. RiskLab Research Paper No. 0102.

Zhou, C. (1997). A jump-diffusion approach to modeling credit risk and valuing defaultable securities. Working Paper, Federal Reserve Board, Washington.

Zhou, C. (2001). An analysis of default correlations and multiple defaults, *Review of Financial Studies* **14**: 555–576.

图书在版编目(CIP)数据

信用风险定价模型:理论与实务:第 2 版/(德)
施密德著;张树德译.—上海:格致出版社:上海人
民出版社,2014
(高级金融学译丛)
ISBN 978-7-5432-2438-4

Ⅰ.①信… Ⅱ.①施… ②张… Ⅲ.①贷款风险管理
-定价模型 Ⅳ.①F830.5

中国版本图书馆 CIP 数据核字(2014)第 192716 号

责任编辑 李 娜
装帧设计 人马艺术设计·储平

高级金融学译丛

信用风险定价模型:理论与实务(第二版)

[德]贝尔恩德·施密德 著   张树德 译

出 版	世纪出版股份有限公司 格致出版社 世纪出版集团 上海人民出版社 (200001 上海福建中路 193 号 www.ewen.co)	印 刷	上海商务联西印刷有限公司
		开 本	760×1000 1/16
		印 张	21
	编辑部热线 021-63914988 市场部热线 021-63914081 www.hibooks.cn	插 页	2
		字 数	400,000
		版 次	2014 年 11 月第 1 版
发 行	上海世纪出版股份有限公司发行中心	印 次	2014 年 11 月第 1 次印刷

ISBN 978-7-5432-2438-4/F·783   定价:62.00 元